全国电力行业"十四五"规划教材

新能源技术经济学

王正之　孙荣岳　合　编

李泓泽　主　审

中国电力出版社

内 容 提 要

本书提供了全方位、多角度的新能源发电项目技术经济分析，展现了技术经济学在新能源产业中的广泛应用。主要内容包括技术经济学和新能源项目概况、技术经济学的基本要素、技术经济学基本原理和评价方法、项目投资估算和财务评价准则、不确定性和风险分析、项目可行性分析、投资估算和资金筹措、国民经济评价、全生命周期分析方法、可持续发展评价方法以及设备更新、技术升级和公益类项目的技术经济评价方法。

本书可作为高等学校新能源科学与工程专业或相近学科本科生和研究生的教材或参考书，也可供相关科研人员和工程师参考。

图书在版编目（CIP）数据

新能源技术经济学/王正之，孙荣岳合编. -- 北京：中国电力出版社，2025.3. -- ISBN 978-7-5198-9377-4

Ⅰ．F407.2

中国国家版本馆 CIP 数据核字第 2025JZ5928 号

出版发行：中国电力出版社
地　　址：北京市东城区北京站西街 19 号（邮政编码 100005）
网　　址：http://www.cepp.sgcc.com.cn
责任编辑：李　莉（010-63412538）
责任校对：黄　蓓　常燕昆
装帧设计：赵姗姗
责任印制：吴　迪

印　　刷：三河市万龙印装有限公司
版　　次：2025 年 3 月第一版
印　　次：2025 年 3 月北京第一次印刷
开　　本：787 毫米×1092 毫米　16 开本
印　　张：15.5
字　　数：381 千字
定　　价：48.00 元

版 权 专 有　侵 权 必 究

本书如有印装质量问题，我社营销中心负责退换

前　言

新能源发电项目是利用可再生能源如太阳能、风能、水能等资源进行发电的能源工程。在气候变化问题日益凸显的时代背景下，新能源发电能减少化石能源的使用，降低二氧化碳等温室气体的排放，保护生态平衡，改善人们的生活环境。积极发展新能源发电并逐步取代传统能源，提高了能源供应安全水平，减轻了对传统能源依赖程度，有助于实现国家能源自主和国家"双碳"目标。发展新能源产业不仅拓展了能源供给方式，还创造就业机会，激发技术创新和投资热情，推动区域经济社会的可持续发展。同时，新能源广泛分布，可以降低因集中式供电系统故障造成的风险。大力发展新能源是关乎国家安全、政治稳定和民生福祉的重大议题，是实现可持续发展的重要手段。

新能源项目的核心技术通常是具有较高科技含量和创新性的技术，如太阳能、风能、生物质能等技术前期投资相比其他项目可能更为昂贵，投资回报更长，更应该注重对成本和收益的全面衡量，以便更好地评估新能源发电项目的可行性和风险。因此需要关注新能源项目的技术经济性问题，为企业或投资者决策提供科学依据，同时促进新能源产业的健康发展。

本书针对新能源发电项目展开技术经济分析，并从多个方面深入研究了新能源项目的特殊性和复杂性。首先，新能源项目的核心技术具有高科技含量和创新性，本书在进行技术经济分析之前引导读者对该领域有所研究和了解，以更好地评估其可行性和投资价值。其次，新能源项目的前期投资通常比其他项目更为昂贵，使用年限和回报周期也更长，本书尽可能详尽地介绍了成本评估、融资考虑和收益评估方法。再次，新能源项目与传统能源相较，在保护环境和促进可持续发展等方面表现出诸多优势，本书充分考虑了国民经济评价方法、全生命周期分析方法和可持续发展评价方法，分析新能源项目对环境的友好程度，更好地体现可持续发展目标和对国民经济的促进作用。最后，新能源项目的运行周期较长，可能面临设备老化和技术落后等问题，本书对设备更新及技术升级情况下的技术经济情况进行分析，并考虑开展公益项目技术经济评价方法的研究以满足社会需求。本书全面探讨了新能源发电项目的技术经济分析，相较于现有教材，围绕技术介绍、融资和收益预测、可持续发展和设备更新等多方面进行了介绍，同时通过拓展阅读强化了课程思政教育。

本书编写工作由王正之负责，并完成本书第一章～第十二章内容的编写，孙荣岳完成本书第十三章～第十六章内容的编写，并对其他章节内容提出了许多宝贵的建议。研究生汝翊尧、仲威、刘一航同学协助本书电子资源制作。本书在编写过程中得到了南京工程学院能源与动力工程学院梁绍华院长、薛锐院长等领导和核能与新能源系的各位老师支持和帮助，在此表示衷心的感谢。特别致谢华北电力大学李泓泽教授认真审阅了书稿并提出修改建议，使编者受益匪浅。

限于学识有限，编者对于技术经济学理论精髓的理解仍存在一定欠缺，不足之处难免，敬请读者指正。

编 者

2025 年 2 月

目　　录

前言

第一章　新能源技术经济学概述 ………………………………………………………… 1
　第一节　技术与经济的关系 ……………………………………………………………… 1
　第二节　技术经济学的发展历程 ………………………………………………………… 5
　第三节　我国新能源发电技术的发展历程 ……………………………………………… 6
　第四节　技术经济学的研究对象 ………………………………………………………… 7
　第五节　技术经济学的研究意义 ………………………………………………………… 8
　第六节　技术经济分析的基本方法和一般流程 ………………………………………… 9
　思考与练习 ……………………………………………………………………………… 11

第二章　技术经济评价的基本要素 ……………………………………………………… 12
　第一节　经济效果及其指标体系 ………………………………………………………… 12
　第二节　投资 ……………………………………………………………………………… 15
　第三节　成本 ……………………………………………………………………………… 21
　第四节　折旧与摊销 ……………………………………………………………………… 24
　第五节　销售收入与利润 ………………………………………………………………… 26
　第六节　税收 ……………………………………………………………………………… 30
　思考与练习 ……………………………………………………………………………… 33

第三章　技术经济评价基本原理 ………………………………………………………… 34
　第一节　现金流量及构成 ………………………………………………………………… 34
　第二节　资金时间价值的概念及形成机制 ……………………………………………… 37
　第三节　资金时间价值的计算 …………………………………………………………… 40
　第四节　资金等值计算 …………………………………………………………………… 43
　思考与练习 ……………………………………………………………………………… 52

第四章　技术经济评价基本方法 ………………………………………………………… 53
　第一节　技术经济评价方法概述 ………………………………………………………… 53
　第二节　技术经济评价基本指标 ………………………………………………………… 54
　思考与练习 ……………………………………………………………………………… 63

第五章　多方案经济评价与选择 ………………………………………………………… 64
　第一节　方案的类型与优化原则 ………………………………………………………… 64
　第二节　相互排斥型方案的选择 ………………………………………………………… 66
　第三节　相互独立型方案的选择 ………………………………………………………… 71

第四节　混合型方案的优化与选择 ………………………………………………… 74
　　思考与练习 ……………………………………………………………………………… 79

第六章　不确定性和风险分析 …………………………………………………………… 80
　　第一节　不确定性和风险的概念 ……………………………………………………… 80
　　第二节　盈亏平衡分析 ………………………………………………………………… 82
　　第三节　敏感性分析 …………………………………………………………………… 86
　　第四节　概率分析 ……………………………………………………………………… 90
　　第五节　风险分析 ……………………………………………………………………… 94
　　思考与练习 ……………………………………………………………………………… 100

第七章　项目可行性分析 ………………………………………………………………… 101
　　第一节　项目概述 ……………………………………………………………………… 101
　　第二节　可行性研究概述 ……………………………………………………………… 104
　　第三节　市场研究 ……………………………………………………………………… 109
　　第四节　技术研究 ……………………………………………………………………… 113
　　第五节　建设地区和厂址选择 ………………………………………………………… 120
　　第六节　可行性研究报告的编制及其要求 …………………………………………… 123
　　思考与练习 ……………………………………………………………………………… 128

第八章　投资估算与资金筹集 …………………………………………………………… 129
　　第一节　投资估算 ……………………………………………………………………… 129
　　第二节　融资概念与方式 ……………………………………………………………… 131
　　第三节　项目融资方案设计 …………………………………………………………… 135
　　思考与练习 ……………………………………………………………………………… 140

第九章　项目财务评价 …………………………………………………………………… 141
　　第一节　财务评价概述 ………………………………………………………………… 141
　　第二节　财务评价指标和方法 ………………………………………………………… 143
　　思考与练习 ……………………………………………………………………………… 150

第十章　项目国民经济评价 ……………………………………………………………… 151
　　第一节　国民经济评价概述 …………………………………………………………… 151
　　第二节　国民经济评价中费用与效益的分析 ………………………………………… 153
　　第三节　国民经济评价的指标和参数 ………………………………………………… 155
　　第四节　国民经济评价中影子价格的确定 …………………………………………… 159
　　思考与练习 ……………………………………………………………………………… 162

第十一章　项目生命周期分析方法 ……………………………………………………… 163
　　第一节　生命周期分析方法概述 ……………………………………………………… 163
　　第二节　生命周期评价 ………………………………………………………………… 165
　　第三节　生命周期评价工具或方法 …………………………………………………… 168
　　思考与练习 ……………………………………………………………………………… 171

第十二章　项目可持续发展评价 172
第一节　可持续发展的概念和内涵 172
第二节　建设项目可持续发展评价概述 174
第三节　建设项目资源与能源利用 176
第四节　建设项目环境可持续发展评价 178
第五节　建设项目社会可持续发展评价 184
思考与练习 187

第十三章　项目后评价 188
第一节　项目后评价概述 188
第二节　项目后评价的基本内容 189
第三节　项目后评价的程序和方法 191
第四节　项目经济效益后评价 198
第五节　项目社会及环境影响后评价 199
思考与练习 201

第十四章　设备更新的技术经济评价 202
第一节　设备更新概述 202
第二节　设备要素费用的确定 203
第三节　设备的磨损 204
第四节　设备大修理的经济界限 208
第五节　设备更新的技术经济分析 209
思考与练习 213

第十五章　技术改造的技术经济评价 214
第一节　技术改造概述 214
第二节　技术改造的类型 216
第三节　技术改造的技术选择 217
第四节　技术改造的经济评价特点 218
第五节　技术改造的经济评价方法 219
思考与练习 224

第十六章　公益性项目的技术经济评价 225
第一节　公益性项目及其经济评价的特点 225
第二节　公益性项目效益和费用的识别与计量 227
第三节　公益性项目的经济评价方法 229
思考与练习 235

参考文献 237

第一章 新能源技术经济学概述

新能源技术经济学是一门利用经济学基本原理研究新能源技术与工程领域经济问题的学科，通过新能源技术经济学的学习可以研究工程项目中资源的合理配置，寻找工程技术与经济效果的最佳配置。新能源发电项目由于技术含量高、投资规模大、回报周期长，相比于其他工程项目更需要开展技术经济分析。

本章主要介绍和阐述了技术与经济的关系、技术经济学和新能源发电技术的发展历程、新能源技术经济学研究对象、研究意义和一般研究方法，明晰新能源技术经济学的基本概念。

学习过程中要求了解技术与经济的含义及两者之间的关系、技术经济学的研究对象及研究意义，掌握技术经济分析的一般过程。

第一节 技术与经济的关系

一、技术的含义

人类社会诞生之初便有了技术，技术是社会生产力的重要组成部分，其历史和人类的历史一样漫长。技术的历史根据人类使用器具的不同可以大致分为石器时代、青铜时代、钢铁时代、蒸汽时代、电气时代直至现在的信息时代。可以看出技术的发展是由简单的工具或能源发展为复杂的工具或能源的过程，特别是新兴技术和新能源的出现，使得科学技术与社会经济发展之间的关系日益增强，人类社会生活中处处可见技术的身影。

"技术"最早的含义是熟练，是个人从经验中获得的技能。随着技术水平的发展，技术的含义也不断拓展。18世纪法国思想家狄德罗最早给出了技术的定义，他认为"技术是为某种目的共同协作组成的各种工具和规划的体系"。世界知识产权组织在《供发展中国家使用的许可证贸易手册》中给技术下的定义为：技术是制造一种产品的系统知识所采用的一种工艺或提供的一项服务，不论这种知识是否反映在一项发明、一项外形设计、一项实用新型或者一种植物新品种，或者反映在技术情报或技能中，或者反映在专家为设计、安装、开办或维修一个工厂或为管理一个工商业企业或其活动而提供的服务或协助等方面。可以看出，世界知识产权组织将世界上所有能为社会带来经济效益的知识体系都定义为技术，这也是迄今为止国际上给技术所下的最为全面和完整的定义。

可以根据不同的内涵对技术进行分类。根据技术所包含的对象，可以将技术分为广义的技术和狭义的技术。广义的技术是指把科学知识、技术能力和物质手段等要素结合起来所形成的一个能够改造自然的运行系统，是在解决特定问题中体现的有机整体。狭义的技术一般是指劳动工具的总称或指人们从事某种活动的技能。根据技术是否具备物质形态，可以将技术分为硬技术和软技术。硬技术也就是物质形态的技术，或者称为物化的科学技术，主要指机器、设备、基础设施等客观存在的生产条件和工作条件。软技术是指知识形态的技术，主要包括制造方法和技术、工艺规程、生产程序、资料信息、经验技巧、生产组织和管理能力。

技术的发展极大程度地促进了人类物质文明的丰富，推动了人类社会的进步。但是，技术发展带来的某些不良影响近些年也逐渐显现，例如工业发展导致的环境污染问题日益严重，这些负面影响正越来越引起全人类的关注和重视。

二、经济的含义

中国古代文学作品中很早就出现了"经济"一词，其包含了治国、济世等含义，蕴含了中国古人"齐家治国平天下"的思想，因此"经济"在中国古典文化中是一个非常宏大的概念，充满了丰富的人文思想和社会内涵。现代汉语中"经济"一词是我国引进日本人翻译的结果。明治维新之后，日本人掀起了工业革命的浪潮，吸收和宣传西方文化，大量翻译西方经典著作，将西方书籍中"economy"一词翻译为"经济"。在新文化运动中，西方文化和思想通过日本向中国传播，因此"经济"一词的新含义也被中国采纳并广泛使用。英文中"economy"原意是指治理家庭财物的方法，到了近代其含义扩大到治理国家的范围。

根据现代人对"经济"的理解，经济可以包含以下几种含义：第一种含义是指社会生产关系或社会经济制度，也是社会上层建筑赖以建立的基础。具体是指人们在社会物质生产过程中形成的与社会生产力相适应的生产关系总和或社会经济制度，也是政治、法律、哲学、宗教、文学、艺术等建立的基础，比如经济结构、经济基础中的经济就是这一种含义。第二种含义是指社会生产和再生产的全过程，它主要包括生产、交换、分配、消费的全过程，也就是国民经济或部门经济，例如农业经济、商品经济中的经济的含义。第三种含义是指节约、节省，这里的节约主要是指生产过程中资源利用的合理性问题，例如合理利用时间、充分利用原材料等。

三、科学与技术的关系

在日常生活中常常将科学和技术联系在一起，统称为科学技术，简称为科技。但实际上科学与技术是两个不同的概念，二者之间既有密切联系，又有重要区别，区别主要表现在知识、方法、目的和成果等方面的不同。

从知识的角度上看，科学是理论形态的知识，而技术是操作形态的知识，科学主要解决的是自然界中"是什么"和"为什么"之类的问题，技术主要针对社会生产中"怎样做"或"怎样做好"的知识。

从方法的角度上看，科学的核心在于发现，技术的核心在于发明。发现是指探索自然界中已经存在的事物或规律，发现并不会创造自然界原本不存在的东西。发明是以创造新事物为核心，是要创造出自然界中并不现成存在的东西。科学主要采用包括观察、实验、收集材料、逻辑推理等方法开展发现活动；而技术主要使用有设计、模拟、试验、标准化、程序化等方法开展发明活动。

从目的的角度上看，科学的目的在于认识周围世界，而技术的目的在于通过发明实践对已知世界进行改造。因此，对科学成果的评价标准主要是验证理论与事实的符合性和逻辑性，而对技术成果的评价标准则是技术是否具备效用性、可行性和经济性等。在社会实践过程中，科学与经济之间通常只有间接关系，而技术与经济之间的关系则更为直接。

从成果角度上看，科学活动的主要成果一般为无形的知识成果，而技术活动的成果一般为人工制品。

以新能源领域中的光伏发电为例来区分科学与技术，最基础的光伏效应属于科学，而单晶硅太阳能电池属于技术。从知识的角度上看，光伏效应解释了自然界中的基本现象，属于理论形态；单晶硅太阳能电池主要针对社会中如何将太阳能转换为电能的问题。从方法的角度上看，光伏效应属于自然界中已经存在的规律，人们是发现了这种现象；单晶硅太阳能电池是自然界中不存在的东西，是人们通过发明创造出来的。从目的的角度上看，通过光伏效应可以让人类更加清晰地了解周围的世界；单晶硅太阳能电池是人类通过发明对世界进行了改造，让人利用太阳能获得了电能。从成果的角度上看，光伏效应属于知识成果，是无形的；单晶硅太阳能电池是人类的工业制品。

科学和技术之间的区别使得一个国家科学发达并不等同于技术就一定发达，技术发达也不意味着科学一定发达。正是由于这种区别，因此国家在规划科技活动时，不能因为其中一方的重要性就抹杀另一方的重要性，用一种研究取代另一种研究，否则就会在科学与技术的发展之间失去平衡和协调，当失衡发展到一定程度时科学与技术两者之间会产生不利性制约或阻碍。

四、技术与经济的关系

技术和经济在人类社会生产活动中始终共同存在，是密不可分的两个方面，两者相互促进又相互制约。技术具有明确的经济目的性和强烈的应用导向性，没有实际应用价值和经济效益的技术是缺乏生命力的；经济的发展一定程度上必须依赖技术手段，缺乏技术基础支持的经济是难以发展的。技术与经济的特性使得两者之间有着紧密而不可分割的联系，一方面，发展经济必须依靠一定的技术支持；另一方面，技术的进步也受到经济条件的制约。技术与经济这种相互促进、相互制约的关系使得任何技术的发展和应用都不单单是一个技术问题，同时也是一个经济问题。任何技术方案的科学决策都应通过技术经济论证，正确处理技术与经济的关系，做到技术和经济的最佳结合。

1. 技术进步对经济发展的推动作用

早在一百多年前，马克思和恩格斯就已明确指出科学技术是生产力，他们高度评价了科学技术的社会功能，指出科学技术是一种在历史上起推动作用的最高意义上的革命力量，是历史前进的有力杠杆。特别是近几十年来信息产业的蓬勃兴起，将人类社会推向了科学社会化、社会科学化的新时代。当代科学技术已渗透到人类物质生产和社会生活的方方面面，成为经济发展的决定力、社会进步的推动力。

综观世界经济发展史与技术发展史，科技革命导致了产业革命，产业革命引起的经济高速发展又对技术提出了更高的需求，提供了更好的经济支持，催生了新技术的出现，从而引发了新一轮的技术革命。每一轮的技术革命都引发了新兴产业的形成与发展，世界经济就在这种周而复始的运动中不断繁荣与发展。第一次工业革命利用蒸汽机取代了繁重的体力劳动，迫使手工制造转向机器大生产，出现了现代意义上的工厂，产生了现代的冶金、纺织、机械工业，引发了社会生产力和生产关系的巨大变革。第一次工业革命的成功使劳动生产效率提高了100倍以上，促进了经济的高速发展，提升了人类的生活水平。经济的发展和生活水平的提升又对生产技术提出了更高的需求，进而孕育、产生了以电力电子应用和无线通信为代表的新技术，促成了第二次工业革命的诞生。第二次工业革命期间，电力设备的广泛应用使得生产效率进一步提升，使得社会生产力又产生了一次新飞跃，人类从蒸汽时代步入了电气时代。近些年，随着以信息科学为代表的新技术发展，互联网经济正蓬勃发展，引起了社会生产力的更大飞跃，将人类带入了信息时代。

2. 经济发展对技术进步的促进作用

加快经济发展、改善人民生活是每个国家和社会的首要任务，也是科学技术进步的目的。而脱离了经济的需求，缺乏经济的强有力支撑，科学技术也难以得到快速发展。

（1）经济发展是技术进步的动力。经济发展创造了广阔的市场需求，推动生产力向新的高度进军，因而在劳动手段、生产装备、资源配置等多方面提出了许多难以解决的新问题和新需求，科技部门需要采用新方法、新思路去解决这些实际问题或需求，进而推动了技术进步，加速了科技成果转化为直接生产力。

（2）经济发展决定着技术发展的方向。不同的经济发展水平对技术结构有着不同的选择，国内各个行业根据其地位、作用和发展程度不同决定了其发展优先级的不同，国内外市场需求和宏观经济形势的变化使得各个行业对技术的需求发生变化。这些都促使技术发展必须根据各个行业经济发展的战略方向、关键问题和薄弱环节去选择技术发展的重点，规划未来技术发展的方向，使科技进步与经济发展的方向密切结合。

（3）经济发展是技术发展的物质基础。科学技术发展特别是新兴高新技术的发展需要有充足财政的支持和投入，因此繁荣的经济是现代科技进步的物质基础和保障。当今世界发达国家正是依靠其雄厚的经济基础及生产发展的强力需求，才得以投入巨大的科研经费推进科技事业的发展，并基本形成了一套科技与经济相互促进相互发展的良性机制，使得其保持着科技与经济发展的领先优势。

（4）经济发展改善着技术进步的条件与环境。经济发展全球化深化了国际分工，促进了物质交换，改善了资源的配置，加速了信息的交流，商品经济与生产市场体系的不断完善提高了国民的物质文化生活水平，增进了社会的稳定。生活条件的改善和社会的繁荣稳定为技术进步创造了条件。

3. 技术与经济的相互制约

技术进步和经济发展之间存在相互促进的关系，但二者有其自身的规律。在现实生活中，两者往往存在着相互制约的关系。具体表现如下。

（1）技术研究、开发、应用与经济可行性的矛盾。缺乏足够的资金投入就不能进行重大领域的科学研究，也难以引进先进技术为己所用。现代科技发展过程中，从科学理论到技术开发，最终到产品研发，期间经费投入呈直线上升。例如一款新型风力发电机开发成本需要上亿元，如果没有足够的资金，就难以开展新型风力发电机的研究。这便是经济对技术的制约，从后果看将使技术与经济都陷入难以发展的落后困境。

（2）技术先进性与适用性的矛盾。技术的先进性反映技术的水平和创新，科研部门追求的是技术的先进性。技术的适用性则表示使用者的生产与市场需要技术的程度，企业所要求的是最适合市场的技术。先进的技术不一定适用，适用的技术不一定最先进。人们固然希望技术越先进越好，但它只有适合使用者使用时才会受到青睐，否则就不可能发挥技术先进性的作用。例如，常温超导体是电力和材料领域最前沿的问题之一，但目前最先进的常温超导体并没有进行实际应用，这是因为常温超导的成本过高，完全不能与常规导线的经济适用性相媲美，因此最先进的技术并不一定是最适用的技术。特别是在市场经济条件下，如果技术研究开发脱离了市场需求，根本不可能实现技术自身价值与使用价值。

（3）技术效益的滞后性及潜在性与应用者渴望现实盈利的矛盾。技术成果的应用会带来超额利润，但技术的应用有一个过程，并不一定会立竿见影地带来经济效益；而投资者期望使用的技术可以尽快得到资金回报，从而能将资金进行其他投资，这使得一些回报周期长的技术得不到应用。例如，新能源发电项目是一种回报周期较长的投资项目，如果投资者希望获得短期收益便不会选择新能源进行投资，这是由于技术效益具有滞后性。投资者长期追求短期盈利会导致整个国家脱实入虚，是一种不良的社会发展形态。当然，投资者也可能由于放弃使用先进技术而造成机会成本的损失。

（4）技术研究开发应用效益与风险的矛盾。技术研究开发应用的效益与风险是并存的，技术一旦成功开发应用，使用者就会因掌握了技术市场的领先优势从而赢得超额利润。但技术研究开发应用过程也充满风险，包括技术选择失策、开发失败、供求关系变化等，导致技术不能成功开发或者成功开发后无法获得相应的回报。有时人们因畏于风险而放弃新技术的开发应用，也可能正因此而失去技术领先的机遇。例如，太阳能电池近20年发展过程中有很多种技术路线，不同的技术路线可能导致企业因产品研发成功获得市场领先地位，也有可能因为研发失败而导致企业黯然退场。

（5）技术研究开发应用成本与新增效益的矛盾。越先进的技术其开发时往往需要付出的代价越高，从而出现开发成本与预期效益之间的矛盾。因此，先进技术开发的成本一定要低于应用后的预期效益，否则再先进的技术也难以推广应用。由于技术先进性与经济性之间存在对应关系，这往往会影响使用者的技术方案选择。

由此可以看出技术进步与经济发展是相互联系、相互促进而又相互制约的辩证关系，这种矛盾统一的辩证关系，是由技术及经济的本质属性与发展机制所决定的。

第二节　技术经济学的发展历程

技术经济学的起源最早可追溯到19世纪后期。1887年，美国铁路工程师阿萨姆·威林顿在其所著《铁路位置经济评价》中第一次将项目投资同经济分析结合起来。1920年，格登门在《财务工程》中第一次提出把复利计算应用于投资方案评价，并且批评了当时研究工程技术问题不考虑成本的错误倾向。1930年，格兰特教授出版了《工程经济原理》，书中第一次以复利计算为基础对固定资产投资的经济评价原理做了阐述。该书对工程经济学原理进行了深入浅出的阐述和具有较强的实用性，得到了较高的评价，这是西方工程经济的第一本著作。这本书问世后，工程经济学作为一门独立的学科得到了迅速的发展，格兰特本人也被誉为"工程经济之父"。20世纪30年代美国在开发西部的田纳西流域中，就开始推行"可行性研究"方法，从而把工程技术和工程项目的经济问题研究推向一个新的阶段。1947年美国通用工程师麦尔斯以《价值分析》为题发表其研究成果，提出了价值分析的一整套方法，在20世纪50年代这一新兴管理技术得到了极大的发展，被称为"价值工程"，这对完善技术经济分析方法起了很大的作用。这一时期，在苏联技术经济分析论证开始出现，并逐渐推广到规划、设计和工程建设项目中，后被广泛用于企业生产经营的各项活动中，逐渐形成了一套比较完整的技术经济论证程序与分析评价方法。

20世纪50年代，我国从苏联引进了众多大型建设项目，同时也引进了技术经济分析论证方法。但苏联的技术经济分析论证方法有两个弱点：一是在分析论证中主要采用静态方法，没有考虑资金的时间价值；二是人为地将项目划分为设计、施工和使用阶段，缺乏对项目的全过程分析考虑。尽管如此，伴随着从苏联引进的建设项目，技术经济分析论证方法在中国得到了初步的应用。从20世纪80年代起，技术经济学作为一门独立的学科得到了快速发展。这时期技术经济学主要引进了西方发达国家的技术经济分析论证方法，同时又与实际工作的经验总结相结合，并逐步发展壮大。许多技术经济学专家在技术创新研究、产业技术经济研究以及技术管理方面做出了有益的尝试。在技术创新研究方面，清华大学教授傅家骥等一批学者们做出了积极的探索，发表了许多著作，配合国家科技和经济管理部门在促进企业技术创新方面做出了重要贡献。在产业技术经济研究方面，国务院发展研究中心技术经济部和国家宏观经济院产业经济研究所的研究人员做了大量的调查研究，提出了有分量的研究报告。在科技进步对经济增长的贡献方面，有专家做了深入研究，运用生产函数方法对国家或行业的情况进行了分析计算，取得了显著成果。

第三节 我国新能源发电技术的发展历程

随着"双碳"目标的提出，新能源发电成为非常重要的一环。新能源发电一般是指利用新技术开发利用的可再生能源，包括太阳能、风能、生物质能、地热能、波浪能、潮汐能等；此外，新能源发展领域还有氢能、沼气、储能等方向。已经广泛利用的煤炭、石油、天然气等能源通常被称为常规能源。随着常规能源的局限性以及环保问题的日益突出，以环保和可再生为突出优点的新能源越来越得到各国的重视。新能源产业的发展既是现有能源供应系统的有效补充手段，也是满足可持续发展的重要选择，是满足人类环境治理和生态保护的重要措施。

改革开放以来，新能源产业建设规模不断壮大，关键技术进步明显，产业国际竞争力不断增强，为减轻环境污染和碳减排做出了巨大贡献，中国也已经成为世界最大新能源装备制造和新能源利用大国。回顾新能源产业发展历程，大致可划分为三个阶段：第一阶段是新能源早期发展阶段。为解决能源供应不足的问题，我国开始发展太阳灶、风力提水机、小型风电机、中低温地热利用和小型潮汐电站等新能源发电形式。但是当时新能源利用只是小范围、零散式利用，整体技术还不够成熟，离规模化开发和利用还有很长距离，还远远达不到产业范畴。第二阶段是新能源产业快速发展阶段。在国家产业政策作用下，新能源产业发展进入快速发展轨道，新能源利用从农村扩展到城镇，设备从小型向大中型发展，新能源技术从研究开发走向市场化和产业化，从着眼于增加能源供应转向把改善环境作为主要目标。这一阶段我国新能源开发利用量从1990年的60万t标煤增加到2010年的3260万t标煤，占终端能源消费比重从0.01%迅速增加至1.62%。风力发电和光伏发电等已经有了较强的产业基础，成为世界最大整机制造、光伏组件制造国家，且在技术领域取得较大进步。第三阶段是新能源产业高速发展阶段。"十二五"以来，在市场环境、政策环境以及国际气候环境驱动下，我国新能源产业进入高速发展阶段。这一阶段，国家形成了支持新能源快速发展的政策体系，新能源装备制造能力位居世界前列，新能源相关关键技术取得了突破，虽然新能源发电设备一度因发展过快出现弃风弃光以及装备制造业产能过剩现象，但随后在产业政策作用下，逐步有所改善。截至2024年底，风电装机容量5.21亿kW、太阳能发电装机容量8.87亿kW、生物质发电装机容量0.46亿kW。

经过多年发展，我国新能源领域科技创新能力和技术装备自主化水平显著提升，风电装备制造技术已经达到了世界先进水平。虽然现阶段我国大型风电机组整体上处在发展阶段，但是很多技术研究已经达到了国际一流水平，主要设备制造基本上实现了系列化、标准化；海上风电整机和关键零部件设计制造技术水平逐渐成熟，海上风电装备基本具备国产化能力；中小型风电技术自主国产化，处于世界领先水平；国内中小型风电的技术中低风速启动、低风速发电、变桨距、多重保护等一系列技术得到国际市场认可，处于国际领先地位。经过多年发展，我国光伏电池技术创新能力显著提升，光伏转换效率不断提高，规模化光伏开发利用取得重要进展。晶体硅太阳能电池产业技术在国际市场具有很强的竞争力，除个别高效电池生产用等离子体增强型化学气相沉积设备、硼扩散设备等设备外，光伏制造的整套生产线均已实现国产化。生物质能利用技术日趋成熟，生物质发电关键设备均已实现国产化；生物质成型燃料压缩转换技术达到国际先进水平；生物质沼气工程转向规模化与高值化开发利用；生物质直燃锅炉、垃圾焚烧锅炉、汽轮发电机组、秸秆燃料成型机等主要设备实现国产化，并且出口国际市场。地热能勘探技术不断成熟，热泵技术快速发展，形成了适合中国国情的大型地源热泵、高温热泵和多功能热泵系统，主要技术与装备已基本实现国产化；地热尾水回灌技术取得一定进展，岩溶型热储的尾水同层密闭回灌技术较为成熟。

新能源产业的发展不仅带动了经济增长、推动能源转型，而且在提供清洁电力的同时，为应对国际气候变化、降低碳排放做出了贡献。2024 年我国风电、太阳能发电量合计达 1.83 万亿 kWh，同比增长 27%，与同期第三产业用电量基本持平，远超同期城乡居民生活用电量。我国生产的光伏组件、风力发电机、齿轮箱等关键零部件占全球市场份额的 70% 以上。2024 年我国新能源发电量相当于减少国内二氧化碳排放约 34.7 亿 t，出口的风电光伏产品为其他国家减排二氧化碳超过 5 亿 t，对减少温室气体排放、降低大气污染发挥了巨大作用。

在当前全球能源低碳转型趋势下，新能源产业面临的国内外形势也发生了深刻变化，如国内能源体制改革稳步推进、国际新能源产业分工不断深化、2022 年起国内可再生能源发电进入平价上网时代，中国作为新能源大国，需要清晰识别未来能源转型方向，牢牢抓住新能源产业核心环节，提早布局可能会引起能源体系发生革命性变革技术的研发，成为引领新能源发展、推动世界能源转型的重要力量。

第四节　技术经济学的研究对象

1. 研究技术经济效果，寻求提高途径与方法

人们在社会生产活动中可以使用的资源是有限的，技术本身也属于资源的范畴，它虽有别于日益减少的自然资源，可以重复使用和再生，但相对于人们的需求而言，不论在数量上还是在质量上都是稀缺的。如何最有效地利用各种资源满足人类社会不断增长的物质文化生活的需要是经济学研究的一个基本问题。技术经济学就是研究在各种技术的使用过程中如何以最小的投入取得最大产出的一门学科。

技术的经济效果往往是在技术方案实施前，通过对各种可能方案的分析、比较、完善选择出最佳的技术方案，保证决策建立在科学分析之上，以减少失误。例如，可以通过技术经济分析，寻找产品生产过程中资源消耗最多的地方，并提出相应的解决措施，提升产品的经济效果。

2. 研究技术与经济的相互关系，寻求相互促进发展

技术与经济是人类社会生产发展中不可缺少的两个紧密联系的重要方面。一方面技术进步永远是推动经济发展的动力，经济的发展和飞跃必须依靠使用先进的技术手段。另一方面技术总是在一定的经济条件下产生和发展的，经济上的需求是技术发展的直接动力，同时技术的进步又必然会受到经济条件的制约。任何技术的使用都会伴随人力资源、物质资源、财力资源的投入，依赖于使用技术的特定的经济、技术系统的支持。只有经济发展到一定的水平，具备了相应的客观条件，一定的技术才有广泛应用的条件和进一步发展的可能。技术与经济之间这种相互渗透、相互促进又互相制约的联系，使任何技术的发展与应用都不仅是一个技术问题，同时又是一个经济问题。经济的发展也不单是一个经济问题，还必须依靠技术手段来实现。研究技术与经济之间的关系，探讨它们协调发展的途径，也是技术经济分析学科的研究对象。

3. 研究通过技术创新推动技术进步获得经济增长

经济增长可以通过多种途径来取得，例如可以通过增加投入要素、增加投资、增加劳动力投入等方式实现经济的规模化增长，也可通过提高劳动生产率、提高单位投入资源的产出量实现经济增长。尽管资金和劳动力投入的增长速度会直接影响经济增长的速度，但是各国的经济发展历史也表明，经济增长的速度与科学技术的发展也有着密切关系。人们发现工业发达国家后期与前期相比，产出量增长的差额往往大于投入要素增长量的差额，这显然是技术进步因素的作用所致。技术进步可分为体现型和非体现型两类。体现型技术进步是指被包含在新生产出来的可以物化的资产之中，如机器设备、原材料、燃料动力等，或者与新训练和教育出来的劳动力结合在一起的技术进步。非体现型技术进步则不体现于新生产出来的资产或新训练和教育出来的劳动力身上，而体现在生产要素的重新组合、资源配置的改善、规模经济的效益以及管理技术的完善化等方面。例如，新能源发电中采用了新的机器设备提升了发电量属于体现型技术进步，而通过改善企业内容管理结构，提升了企业效率，减少开支，提升收益则属于非体现型技术进步。

当今世界，技术进步已经成为影响经济发展的最重要的因素，在新时代下，依靠技术进步促进经济发展、提升我国核心产业竞争力是未来发展的必由之路。

第五节 技术经济学的研究意义

开展技术经济分析和研究工作，概括地说是为了提高全社会的经济效益，是社会经济发展规律所要求的，是迅速发展社会生产力的重要措施。对于一个国家来说，总体资源是有限的，这要求对投入基本建设的投入和产生的效果进行经济分析。技术经济学的研究意义主要体现在以下方面：

(1) 开展技术经济研究工作，是实现科学管理的重要保证。只有做好技术经济的研究工作，才能制定正确的技术政策，提出合理的技术措施，选取最优的技术方案，而这些都是科学管理的重要内容。例如，新建一项重要的大型企业，从技术体制、产品结构到建设投资方案，每个实施步骤都要经过科学的论证，只有进行技术经济论证，做好可行性研究，严格按基本建设程序办事，才能使建设项目的管理更加科学，从而不断提高企业的管理水平，对社会发展起到积极作用。

（2）开展技术经济研究工作，是确定技术经济政策的重要依据。做好技术经济的分析论证工作，对所制定的方案和技术政策可以在实际应用之前科学地预测其经济效果，以正确地选择和引用符合技术和经济条件的新技术、新设备，从而合理采用和推广经济效果好的先进技术，取代不适应当前经济发展的落后技术，促进科学技术进步的同时，也可以进一步判断哪些科技成果应该大力推广，哪些应用技术应该重点加以研究和发展，为制定科学技术发展规划提供科学的依据。

很多工程技术人员不懂经济，而懂经济的人又大多数不懂技术，技术经济学正是使两者有机结合的学科之一，是改变经济与技术脱离的有效措施。大力推广技术经济学能迅速培养出既懂技术又懂经济的人才，有利于国家的进步发展。特别是新能源发电领域，虽然新能源是国家优先发展的重要方向之一，经济性并不是新能源领域唯一的考虑目标，但是工程技术人员也需要在新能源研究过程当中考虑经济效益。技术方案除了考虑功能、性能质量、效率、精度、寿命、可靠性等技术指标外，一定要同时考虑投资多大、成本多高、运行费用多少、利润如何、在市场上有没有竞争力等一系列的经济性评价问题。此外，现代工程技术与人类社会的关系十分密切，与人类的生存环境、文化发展息息相关。20世纪是人类科技发展最迅速、物质文明最发达的时代，但也是人类生态环境破坏最严重的时代。21世纪还必须关注环境保护和资源的利用，走可持续发展的道路，处理好发展与保护的关系。特别是在气候变暖问题引起全球关注的背景之下，人们更加关心能源利用的碳排放问题，因此新能源发电领域需要关注经济性之外的可持续性与环保问题，这也是新能源技术经济学研究的意义之一。

第六节 技术经济分析的基本方法和一般流程

1. 技术经济分析的基本方法

技术经济学研究的基本方法主要包括如下。

（1）系统分析法。系统分析就是分别在确定和不确定的条件下，采用系统的观点，对一个系统内的基本问题探求可能采取的方案，通过分析选出最优方案的一种决策方法。系统分析法就是采用系统分析的思维方法和工作方法研究问题，需要着眼于总体，抓住主要关系，注重实现总体的优化。同时采用系统分析的方法，可以更系统、更周密地分析研究对象的各个因素，以取得更为科学的分析结果。以新能源发电项目为例，不能只通过新能源发电量的多少来选择方案，还需要考虑到建设成本、运输成本、生产成本和环保问题等多方面因素，只有系统化的考虑才能最终选择出合理的方案。任何正确的决策都源于全面系统的分析比较，从中选择出最优者，只有这样才能保证获得最佳的经济效果。

（2）方案比较法。方案比较法是技术经济分析最常用的方法。这种方法易于掌握，有了一套较为成熟完整的程序。新能源项目通常都会有多家企业竞争。需要对比各家企业方案的优劣，选择出其中最好的方案。方案比较法中的关键环节是使各方案的比较条件等同化，例如将风力发电项目和光伏发电项目进行比较时，需要把不可比因素转化为可比因素，这样才能保证比较结果的准确性。

（3）效益费用对比法。贯穿技术经济分析过程始终的一项基本活动是进行效益与费用的对比，一切技术经济活动所追求的最终目标可以说就是要有一个好的效益。这里的效益不单单指经济效益，对于新能源及其他绿色行业来说，效益还包括了环保效益、社会效益等其他无法用经济指标来衡量的效益，以尽可能少的消耗取得尽可能多的效益。

（4）定性分析与定量分析相结合的方法。在技术经济学研究的领域中，至今还存在着大量无法定量化的因素，如涉及环境保护、社会价值等方面的效益，目前还只能做定性分析。因此定性分析与定量分析相结合是技术经济学最常用的方法之一。对于新能源发电项目来说，发电量、成本、效率等是可以用经济指标来进行衡量的，也就可以进行定量分析。而新能源发电带来的碳排放的减少、就业的增加以及解决环保问题，这些都只能进行定性分析，无法准确评估其数值。只有综合考虑新能源项目的定量和定性分析，综合思考才能获得准确的分析结果。

2. 技术经济学分析的一般流程

技术经济学分析的一般流程如下。

（1）明确目标功能。明确目标功能是进行技术经济分析的基础。如果是为了解决甲地与乙地之间每年 1000 万人次与每年 100 万 t 货物的交通运输问题，那么提出的方案可能是通过铁路来运输，也可能是通过公路来运输；可能是单一方案，也可能是复合方案，如公路与铁路、公路与航空、公路与水运等，这时方案的目标就包括了经济效果和社会效益。当然有时方案没有特定社会功能，只需要追求简单的经济效果，那么其目标就可以单一化。例如某企业现有 1000 万元资金寻找投资项目，其目标是取得较好的投资回报率，那么就可以提出一系列投资方案，寻找其中最终的回报率要达到或超过预期回报率的方案。

（2）提出备选方案。为达到一定的目标功能，一般来说必须提出很多方案，例如为了解决能源问题可以建火电厂、核电厂或水电站，而建核电站就有许多方案，如采用重水式的、轻水式的。寻找备选方案是一项鼓励创新的行为，因为新项目提出的技术指标和经济指标可能比现有成熟的技术方案指标要高，现有技术方案难以满足新项目的要求。这就需要在技术或经济领域提出一些创新性的思路对现有技术方案进行改进，或者采用新的技术思路来满足新项目的指标。初步提出备选方案时需要尽可能地考虑得多，但经过粗选后正式列出的方案要少而精。

（3）方案评价。列出的方案要经过系统的评价，评价的依据是政策法令与一系列指标体系，比如产品要符合国家的产业政策、质量标准，出口的产品要符合进口国的标准与习惯，厂址选择要符合地区布局与城建规划，生产要符合国家的技术政策、劳保条例、环保条例等，在符合基本条件后最重要的是要有较好的经济效益和社会效益。通过技术经济学主要评价方法的评估后淘汰不可行方案，保留可行方案。

（4）选择最优方案。决策的核心问题就是通过对不同方案效果的衡量和比较，效果不仅包含了经济效果还包含了社会效益，需要将定性效果和定量效果进行结合，从中选择最优方案。要运用好技术经济学的基本理论和方法，必须要树立系统观念和动态观念。

以某地新建发电厂为例，首先需要确定该地区所需增加的发电量，也就是电厂的发电量是多少。进而列出新建电厂的各种可能方案，例如可以新建火力发电厂、风力发电厂、光伏发电厂等。随后对这些方案进行评价，可以根据国家的产业政策、当地地理位置、气候条件、经费条件等对各个方案进行评价，保留其中合理的方案。最后在众多的方案当中选择其中最优的一个方案。

所有的技术方案，包括技术路线、技术政策、技术措施等都不是孤立存在的，它们是整个社会的技术经济系统中的一个有机组成部分。在做经济决策时，追求的不光是子系统、小系统的目标，而是整个大系统的目标。动态的观念是用发展的眼光去建立方案、评价方案。方案所处的环境是变化的，因此要用发展的眼光预测未来的效果。特别是评价为事前评价，各种参数在将来的实施过程中必定会发生各种变化。项目越大，周期越长，变化的可能性也越大，随着科技进步的速度越来越快，可能项目规划时的技术方案在建成时已经落后了。如果没有一套正确的预测方法和恰当的指标设置，事前的评价与实施后的效果会有很大的出入，甚至完全相反。系统方法与动态方法要求决策者具有较广博的知识和较丰富的经验，同时也要求评价组要由各方面的专家组成，只有发挥集体的智慧才能做出正确的评价。

拓展阅读：我国的"双碳"目标

"双碳"目标中的"双碳"是指碳达峰和碳中和。中国所提出的"双碳"目标可以表述为在2030年前力争实现碳达峰，2060年前力争实现碳中和。碳达峰是指二氧化碳排放量不再增长达到峰值，随后逐步回落，碳达峰目标包括达峰年份和峰值。碳中和是指通过植树造林、节能减排等形式以抵消直接或间接产生的二氧化碳排放量，实现二氧化碳"零排放"。

"双碳"目标推进过程中，传统煤炭化工产业和石油相关产业会进一步缩小市场份额，而太阳能、风能、核能等新能源领域则会迅速发展，对我国传统产业和新兴产业都是难得的战略机遇。从区域地理的经济发展角度来看，我国的沿海发达地区可能会优先重视各类产业的创新驱动、功能疏解和产业升级，优先建立一系列的"零碳排放"产业、"绿色生产"工业区等。内陆欠发达地区会承接国内发达地区的产业转移，大力发展循环经济、环境友好型产业等。低投入高产出并且污染较小的高科技企业将会大量地生存，并形成绿色低碳环保的产业体系。像碳金融、碳资产、碳排放权的管理等都会迎来蓬勃发展，以涉碳税收作为必要的调节手段，对碳排放量较高的产业和企业实行税收调节，引导和促进低碳产业和新兴产业的发展将会成为未来的一种常见现象。

思考与练习

1. 技术经济学的研究对象有哪些？
2. 什么是技术？何谓硬技术和软技术？
3. 技术进步是如何推动经济发展的？
4. 经济效益的含义是什么？经济效益的评价标准有哪些？
5. 技术经济分析的一般过程包括哪些步骤？技术经济分析的基本原则有哪些？
6. 作为一名大学生为什么要学习技术经济学？

第二章 技术经济评价的基本要素

任何经济活动都会选择一个预定的目标，随后制定多种不同的备选方案，通过技术经济分析和评价，从这些备选方案中选出最优的实施方案。在技术经济评价过程中，一些基本的技术经济评价要素是组成技术经济分析的基础。

本章主要对经济性评价的基本要素进行介绍，包括经济效果及其指标体系，投资、成本、折旧、利润以及税收等基本要素，为今后进行技术经济分析打下基础。

学习过程中要求了解经济效果的表达方法、成本和税收的相关概念，掌握投资的估算方法以及折旧和摊销的计算方法。

第一节 经济效果及其指标体系

一、经济效果的概念

任何经济活动都是消耗一定数量的劳动或资源获得一定的成果。经济活动过程中将劳动成果与劳动消耗的比较称为经济效果，人们关心的是劳动消耗转化为劳动成果的程度。

正确理解经济效果需要将技术方案获得的劳动成果与劳动消耗联系起来进行比较，仅仅以劳动成果或者劳动消耗的多少来判断经济效果的好坏都是不科学的。任何技术方案在实施过程中都会产生劳动成果，但劳动成果并不一定都是有效的。这是由于技术方案实施之后的产出，有可能产生包含诸如环境污染、温室气体排放、生态改变等负影响，因此在经济效果考察过程当中，需要考虑的是有效的劳动成果，也就是社会需要的、对社会有益的劳动成果。技术方案实施过程中的劳动消耗包括了直接劳动消耗、劳动占用和间接劳动消耗三个部分，涵盖了整个技术方案实施过程中全部的人力、物力和财力等投入。

二、经济效果的分类

1. 企业经济效果和国民经济效果

根据分析的角度不同可以将经济效果分为企业经济效果和国民经济效果。企业经济效果是指站在企业的角度分析技术方案的经济效果。国民经济效果是指站在国家的角度，从国民经济以至整个社会出发，分析技术方案的效果。由于分析的角度不同，对同一技术方案的企业经济效果评价结果与国民经济效果评价结果可能会不一致。例如向偏远地区修建输电设施对于企业来说是很难收回成本的，其企业经济效果评价一般是不合理的。但是作为国民经济整体而言，需要为国民提供高品质基础设施服务，需要将电输送到国家需要的地方，从国民经济效果评价角度看其又具有合理性。一般情况下，如果技术方案的国民经济效果评价认为可行，企业经济效果评价也认为可行，技术方案就可以实施；如果国民经济效果评价认为可行，企业经济效果评价认为不可行，可以通过减税、优惠贷款及实行政策性补贴等经济手段，或者更改方案使企业经济效果变为可行后再实施；如果国民经济效果评价认为不可行，无论企业经济效果评价如何都必须坚决否决。

2. 直接经济效果和间接经济效果

根据受益者的不同可以将经济效果分为直接经济效果和间接经济效果。直接经济效果是指技术方案直接给实施者带来的经济效果。间接经济效果是指技术方案对社会其他部门产生的经济效果。例如在西北地区建设光伏发电或风力发电项目，新能源企业可以通过项目发电带来经济效益，这就属于直接经济效果。而建设光伏发电或风力发电项目可以带动当地就业、减少碳排放、保护环境、改善当地的基础设施和生活水平，这就属于间接经济效果。一般来说，直接经济效果容易看得见，不易被忽略，但从全社会可持续发展的角度出发，则更应强调间接经济效果。

3. 有形经济效果和无形经济效果

根据能否用货币计量可以将经济效果分为有形经济效果和无形经济效果。有形经济效果是指能用货币计量的经济效果，如技术方案的实施给企业带来的利润。无形经济效果是指难以用货币计量的经济效果，如技术方案采用后，提高劳动力素质、提升企业的知名度等给企业带来的效益。在技术经济分析评价的过程中，不仅要重视有形经济效果的评价，还要重视无形经济效果的评价。

三、经济效果表达方式

经济效果是指经济活动过程中取得的劳动成果与劳动消耗的比较，通常有以下三种表达方式。

（1）差额表示法。差额表示法是一种用劳动成果与劳动消耗之差表示经济效果大小的方法，其表达式为

$$经济效果 = 劳动成果 - 劳动消耗 \tag{2-1}$$

差额表示法计算的经济效果是一个总量指标，这种表示方法要求劳动成果与劳动消耗必须是相同的计量单位，其差额大于 0 是技术方案可行的经济界限，差额小于 0 则代表方案不可行。这种经济效果指标计算简单、概念明确，但这种方法缺乏对技术方案规模的考虑，对投资金额较大的一方较为有利，同时也缺乏对不同的项目技术水平的考察，不能确切比较经济效果的好坏。

（2）比值表示法。比值表示法是一种用劳动成果与劳动消耗之比表示经济效果大小的方法，其表达式为

$$经济效果 = \frac{劳动成果}{劳动消耗} \tag{2-2}$$

比值表示法的特点是劳动成果与劳动消耗的计量单位可以相同，也可以不相同。当计量单位相同时，比值大于 1 是技术方案可行的经济界限，比值小于 1 则方案不可行。这种方法对投资金额较小的一方较为有利。

（3）差额-比值表示法。差额-比值表示法是一种用差额表示法与比值表示法相结合来表示经济效果大小的方法，其表达式为

$$经济效果 = \frac{劳动成果 - 劳动消耗}{劳动消耗} \tag{2-3}$$

这种表示法可以兼顾差额表示法和比值表示法的优点，也是技术经济分析中常用的一种经济效果表示法。当计量单位相同时，比值大于 0 是技术方案可行的经济界限，比值小于 0 则方案不可行。

上式中，劳动消耗是指生产过程中消耗的活劳动和物化劳动。活劳动消耗是指生产过程中具有一定的科学知识和生产经验，并掌握一定生产技能的人有目的的脑力和体力的消耗。物化劳动消耗包括两方面的内容：一方面是指原材料、燃料动力、辅助材料等消耗，它们在投入生产过程中一次被消耗掉，失去原有形态，转变为另一种形态和性能的使用价值；另一方面是指厂房、机器设备、技术装备等生产工具的损耗，它们在投入生产过程中定期循环使用，逐渐磨损或失效，并逐步以价值形式转移到所生产的新产品中去，成为新产品成本的组成部分。以大学食堂出售菜品为例，厨师通过其烹饪知识和烹饪经验进行多种菜肴的制作，付出了劳动，这部分属于活劳动消耗；菜品所需的原材料、烹饪所需的水电气属于物化劳动消耗的一部分；而使用的食堂占用的建筑面积及使用的烹饪设施等会在使用过程中逐渐损耗，这部分成本会被以价值性转移到生产的菜品中，就属于物化劳动消耗的另一部分。

四、经济效果的性质和特点

经济效果的性质在不同的社会制度下生产目的不同，技术经济效果的性质也不同。在资本主义制度下，资本家追求的最大经济效果，就是用最小限度的预付资本取得最大限度的剩余价值。剩余价值的多少是资本家评价经济效益好坏的唯一准则。因此，用同样多的资本取得最多的剩余价值，或取得同样多的剩余价值所用的资本最少，这就是资本家进行生产的目的。这种剩余价值和预付资本的比例关系，就是资本主义制度下经济效果的性质。

在社会主义社会，各行各业的生产经营活动均服从于全社会的整体利益，作为生产主体的劳动者在社会实践中付出的是劳动，得到的是社会需要的满足，而且还要使社会需要得到最大限度的满足。这种所取得的某种程度社会需要的满足和劳动消耗之间的比例关系，就是社会主义制度经济效果的性质。

五、经济效益的评价原则

经济效益的评价原则包括以下几方面：

（1）遵循社会主义生产目的。在评价技术实践活动的成果时，需要考虑其是否满足社会现实需要。如果技术实践活动的成果符合社会现实需要，那么它既有直接经济效益，也有间接经济效益，同时也有宏观经济效益。如果技术实践活动的成果不符合社会现实需要，那么它只有虚假的产值和企业利润，没有实际的社会价值和经济效益。

（2）从整个国民经济利益出发。技术经济效益是指在社会主义市场经济条件下，对技术实践活动的投入、产出和所产生的经济效果进行评价和测量。在考察技术经济效益时，不能只考虑某个企业或某个行业的局部利益，而应该更注重整个国民经济乃至全社会的经济效益。个别企业或部门的经济效益必须服从整个国民经济的利益，两者在一般情况下具有同一性。当二者出现矛盾时，必须遵从个别利益服从整体利益的原则。

（3）当前经济效益与长远经济效益相结合。评价技术实践活动的成果时，不仅要考虑当前的经济效益，还应该考虑长远的经济效益。一般情况下，当前经济效益高的技术方案从长远看也是好的，但有些技术方案从当前看可能是较为有利的，从长远看效益就不大；或者从近期看经济效益不大，但从长远看就能取得较大的经济效益。

六、经济效益评价的指标体系

为了准确、全面、有效地评估和衡量某个工程项目或方案的经济效益，需要借助和运用一系列相关的技术经济指标。所谓经济效益指标体系，是指从多个角度、多个方面相互配合，全面地反映或说明与特定技术方案相联系的特定对象的经济效益状况的一系列有机整体性指标。评估项目或方案的经济效益指标体系包括：反映劳动成果（效益）类指标、反映劳动消耗类指标、同时反映收益和劳动消耗的综合指标。

（1）反映使用价值的效益指标。反映效益类的指标即反映技术方案的有用劳动成果指标，主要有产品产量指标、品种指标质量指标和时间因素指标。

（2）反映形成使用价值的劳动消耗指标。劳动消耗是指物化劳动消耗和活劳动消耗的总和。由于存在着商品生产和商品交换，存在着简单劳动和复杂劳动的差别、脑力劳动和体力劳动的差别，用工时来衡量劳动的消耗不够准确，而用货币来衡量劳动消耗则比较准确。物化劳动消耗可以通过原材料、燃料、动力等的消耗数量乘以相应的单价来衡量，而活劳动消耗则以工资来衡量。通过这种方式，劳动消耗的总和可以被量化为货币数值，从而更加准确地反映项目或方案的经济效益。

（3）反映效益和消耗的综合指标。经济效益的表现形式有多种，可以用实物形态表示，也可以用价值形态表示。实物形态表示的效益是指通过技术方案实现的产出或者产出的增加值，价值形态表示的效益是指技术方案实现的产出对于社会和环境的价值增加。因此，经济效益的综合指标既要反映技术方案本身的经济效益，也要反映技术方案对社会和环境的贡献程度。

第二节 投 资

投资是一种特定的经济行为，即投入资金以期获得收益或避免风险。根据投资对象的不同，投资活动可以分为证券投资和产业投资两类。证券投资是指购买股票、债券等有价证券以获取效益的行为；而本书所讨论的投资活动主要是指产业投资。产业投资是指为确保项目投产和生产经营活动正常进行而进行的投资，其投入资本可以是资金、人力、技术、设备、房屋、土地等。对于基本建设项目来说，投资包括流动资产投资和非流动资产投资。

一、流动资产投资

流动资产投资是指用于生产经营过程中可以快速周转的资金。流动资产包括货币资金、应收款、预付款、存货等，这些资产在一年或超过一个营业周期内可变现或使用。工业企业属于生产经营型单位，一旦开始生产，流动资产就进入生产和流通领域，并以速动资产和存货两种形态存在且不断地循环周转。速动资产是企业生产经营过程中能够马上变现的那部分资产，因此具有非常高的流动性。而存货则占据了流动资产中较大的比重，它包括企业销售或制造产品所需的所有物资。存货的特点是不断处于销售和重新储备之间，即不断耗用和重置。流动资产是在生产过程中实物形态不断变化的资产，在生产周期中其价值会一次性地转移到产品成本中，并在产品销售后以货币形式得到补偿。每个生产周期都会使流动资产完成一次周转，但其货币形态将在整个项目寿命周期内被占用，直到项目结束时才以货币资金的形式退出生产和流通，并如数收回。

二、非流动资产投资

非流动资产由总固定资产、无形资产和递延资产三部分构成，其中总固定资产包括固定资产、建设期贷款利息。固定资产投资是指用于建设或购置固定资产所投入的资金。固定资产是使用年限超过一年且单位价值高于规定标准，在使用过程中保持实物形态的资产，如建筑物、机器机械、运输工具以及其他与生产经营有关的设备、工具、器具等。价值在 2000

元以上且使用期限超过 2 年的非生产领域物品也应被视作固定资产。建设期贷款利息是指在建设期需要偿还的固定资产贷款利息。固定资产属于企业的耐用资产,常常被用于生产经营中以提供几年甚至更长时间的产品和劳务服务而并非售出。由于固定资产的使用期限较长,在生产过程中的特点表现为:从实物形态上看,固定资产能以同样的实物形态在多个生产周期中连续服务,并始终保持其原有的物质形态;从价值形态上看,由于固定资产可以以同样的实物形态连续对生产过程进行服务,因此其价值应该随着使用磨损,并以折旧的形式逐渐转移至产品成本中,最终通过销售收入得到补偿。

无形资产指的是没有物质实体,但能够给所有者带来长期收益的资产。它是企业拥有的一种特殊权利,有助于企业获得高于平均水平的收益。常见的无形资产包括专有技术、专利权、商标权、经营特许权、土地使用权和商誉权等。

递延资产指的是一些支出无法在当前年度全部计入成本且必须在未来的几年内分期摊销的各项费用。这些支出包括开办费、固定资产改良支出、租入固定资产所需的改良支出以及其他摊销期长于一年的费用。

三、投资的估算

进行工程项目的经济评价,首先需要进行投资估算。投资估算是工程项目经济分析和评价的基础工作。国外有很多投资估算方法,而我国通常采用工程概算法,具体应采用哪种方法要根据工程项目的特点、资料掌握的详细程度、估算精度要求以及其他作用等因素灵活运用。下面介绍几种常用的投资估算方法。

(一)固定资产投资的估算方法

1. 生产规模指数法

生产规模指数法是利用已知的投资指标来粗略地估算同类型但不同规模的工程项目或设备的投资额。如果已经知道一个工程或设备的生产能力、固定资产投资额及其能力指数,那么可以按照以下公式计算不同生产能力的新建工程或设备的投资额

$$K_2 = K_1 \left(\frac{Q_2}{Q_1}\right)^n P_f \tag{2-4}$$

式中:K_1 为同类已建项目的投资额;K_2 为新建项目的投资估算值;Q_1 为同类已建项目的生产能力;Q_2 为新建项目的生产能力;P_f 为物价修正系数;n 为工程能力指数。

式(2-4)表明,投资与规模呈非线性关系,且单位投资随工程规模的增大而减小。一般情况下工程能力指数很难通过计算准确获取,目前世界各国主要采用 n 的平均值进行固定资产投资估算。若已建类似项目的生产规模与拟建项目生产规模相差不大,Q_1 与 Q_2 的比值在 0.5~2,则 n 的取值近似于 1。当项目主要通过增加设备数量来提高生产能力时,n 可以取 0.8~1.0;当项目通过提升设备效率、增加设备功率、扩充设备容量来扩大生产规模时,n 可以取 0.6~0.7;当项目从事高温高压的工业生产时,n 可以取 0.3~0.5;一般情况下,n 的取值在 0.6 左右,因此生产规模指数法又可以称为 0.6 指数法。需要注意的是,当生产规模扩大超过 50 倍时,该方法就不能进行投资估算。

指数法主要适用于新建装置或项目与参考的已知装置或项目规模不同的情况。使用生产能力指数法进行项目投资估算,其误差可以控制在±20%以内。尽管估价误差仍然较大,但该方法独特的优势在于无需详细的工程设计资料,只要掌握工艺流程和规模即可进行估价。此外,在总承包工程中,生产能力指数法可作为估价的参考,承包商通常采用这种方法进行

估价。

2. 分项类比估算法

分项类比估算法将工程项目的固定资产投资分为三个部分：机器设备投资、建筑物与构筑物投资和其他投资。在估算过程中，首先估算机器设备部分的投资金额，然后根据其他两部分与机器设备投资的比例逐项进行估算。该方法需要大量同类型工程实际投资额数据，并要求估算人员具有丰富的经验。

(1) 机器设备的投资估算。机器设备的费用是以机器设备安装后的价值乘以数量获得的，其公式为

$$K_m = \sum_{i=1}^{n}[Q_{mi}D_{mi}(1+k_{mi})] \tag{2-5}$$

式中：K_m 为机器设备的投资估算值；n 为需要估算的机器设备的种类；Q_{mi} 为第 i 种机器设备的数量；D_{mi} 为第 i 种机器设备的购置价格；k_{mi} 表示第 i 种机器设备在同类项目中同类机器设备的运输安装费用系数，该系数目前还没有公认的合理值，国外一般取为 0.43。

(2) 建筑物、构筑物的投资估算。建筑物、构筑物的投资可以根据机器设备的投资额按一定比例进行估算，其公式为

$$K_f = K_m \times k_f \tag{2-6}$$

式中：K_f 为建筑物、构筑物的投资估算值；k_f 为同类项目中建筑物、构筑物投资额与机器设备投资额的相对比重。

(3) 其他投资的估算。其他投资一般是指独立的单项费用，例如土地购置费、青苗补偿费、居民迁移费、建设单位管理费、设计费、人员培训费等，其计算也可以根据机器设备投资额按比例进行计算，其公式为

$$K_w = K_m \times k_w \tag{2-7}$$

式中：K_w 为其他投资的估算值；k_w 为同类项目中其他投资额与机器设备投资额的相对比重。

将以上三项费用合计之后就可以粗略地获得固定资产投资，在此基础上还需要考虑施工费用和预备费用的影响，这两项费用可根据上述三项费用合计按一定比例来估算。

施工费用 K_s 可以表示为

$$K_s = (K_m + K_f + K_w) \times k_s \tag{2-8}$$

式中：k_s 的大小与工程项目的施工复杂程度有关，项目施工简单的 k_s 可以取 0.20～0.35，项目施工复杂的 k_s 可以取 0.35～0.60。

预备费用 K_b 可以表示为

$$K_b = (K_m + K_f + K_w) \times k_b \tag{2-9}$$

式中：k_b 为项目考虑不可预见因素而设定的费用系数，一般可以取为 5%～10%，国外有的项目可以达到 30%。

综合以上各项费用，工程项目固定资产投资的估算总额 K 为

$$K = K_m + K_f + K_w + K_s + K_b \tag{2-10}$$

3. 资金周转率法

资金周转率法是一种国际上普遍采用的方法，它从资金周转的定义出发推算出建设投资。当资金周转率已知时，计算公式如下：

$$K=\frac{Q \cdot P}{T} \tag{2-11}$$

式中：K 为拟建项目的建设投资；Q 为产品年产量；P 为产品单价；T 为资金周转率，可以用年销售总额除以建设投资获得。

4. 朗格系数法

朗格系数法是以主要设备费用为基础，乘以适当的系数来推算项目的建设费用。其计算公式为

$$K = E \times (1+\sum K_i)K_c \tag{2-12}$$
$$K_L=(1+\sum K_i)K_c$$

式中：K 为总建设费用；E 为主要设备费；K_i 为管线、仪表、建筑物等项目的费用估算系数；K_c 为管理费、合同费、应急费等各项费用的总估算系数；K_L 为朗格系数，即建设费用与设备费用之比。

5. 工程概算法

工程概算法是目前国内广泛使用的一种方法，估算方法如下：

(1) 建筑安装工程费用的估算。建筑工程费用主要包括以下内容：各类房屋建筑工程和列入预算的供水、供暖、通风等设备费用及其装饰工程的费用，以及列入预算的各种管道、电力、电信和电缆导线敷设工程的费用；设备基础等建筑工程以及砌筑工程和金属结构工程的费用；为施工而进行的场地平整、工程和水文地质勘查、原有建筑物和障碍物以及施工临时用水、电、气、路和完工后的场地清理、环境绿化、美化等工作。

建筑工程费的估算通常采用单位建筑工程投资估算法和概算指标估算法。单位建筑工程投资估算法是以每个单位的建筑工程量投资乘以建筑工程总量来计算建筑工程投资，一般工业与民用建筑使用单位面积的投资来计算建筑工程费。

安装工程费用主要包括生产、动力起重、运输、传动和医疗、实验等各种需要安装的机械设备的装配费用，与设备相连的工作台、梯子、栏杆等设施的工程费用，附属于被安装设备的管线敷设工程费用，以及被安装设备的绝缘、防腐、保温、油漆等工效材料和安装费用。安装工程费用通常按行业或专业机构发布的安装工程定额、取费标准和指标估算投资。具体计算可按照安装费率、每吨设备安装费或者每单位安装实物工程量的费用来估算。

$$安装工程费 = 设备原件 \times 安装费率$$
$$安装工程费 = 设备吨位 \times 每吨安装费$$
$$安装工程费 = 安装工程实物量 \times 安装费用标准 \tag{2-13}$$

(2) 设备购置费的估算。设备购置费是指为建设项目购置或自制的达到固定资产标准的国产或进口设备、工具和器具的购置费用。它主要由设备原价和设备运杂费组成，即

$$设备购置费 = 设备原价 + 设备运杂费 \tag{2-14}$$

设备原价通常指国产或进口设备的原始价格，一般为设备制造商的交货价或订货合同价。确定方法一般包括生产厂或供应商询价、报价、合同价等方式，或通过一定的计算方法进行确定。设备运杂费则指除了设备原价外与设备采购、运输、途中包装及仓库保管等相关支出的总和，可以使用设备原价乘以特定设备运杂费率来计算。

(3) 工、器具及生产家具购置费的估算。工、器具及生产家具购置费是指新建或扩建项目初步设计规定的，为保证初期正常生产必须购置的未达到国家固定资产标准的设备、仪

器、器具、生产家具和备品备件等成本。一般采用设备购置费为计算基准，并按照部门或行业规定的工、器具及生产家具购置费率进行计算。其计算公式为

$$\text{工、器具及生产家具购置费} = \text{设备购置费} \times \text{定额费率} \tag{2-15}$$

（4）工程建设其他费用。工程建设其他费用指的是工程建设期间除建筑安装工程和设备及工、器具费用外发生的与工程建设顺利完成和交付使用有关的各类费用，主要包括土地使用费、建设单位管理费、勘察设计费、研究试验费、工程监理费、工程保险费、引进技术和进口设备其他费用、工程承包费等，以及未来企业生产经营有关的联合试运转费、生产准备费、办公和生活家居购置费等。

（5）预备费。预备费分为基本预备费和涨价预备费。其中，基本预备费依据设备加工和器具购置费、建筑安装工程费用、工程建设其他费用之和，再乘以基本预备费率计算。基本预备费主要涵盖初步设计及概算内难以预测的工程费用，例如设计变更所增加的费用、自然灾害造成的损失和预防措施所需费用。

$$\text{基本预备费} = (\text{设备及工、器具购置费} + \text{建筑安装工程费} + \\ \text{工程建设其他费用}) \times \text{基本预备费率} \tag{2-16}$$

涨价预备费是为了应对建设项目的造价变化而设置的预留费用，其包括人工、设备、材料、施工机械等费用变动所需的价差费，以及建筑安装工程费和工程建设其他费用的调整、利率和汇率的变化等增加费用。涨价预备费一般按照国家规定的投资综合价格指数测算。计算方法采用复利法，基于估算年度的价格水平，以投资额为基础进行计算。其计算公式为

$$PF = \sum_{t=1}^{n} I_t [(1+f)^t - 1] \tag{2-17}$$

式中：PF 为涨价预备费；n 为建设期年份数；I_t 为建设期中第 t 年的投资计划额，包括设备及工器具购置费、建筑安装工程费、工程建设其他费用；f 为年均投资价格上涨率。

（6）建设期贷款利息。在建设期间，需要偿还的贷款利息包括国内银行和其他非银行金融机构的贷款利息、出口信贷、外国政府贷款、国际商业银行贷款以及发行的债券等。如果总贷款分年度均衡发放，则应按照实际贷款使用情况进行计算，也就是说当年度的贷款按半年计息，而去年度贷款需按全年计息。可以使用以下公式进行计算：

$$q_j = \left(P_{j-1} + \frac{1}{2}A_j\right) \times i \tag{2-18}$$

式中：q_j 为建设期第 j 年应计利息；P_{j-1} 为建设期第 $j-1$ 年年末贷款累计金额与利息累计金额之和；A_j 为建设期第 j 年贷款金额；i 表示年利率。

在计算国外贷款利息时，应考虑国外贷款银行根据贷款协议向贷款方以年利率的方式收取的手续费、管理费和承诺费，以及国内代理机构依据国家主管部门批准而向贷款单位按年利率收取的转贷费、担保费和管理费等。

（二）流动资金投资的估算

流动资金是指用于日常生产经营活动中购买原材料、燃料、支付工资及其他费用等所需的资金。为了保证正常的经营运作，企业需要流动资金进行周转。估算流动资金的方法一般有分项详细估算法和扩大指标估算法两种。

1. 分项详细估算法

分项详细估算法根据周转额与周转速度之间的关系，对构成流动资金的各项流动资产和

流动负债分别进行估算。在可行性研究中，通常只考虑存货、现金、应收账款和应付账款四个方面来估算流动资金，以简化计算过程。

具体估算步骤如下：首先要计算各类流动资产和流动负债的年周转次数，然后再针对每项资产或负债进行占用资金的具体估算。

(1) 周转次数。周转次数反映了流动资金中各构成项目在一年内完成的生产周期数量。

$$周转次数 = \frac{360}{年最低周转天数} \tag{2-19}$$

在确定存货、现金、应收账款和应付账款各项的最低周转天数时，可以参考同类企业的平均周转天数，并结合项目特点进行确定。又因为

$$周转次数 = \frac{周转额}{各项流动资金平均占用额} \tag{2-20}$$

如果已知周转次数，则

$$各项流动资金平均占用额 = \frac{周转额}{周转次数} \tag{2-21}$$

(2) 应收账款。应收账款是指企业因向外赊销商品或劳务而未能立刻收回的资金。应收账款的周转额应根据全年赊销销售收入来计算。在可行性研究时，通常使用销售收入代替赊销销售收入。具体计算公式为

$$应收账款 = \frac{年销售收入}{应收账款周转次数} \tag{2-22}$$

(3) 存货。存货是企业为销售或生产耗用而储备的备用物资，包括原材料、辅助材料、燃料、低值易耗品、维修备件、包装物、半成品和成品等。在流动资金估算时，为简化计算过程，通常只考虑外购原材料、外购燃料、在产品和产成品这四个方面，并对它们进行分项估算。具体的计算公式为

$$存货 = 外购原材料燃料 + 在产品 + 产成品 \tag{2-23}$$

其中

$$外购原材料燃料占用资金 = \frac{年外购原材料燃料}{周转次数}$$

$$在产品 = \frac{年在产品生产成本}{周转次数}$$

$$产成品 = \frac{年经营成本}{周转次数}$$

(4) 现金需要量。项目流动资金中的现金是指货币资金，即企业生产运营活动中以货币形式存在的资金，包括库存现金和银行存款。具体的计算公式为

$$现金需要量 = \frac{年工资及福利费 + 年其他费用}{周转次数} \tag{2-24}$$

其中，年其他费用指制造费用、管理费用和销售费用中除了包含工资及福利费、折旧费、摊销费、修理费之外的部分。

(5) 流动负债。流动负债指企业在一年或一个营业周期内需要偿还的各种债务。在流动资金的可行性研究中，只考虑了应付账款这一项流动负债，并对其进行了估算。具体的计算公式为

$$应付账款 = \frac{年外购原材料燃料}{周转次数} \qquad (2-25)$$

采用分项详细估算法时,应根据项目具体情况分别确定现金、应收账款、存货和应付账款的最低周转天数,并考虑保险系数。最低周转天数的减少可以增加周转次数,从而减少流动资金需求量,因此需要选用切实可行的最低周转天数。在不同生产负荷下,流动资金应根据各项费用金额采用上述公式进行估算,而不能直接按 100% 的生产负荷的流动资金乘以生产负担率来计算。

2. 扩大指标估算法

扩大指标估算法是可以根据同类企业实际数据计算出各种流动资金率指标的一种方法。此外,也可以根据行业或部门的参考值或经验来确定比率,通过把各类型的流动资金率乘以相应的费用基数得到流动资金的估算结果。常见的费用基数有销售收入、经营成本、总成本费用和固定资产投资等,采用哪种基数需根据行业惯例而定。扩大指标估算法具有简便易行的优点,但准确度不高,适用于项目建议书阶段的估算工作。其公式为

$$年流动资金额 = 年费用基数 \times 各类流动资金率$$
$$年流动资金额 = 年产量 \times 单位产品产量占用流动资金额 \qquad (2-26)$$

流动资金属于长期性或永久性流动资产,筹措流动资金可通过筹集长期负债和股本等方式解决,通常要求资本金和长期负债占有合理的比例,一般不低于 30%。流动资金的筹措通常要在投产前一年开始计划,为简化计算,可以规定在投产的第一年根据生产需求安排流动资金需要量。

第三节 成 本

成本通常指企业为获取一定数量的商品或劳务所付出的代价,也可以说成本是企业生产一定数量的商品或劳务所消耗的生产要素的价值。尽管成本的概念表面上看起来很简单,但实际上其含义非常广泛。在不同的情境下,可能需要使用针对不同对象或按照不同需要而制定的不同成本概念。

一、总成本费用

总成本费用包括项目在一定时期内为生产和销售产品所支付的全部生产成本和费用,其中费用是企业在生产经营过程中发生的各项耗费。根据与产品生产的关系,费用可分为生产费用和期间费用。生产费用是指企业在一定期间内生产过程中以货币形式表现的各种直接耗费,期间费用则是指与企业产品生产活动不直接相关但涉及筹资、管理和销售等方面的支出,如管理费用、财务费用和销售费用等。生产成本是指工业企业为生产各种产品和提供劳务所发生的直接人工、直接材料消耗以及与生产有关的制造费用的总称。通常情况下,为生产特定产品所需的生产成本及其他与生产相关的费用之和称为产品总成本或成本费用,简称成本。

目前主要采用"制造成本法"来计算工业企业的生产成本,生产成本由直接人工费用、直接材料费用和制造费用三个部分组成。其中,直接人工费用指为进行生产而能直接计入成本对象的劳动人员的工资和福利费用,即应由成本对象承担的劳动报酬。直接材料费用是指各成本对象直接耗用的原材料。制造费用则是指为生产产品或提供劳务必须发生但不能直接

计入各成本对象的费用，如工资及福利费、折旧费、修理费、办公费、水电费、劳动保护费以及季节性停工损失等。这部分费用为生产车间或班组为组织和管理生产所共有，只能采用间接分配方法确定各成本对象的承担程度。

二、经营成本

经营成本是指总成本费用扣除固定资产折旧费、储量有偿使用费、无形资产及递延资产摊销费和利息支出后的全部费用，即

$$\text{经营成本}=\text{总成本费用}-\text{折旧费}-\text{储量有偿使用费}-\text{摊销费}-\text{利息支出} \quad (2\text{-}27)$$

其中

$$\text{总成本费用}=\text{生产成本}+\text{管理费用}+\text{财务费用}+\text{销售费用}$$

经营成本不包括固定资产折旧费、储量有偿使用费、无形资产及递延资产摊销费和利息支出，主要原因如下：投资已在期初计入现金流量表中的一次性支出，不能再将折旧和摊销等费用以现金流出方式重复计算。项目经济效益评价时，只考虑该项投资本身的效益，而不涉及资金来源。因此利息支出不纳入现金流出，但自有资金现金流量表会单独列出利息支出。如果储量有偿使用费用于回收勘探投资，应从经营成本中扣除。

三、固定成本和可变成本

产品成本根据其与总产量的关系，可分为可变成本、固定成本和半变动成本。

固定成本是指在一定时期和特定生产规模下，不随产品产量增减而变化的费用。即使产品量增加或减少，固定成本总额也不会改变。通常包括制造费用中的一些费用，例如生产单位固定资产折旧费、修理费、管理人员薪资、职工福利费和办公费等。

可变成本是指产品成本中随产品产量增减而成比例变化的费用，例如直接人工费、直接材料费、产品包装费等。这些费用可以反映在单位产品成本中，但是在单位产品成本中是固定不变的。

半变动成本是指产品成本中随产量增减而变化，但不成比例变化的费用，例如燃料动力费用、运输费用等。

四、机会成本与沉没成本

机会成本是指将某种多重用途的有限资源用于特定目的时所放弃的收益。当一种有限资源可用于多个目的时，可能存在多种获取相应收益的机会。如果选择将该资源用于某个特定目的，则必须放弃其他可能的投资机会和相应的收益。在这些被放弃的机会中，最佳机会的收益就是特定用途下使用该资源的机会成本。

沉没成本是指与当前决策无关的以往发生的费用。经济活动具有连续性，但从决策的角度来看，以前发生的费用只是导致当前状态的一个因素而已。对于当前的决策，需要考虑未来可能发生的费用和能够带来的收益，不考虑已经发生的费用显然是合理的。在技术经济分析中，沉没成本不会在现金流量中出现，而机会成本则以各种方式影响现金流量。

五、总成本费用估算

总成本费用的估算方法有很多，这里简要介绍两种常用的方法：分项估算法和类比估算法。

（一）分项估算法

在使用分项估算法计算总成本费用时，通常将成本费用拆分为9个大类：外购原材料、外购燃料及动力、工资及福利费、修理费、折旧费、维修费、摊销费、利息支出和其他费

用。具体如下：

（1）外购原材料费用估算。对于每种原材料，需要确定其名称、规格、单位产品的耗用量以及价格，总的消耗费用等于单位产品的消耗费用乘以产品产量。

（2）外购燃料和动力费用估算。与上述相同，需要明确其名称、规格、单位产品的耗用量以及价格。总的消耗费用等于单位产品的消耗费用乘以产品产量。

（3）工资及福利费用估算。按全厂员工数目和年人均工资及福利费标准来估算。

（4）修理费用估算。将修理费按固定资产年折旧费的一定百分比估算。

（5）折旧费用估算。根据一定的折旧计算方法来估算，可以采用直线折旧法或加速折旧法。目前，我国大部分公司采用直线折旧法进行估算。

（6）维检费估算。维检费用可按照维检费用与固定资产原值之比来估算，具体比率根据项目而定。

（7）摊销费用估算。无形资产的摊销期限通常规定在一定的年限内，如果没有明确期限，就按不少于 10 年分期摊销。开办费用作为递延资产也需要按不短于 5 年的期限分期摊销。

（8）利息支出估算。利息支出包括长期借款利息、生产经营期间应计利息和汇兑损失，以及流动资金借款利息等。

（9）其他费用估算。其他费用是指除去工资及福利费、折旧费、修理费、摊销费、利息支出之后的制造费用、管理费用、财务费用和销售费用，该费用的提取率视项目的具体情况而定。

（二）类比估算法

类比估算法假定产品总成本费用中各项费用之间的相对比例在很长一段时间内都是固定不变的，以占生产成本比重最大的费用为基础来进行总成本费用估算。这种方法一般在新技术论证或新产品开发时经常采用。

1. 生产成本的组成

工业产品的生产成本 C 可以认为是材料费用 M、工资费用 L 和制造费用 G 的总和，可以表示为

$$C = M + L + G \tag{2-28}$$

材料费用 M 可以表示为材料毛费用 W_b、外购元件费用 Z、材料管理费用 G_w 和外购元件管理费用 G_z 的总和，即

$$M = W_b + Z + G_w + G_z \tag{2-29}$$

工资费用 L 主要包括直接工资费用和其他直接支出。直接工资费用中，基本工资可以用当地行业平均工资标准乘以雇佣人数得到，奖金、津贴等可根据基本工资按一定比例进行估算，福利费等可以根据企业工资总额按一定比例进行估算。制造费用 G 可以根据同类产品的单件制造费用乘以预计制造件数进行估算，需要扣除其中有关材料和外购元件的管理费用。

2. 生产成本费用构成比

将式（2-28）两端除以生产成本 C，并乘以 100%，可以得到

$$M' + L' + G' = 100\% \tag{2-30}$$

式中：$M' = M/C \times 100\%$ 为材料费用系数，其含义为材料费用占生产成本的百分数；

L'为工资费用系数;G'为制造费用系数;各项费用系数之比($M':L':G'$)为费用构成比。

每种产品的费用构成比是不同的。例如铁路货车,其$M'=69\%$,$L'=8\%$,$G'=23\%$;而对于精密手表,其$M'=30\%$,$L'=28\%$,$G'=42\%$。这说明铁路货车的材料费用占生产成本的69%,材料消耗比较多,而工资和制造费用比较低。同样,对精密手表来说,制造费用在生产成本中所占比重最大,工资费用占比较高,这可以从另一方面说明该产品的科技含量。

3. 总成本费用估算

总成本费用$C_总$可以表示为

$$C_总 = C + 管理费用 + 销售费用 + 财务费用 = aC \tag{2-31}$$

式中:a为总成本费用和生产成本费用之比,简称成本系数。成本系数取决于产品的复杂程度、难易程度和管理方式等因素,可根据工厂实际生产经营状况而定。获取了成本系数a的数据,根据产品的生产成本C就可以估算出产品的总成本费用$C_总$。

第四节 折旧与摊销

一、折旧费估算

我国现行会计制度规定,折旧费用包括在制造费用、管理费用和销售费用中,并可以分别计算每一项成本中的折旧费用。固定资产的折旧范围包括房屋建筑物、在用的机器设备、仪器仪表、运输车辆、工具器具、季节性停用或修理停用的设备,以及使用经营租赁或融资租赁方式租出的固定资产。

企业计提固定资产折旧的方法有多种,基本上分为两类,即均匀折旧法(包括年限平均法和工作量法)和加速折旧法(包括双倍余额递减法和年数总和法)。企业应根据固定资产所含经济利益的预期实现方式选择不同的折旧方法,不同的折旧方法可能导致计提的折旧费存在很大差异。

1. 平均年限法

平均年限法又称为直线法,该方法的折旧费由固定资产的原值、估计净残值率和折旧年限共同决定。具体的折旧计算公式为

$$年折旧费 = 固定资产原值 \times 年折旧率 \tag{2-32}$$

$$年折旧率 = (1 - 残值率) \div 折旧年限 \tag{2-33}$$

计算公式中各项参数的具体确定方法如下:

(1) 固定资产原值。固定资产原值是指在项目投产时由投资形成固定资产的部分,包括建设投资和建设期利息。

(2) 净残值率。净残值率是指预计的固定资产净残值与固定资产原值的比率,通常按3%~5%来确定。如果特殊情况下净残值率低于3%或高于5%,则由企业自主确定并报主管财政机关备案。在技术经济分析中,考虑到固定资产的残余价值较大,净残值率一般可取10%,不过像港口等一些行业的净残值率可高于10%。

(3) 折旧年限。财政部针对各类固定资产折旧设置了最短折旧年限。房屋、建筑物的折旧年限为10~55年;火车、轮船机械设备、其他生产设备的折旧年限为10~15年;电子设

备，运输工具（除火车、轮船），与生产、经营业务有关的器具、工具、家具等的折旧年限为 5 年；而对于轻工、机械、电子等行业，一般可以确定折旧年限在 8~15 年；对于港口、铁路矿山等领域的固定资产，则可选择 30 年或以上的折旧年限。各行业应该根据财政部的相关规定来确定折旧年限。

2. 工作量法

工作量法也称为生产数量法或实际产量法，是一种以固定资产在生产过程中消耗率作为折旧基础的计算方法。它根据固定资产的预计总产量来确定每个会计期间的折旧费用，因此该方法特别适用于长期使用的资产需要经常检修、保养或更新的生产情况。下列专用设备可以采用工作量法来计提折旧。

（1）交通运输企业和其他企业专用车队的客货汽车。对于这些固定资产，采用行驶里程方式来计算折旧费用。具体的计算公式为

$$年折旧费 = 单位里程折旧费 \times 年工作里程 \tag{2-34}$$

（2）大型专用设备。可根据工作小时计算折旧费，其计算公式为

$$年折旧费 = 每工作小时折旧费 \times 年工作小时 \tag{2-35}$$

【例 2-1】 一辆运煤卡车的购置费为 55 000 元，可以服务 250 000km，寿命期末残值为 5000 元，计算此卡车在年运行 30 000km 后的折旧费。

解：

$$年折旧费 = 30\,000 \times (55\,000 - 5000) \div 250\,000 = 6000\ 元$$

3. 双倍余额递减法

双倍余额递减法是加速折旧法的一种，也称为递减折旧法。该方法旨在尽早补偿固定资产在使用年限内的价值损失，在固定资产使用初期提取较多的折旧，后期提取较少的折旧，以加速回收投资、增强企业还贷能力并促进技术进步。

双倍余额递减法的折旧率为平均年限确定的折旧率的 2 倍，通过乘以每个会计期间的期初账面净值来确定当期应提取的折旧。具体计算公式为

$$年折旧率 = (1 - 残值率) \div 折旧年限 \times 2 \tag{2-36}$$

$$年折旧费 = 资产账面价值 \times 年折旧率 \tag{2-37}$$

固定资产实行双倍余额递减法的，需要在其折旧年限到期前两年内，按照扣除预计净残值后的固定资产净值平均摊销净额的方法进行折旧，也就是在最后两年要改用直线折旧法进行计算折旧。

【例 2-2】 某设备的资产原值为 10 000 元，折旧年限为 5 年，净残值为 2000 元，分别用平均年限法和双倍余额递减法计算该资产的年折旧费。

解：

用平均年限法计算折旧费：

$$年折旧率 = 1 \div 5 = 20\%$$

$$年折旧费 = (10\,000 - 2000) \times 20\% = 1600\ 元$$

用双倍余额递减法计算折旧费：

$$年折旧率 = (1 \div 5) \times 2 = 40\%$$

第 1 年： $$年折旧费 = 10\,000 \times 40\% = 4000\ 元$$

第 2 年： $$年折旧费 = (10\,000 - 4000) \times 40\% = 2400\ 元$$

第 3 年：　　　　年折旧费＝(10 000－4000－2400)×40％＝1440 元

在设备第四、五年应该计提的折旧费为：

年折旧费＝(10 000－4000－2400－1440－2000)÷2＝80 元

折旧估算见表 2-1。

表 2-1　　　　　　　　双倍余额递减法计算折旧费表　　　　　　　（单位：元）

指标	第 1 年	第 2 年	第 3 年	第 4 年	第 5 年
净值	10 000	6000	3600	2160	2000
年折旧费	4000	2400	1440	80	80

4. 年数总和法

年数总和法是固定资产的一种加速折旧方法。按照这种方法，每年的折旧率不同，应分别计算每年的折旧费和折旧率。通常情况下，每年的折旧率按预计经济寿命的比例确定，并将每个会计期间的折旧费相加，直到固定资产的账面价值被折旧至其预计残值为止。该方法适用于对于固定资产早期损耗较大而后期损耗较小的情况进行折旧核算。其计算公式为

$$年折旧费 = (固定资产原值 - 预计净残值) \times 年折旧率 \tag{2-38}$$

$$年折旧率 = \frac{折旧年限 - 已使用年数}{折旧年限 \times (折旧年限 + 1) \div 2} \tag{2-39}$$

在项目的经济分析中，一般采用直线折旧法来计算折旧费。因为直线折旧法的计算方法简单、稳定可靠，并且易于理解和操作。这种方法可以保证每年的折旧费用相等，从而方便对企业未来的财务情况做出预测和规划。同时，在特定情况下，其他的折旧方法，例如双倍余额递减法或年数总和法可能也会被采用。

二、摊销费的估算

摊销费是指无形资产和递延资产在一定期限内分期摊销的费用。无形资产和递延资产的原始价值应在规定期限内，按年度或产量转移至生产成本中。这一部分被转移的无形资产和递延资产的原始价值称为摊销，企业通过计提摊销费以回收其无形资产和递延资产的资本支出。

计算摊销费的主要方法包括直线法、双倍余额递减法、年数总和法等，其中直线法是应用最广泛的摊销方法。在直线法中，以无形资产或其他资产的原值减去其预计净残值后得到其净值，然后将净值以摊销期限平均分摊到各个会计期间，从而得出每个会计期间的摊销费用。计算公式为

$$年摊销额 = 无形资产或其他资产费 / 摊销年限 \tag{2-40}$$

在计算无形资产摊销费时，需要首先确定其摊销期限。根据规定，无形资产应在规定期限内分期摊销。如果法律、合同或协议规定了法定有效期或受益年限，就按照其中最短的来确定；否则，就将其摊销期限设置为不少于 10 年。如果各项无形资产的摊销年限相同，可以通过计算其总原值和总摊销年限来确定每年的摊销费用。如果各项无形资产的摊销年限不同，则需分别计算它们的摊销费用，然后将其相加以得出生产经营期的各年摊销费用总额。

第五节　销售收入与利润

一、销售收入

销售是企业经营活动的重要环节，而产品销售过程则是产品价值实现的关键过程。在企

业的生产经营活动中,销售收入也被称为营业收入,包括产品销售收入和其他销售收入。其中,产品销售收入包括出售产成品、自制半成品、提供工业性劳务等取得的收入;而其他销售收入则包括材料销售、固定资产出租、包装物出租、从外部采购商品销售、无形资产转让、提供非工业性劳务等取得的收入。

计算年销售收入时,需要使用年产品产量乘以产品单价的方法。这里的产品单价指的是市场上的出售价格。只有当企业所生产的产品在市场上成功销售才能带来实际效益,同时也给社会带来了一定的使用价值。因此,销售收入是一个反映工业企业项目真实效益的重要指标,并成为技术经济分析中现金流量的关键项目。在统计销售收入时,应该将销售退回、销售折让和销售折扣等因素进行冲减,以保证数据的准确性。

二、利润

利润是企业经营生产活动在一段时间里的最终成果,反映了企业得到了盈利并且生产所需的投入已被充分补偿。这不仅是国家财政收入的主要来源,也是企业扩大再生产资金的重要来源。企业利润是考核企业生产经营情况的一个综合性指标。计算利润时,应扣除企业成本和相关税金。由于成本有多种含义,利润也具有不同的含义,如会计利润、经济利润和边际利润等。

(一) 会计利润

会计利润是指企业经营收益减去会计成本和相关税金后的余额,包括销售利润、利润总额及税后利润。其中,销售利润是指销售收入扣除成本、费用、产品销售税金及附加费后的余额;利润总额是企业在一定时期内实现盈亏的总额;税后利润是指企业利润总额扣除应交所得税后获得的利润。

1. 销售利润

销售利润是指企业在销售产品或提供服务的过程中所获得的收益减去相应的销售成本、费用以及产品销售税金和附加费用之后的剩余金额,常常被用来衡量企业在销售活动中所获取的经济利益。

销售利润计算公式为

$$销售利润 = 产品销售利润 + 其他销售利润 - 管理费用 - 账务费用 \quad (2\text{-}41)$$

(1) 产品销售利润计算公式为

$$产品销售利润 = 产品销售收入 - 产品销售成本 - 产品销售费用 - 产品销售税金及附加$$

$$(2\text{-}42)$$

其中,企业在销售产品和提供工业性劳务时所得的收入,是指不包括销售退货、折让和折扣的净额,这部分收入称为产品销售收入。相对应地,产品销售成本指的是企业销售产成品、自制半成品等商品或者在提供工业性劳务过程中产生的所有相关成本。产品销售费用是指企业在销售产品等过程中发生的所有经营费用,例如包装、运输、保险、广告、展览以及销售机构员工的福利费、差旅费、业务费等。产品销售税金及附加则包括了销售产品负担的主要消费税、城市维护建设税、资源税和教育费附加。

(2) 其他销售利润计算公式为

$$其他销售利润 = 其他销售收入 - 其他销售成本 - 其他销售税金及附加 \quad (2\text{-}43)$$

其中,其他销售收入指的是企业从材料销售、固定资产出租、包装物出租、外购商品销售、无形资产转让和提供非工业性劳务等渠道获得的收入。而其他销售成本和其他销售税金及附加则通常与材料销售、固定资产出租、运输等非工业性劳务的相关成本、费用以及营业税金及附加有关。

(3) 管理费用。管理费用是指企业为组织和管理生产经营活动所发生的所有费用,包括但不限于公司经费、工会经费、职工教育经费、劳动保险费、待业保险费、咨询费、审计费、诉讼费、税金、土地使用费、技术转让费、技术开发费、无形资产摊销、开办费摊销、业务招待费和坏账损失。

(4) 财务费用。财务费用主要指企业在筹集生产经营资金过程中所发生的费用,包括企业生产经营期间的利息支出、汇兑净损失、调剂外汇手续费、金融机构手续费以及筹资产生的其他财务费用等。

2. 利润总额

利润总额是指企业在一个会计期间内实现的全部利润,通常是评价企业经营成果的重要指标之一,它反映了企业生产经营活动的综合效益水平。利润总额的计算公式为

$$利润总额 = 销售利润 + 投资净收益 + 营业外收入 - 营业外支出 + 补贴收入 + 以前年度损益调整 \tag{2-44}$$

(1) 销售利润。销售利润通常也被称为营业利润,具体计算方法如前所述。

(2) 投资净收益。投资净收益是指企业的投资收益扣除投资损失后所获得的净收益。其计算公式为

$$投资净收益 = 投资收益 - 投资损失 \tag{2-45}$$

其中,投资收益包括以下几个方面:通过对外投资分得的利润、股利和债券利息;在投资到期回收或中途转让时,取得款项高于账面价值的差额;按照权益法核算的股权投资所拥有的被投资单位增加的净资产所带来的利润。投资损失则包括:在投资到期回收或中途转让时,取得款项低于账面价值的差额;按照权益法核算的股权投资所分担的被投资单位减少的净资产所带来的亏损。

(3) 营业外收入。营业外收入是指与企业日常生产经营没有直接关系的各项收入,例如固定资产的盘盈、处置固定资产净收益、处置无形资产净收益和罚款收入等。这些款项都不是企业正常运营所产生的收入。

(4) 营业外支出。营业外支出是指与企业生产经营无直接关系的各项支出,包括但不限于固定资产盘亏、处置固定资产净损失、债务重组损失、无形资产减值准备、固定资产减值准备的计提、罚款支出、捐赠支出、非经常性损失等。

(5) 补贴收入。补贴收入指企业因政策性亏损或减免增值税等而获得的各种补贴收入,主要包括下列方面:企业按规定采取即征即退、先征后退、先征税后返还等方式所收到的增值税减免款,按照销量或工作量等比例计算的国家规定的定额补贴和其他形式的国家财政扶持领域的补贴。

(6) 以前年度损益调整。以前年度损益调整是指企业在本期发现以前年度出现的成本费用计算不足或收益计入过多而需要调整减少本期利润的情况,或者由于以前年度出现的成本费用计算过多或收益计入不足而需要调整增加本期利润的情况。

3. 税后利润

税后利润指企业在缴纳所得税后的剩余利润金额,是企业实际可支配的净利润。其计算公式为

$$税后利润 = 利润总额 - 所得税 \tag{2-46}$$

（1）利润总额。利润总额具体计算方法如前所述。

（2）所得税。所得税是指企业在当期应计提进入损益表的税费支出，其计算公式为

$$所得税 = 应纳所得税额 \times 所得税税率$$

$$应纳所得税额 = 利润总额 \pm 税收调整项目金额 \tag{2-47}$$

（二）经济利润

经济利润，也叫超额利润，是指企业或个人在生产经营过程中所获得的总收益与经济成本及相关税金相减后所得到的盈余。为了使企业能够继续在原行业开展经营活动，企业所有者所投入的自有要素必须获得最低限度的回报；否则，企业将被迫停业，自有资金将被转移到其他领域，企业家也可能会寻找新的创业机会。换句话说，企业的经济利润必须大于或等于零，才能保证企业继续在原行业中持续经营下去。计算经济利润的公式为

$$经济利润 = 会计利润 - 隐形成本 \tag{2-48}$$

（三）边际利润

边际利润是指边际收益减去边际成本后所得到的额外利润，即每增加一单位产品产量所带来的额外收益。边际收益是指增加一个单位产品时总收入增加的金额，边际成本则指企业在增加一个单位产量上所增加的总成本。计算边际利润的公式为

$$边际利润 = 边际收益 - 边际成本 \tag{2-49}$$

三、利润率

（一）资本金利润率

资本金利润率是指企业的利润总额与资本金总额的比率，反映了企业的盈利能力；而资本金则是指企业吸收投资者投入经营活动的各种物质和货币财产的总价值。计算资本金利润率的公式为

$$资本金利润率 = \frac{利润总额}{资本金总额} \times 100\% \tag{2-50}$$

资本金利润率是衡量投资者在企业中投入资本金的获利能力的重要指标。在市场经济条件下，投资者不仅关心企业总资金所带来的利润，而且更关心他们所投入的资本金所创造的利润。因此，资本金利润率越高，就意味着企业资本的获利能力越强。资本金利润率也是向投资者分配股利的重要依据之一。通常情况下，向投资者分配的股利率应低于资本金利润率。

（二）销售收入利润率

销售收入利润率是指企业的利润总额与销售净收入的比值，用来反映企业每售出百元商品所获得的净利润。通常情况下，销售收入利润率越高，则该企业具有更为优越的盈利能力。其计算公式为

$$销售收入利润率 = \frac{利润总额}{销售净收入} \times 100\% \tag{2-51}$$

（三）成本费用利润率

成本费用利润率是指企业的利润总额与成本费用总额的比值，反映了企业在生产经营中的投入和产出之间的比例关系。一般来说，企业在一定时期内的成本费用水平越低，其利润总额就越高，说明企业的投入产出效率越高、盈利能力越强。其计算公式为

$$成本费用利润率 = \frac{利润总额}{成本费用总额} \times 100\% \tag{2-52}$$

第六节 税 收

一、税收的基本性质

税收是国家和政府最主要的公共财政收入形式和来源。它源于国家为满足社会公共需求、行使公共权力，按照法律规定的标准和程序，参与国民收入分配，强制征收财政收入的一种特殊分配关系。税收体现了在一定社会制度下国家与纳税人之间征收与纳税的利益分配关系。

税收相对于其他分配方式而言，具备强制性、无偿性和固定性这三个特征，被称为税收的"三性"。

（1）税收的强制性指税收是国家以社会管理者的身份，凭借政治权力和法律规定进行的强制征收。纳税人必须依照国家税法规定缴纳相应税款，否则会受到法律制裁，这是税收具有法律地位的表现。税收强制性体现在两个方面：一方面是税收分配关系的建立具有强制性，即税收征收完全凭借国家拥有的政治权力；另一方面是税收的征收过程具有强制性，若出现税务违法行为，国家可以依法进行处罚。

（2）税收的无偿性是指通过征税，社会成员的一部分收入转归国家所有，而国家不向纳税人支付任何报酬或代价。税收无偿性与国家以政治权力进行收入分配的本质有关。这个特征从两个方面体现：一方面是政府获得税收后并不需要向纳税人直接支付报酬；另一方面是政府征得的税收收入不再返还给纳税人。税收的无偿性是税收本质的展现，反映了社会产品占有和支配权的单方面转移关系，而不是等价交换关系。因此，税收无偿性是区别税收收入与其他财政收入形式的一个重要特征。

（3）税收的固定性指纳税人、课税对象、税目、税率、计价办法和期限等均按照国家税收法规预先规定，形成一种固定的连续性收入。在征税和纳税过程中，双方都必须共同遵守国家税法规定，未经国家法令修订或调整，征纳双方不得违背或改变这个固定比例或数额以及其他制度规定。

税收的三个特征是一个统一的整体，相互关联，缺一不可。

二、税与费的区别

费与税收规范筹集财政收入的形式不同。费指政府有关部门为单位和居民个人提供特定服务或赋予某种权利而向直接受益者收取的代价。两者的区别主要体现在：

（1）主体不同。税收的收取主体是国家，由代表国家的税务机关、海关或财政部门管理；而费则通常由行政事业单位、行业主管部门等收取。

（2）特征不同。税收具有无偿性，即纳税人缴纳的税款与国家提供的公共产品和服务之间不具有对称性。费则通常具有补偿性，主要用于成本补偿需求，特定费用与特定服务往往具有对称性。税收具有稳定性，而费用则具有灵活性。税法一经制定对全国具有统一效力并相对稳定；而费用的收取则由不同部门、不同地区根据实际情况确定。

（3）用途不同。税收收入由国家预算统一安排，用于社会公共需求的支出；而费通常具有专款专用的性质。

三、我国的税种

截止到2023年，中国现行的税种共有18个，分别是：增值税、消费税、企业所得税、个人所得税、资源税、城市维护建设税、房产税、印花税、城镇土地使用税、土地增值税、车船使用税、船舶吨税、车辆购置税、关税、耕地占用税、契税、烟叶税、环保税。只有个人所得税、企业所得税、车船税、环保税、烟叶税和船舶吨位税这6个税种通过全国人大立法，其他绝大多数税收事项都是依靠行政法规、规章及规范性文件规定。税种经常会发生变化，比如2006年已经取消农业税，2018年起施行环保税。下面对几种主要税种进行介绍。

1. 增值税

增值税是在商品或劳务的生产、流通过程中，依据其增值额作为征税依据而被征收的流转税。增值税的征收范围包括销售货物，提供加工、修理、修配劳务以及进口货物等环节所产生的增值部分。该税种的计税原则是将商品或服务的增值额视为应税对象，并由纳税人按照国家规定的税率进行缴纳，最终由消费者承担该税的负担。增值税不仅是我国税收收入重要的组成部分，也是当前推进国际贸易和市场化经济改革的重要手段之一。

在实际应用中，为方便纳税人准确计算增值税的应纳税额，我国采用了抵扣税金、退税等制度，从销售额中扣除纳税人获得该商品或劳务时已支付的增值税税额，称为进项税额，计算出其余额即为应纳增值税。这种计算方法体现了以增值因素计税的原则，并得到广泛应用。增值税的征收工作主要由国家税务局负责，其税收收入中75%为中央财政收入，25%为地方收入；而进口环节的增值税则由海关负责征收，并全部纳入中央财政收入。

根据不同商品或劳务的特征和国家政策，我国增值税税率设立了基础税率、低税率和零税率三档税率。其中，出口货物适用零税率，而粮食、食用植物油、自来水、暖气、冷气、热水、煤气、石油液化气、天然气、沼气、居民用煤制品、等生产销售环节适用低税率，税率为13%。其余生产、销售环节则适用基础税率，税率为17%。增值税的计税公式为

$$应纳税额 = 当前销项税额 - 当期进项税额 \tag{2-53}$$

销项税额是指按照商品或劳务销售额及规定的税率，向购买方征收的增值税额。其计算公式为

$$销项税额 = 销售额 \times 适用增值税率 \tag{2-54}$$

在实际操作中，销项税额需要与进项税额相抵扣，最终纳税人只需要缴纳不抵扣部分的增值税。

小规模纳税人在销售货物或应税劳务时，可以采用简易办法计算应纳税额。这种计算方法相对简单，并且征收率比一般纳税人低，为6%。计算公式为

$$小规模纳税人的应纳税额 = \frac{含税销售额 \times 征收率}{1 + 征收率} \tag{2-55}$$

2. 消费税

消费税是国家对境内生产、委托加工以及进口的特定消费品征收的一种间接税。它是按照商品价值、数量或计量单位，依照国家规定的消费税税率计算出应纳税额并在商品销售环节缴纳给国家的一种税款。消费税适用范围广泛，包括了如烟酒、汽车、珠宝玉石、化妆品等高档消费品和豪华产品的生产、交易过程中所征收的税额。消费税旨在通过对部分高档、不必要的消费品实行重税政策，从而引导人们理性消费、促进社会公平和经济可持续发展，并为国家财政提供一个重要的税收支撑基础。消费税是一种典型的间接税，其实施方式为在

应税消费品的生产、委托加工和进口环节缴纳税款。由于消费税实行价内税制,在商品的批发、零售等后续环节无需再次缴纳,因其税额已包含于商品价格之中,最终由消费者承担。

3. 企业所得税

企业所得税是国家对企业当年利润和非居民企业境内所得应纳税额征收的一种直接税。它是按照国家规定的税率,根据企业当年的实际利润额进行计算,并在符合法定抵扣标准的前提下,将企业年度实际利润的一部分作为纳税金额缴纳到国家财政部门。同时,一些未列入企业正常经营收入的资本利得、转让获得的固定资产等收益也要缴纳企业所得税。企业所得税是所有企业都必须依法缴纳的一个重要税种,它能够有效调控企业的利润水平和经济发展方向,同时也是国家财政收入的主要来源之一。目前,我国对于不同的企业和行业制定有不同的税率优惠政策以支持和引导其发展。

4. 个人所得税

个人所得税是指个人根据本人取得的各种所得和财产转让所得向国家缴纳的一种税收,包括工资、薪金所得、劳务报酬所得、稿酬所得、特许权使用费所得、利息股息红利所得、财产租赁所得、财产转让所得等九大类所得,以及其他应纳税的所得。缴纳个人所得税是纳税人应尽的义务,纳税人按照个人收入金额及税法要求依法向国家缴纳税款。同时,我国个人所得税的征收采取的是综合与分类相结合的原则,不同类型的所得分别适用不同的税率和个税起征点。个人所得税既是一种重要的财政税种,也是促进公平和调节收入差距的重要手段之一。

5. 印花税

印花税是指在特定的法律文件、商业票据、合同和证书等几种文书范畴内,由纳税人向政府部门缴纳的一种交易印花税,因采用在应税凭证上粘贴印花税票作为完税的标志而得名。印花税是根据相关法律规定,依照具体交易的金额和程序的不同,按比例划分出来的一笔税费。印花税主要由发票、银行汇票、保险单据以及产权转移、许可证、营业执照等交易中涉及的各种公共文书收取。印花税旨在惩罚或限制某些不利于社会经济公平竞争的商业活动,为社会多元化经济发展提供财政支持。

6. 城镇土地使用税

城镇土地使用税是指在城镇范围内,纳税人占有、使用、租赁土地而应缴纳的一种税款。它是按照国家和地方规定的税率,根据城镇土地使用权出让合同约定的土地使用年限和土地面积计算的税金。该税种目前仅适用于我国部分城市,旨在规范城镇土地资源的利用和管理,促进城镇土地合理流转,调节城乡区域经济发展格局。

7. 车船税

车船税是指机动车和船舶所有者按照国家规定需向政府部门缴纳的一种税款。车船税的主要征收对象是持有有效使用登记证书的机动车和海上船舶所有人或管理人,其征收标准依据车辆类型、排量等因素不同而有所差异。车船税是保障我国道路交通秩序、鼓励节能减排、促进航运事业健康发展的重要财源之一,也是机动车和船舶用户履行公民义务、维护环境保护的表现。

8. 烟叶税

烟叶税是我国对于在国内生产、销售烟草制品的企业征收的一种税收。它基于烟草制品中的烟叶数量和品种,按照国家政策规定的税率来计算应该缴纳的税款。由于我国是全球范围内烟草生产和消费最大的国家之一，所以烟叶税也是国家重要的财政税种之一。同时，为了控制公众健康风险，烟叶税的税率经常进行调整和升高以限制烟草制品的消费。目前，烟叶税除了作为国家税收收入的来源外，也被视为一种有力的公共卫生手段，可以减少吸烟者数量，并减轻吸烟造成的卫生与社会成本。

拓展阅读：政府在经济活动中的作用

从某种意义上讲，政府的主要作用是建立基础设施，包括教育、技术、体育、环境以及经济的社会基础设施。除此之外，政府亦应在对经济的调控方面发挥恰当作用，在保证经济独立性的前提下引导其向更好更规范的方向发展。例如促进教育，为经济发展输送高质量劳动力；促进科技发展，提高国家经济的竞争力；投资基础设施，为企业和个人经济活动奠定基础；建立和维护社会保障体系，化解经济发展中出现的各种社会问题等。

市场在经济发展中发挥着极其重要的作用，但其的盲目性、滞后性等固有缺陷也会带来市场失灵的后果。政府除了建立基础设施等职责外，还需要对经济进行宏观调控。例如发达国家政府通过建立新的体系和金融政策刺激薄弱市场；通过调整税率、货币供应及信贷等来控制市场繁荣与萧条、货币通货膨胀与紧缩的程度，从而支配经济活动的整体节奏，维持平稳的增长、高就业率和稳定的价格。

思考与练习

1. 经济效果的表达形式有哪些？如何提高经济效果？
2. 建设项目的固定资产投资和流动资产投资该如何估算？
3. 建设项目总成本的估算方法有哪些？
4. 折旧的计算方法有哪些？不同折旧方法的应用范围是什么？
5. 利润的概念有哪些？不同概念的适用范围是什么？
6. 税收的"三性"是什么？为什么"三性"不可分割？

第三章 技术经济评价基本原理

技术经济评价是通过对技术项目、投资方案等进行经济性评价，形成客观的数据支持，帮助决策者在实现目标与限制条件两个因素之间做出更为准确、合理的决策。为了能有效地进行技术经济评价，需要基于技术经济评价的基本原理，以便合理地开展项目评估。

本章主要对经济性评价基本原理进行介绍，包括现金流量及其构成、资金时间价值及资金等值计算，为进一步开展技术经济分析奠定了理论基础。

学习过程中要求了解现金流量和资金时间价值的概念，掌握现金流量图和现金流量表的做法，熟练使用资金等值计算公式开展计算。

第一节 现金流量及构成

对项目生产经营的交换活动进行考察时，可以从物质形态和货币形态两个方面入手。在物质形态上，生产经营活动主要表现为经济主体采用各种工具设备，以消耗能源、动力来加工和转化原材料为不同形式的产品和劳务。而在货币形态上，生产经营活动表现为经济主体向项目或方案中投资一定资金，并获得相应的销售收入；资金的流动形式则是由货币收支来反映，在项目或方案的执行过程中具体表现为现金流入和现金流出。

一、现金流量

1. 现金

现金是指可直接用于交换的货币形式，它可以在交易中直接使用以支付商品、服务、债务等。狭义现金是指银行存款和各种纸币、硬币等货币工具，是一种最为流通和广泛使用的货币形式。广义现金则是包括了狭义现金以及与其有近似功能的货币代用品，如支票、借记卡、信用卡、电子汇票等渠道支付工具。广义现金是在银行体系内以非现金形式进行的支付手段，它在现代化社会的经济活动中越来越重要，能够提高经济运行效率。

2. 现金等价物

现金等价物通常是指一些具有高度流动性、易转让的金融资产，其价值相对稳定，可以快速兑换成现金来赋予一定的支付能力。现金等价物包括但不限于银行定期存款、商业承兑汇票、国库券等。这些资产在3个月或更短时间内能够立即被变现，并且其价值通常难以受到大幅波动和市场影响，因此被视为一种流动性较高、相对安全的替代现金形式。

3. 现金流量

现金流量是指在项目或方案建设和生产服务年限内，现金流入和流出的总和。现金流入（CI）是指实施项目或方案所带来的各种收入，即流入项目的现金，其中包括销售收入、期末回收的固定资产残值、期末回收的流动资金等。现金流出（CO）是指项目和方案支出的费用，即流出项目的现金，它主要包括固定资产投资、流动资金、税金以及年经营成本等。项目的现金流量是指项目计算期内各期现金流量按时间顺序构成的动态序列，反映了项目在计算期内的资金运动状况。现金流量应有明确的发生时点，且必须是实际发生的货币收支。

例如，应收或应付账款不属于现金流量，而由项目实施引起但不是企业支付或获取的费用和收益也不予计算。此外，从不同角度考虑现金流量时，可能会得出不同的结果。例如，税收从企业角度是现金流出，而从国家角度则属于转移支付。

二、现金流量的分类

通常按照经营业务发生的性质可以将现金流量分为经营活动产生的现金流量、投资活动产生的现金流量、筹资活动产生的现金流量三类。需要注意的是，一些只是现金形式转换的业务并不会产生现金流量，例如从银行提取现金；同时，在现金和现金等价物之间进行转换也不会产生现金流量，比如用银行存款来购买一笔到期时间在3个月后的国债。

1. 经营活动产生的现金流量

经营活动产生的现金流量是指企业在日常的运营活动中所产生的现金流入和流出。经营活动是指企业除了投资活动和筹资活动以外的所有交易和事项。经营活动的范围很广泛，它包括销售商品、提供劳务、经营性租赁、购买商品、接受劳务、广告宣传、推销产品、缴纳税款等。由于不同种类企业有其行业特点，对经营活动的认定存在一定区别，在对现金流量进行合理归类时需要结合企业的具体情况进行处理。经营活动产生的现金流量主要包括：销售商品、提供劳务收到的现金，经营性租赁、出租包装物以及融资租赁所得到的租金收益，增值税销项税额和增值税退税款，消费税、营业税、所得税、教育费附加等其他税费返还，与经营活动有关的其他现金收入如捐赠现金收入、罚款收入等，购买商品和接受劳务支付的现金，经营租赁支付的现金，支付给职工以及为职工支付的现金，支付的进项税额和所得税款，其他税费，与经营活动有关的其他现金支出。

2. 投资活动产生的现金流量

投资活动产生的现金流量主要包括企业购买和出售长期资产和其他投资所产生的现金流入和现金流出。投资活动指企业进行长期资产的购建、非现金等价物的投资以及相应的处置活动。长期资产包括固定资产、在建工程、无形资产、其他资产等期限在一年或一个营业周期以上的资产。投资活动的范畴涵盖了取得和收回投资、购建和处置固定资产、无形资产以及其他长期资产等活动。投资活动产生的现金流量主要包括：收回投资所收到的现金，股息分配所收到的现金，债券利息收入所收到的现金，处置固定资产、无形资产和其他长期资产收回的现金净额，投资活动相关其他现金收入，购建固定资产、无形资产和其他长期资产所支付的现金，权益性投资支付的现金，债券投资支付的现金，投资活动相关其他现金支出。

3. 筹资活动产生的现金流量

筹资活动产生的现金流量主要包括企业为满足发展需要而进行融资或偿还债务产生的现金流入和现金流出，该活动会导致企业资本及债务规模和构成发生变化。资本方面包括实收资本、资本溢价，与资本有关的现金流入和流出项目包括吸收投资、发行股票分配利润等。债务是指企业对外举债所借入的款项，如发行债券、向金融企业借款以及偿还债务等。筹资活动产生的现金流量主要包括：吸收权益性投资所收到的现金，发行债券所收到的现金，借款收到的现金，收到的与筹资活动有关的其他现金，偿还债务所支付的现金，发生筹资费用所支付的现金，分配股利或利润所支付的现金，偿付利息所支付的现金，融资租赁支付的现金，减少注册资本所支付的现金，支付的与筹资活动有关的其他现金，汇率变动对现金的影响。

三、净现金流量

净现金流量是指同一时期企业实际收到的现金与实际支付的现金之间的净额,即现金流入减去现金流出的余额。若某期净现金流量为正,则意味着该期现金流入超过了现金流出,形成了净现金流入;若某期净现金流量为负,则意味着该期现金流出大于现金流入,形成了净现金流出。由于资金具有时间价值,同样的资金在不同的时间点有不同的价值。为了更准确地反映项目方案费用、收益的大小以及相应的发生时间,方便进行经济评价和对多个方案进行比较,通常采用图表展示特定项目在一段时间内发生的现金流量。

四、现金流量图

现金流量图是用图示的方式表明一个投资项目或方案在计算期内现金的运动状况。现金流量图需要反映的要素包括:现金流量发生的时间点、净现金流量的大小以及现金流量的性质(现金流入或流出)。在绘制现金流量图时,通常采用以下简化处理方式。

(1) 年末假设法。假设现金流量在每个计息期间的最后一天发生。

(2) 年初假设法。假设现金流量在每个计息期间的第一天发生。

(3) 均匀分布法。假设现金流量在每个计息期间内均匀地分布。

一般情况下,现金流量图采用年末假设法,在计息周期结束时考虑现金流量的发生。制作现金流量图通常需要遵守以下规则。

(1) 时间轴通常是横坐标,自左向右表示时间延续,单位一般为年,轴线等分为若干时间间隔。时点代表期末,本期末则表示下期初。零时点通常代表项目方案开始的时间。

(2) 现金流入或流出通常从资金使用者的角度考虑。所有收入、收益和借入资金都被视为现金流入,而所有支出、损失和贷出资金则被视为现金流出。

(3) 投资通常仅在各期期初发生,因此现金流量通常集中于每个期末。在各个期分界点上发生的现金流入或流出应被视为每个时期的累积值即净现金流量,而不一定只是该时点发生的具体资金数额。

(4) 现金流量通常是矢量且具有方向性。一般用垂直线来连接横坐标轴表示现金流量的流入流出,箭头指向上代表正现金流量即净现金流入,箭头指向下代表负现金流量即净现金流出。

(5) 表示现金流量大小通常有两种方法。一种是与箭头长度成正比例地绘制,另一种则是只用具体数字来表示流量大小,而与箭头长度无关。典型的现金流量图如图 3-1 所示。在项目中,现金流量图一般用于模拟计算期间的现金流入和流出情况,特别是当考虑到不同投资方案的经济效果时,可以利用现金流量图来展示各方案的现金进出情况,以进行快速且直观的评价和决策。

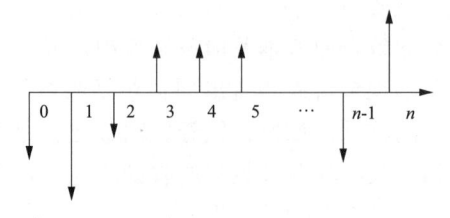

图 3-1 现金流量图

五、现金流量表

现金流量表是一种财务报表,用于反映企业在特定会计期间现金和现金等价物的流入和流出情况,并且说明了企业获得现金和现金等价物的能力。现金流量表为年度报表,通过对资产负债表、利润表及当期业务进行分析,编制调整分录或通过公式计算填列现金流量表。它可以直接、清晰地反映项目在整个计算期内各年的现金流量情况,从而实现现金流量分析和计算各项静态和动态评价指标,有助于分析项目的财务盈利能力。对于报表使用者来讲,现金流量表为进行投资决策和经营决策提供重要依据。表 3-1 是一个典型的现金流量表。

表 3-1　　　　　　　　　　典型现金流量表　　　　　　　　　　（单位:元）

指标	初期	第 1 年	第 2 年	第 3 年	第 4 年
现金流入	100 000	20 000	30 000	40 000	50 000
现金流出	80 000	10 000	15 000	20 000	25 000
净现金流量	20 000	10 000	15 000	20 000	25 000

该表格反映了一个项目的现金流入、现金流出和净现金流量。其中,初期的现金流入为 100 000 元;第一年到第四年的现金流入分别为 20 000 元、30 000 元、40 000 元和 50 000 元。同时,第一年到第四年的现金流出分别为 10 000 元、15 000 元、20 000 元和 25 000 元。根据现金流入和现金流出的数值,可以计算出每年的净现金流量,并可以通过这个指标来评估项目的现金收益情况。

根据投资计算基础的不同,现金流量表可分为全投资现金流量表和自有资金现金流量表两种类型。

1. 全投资现金流量表

全投资现金流量表是一种以全部投资为基础的现金流量表,在计算过程中不考虑项目所涉及的资金借贷和偿还,将所有投入资金都视作自有资金,用于对项目各年的现金流量进行计算。全投资现金流量表能够直接、客观地反映项目自身的盈利能力,从而排除了筹资结构等财务条件对其影响的因素。

2. 自有资金现金流量表

自有资金现金流量表是从项目投资主体的角度出发,考察企业自身资金获利能力,并可基于资金来源与运用表和全投资现金流量表编制。与全投资现金流量表相比,自有资金现金流量表主要区别在于对借贷资金的处理。全投资现金流量表将全部资金视作自有资金,旨在考察项目自身的经济性,并不考虑利息支出;而自有资金现金流量表需要分析资金结构等财务条件对企业经济效果的影响。就贷款而言,企业从银行处获得贷款算作现金流入;用于项目建设则属于现金流出;而偿还贷款本金和利息则属于另一类现金流出。而实际上,企业真正需要支出的是偿还贷款本金和利息。

第二节　资金时间价值的概念及形成机制

一、资金时间价值的概念

任何工程技术方案的实施和运行都需要持续一段时间,资金的投入和收益也必须按照一定的时间顺序发生。为了客观地评估一个工程技术方案的经济效果,不仅需要考虑资金流出和流入的数额,还需要考虑这些资金流量的发生时间。在不同时点上支出或收益的资金具有不同的价值，在评估项目的经济效果时必须考虑资金的时间价值。

为了说明资金的时间价值，可以用以下例子来探讨。假设有 1000 元两种选择方案：一种是现在获得 1000 元，另一种是一年后获得 1000 元。显然，大多数人会选择现在拿到钱。但如果可以确信一年后肯定能够得到 1000 元，该如何选择呢？经过思考，人们可能仍然会决定现在拿到 1000 元更好。因为现在获得这笔钱就可以多一年使用年限，如果目前用不到，就可以让别人使用。因此，资金的使用权非常宝贵，人们愿意为其支付费用。银行提供的利息就是为了使用人们的资金而支付报酬。假设目前银行利率为 5%，那么现在存入 1000 元，一年后能取回多少钱呢？显然，可以得到 1000 元本金和 50 元的利息，共计 1050 元。这个例子证明钱具有时间价值，宁愿今天拿到 1000 元，而不是许诺未来一年内的 1000 元。

上述例子说明，同样的资金在不同的时间点上支出或收益，在其价值上是不相等的。资金的时间价值就是指同一数额的资金在不同时间点上所表现的实际价值差异。

从经济学的角度来看，理解资金的时间价值时需要注意以下几个问题。

(1) 资金的时间价值是随着资金运动而产生的。只有将资金投入到生产或经营中，资金才能增值并产生时间价值。在商品经济条件下，资金不断地运动。资金的运动伴随着生产和交换过程，通过生产和交换活动可以带来利润，表现为资金的增值。资金增值的实质是劳动者在生产过程中创造的剩余价值。从投资者的角度来看，资金的增值特性使资金具有时间价值。

(2) 只有考虑到资金的时间价值，才能对投资效果进行科学合理的分析评价。对于生产经营中的盈亏情况，不能单纯从账面价值上来核算。同样数额的资金，由于使用、运作和收回的时间不同，其时间价值也不同。

(3) 资金的时间价值大小受多种因素影响。从投资者的角度来看，主要包括投资回报率、通货膨胀风险以及其他风险因素带来的损失所需的补偿。

(4) 资金的时间价值既具有绝对性，又具有相对性。任何资金都具有时间价值，这是其绝对性；而其相对性体现在不同时间、地点下，资金的时间价值不同。在现代社会，资金的时间价值要远远大于过去，在经济发达和劳动生产率较高的地区，资金的时间价值也相对更高。在市场经济中，为了使有限的资金获得最大的时间价值，必须注意资金的合理投入，同时加强资金的管理工作，促进资金在生产经营中的周转速度，并运用资金时间价值的观点进行资金的分配和管理。

资金的时间价值是指将资金投入到生产或流通领域后，由于时间推移而导致的增值效应，以及不同时期等额资金之间的价值差异。需要注意的是，资金的时间价值与通货膨胀是两个不同的概念。资金的时间价值可以从两个角度来理解：一方面，从投资者的角度来看，随着时间的推移，资金的价值会增加，这就是资金的增值；另一方面，从消费者的角度来看，时间价值则体现了因为选择现在消费而放弃未来收益的成本。因此，正确理解和应用资金的时间价值至关重要。如果决策者能够意识到资金的时间价值，就会更加合理地利用资金，努力节约资金，并根据资金的增值程度来检验其利用资金的经济效益。同时，了解资金的时间价值原理可以使人们更清楚地认识资金的本质，在资金的投资与运用中更加注重时间因素，科学、合理、有效地利用资金，获得更大的经济效益。

资金的时间价值通过一个实例可以更好地理解。某化工厂因为原材料运输问题，在原材料产地建立了工厂。然而，随着时间的推移，原材料产地的资源逐渐枯竭，导致该化工厂必须从外地运输原材料,增加了生产成本。因此,该化工厂正在考虑是否需要把工厂搬迁到新的原材料产地。根据计算,如果搬迁到新厂址,每年可节约 1000 万元的运输费用。假设新厂的寿命期为 20 年,出售现有工厂用地的价格低于购买新厂址用地的价格,再加上迁移过程中所造成的损失和建设新厂所需的投资等因素,那么总共应该花费多少钱才能实现这一目标呢?

按照上述情况,可以得出总共节省 2 亿元的结论。因此,仅花费少于 2 亿元就能成功搬迁似乎很有吸引力。但是,这种想法是错误的。如果不考虑资金的时间价值,那么不管以多少花费建立新厂,其经济效益都将超过节省运费带来的效益。然而,事实并非如此。如果把这 2 亿元放在银行里,那么以 6% 年利率计算,每年的利息为 1200 万元。这个数额比每年节约的 1000 万元还要多,并且任何人都可以通过银行来存储资金。此外,假设该厂所准备用于搬迁的资金获得了一项年利率为 10% 的投资机会,那么每年的利息将达到 2000 万元。从这些数据可以看出,花费 2 亿元支出不如获得每年 1000 万元的收益具有更高的价值。

因此,当方案的经济效果持续时间较长时,如果不考虑资金的时间价值,就不可能得出正确的结论。特别是在新能源发电项目中,工程项目需要大量资金,而这些资金持续时间较长。如果不考虑资金的时间价值,就不能得出正确的结论。

二、资金时间价值的形成机制

资金时间价值的形成机制可以从理想的资本市场和利率平衡市场价格两个方面来阐述。

1. 理想的资本市场

一个理想的资本市场应当具有以下几个特征:

(1) 金融市场完全竞争。任何人或公司都不能在市场上对价格或利率施加影响,小额贷款和借款不足以影响市场利率。

(2) 无交易费用。所有的交易都按照市场价格或利率进行,没有市场交易费用,也没有其他因素如破产、经纪人、中间人、合并等所带来的影响,同时也没有交易税。

(3) 完整且免费的情报使用。每个人都可以获取价格或利率和其他市场因素的信息。完整情报包括未来事件和未来结果的全部信息,其中不仅包括自身行动,还包括市场中其他人的活动。

(4) 所有人按照相同条款借贷,即利率相同。在同一时间内,所有人都按照此利率借贷。此外,这个市场可以提供无限量的资金和项目,使得人们能够在需要时借入或投资。

2. 利率平衡市场价格

在理想的资本市场中,有些人推迟消费从而形成结余,其他人则使用这些结余购买工具、建筑物或设备进行生产投资。将资金借给资本市场可获得利息,同时也会使明天的消费比今天更有价值。通过从资本市场借入资金,生产者能够支付报酬,而报酬作为利息归还给结余者。这些报酬来自于投入结余资金进行生产所带来的增值,因此利息可以被视为结余资金的投资收益。

从生产者的角度来看,利率可以被看作收益率,即生产收入价值与投资价值之比。从消费者的角度来看,利率可以被看作导致结余的吸引力,具有推迟消费的吸引力。在资本市场中,利率的确定受到两个相反力量的影响:其一,来自消费者方面的力量要求利率具有推迟消费和促进结余的吸引力;其二,来自生产者方面的力量要求利息能够通过结余资金进行生产投资带来更高的回报。只有这两种力量达到均衡状态时,利率的市场价格才能得以确定。

因此，资金时间价值来源于资金投入到生产或流通过程中所产生的新的价值。

第三节 资金时间价值的计算

一、资金时间价值的衡量

资金的时间价值常常会用利息和利率等指标来衡量。

1. 利息

利息是资金时间价值的一种表现，它通常具有以下两个含义。

（1）就资金使用者而言，如果从银行或金融机构获得一笔资金的使用权，那么支付的成本费用称为利息。例如，一家航运公司向银行获得贷款用于购买或建造船舶，就需要向银行支付利息。

（2）就资金提供者而言，如果将资金借给他人使用，那么就意味着失去了对资金的使用权。为了弥补这种损失，需要向他人收取使用资金的费用，即利息。例如，银行向借款者提供贷款时就要收取利息作为贷款利润，而存款人将资金存在银行中，银行也会向其支付利息。利息计算公式为

$$I = F - P \tag{3-1}$$

式中：I 为利息；F 为本利和，也就是本金和利息的总和；P 表示本金。

2. 利率

利率指的是单位时间内所支付的利息和本金的比例。时间单位可以是年、季、月、日等。通常情况下，年利率使用百分号（％）表示，而月利率则用千分号（‰）表示。负利率在实际经济中没有实际意义。利率的计算公式为

$$i = \frac{I_t}{P} \times 100\% \tag{3-2}$$

式中：i 为利率；I_t 为单位时间内支付的利息；P 为借款本金。

例如，一个人将 100 元存入银行并在一年之后取出，得到了 107 元。这个过程展示了资金在时间流逝中产生增值，即资金具有时间价值。此处利息为 7 元，代表了该存款账户的年利率为 7％。

【例 3-1】 假定银行存款的利率为：1 年期 1.75％，3 年期 2.75％。现有 10 000 元存 3 年定期与 1 年定期存 3 年，哪种利息高？

解：

3 年定期利息为

$$10\ 000 \times 2.75\% \times 3 = 825\ 元$$

1 年定期存 3 年情况下：

第 1 年利息为

$$10\ 000 \times 1.75\% = 175\ 元$$

第 2 年利息为

$$(10\ 000 + 175) \times 1.75\% = 178.06\ 元$$

第 3 年利息为

$$(10\ 000 + 175 + 178.06) \times 1.75\% = 181.18\ 元$$

3年利息总和为

$$175+178.06+181.18=534.24 \text{ 元}$$

所以存3年定期的利息高于1年定期存3年。

二、资金时间价值的计算方法

银行计算利息时，使用的方法包括单利法和复利法两种。

1. 单利法

单利法计算时仅考虑本金部分，并不会让之前所获得的利息继续产生新的利息。单利法下的本利和计算公式为

$$F=P(1+in) \tag{3-3}$$

式中：F 为本利和；P 为借款本金；i 为利率；n 为计息周期数。

【例 3-2】 某债券发行票面价值为 10 000 元，以年利率 15% 单利计息，为期 3 年。如果于一年后以 13 000 元买进，在 2 年后到期取出，求购买者可获年利率。

解：

购买者取出时获得本利和为

$$F=P(1+in)=10\,000 \text{ 元} \times (1+15\% \times 3)=14\,500 \text{ 元}$$

$$I=F-P'=14\,500 \text{ 元}-13\,000 \text{ 元}=1500 \text{ 元}$$

$$i'=\frac{I}{P'n'}=\frac{1500 \text{ 元}}{13\,000 \text{ 元} \times 2}=5.76\%$$

所以购买者可获年利率为 5.76%。

【例 3-3】 以单利方式借款 10 000 元，规定年利率为 5%，在第 1 年年末利息额应为多少？年末应付本利和为多少？当借入资金的期间等于 3 个计息周期时，即上述款项共借 3 年，则偿还情况如何？

解：

在第 1 年年末利息额应为

$$I=10\,000 \text{ 元} \times 1 \times 5\%=50 \text{ 元}$$

年末应付本利和为

$$F=1000 \text{ 元}+50 \text{ 元}=1050 \text{ 元}$$

当借入资金的期间等于 3 个计息周期时，即上述款项共借 3 年，则单利计算见表 3-2。

表 3-2 单 利 计 算 （单位：元）

年份	贷款额	利息	负债额	偿还额
0	1000	—	—	—
1	—	50	1050	—
2	—	50	1100	—
3	—	50	1150	1150

需要指出的是单利未能反映资金流动的规律性，不符合实际的扩大再生产情况。

2. 复利法

复利法是指在计算利息时，将本金和之前所获得的利息相加作为新本金进行计息。按照复利法计算利息，不仅原本金每期都要产生利息，而且先前已经获得的利息也要在后续期间

计入本金并带来更多的利息，这就是复利的利滚利效应。相比于单利法，复利法更符合资金在社会再生产中的实际运动情况。复利计算的本利和公式可以从表3-3中推导得出，具体的复利计算公式为

$$F = P(1+i)^n \tag{3-4}$$

式中：F 为本利和；P 为借款本金；i 为利率；n 为计息周期数。

表3-3　　　　　　　　　　　　　复利本利和计算表

期数	期初本金	本期利息	期末本利和
1	P	Pi	$F_1 = P(1+i)$
2	$P(1+i)$	$P(1+i)i$	$F_2 = P(1+i)^2$
3	$P(1+i)^2$	$P(1+i)^2 i$	$F_3 = P(1+i)^3$
⋮	⋮	⋮	⋮
n	$P(1+i)^{n-1}$	$P(1+i)^{n-1} i$	$F_n = P(1+i)^n$

【例3-4】 上述[例3-3]的问题如果按5%复利计算，当借入资金的期间等于3个计息期时，即上述款项共借3年，偿还情况如何？

解：

复利计算结果见表3-4。

表3-4　　　　　　　　　　　　复　利　计　算　　　　　　　　　　　　（单位：元）

年份	贷款额	利息	负债额	偿还额
0	1000	—	—	—
1	—	50	1050	—
2	—	52.5	1102.5	—
3	—	55.12	1191.02	1157.62

复利意味着在每个计息期末，借款人不支付利息，而是将它加入到下一个计息期的本金中，然后按照总数进行计算。因此，在复利中，本金和利息一起产生利息。在本题中，使用复利计算时，相比单利计算，年末的本利和会多出7.62元，这是利息所产生的利息。

三、名义利率与有效利率

名义利率和有效利率的差异源于计息周期的不同。在工程项目经济评价的复利计算中，通常采用年利率，并且每年计息一次，即将时间单位和计息单位都设置为年。但在实际场景中，银行贷款的计息周期可能按半年、季度、月份或每日进行计算，因此每年的计息次数也会对应变化，例如2、4、12或365次等。这时，年利率被称为名义利率，而实际的计息周期利率则基于计息周期内的利率。

当一年内的利息需要进行复利计算时，所给出的年利率被称为名义利率，并用符号 r 表示。也就是说，以一年为基准来计算，按照每个计息周期内的利率乘以每年计息周期次数计算得到年名义利率

$$\text{计息周期利率} = \frac{\text{年名义利率}}{\text{年计息次数}} \tag{3-5}$$

有效利率是按照每年计息周期数连续计算计息期利率得出的利率，用 i 表示。由于计息次数不同，所以得到的利率也有所不同。

【例 3-5】 名义年利率为 12%,每月计息一次,月利率=12%/12=1%,试求有效利率。

解:

假设本金为 100 元,每年计息一次,1 年后有
$$F = 100 \text{ 元} \times (1+12\%) = 112 \text{ 元}$$

每月计息一次,则有
$$F = 100 \text{ 元} \times \left(1+\frac{12\%}{12}\right)^{12} = 112.68 \text{ 元}$$

实际年利率为
$$i = \frac{112.68 \text{ 元} - 100 \text{ 元}}{100 \text{ 元}} = 12.68\%$$

当月利率为 1%,每年计息 12 次时,所得到的一次计息结果相当于名义年利率是 12%,然而实际上的有效利率为 12.68%。

有效利率与名义年利率之间的关系可以表示为
$$i = \left(1+\frac{r}{m}\right)^m - 1 \tag{3-6}$$

式中:i 为有效利率;r 为名义年利率;m 为每年计息次数。

上述公式可以从依次支付本利和公式推导得到。

年本利和可以表示为
$$F = P\left(1+\frac{r}{m}\right)^m$$

则年利息为
$$F - P = P\left(1+\frac{r}{m}\right)^m - P$$

那么有效利率可以表示为
$$i = \frac{P\left(1+\frac{r}{m}\right)^m - P}{P} = \left(1+\frac{r}{m}\right)^m - 1$$

可以看出,当 $m=1$ 时,$r=i$;当 $m>1$ 时,$r<i$。

【例 3-6】 年利率为 12%,按季度计息,试求有效利率。

解:

年名义利率为 12%,每年复利计息次数 $m=4$,根据有效利率的计算公式得
$$i = (1+0.12/4)^4 - 1 = 0.1255 = 12.55\%$$

因此,有效利率为 12.55%。

可见,当年计息次数 $m>1$ 时,名义利率 r 与有效利率 i 在数值上是不相等的,有效利率 i 要大于名义利率 r,即 $i>r$。

第四节 资金等值计算

一、资金等值计算的概念

资金具有时间价值,因此不同时点的资金是没有可比性的。在考虑到时间因素的情况

下，资金等值的含义是指不同时点发生的绝对值不等的资金可能具有相等的价值。资金等值计算是一种将资金在不同时刻进行比较的方法。在理想的资本市场条件下，资金等值的实质是将某一时刻的资金按照一定的利率折算成与之等价的另一时刻的资金的计算过程。如果两个事物的作用效果相同，则这两个事物是等值的。

在技术经济分析中，等值是一个重要的概念，该概念通常在方案的分析与比较中应用。等值的含义是：由于利息的存在，在不同时点的货币数量可以具有相同的经济价值。举个例子，如果年利率为10%，那么100元今天的价值等同于一年前的90.91元和一年后的110.0元。这三笔资金的数额和时间不同，但它们的经济价值却相等，也就是资金的等值。

资金等值的三个要素是资金额大小、资金发生时间和利率，它们构成了现金流量的三要素。利用资金等值的概念，进行资金等值计算的过程是将一个时点发生的资金金额换算成另一时点的等值金额。

进行资金等值换算还需建立以下几个概念。

（1）现值。现值也称为期初值，通常指在一个投资系统期初发生或折算的资金价值（即时点零）。在一个投资系统中，通常把开始投入资金的时间作为计算现值的基准时间，也是项目计算期开始的时间。广义地讲，当把投资项目后几期所发生的现金流量，折算成前期某一非零时点的价值时，也称为现值计算法。因此，广义的现值概念是指相对于终值的任何较早时间的价值。

（2）终值。终值也称为未来值，通常是指发生在或折算为投资系统期末时的资金价值。当把前几期发生的现金流量，折算为某一个后期非投资系统期末时点的价值时，也可以采用终值计算法。显然，广义的终值概念是指相对于现值的任何以后时间的价值。

（3）贴现。贴现也称为折现，是一种将未来的资金金额按照一定的利率折算为当前时点价值的方法。通过贴现，可以考虑到时间价值的因素，即同样的资金金额在不同的时间点具有不同的价值。贴现的本质是对未来现金流量进行折现计算，以便进行项目现值和内部收益率的计算、财务报表分析等。而贴现率是指用于对未来资金金额进行贴现计算时所采用的标准利率。这个利率一般取决于市场利率或者其他具体情况下的实际利率水平。在投资分析中，贴现率是一个十分重要的概念，因为不同的贴现率会带来不同的资金等值和投资回报。通常，贴现率越高，说明资金时间价值越大，也就意味着未来的现金流量需要更多地折现到当前时点才符合市场定价的规律。

二、资金等值计算公式

技术经济分析需要计算和分析投资项目寿命期内不同时期的全部费用和收益，以考察项目的经济效果。然而，在考虑资金时间价值的情况下，不能直接相加或相减不同时间发生的收入或支出。为此，需采用资金等值计算公式，将不同时期的收入支出汇总换算成同时点上的现值，以便进行分析。

在以年为周期、每年复利一次、间断复利的资金等值计算中，基本符号规定如下：i 为利率；n 为计息周期数；P 为现值；F 为终值；A 为年金，指定期等额收入或支出相同的金额；G 为等差支付系列中的等差变量值。

根据资金支付方式的不同，复利等值计算的基本公式包括三种情形：一次支付系列、等额支付系列和等差支付系列。这些公式是研究资金在不同支付方式下的现值和终值的重要工具。

(一) 一次支付系列

在分析现金流量时，一次支付也被称为整付。它指的是系统中的现金流量在某个特定时点上发生，并且无论是流入还是流出，都只在该时点上进行一次性付款或收款。

1. 一次支付终值公式

已知期初投入资金为 P，利率为 i，求 n 期末的本利和 F，则有

$$F=P(1+i)^n \tag{3-7}$$

式中：$(1+i)^n$ 称为一次支付终值系数，一般可用符号记作 $(F/P, i, n)$，斜线的右边表示已知的数据与参数，左边表示欲求的现金流量，表示已知 P 求 F。$(F/P, i, n)$ 值可查复利系数表求得。

$$F=P(1+i)^n=P(F/P, i, n)$$

一次支付终值的现金流量如图 3-2 所示。

【例 3-7】 一家企业向银行借款 100 万元用于新产品开发，借款期限为 5 年，利率为 10%。请问 5 年后，银行应该收回多少本金和利息？

解：

由一次支付终值公式得

$$F=P(1+i)^n=100\times(1+10\%)^5=100\times1.611=161.1 \text{万元}$$

所以银行应回收本金和利息共 161.1 万元。

图 3-2 一次支付终值现金流量图

2. 一次支付现值公式

已知资金在未来某一时点上的终值为 F，利率为 i，计息周期数为 n，求资金的现值 P。由一次支付的终值公式 $F=P(1+i)^n$ 得

$$P=\frac{F}{(1+i)^n}=F(1+i)^{-n} \tag{3-8}$$

一次支付现值的现金流量如图 3-3 所示。其中，$(1+i)^{-n}$ 称为一次支付现值系数，简称折现系数。一般可用符号记作 $(P/F, i, n)$。

$$P=F(1+i)^{-n}=F(P/F, i, n)$$

【例 3-8】 假设银行的复利利率为 12%，如果希望在 5 年后得到 10 000 元，那么现在需要存入多少资金呢？

解：

由一次支付现值公式得

$$P=F(1+i)^{-n}=10\,000\times(1+12\%)^{-5}=10\,000\times0.5674=5674 \text{元}$$

所以应存入银行 5674 元。

图 3-3 一次支付现值现金流量图

(二) 等额支付系列

支付可以采用多次支付形式，这意味着分析系统的现金流入和现金流出在项目计算期内将在多个时点上多次发生，而不仅仅是在单一时点集中发生。等额支付系列是其中一种支付形式，每期末发生相同金额的支付。

1. 等额支付终值公式

已知从第 1 年末至第 n 年末有一个等额的现金流序列，每年的金额均为 A，称为等额年

值，利率为 i，计息周期数为 n，求资金的 n 期末本利和终值 F。等额支付终值的现金流量如图 3-4 所示。

从图 3-4 中可以看出，把等额序列视为 n 个一次支付的组合，利用一次支付的终值公式推导出等额支付终值公式，即

$$F=A+A(1+i)+A(1+i)^2+\cdots+A(1+i)^{n-2}+A(1+i)^{n-1}$$

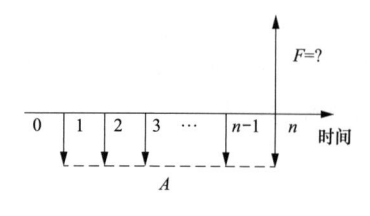

图 3-4 等额支付终值现金流量图

上式两端同乘以 $(1+i)$

$$F(1+i)=A(1+i)+A(1+i)^2+\cdots+A(1+i)^{n-1}+A(1+i)^n$$

两式相减，得

$$F(1+i)-F=A(1+i)^n-A$$

可以得到等额支付终值公式为

$$F=A\frac{(1+i)^n-1}{i} \tag{3-9}$$

其中，$\frac{(1+i)^n-1}{i}$ 为等额支付终值系数，也可用符号记作 $(F/A, i, n)$。

$$F=A\frac{(1+i)^n-1}{i}=A(F/A, i, n)$$

【例 3-9】 某公司设立退休基金，每年年末存入银行 2 万元，如果银行存款利率为 10%，按复利计息，第 5 年年末基金总额为多少元？

解：

由等额支付终值公式得

$$F=A\frac{(1+i)^n-1}{i}=2\times\frac{(1+10\%)^5-1}{10\%}=2\times 6.105=12.21 \text{ 万元}$$

所以第 5 年年末基金总额为 12.21 万元。

2. 等额支付偿债基金公式

已知资金的终值 F 求与之等价的等额系列值 A 的计算，是等额支付终值公式的逆运算。

项目投资后，借款人应承担到期偿还欠款的义务。为了实现这一目标，借款人需要制定可行的还款计划，即从项目收益中每年提取等额的现金存入银行，并按照存款利率进行计息，使得每年提存的金额和所获得的利息之和正好等于到期应偿还的本金和利息总额。这笔每年等额提存的现金被称为偿债基金。

由等额支付终值公式可直接导出

$$A=F\frac{i}{(1+i)^n-1} \tag{3-10}$$

其中，$\frac{i}{(1+i)^n-1}$ 为等额支付偿债基金系数，也可用符号记作 $(A/F, i, n)$。

$$A=F\frac{i}{(1+i)^n-1}=F(A/F, i, n)$$

【例 3-10】 某公司打算积累一笔福利基金，用于 3 年后建造职工俱乐部。此项投总额为 200 万元银行利率为 12%，按复利计息，问每年年末至少要存款多少？

解:

由等额支付偿债基金公式得

$$A = F\frac{i}{(1+i)^n - 1} = 200 \times \frac{12\%}{(1+12\%)^3 - 1} = 200 \times 0.2964 = 59.28 \text{ 万元}$$

所以每年年末至少要存款 59.28 万元。

3. 等额支付现值公式

已知从第一年到第 n 年年末有一个等额的现金流序列,年金为 A,利率为 i,计息周期数为 n,求等额序列资金的现值 P。其现金流量如图 3-5 所示。

由一次支付现值公式

$$P = \frac{F}{(1+i)^n} = F(1+i)^{-n}$$

以及等额支付终值公式

$$F = A\frac{(1+i)^n - 1}{i} = A(F/A, i, n)$$

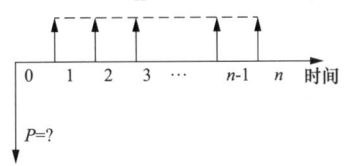

图 3-5 等额支付现值现金流量图

得到等额支付现值公式

$$P = A\frac{(1+i)^n - 1}{i(1+i)^n} \tag{3-11}$$

其中,$\frac{(1+i)^n - 1}{i(1+i)^n}$ 为等额支付现值系数,也可用符号记作 $(P/A, i, n)$。

$$P = A\frac{(1+i)^n - 1}{i(1+i)^n} = A(P/A, i, n)$$

【例 3-11】 某工程一年建成并投产,寿命 10 年,每年净收益为 5 万元,按 10% 的折现率计算,寿命期末恰好能收回全部投资,问该工程建设初期需要投入多少资金?

解:

由等额支付现值公式得

$$P = A\frac{(1+i)^n - 1}{i(1+i)^n} = 5 \times \frac{(1+10\%)^{10} - 1}{10\% (1+10\%)^{10}} = 5 \times 6.1445 = 30.72 \text{ 万元}$$

所以工程建设初期需要投入 30.72 万元。

4. 等额支付资金回收公式

已知资金的现值 P,利率为 i,计息周期数为 n,求第一年到第 n 年年末的等额年值 A。资金回收指的是如何平均收回投入的资金,实现这一目标需要根据每期的规定年利率和计息周期数,按照资金等值原则计算出每期至少应该回收的金额 A 值。

由等额支付现值公式

$$P = A\frac{(1+i)^n - 1}{i(1+i)^n}$$

可得等额支付资金回收公式

$$A = P\frac{i(1+i)^n}{(1+i)^n - 1} \tag{3-12}$$

其中,$\frac{i(1+i)^n}{(1+i)^n - 1}$ 为等额支付资金回收系数,也可用符号记作 $(A/P, i, n)$。

$$A = P\frac{i(1+i)^n}{(1+i)^n-1} = P(A/P,i,n)$$

资金回收系数是技术经济分析中的一个重要指标。它在考虑资金时间价值的情况下，表示每年至少应该回收多少与项目投资额相等的资金。如果每期实际回收金额小于资金回收系数，那么在项目的寿命期内就无法收回全部的投资。

资金回收系数与偿债基金系数存在以下关系

$$(A/P,i,n) = (A/F,i,n) + i \tag{3-13}$$

【例 3-12】 某项运输设备价值 100 万元，投资利率为 15%，按复利计息，若要求投资在 7 年内回收，则每年至少应等额回收多少？

解：

由等额支付资金回收公式得

$$A = P\frac{i(1+i)^n}{(1+i)^n-1} = 100 \times \frac{15\%(1+15\%)^7}{(1+15\%)^7-1} = 100 \times 0.2404 = 24.04 \text{ 万元}$$

所以每年至少应等额回收 24.04 万元。

（三）等差支付系列

在经济管理工作中，常出现某项费用每年按相同差额递增或递减，形成了一个等差支付系列，也称为均匀梯度系列。例如，设备维修保养费随着使用年限的增加而逐年递增；对于整个生产周期，像煤矿等资源型企业的收益随着开采时间的增长而逐年递减。如果递增或递减的速度是稳定的，即以相等的数额递增或递减，则这种支付方式可以被称为等差系列。假设某项费用的现金流量如图 3-6 所示，其逐期的等差变量为 G，且等差支付系列中第一个 G 值发生在系列的第 2 年年末。

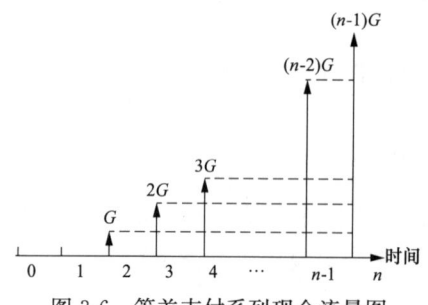

图 3-6 等差支付系列现金流量图

1. 等差支付终值公式

已知等差变量值 G，利率为 i，计息周期数为 n，求资金的终值 F。可把等差支付系列 $0, G, 2G, \cdots, (n-1)G$ 分解为 $(n-1)$ 个年末支付值为 G 的等额支付系列的组合，利用等额支付的终值公式逐一进行计算，累计求得该等差支付系列的终值。

$$F = G(F/A,i,n-1) + G(F/A,i,n-2) + \cdots + G(F/A,i,2) + G(F/A,i,1)$$

$$F = G\left[\frac{(1+i)^{n-1}-1}{i} + \frac{(1+i)^{n-1}-1}{i} + \cdots + \frac{(1+i)^2-1}{i} + \frac{(1+i)-1}{i}\right]$$

$$F = \frac{G}{i}\left[(1+i)^{n-1} + (1+i)^{n-2} + \cdots + (1+i)^2 + (1+i) - (n-1)\right]$$

$$F = \frac{G}{i}\left[(1+i)^{n-1} + (1+i)^{n-2} + \cdots + (1+i)^2 + (1+i) + 1\right] - \frac{nG}{i}$$

$$F = \frac{G}{i}\left[\frac{(1+i)^n-1}{i}\right] - \frac{nG}{i}$$

可以求得等差支付终值公式为

$$F = \frac{G}{i}\left[\frac{(1+i)^n-1}{i} - n\right] \tag{3-14}$$

其中，$\dfrac{1}{i}\left[\dfrac{(1+i)^n-1}{i}-n\right]$ 为等差支付终值系数，也可用符号记作 $(F/G,i,n)$。

$$F=\dfrac{G}{i}\left[\dfrac{(1+i)^n-1}{i}-n\right]=G(F/G,i,n)$$

2. 等差支付现值公式

已知等差变量值 G，利率为 i，计息周期数为 n，求资金的现值 P。由等差支付终值公式乘以一次支付现值系数，得

$$P=\dfrac{G}{i}\left[\dfrac{(1+i)^n-1}{i}-n\right]\times\dfrac{1}{(1+i)^n}=\dfrac{G}{i}\left[\dfrac{(1+i)^n-1}{i(1+i)^n}-\dfrac{n}{(1+i)^n}\right]$$

$$=G\left[\dfrac{(P/A,i,n)-n(P/F,i,n)}{i}\right] \tag{3-15}$$

其中，等差支付现值系数为 $\dfrac{1}{i}\left[\dfrac{(1+i)^n-1}{i(1+i)^n}-\dfrac{n}{(1+i)^n}\right]$，也可用符号记作 $(P/G,i,n)$。

$$P=\dfrac{G}{i}\left[\dfrac{(1+i)^n-1}{i(1+i)^n}-\dfrac{n}{(1+i)^n}\right]=G\left[\dfrac{(P/A,i,n)-n(P/F,i,n)}{i}\right]=G(P/G,i,n)$$

一个技术方案，往往是第一年就有资金支出或资金收入，并在此基础上逐年递增或递减一个相对稳定的常数。假定一个方案在第 1 年年末的支出额为 A，第 2 年年末的支出额为 $A+G$，第 3 年年末的支出额为 $A+2G$，$\cdots$，第 n 年年末的支出额为 $A+(n-1)G$，则可以把这样一个第一年有资金支出的均匀增加的等差支付系列看成一个以等额支付值为 A 的等额支付系列和一个以等差变量值为 G 的等差支付系列的组合：

$$P=A(P/A,i,n)+G(P/G,i,n)$$

若为递减型等差变化，则上式取减号即可。

【例 3-13】 已知某型设备售价 40 万元，可使用 10 年，不计残值。据估算，第一年维修费用 1 万元，以后每年按 3000 元递增，同期银行利率为 15%。问该设备所耗费的全部费用的现值是多少？

解：

该设备的全部费用包括设备购置费及各年的维修费用两部分，其中维修费用属于第一年有资金支出的等差支付系列并且维修费用呈递增型变化

$$P=P_1+P_2=P_1+A(P/A,i,n)+G(P/G,i,n)$$
$$P=40+1(P/A,15\%,10)+0.3(P/G,15\%,10)=50.113 \text{ 万元}$$

所以该设备所耗费的全部费用的现值为 50.113 万元。

3. 等差支付年值公式

已知等差变量值 G，利率为 i，计息周期数为 n，求资金的年值 A。

由等差支付终值公式乘以等额支付资金回收系数，可得

$$A=\dfrac{G}{i}\left[1-\dfrac{in}{(1+i)^n-1}\right]=G\left[\dfrac{1}{i}-\dfrac{n}{(1+i)^n-1}\right] \tag{3-16}$$

其中，$\left[\dfrac{1}{i}-\dfrac{n}{(1+i)^n-1}\right]$ 为等差支付年值系数，也可用 $(A/G,i,n)$ 表示，因此式 (3-16) 又可表示为

$$A=G\left[\frac{1}{i}-\frac{n}{(1+i)^n-1}\right]=G(A/G,i,n)$$

（四）等比支付系列

等比支付系列是用来解决另一类特殊的现金流量问题的，通常在这类现金流量中逐年有一个递增百分比。等比支付系列的现金流量图如图3-7所示，j为逐年变化的百分比，已知j，求现值P、终值F、年金A。

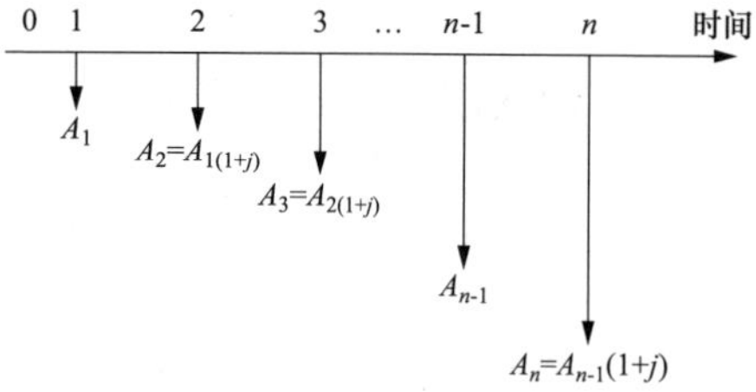

图3-7 等比支付系列现金流量图

1. 等比支付终值公式

已知第一年末支付金额为A_1，逐年变化百分比为j，利率为i，计息周期数为n，求资金的终值F。可以将每年年末支付值利用一次支付现值公式进行累加计算，求得等比支付终值公式。

$$F=A_1(F/P,i,n-1)+A_2(F/P,i,n-2)+\cdots+A_{n-1}(F/P,i,1)+A_n$$
$$=A_1(1+i)^{n-1}+A_2(1+i)^{n-2}+\cdots+A_{n-1}(1+i)+A_n$$
$$=A_1(1+i)^{n-1}+A_1(1+i)^{n-2}(1+j)+\cdots+A_1(1+i)(1+j)^{n-2}+A_1(1+j)^{n-1}$$
$$=A_1(1+i)^{n-1}[1+(1+j)(1+i)^{-1}+\cdots+(1+j)^{n-1}(1+i)^{-(n-1)}]$$

令 $(1+j)(1+i)^{-1}=x$，则

当 $i\neq j$ 时 $\qquad F=A_1(1+i)^{n-1}\dfrac{1-x^n}{1-x}$

当 $i=j$ 时 $\qquad F=A_1n(1+i)^{n-1}$ （3-17）

2. 等比支付现值公式

已知第一年末支付金额为A_1，逐年变化百分比为j，利率为i，计息周期数为n，求资金的终值P。由等比支付终值公式乘以一次支付现值系数，得

当 $i\neq j$ 时 $\qquad P=A_1(1+i)^{-1}\dfrac{1-x^n}{1-x}$

当 $i=j$ 时 $\qquad P=A_1n(1+i)^{-1}$ （3-18）

3. 等比支付年值公式

已知第一年末支付金额为A_1，逐年变化百分比为j，利率为i，计息周期数为n，求资金的年值A。

由等比支付终值公式乘以等额支付资金回收系数，可以得

当 $i\neq j$ 时 $\qquad A=A_1(1+i)^{-1}\dfrac{1-x^n}{1-x}(A/P,i,n)$

当 $i=j$ 时 $\qquad A=A_1n(1+i)^{-1}(A/P,i,n)$ （3-19）

【例3-14】 某企业设备维修费第一年为4000元，此后10年的寿命周期内逐年增加6%，假定资金的年利率为15%，求该几何序列的现值及等额序列年金。

解：

已知 $A_1=4000$元，$i=15\%$，$j=6\%$，$n=10$，代入公式得

$$P=A_1(1+i)^{-1}\frac{1-x^n}{1-x}=A_1\frac{1-(1+i)^{-n}(1+j)^n}{i-j}=24\,770\text{ 元}$$

$$A=P(A/P,15\%,10)=4935.4\text{ 元}$$

所以该几何序列的现值为 24 770 元，等额序列年金为 4935.4 元。

三、资金等值公式的应用条件

任何公式都必须在满足某些假设条件时才能使用，复利计算的基本公式也不例外。为了正确地应用这些公式，必须清楚这些公式推导的前提条件，即假设条件。这些条件包括：

(1) 实施方案的初期投资发生在其寿命周期的开头。
(2) 方案实施中发生的经常性收益和费用发生在计息期的末尾。
(3) 本期的结束即为下期的开始。
(4) 现值 P 是当前期间开始时发生的。
(5) 终值 F 是当前以后的第 n 个计息期末发生的。
(6) 年等值 A 是在考察期间等间隔发生的；当问题涉及 P 和 A 时，系列的第一个 A 是在 P 发生一个计息期之后的期末发生的；当问题涉及 F 和 A 时，系列的最后一个 A 与 F 同时发生。

现值 P 与终值 F 的换算关系、现值 P 和年等值 A 的相互关系和年值与将来值的相互关系如图 3-8 所示，利用该图很容易搞清楚各系数之间的关系以及上述几个假定条件。

当所需解决的问题的现金流量不符合上述推导公式所基于的假设条件时，只要通过简单的处理使其符合这些假设条件，就可以应用基本公式。

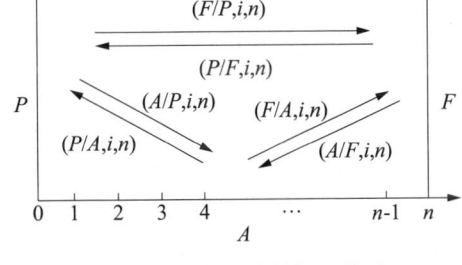

图 3-8 基本公式的相互关系

【例 3-15】 某企业拟购买大型设备，价值为 500 万元，有两种付款方式可供选择：①一次性付款，优惠 12%。②分期付款，则不享受优惠，首次支付必须达到 40%，第 1 年支付 30%，第 2 年支付 20%，第 3 年支付 10%。假若企业购买设备所用资金是自有资金，自有资金的机会成本为 10%，问应该选择哪种付款方式？又假若企业用借款资金购买设备，借款利率为 16%，则应选择哪种付款方式？

解：

若资金成本为 10%，则一次性付款。实际支出为
$$P = 500 \times 88\% = 440 \text{ 万元}$$

分期付款相当于一次性付款值：
$$P = 500 \times 40\% + \frac{500 \times 30\%}{1+10\%} + \frac{500 \times 20\%}{(1+10\%)^2} + \frac{500 \times 10\%}{(1+10\%)^3} = 456.57 \text{ 万元}$$

所以对企业来说，若资金利率为 10%，则应选择一次性付款。

若资金的机会成本为 16%，则一次性付款：
$$P = 500 \times 88\% = 440 \text{ 万元}$$

分期付款：
$$P = 500 \times 40\% + \frac{500 \times 30\%}{1+16\%} + \frac{500 \times 20\%}{(1+16\%)^2} + \frac{500 \times 10\%}{(1+16\%)^3} = 435.66 \text{ 万元}$$

所以资金利率为 16%，则应选择分期付款。

【例 3-16】 某企业拟购买一设备，预计该设备有效使用寿命为 5 年，在寿命周期内每年能产生纯收益 6.5 万元，若该企业要求的最低投资收益率为 15%，问该企业可接受的设备

价格为多少?

解:
$$P=A(P/A,i,n)=6.5\times(P/A,15\%,5)=21.8 万元$$
所以企业可接受的最高价格为 21.8 万元。

拓展阅读：津巴布韦的通货膨胀

津巴布韦位于非洲南部，20 世纪 80 年代独立之初，津巴布韦总体经济实力很不错，作为南部非洲第二大经济体，每年粮食能够自产自足，工业较为发达。良好的工农业基础和较高的受教育水平使津巴布韦曾经被认为是最有希望率先进入发达国家行列的非洲国家。

变化从 2000 年开始，津巴布韦政府开始大力推行土地改革政策，强行收回殖民留下来的白人农场主的土地，将之分配给无地或少地的黑人。此举大大破坏了津巴布韦原有的经济体系，导致了津巴布韦社会矛盾激化，引发了粮食危机，该国的农业、旅游业和采矿业随之一落千丈。不仅如此，津巴布韦政府对国内白人的打压还使之与部分西方国家迅速交恶，后者对其实施了严厉的制裁，津巴布韦经济进一步濒临崩溃。没有了外界支持，内部也缺乏有效的改善，为了维系局面，津巴布韦政府只能够不断通过印钞来进行经济上的调整。到 2006 年，津巴布韦的年通胀率为 1042.9%，2007 年则冲到 10 000% 以上。到了 2008 年 6 月末，津巴布韦货币的汇率已跌至 1 美元兑 1000 亿津巴布韦元，而厚厚一沓纸币凑够的 1000 亿却只能买到一个面包。通货膨胀率居高不下，于是津巴布韦人民纷纷把家里的存款拿来囤物资，再加上政府不断印钱，市面上流通的钱越来越多，面值越来越大，助推了通货膨胀。同年 8 月，政府开始发行第三代津元，新货币的 1 元相等于上一代的 100 亿津元，但这一举措并未见效。同年 12 月，政府推出了新版面额为 1000 万、5000 万和 1 亿津元三种新钞，随后又推出面额 5 亿和 100 亿的钞票。2009 年，在推出了 1 后面紧跟着 14 个 0 的 100 万亿面额钞票后，津巴布韦政府选择发行第四代新钞，划掉了前一代纸币上的 12 个 0，即 1 万亿元第三代钞票等于 1 元新钞。但由于恶性通货膨胀，这些"0"又迅速地涨了回来。最终，在该国通胀率达到 1 000 000 000% 后，2009 年政府宣布停止发行本国货币，开始使用稳定经济体的一篮子货币组合。此后，美元、欧元、英镑、南非兰特、博兹瓦纳普拉、人民币、日元、澳元、印度卢比等 9 种货币先后被允许在当地流通，津巴布韦人民也终于告别了要用大推车推钱去买东西的时代。

思考与练习

1. 现金流量的组成有哪些？相互之间的区别在哪？
2. 绘制现金流量图的要素有哪些？
3. 资金时间价值的概念是什么？资金时间价值与通货膨胀的区别在哪里？
4. 单利和复利的区别在哪里？应用场合分别是什么？
5. 资金时间价值的计算公式有哪些？能否举例说明实际应用范围？

第四章 技术经济评价基本方法

研究技术经济评价基本方法是为了确定在项目实现过程中，是否值得对该项目进行投资。技术经济评价基本方法可以为决策者提供项目有关信息，以及预计开支和可能收益的量化估计，有助于评估不同实现方案的成本效益，并确定实现的最佳时机，使项目投资更具有风险可控性、合理性和经济性。

本章主要对技术经济评价基本方法进行介绍，主要包括技术经济评价方法的概念、时间型、价值型和效率型经济评价指标。

学习过程中要求了解技术经济评价方法的基本概念，掌握静态和动态投资回收期、净现值、内部收益率等技术经济评价指标的含义，能熟练使用这些指标对项目进行评价。

第一节 技术经济评价方法概述

项目的经济评价是根据特定的决策目标，通过对项目成本与效益进行分析，以估算和判断这个项目的投资价值。在进行项目经济评价时，选择适合的指标并使用科学的方法来反映投资价值是至关重要的。因此，研究项目技术经济评价的理论和方法能够有利于正确地进行项目经济评价，从而确保该项目实施所带来的最大经济效益。

由于项目或方案的复杂性，需要从多个方面反映其经济效果，因此，在项目经济评价中形成了各类指标和方法来全面评估其效益。经济评价指标通常分为三类：第一类是以时间作为计量单位的时间型指标，例如投资回收期和贷款偿还期；第二类是以货币单位计量的价值型指标，如净现值和净年值等；第三类是以相对量表示的效率型指标，如内部收益率、投资收益率和净现值率等。根据是否考虑资金时间价值，经济效果评价指标又可分为静态评价指标和动态评价指标。不考虑资金时间价值的评价指标称为静态评价指标，主要用于数据不完备和精确度要求较低的项目初选阶段；考虑资金时间价值的评价指标，则称为动态评价指标，适用于项目最终决策的可行性研究阶段。在实践中，采用静态指标来评价项目经济效果的方法被称为静态评价方法，采用动态指标来评价则被称为动态评价方法。表 4-1 和表 4-2 列出了常用的技术经济评价指标和方法。

表 4-1　　　　　　　　　技术经济评价的基本指标

指标类型	具体指标
时间型指标	投资回收期、贷款偿还期
价值型指标	净现值、净年值
效率型指标	内部收益率、投资收益率、净现值率

表 4-2　　　　　　　　　技术经济评价的基本方法

分类	评价方法
静态评价方法	静态投资回收期法、贷款偿还期法、投资收益率法
动态评价方法	动态投资回收期法、净现值法、净年值法、内部收益率法、净现值率法

第二节 技术经济评价基本指标

一、时间型经济评价指标
(一) 投资回收期

投资回收期是通过计算项目净收益回收投资成本所需的时间来衡量企业未来现金流的风险和可行性,反映了项目回收资金所需的相对时间长度,以及预测资金回收的快慢程度。投资回收期从项目建设开始年份开始计算,通常用年表示,分为静态投资回收期和动态投资回收期两种类型。

1. 静态投资回收期

静态投资回收期是不考虑资金时间价值而计算的投资回收期。其表达式为

$$\sum_{t=0}^{P_t}(\text{CI}-\text{CO})_t = 0 \tag{4-1}$$

式中:P_t 为静态投资回收期;$(\text{CI}-\text{CO})_t$ 为第 t 年的净现金流量。

根据投资收益的发生规律,静态投资回收期可以采用直接计算法或累计计算法两种方式进行计算。当投资项目的每年净收入相等时,可以使用直接计算法来计算静态投资回收期。这种方法通常适用于一些较为简单的投资项目。其计算公式为

$$P_t = \frac{K}{\text{NB}} + m \tag{4-2}$$

式中:K 为全部投资;NB 为每年的净收益;m 为项目建设期。

对于净收入不等的投资项目,直接计算法无法对其进行合理评估。此时,需要使用累积计算法来计算静态投资回收期,以更为准确地评估项目的经济效益。累积计算方法通过将每年净现金流相加到负现值归零状态,然后计算所需年限,以确定静态投资回收期。其计算公式为

$$K = \sum_{t=0}^{P_t} \text{NB}_t \tag{4-3}$$

式中:NB_t 为第 t 年的净收益,其余符号同前。

在实际进行静态投资回收期计算时,通常采用实用公式来计算:

$$P_t = \left[\begin{array}{c}\text{累计净现金流量开始}\\ \text{出现正值的年份数}\end{array}\right] - 1 + \frac{|\text{上年的累计净现金流量}|}{\text{当年的净现金流量}} \tag{4-4}$$

【例 4-1】 某项目的投资与现金流见表 4-3,计算项目的静态投资回收期。

表 4-3   某项目现金流量表   (单位:万元)

指标	初期	第1年	第2年	第3年	第4年	第5年	第6年
总投资	6000	4000	—	—	—	—	—
收入	—	—	5000	6000	8000	8000	7500
支出	—	—	2000	2500	3000	3500	3500
净现金流量	−6000	−4000	3000	3500	5000	4500	4000
累计净现金流量	−6000	−10 000	−7000	−3500	1500	6000	10 000

解:

根据表 4-3 中的数据,累计净现金流量开始出现正值的年份为第 4 年,计算得

$$P_t = 4 - 1 + \frac{3500}{5000} = 3.7 \text{ 年}$$

所以该项目的动态投资回收期为 3.7 年。

2. 动态投资回收期

动态投资回收期是在给定基准收益率的条件下，用项目各年净现金流的现值回收全部投资的现值所需的时间。动态投资回收期可以用公式来计算，其表达式为

$$\sum_{t=0}^{P_{td}} (CI - CO)_t (1 + i_0)^t = 0 \qquad (4\text{-}5)$$

式中：P_{td} 为动态投资回收期。

在实际进行动态投资回收期计算时，通常采用实用公式来计算

$$P_{td} = \begin{bmatrix} \text{累计净现金流量折现值} \\ \text{开始出现正值的年份数} \end{bmatrix} - 1 + \frac{|\text{上年的累计净现金流量折现值}|}{\text{当年的净现金流量折现值}} \qquad (4\text{-}6)$$

动态投资回收期与静态投资回收期的差别主要来自于它们对现金流的处理方式。当回收期比较短且基准折现率不大的情况下，静态投资回收期和动态投资回收期之间差别并不明显。但是，当回收期较长或基准折现率较大时，静态投资回收期和动态投资回收期之间的差别就会变得更加显著。因为在这种情况下，动态投资回收期所考虑的变化因素和折现率对现值的影响更加重要。一般而言，在给定的折现率下，动态投资回收期比静态投资回收期回收投资的时间要长。

【例 4-2】 以［例 4-1］中数据为例，计算动态投资回收期，假设基准收益率为 10%。

解：

根据表 4-4 中的数据，累计净现金流量折现值开始出现正值的年份为第 5 年，根据公式计算得

$$P_{td} = 5 - 1 + \frac{1112}{2794} = 4.4 \text{ 年}$$

所以该项目的动态投资回收期为 4.4 年。

表 4-4　　　　　　　　　　　某项目现金流量折现值表　　　　　　　　　　（单位：万元）

指标	初期	第1年	第2年	第3年	第4年	第5年	第6年
净现金流量	-6000	-4000	3000	3500	5000	4500	4000
净现金流量折现值	-6000	-3636	2479	2630	3415	2794	2258
累计净现金流量折现值	-6000	-9636	-7157	-4527	-1112	1682	3940

在使用投资回收期评价项目时，一般需要参考基准投资回收期，将实际投资回收期与其比较，以判断项目的经济可行性。基准投资回收期应根据所属行业、类别以及特定条件等因素，依据历史数据或市场预期进行制定。若实际投资回收期小于等于基准投资回收期，则项目经济上是可行的；反之，则该项目难以获得足够的经济回报，不利于投资者的资金实现增值。

投资回收期指标不仅能反映项目的经济性，而且还能反应风险的大小。投资回收期越长，可能会受到市场变化、政策风险、通货膨胀等多种不确定因素的影响越大，因此投资人通常期望投资回收期尽量短，以减少潜在的风险和不确定性。然而，投资回收期指标也有其局限性：它只考虑了投资回收期前的现金流量，而未考虑寿命期内的真实现金流。这意味

着，项目的长期效益、可持续性和变现能力等因素都没有体现在投资回收期指标中，从而难以全面反映出项目的经济价值和风险。因此，在使用投资回收期指标时，也需要结合其他指标，以更加完整和全面的方式评估和比较项目方案的优劣。

（二）贷款偿还期

贷款偿还期是指项目投产后用于偿还贷款本金和利息所需时间，主要依赖于可用于偿还的资金来源，包括净利润、折旧等。这一指标可以显示项目偿还债务的能力，并且可以通过以下公式计算：

$$I_d = \sum_{t=0}^{P_d} R_t \tag{4-7}$$

式中：I_d 为贷款的本金和利息；P_d 为贷款偿还期；R_t 为第 t 年可用于还款的资金，包括利润、折旧费用及其他资金。

项目的贷款偿还期不应超过贷款协议规定的偿还期限制，这是评估项目的可持续性和偿债能力的重要准则。

二、价值型经济评价指标

价值型经济评价指标主要从项目寿命周期内获得的效益总量方面反映项目的经济性，包括净现值和净年值等指标。

1. 净现值

净现值（NPV）是在项目的整个寿命周期（包括建设期和生产期），将每年发生的净现金流按照基准折现率折现为同一时点（通常为期初）的现值，并将这些现值相加得到的总和，也就是将未来现金流通过折现计算成当前的价值并减去投资成本。净现值的数学表达式可表示为

$$\text{NPV} = \sum_{t=0}^{n} (\text{CI} - \text{CO})_t (1 + i_0)^{-t} \tag{4-8}$$

式中：NPV 为净现值；CI 为现金流入；CO 为现金流出；$(\text{CI}-\text{CO})_t$ 为第 t 年的净现金流量；i_0 为基准折现率；n 为项目的寿命周期。

净现值的经济含义是指针对一个项目或投资，在给定的折现率条件下，整个寿命周期内可以获得的现值净收益总量。其本质是扣除预期机会成本后所获得的投资回报。当方案的净现值为 0 时，表明其经济效果刚好能够达到基准收益率水平，并可以获得相应的收益；如果净现值大于 0，则代表该项目优于基准收益率水平，不仅可以获得按基准收益率计算的收益，还有可能获得额外的超额收益；而净现值小于 0 则代表该项目不足以达到基准收益率水平，无法获得收益，甚至可能面临亏损。使用净现值评价项目的经济性时，如果该项目的净现值大于 0，则可视为经济上可行的；反之，若净现值小于 0，则该项目在经济上不可行。在比较多种方案时，当投资差别不大时，通常会优先选择净现值更高的方案，即净现值最大化准则。

净现值是反映投资项目盈利能力的一项重要指标，可以进行动态评估，并被广泛运用于各类项目的经济评价中。净现值的优点在于它能够考虑到资金的时间价值，在整个计算期内综合考虑了费用和收益情况，并将这些因素以价值的形式进行比较，从而更加直观地反映出投资效果。尽管净现值具有明显的优势，但它仍然存在着不足之处。首先是关于基准收益率的选择，净现值需要以一个特定的基准收益率作为参考，来对未来现金流进行折现计算。然

而，基准收益率和实际情况总是存在差距，固定的基准收益率难以满足复杂多变的市场环境以及不同行业、不同周期间的需求。其次，净现值是一种价值型指标，无法体现单位投资的使用效率。

【例 4-3】 某项目各年投资、成本及收入见表 4-5，基准折现率为 10%，试用净现值判别项目的经济性。

表 4-5　　　　　　　　　　某项目现金流量表　　　　　　　　　　（单位：万元）

指标	初期	第 1 年	第 2 年	第 3 年	第 4～7 年	第 8～12 年
收入	—	—	—	350	700	700
投资	100	800	100	—	—	—
经营成本	—	—	—	300	450	485
净现金流量	−100	−800	−100	50	250	215

解：

根据表中各年净现金流量可以得到

$$\begin{aligned} \text{NPV} =& -100-800(P/F,10\%,1)-100(P/F,10\%,2)+50(P/F,10\%,3) \\ &+250(P/A,10\%,4)(P/F,10\%,3)+215(P/A,10\%,5)(P/F,10\%,7) \\ =& 141.35 \text{ 万元} \end{aligned}$$

由于净现值大于 0，所以项目在经济效果上是可行的。

根据净现值计算公式，可以发现同一净现金流量的净现值随着折现率的逐渐增加而呈下降趋势。这意味着折现率的大小对决策结果具有极其重要的影响。当选取较小的折现率时，可以获得更高的净现值；相反，当基准折现率设置过高时，可接受的项目将变得更少。之所以如此，是因为较高的折现率会导致未来现金流的价值被严重低估，从而增强了早期现金流量的权重，削弱了后期现金流量价值的影响。

2. 净年值

净年值（NAV）是指将项目净现值通过资金等值换算分摊到其寿命周期内的各个年度，得到该投资每年所能产生的收益，以便更好地进行经济效果评估。净年值的表达式为

$$\text{NAV} = \text{NPV}(A/P, i_0, n) = \sum_{t=0}^{n}(\text{CI}-\text{CO})_t(1+i_0)^{-t}(A/P, i_0, n) \tag{4-9}$$

式中：NAV 为净年值；$(A/P, i_0, n)$ 为资金回收系数，其余符号同净现值公式相同。用净年值评价项目经济性的判别准则是：对单一方案而言，净年值与净现值在项目评价的结论上总是一致的，若 NAV≥0，则项目在济上可行；若 NAV<0，则项目在经济上不可行。多个方案比选时，优先选择净年值大的方案。

净年值和净现值是两种常用的经济效果指标，它们本质上都是在评估项目的收益水平是否超过了最低预期收益。无论是采用净年值还是净现值进行计算，都需要考虑未来现金流的折现值和资金成本等因素，但它们具有不同的经济含义。净现值反映的是项目在整个寿命周期内所获得的预期现金流与投资支出之间的差额，也就是项目所产生的净收益。净年值则基于资金等值原则，将净现值均匀地分摊到项目期限内各个年度中，并计算出每年所能产生的等额超额收益。净年值反映了某个方案在项目持续期间内每年创造的净现金流，是衡量投资回报稳定性和可持续性的重要指标。

【例 4-4】 根据例 4-3 给出的数据，计算该项目的净年值。

解：

根据净年值计算公式可以得到

$$NAV = NPV(A/P, i_0, n) = 141.26 \times (A/P, 10\%, 12) = 141.26 \times 0.1468 = 20.73 \text{ 万元}$$

由于 NAV>0，故该项目在经济效果上是可行的。

三、效率型经济评价指标

效率型经济评价指标是一种从资源利用效率的角度来反映项目经济性的评估方法。这些指标主要衡量的是投资产生的效果与所耗费资源之间的关系，因此被广泛应用于投资决策和财务管理中。效率型经济评价的主要指标有投资收益率、内部收益率、外部收益率、净现值率等。

（一）投资收益率

投资收益率是一种衡量投资回报的指标，根据其反映收益的方式不同，通常可以分为三种主要表现形式。

1. 投资利润率

投资利润率是一种静态的经济评价指标，通常用于衡量项目单位投资所能带来的盈利能力。这个指标主要关注项目在规划阶段后达到正常生产状态后的第一个完整的生产年份中的平均年利润总额与项目总投资额之间的比例。投资利润率计算公式为

$$投资利润率 = \frac{年利润总额或年平均利润总额}{项目总投资} \times 100\% \quad (4-10)$$

式中：年利润总额可以是一个正常生产年份内的实际利润总额，也可以是在规划阶段对预期年利润进行预测计算后得到的预估值；项目总投资包括所有与项目实施有关的成本，如购置设备、建造工程、土地等。

2. 投资利税率

投资利税率指的是项目在达到设计生产能力后一个正常生产年份所创造的总年利税额，或项目生产期内每年平均利税总额与项目总投资额之比。它是衡量项目单位对国家积累做出贡献水平的重要指标。投资利税率的计算公式为

$$投资利税率 = \frac{年利税总额或年平均利税总额}{项目总投资} \times 100\% \quad (4-11)$$

式中：年利税总额是指项目所创造的税收和利润总额。在计算利润时需扣除生产经营成本、折旧及融资成本等费用。

3. 资本金利润率

资本金利润率是指在项目达到设计生产能力后的一个正常年份内，资本金所创造的利润总额，或者在项目生产期内每年平均资本金利润总额与资本金总投入之比。在评估一个项目的盈利能力和贡献度时，这个指标通常被用作重要的考量指标。资本金利润率的计算公式为

$$资本金利润率 = \frac{年利润总额或年平均利润总额}{资本金} \times 100\% \quad (4-12)$$

资本金利润率表明了企业投入每一元资本所换取的收益。

上述三个指标亦称投资效果系数。当项目的投资效果系数高于或等于行业平均水平时，表明项目相对于同类项目而言拥有较强的盈利能力，这意味着项目在经济上具有可行性。相

反,如果项目的投资效果系数低于行业平均水平,则需要进一步评估项目的盈利前景。投资效果系并没有考虑资金的时间价值,因此只能用于项目初步研究阶段,主要是评估技术经济数据尚不完整的项目。当投资方需要进行深度研究时,应考虑更广泛和全面的财务指标,以便于做出更加准确和可靠的投资决策。

(二) 内部收益率

内部收益率(IRR)是一种用于测算投资回报率的指标,通常被定义为使得净现值等于零的折现率,即 IRR 作为折现率时可以使下式成立

$$\sum_{t=0}^{n}(CI-CO)_t(1+IRR)^{-t}=0 \tag{4-13}$$

项目的内部收益率是衡量其在计算期内的盈利能力的指标。该指标反映了项目自始至终以某种收益率产生收益的情况,高收益率则表示项目有更强的盈利能力和更好的经济性。内部收益率的大小由项目自身的现金流量决定,也就是说内部收益率是内生性质的指标。

使用内部收益率这一指标能够帮助投资者估计项目的证券化潜力和投资回报。用内部收益率指标评价单个方案的判别准则是:设基准收益率为 i_0,当 IRR$\geqslant i_0$ 时,项目的经济效果达到规定的标准,项目在经济上是可行的;当 IRR$<i_0$ 时,项目的经济效果达不到规定的标准,项目在经济上是不可的,应该否定。由定义可知,内部收益率正好是净现值函数曲线与横轴的交点对应的折现率,如图 4-1 所示。在一般情况下,净现值与内部收益率的评价结论是一致的,当 IRR$\geqslant i_0$ 时,NPV$\geqslant 0$。

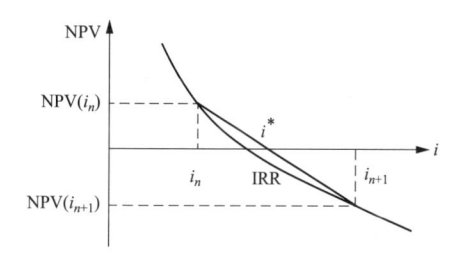

图 4-1 试算内插法求内部收益率

内部收益率是一种效率型评价指标,与价值型指标相比,它能够更直观地反映项目在利润周期内的盈利能力,而且不需要预先确定基准贴现利率。其数值大小取决于项目自身的现金流量,而不受外部参数影响。

内部收益率的计算公式是关于 IRR 的高次方程式,难以直接求解。在实际工作中通常采用试算内插法求内部收益率的近似解,其原理如图 4-1 所示。从图 4-1 可以看出,IRR 在 i_n 和 i_{n+1} 之间,用 i^* 近似代替 IRR,当 i_n 和 i_{n+1} 之间的距离控制在一定的范围内时,可以达到要求的精度。计算步骤如下。

(1) 设初始折现率值为 i_n,一般可以先取行业的基准收益率作为 i_n,并计算相应的净现值 NPV(i_n)。

(2) 若 NPV(i_n)$\neq 0$,则根据 NPV(i_n) 是否大于零,再设 i_{n+1},若 NPV(i_n)>0,则设 $i_{n+1}>i_n$;若 NPV(i_n)<0,则设 $i_{n+1}<i_n$,i_n 与 i_{n+1} 之间的差距取决于 NPV(i_n) 的绝对值的大小,较大的绝对值可以取较大的差距;反之,则取较小的差距,计算对应的 NPV(i_{n+1})。

(3) 重复步骤(2),逐步逼近,最终可以得到比较接近的两个折现率,使得 NPV(i_n)×NPV(i_{n+1})<0,用线性内插法即可求得 IRR 的近似值 i^*,计算公式为

$$i^*=i_n+(i_{n-1}-i_n)\frac{|NPV(i_n)|}{|NPV(i_{n+1})|+|NPV(i_n)|} \tag{4-14}$$

用线性内插法计算 IRR 的误差取决于 $|i_{n+1}-i_n|$ 的大小,为了减少计算误差,一般应使得 $|i_{n+1}-i_n|<5\%$。

【例 4-5】 某项目现金流量见表 4-6,设基准折现率为 10%,试求其内部收益 IRR,并判断项目的可行性。

表 4-6　　　　　　　　　　某项目净现金流量　　　　　　　　　　(单位:万元)

指标	初期	第1年	第2年	第3年	第4年	第5年
净现金流量	-2000	300	500	500	500	1200

解:

方案的净现值表达式为

$$NPV = -2000 + 300(P/F,i,1) + 500(P/A,i,3)(P/F,i,1) + 1200(P/F,i,5)$$

取 $i_1 = 12\%$ 代入上式计算得:$NPV(i_1) = 19$ 万元 > 0

取 $i_2 = 14\%$ 代入上式计算得:$NPV(i_2) = -84$ 万元 < 0

$$NPV(i_1) \times NPV(i_2) < 0$$

可以得

$$IRR = 12\% + (14\% - 12\%) \times \frac{19}{19+84} = 12.4\%$$

该项目的 IRR=12.4%>10%,所以项目在经济上是可行的。

内部收益率的经济含义是指在项目的生命周期内,投资将通过项目的净收益逐步回收,尚未回收的资金则会以一定的利率获得回报,直到计算期结束时回收全部投资。因此,内部收益率可以反映项目偿付尚未回收的投资的能力。此指标不仅受项目初始投资规模影响,还受到项目寿命周期内每年的净收益规模以及其他内部因素的影响。

【例 4-6】 在 [例 4-5] 中,已经计算出其内部收益率为 12.4%,并且是唯一的,按此益率计算收回全部投资的过程,见表 4-7。

表 4-7　　　　　　　　　　回收全部投资计算过程表　　　　　　　　　　(单位:万元)

年份	净现金流量 (年末)	年初未回收的投资	年初未回收的投资 到年末的金额	年末尚未回收 的投资
初期	-2000	—	—	—
第1年	300	2000	2248	1948
第2年	500	1948	2189	1689
第3年	500	1698	1989	1398
第4年	500	1397	1571	1071
第5年	1200	1069	1203	3

从表 4-7 可以看出,项目的整个寿命期从第 0~第 5 年年末,每年都存在尚未回收的投资额。直至项目寿命结束时,即第 5 年年末,才接近回收全部投资。

内部收益率法在许多情况下都能够有效地解决问题,但对于某些长期投资问题,该方法可能存在一定的限制。如果投资方案的收益现金流具有相似的形式,使用内部收益率法是合适的。但是,如果各个方案的收益现金流形式不同,那么使用内部收益率法就无法准确地表明每个投资方案的经济效益。例如,假设一个商人正在考虑将 30 万元资金投入 A 方案或 B 方案。如果 A 方案在 10 年后可以给出 150 万元,而在 B 方案中,每年年末可以得到 8 万元,在这种情况下,哪个方案更具有优势呢?使用净现值法来计算:

解：

$$NPV_A = 150 \times (P/F, 10\%, 10) - 30 = 27.8 \text{ 万元}$$
$$NPV_B = 8 \times (P/A, 10\%, 10) - 30 = 19.2 \text{ 万元}$$

而各方案的内部收益率分别为

由 $30 \times (F/P, IRR_A, 10) = 150$ 得 $IRR_A = 17.8\%$

由 $30 \times (A/P, IRR_B, 10) = 8$ 得 $IRR_B = 23.4\%$

根据以上分析，现值法得出结论：A方案具有更高的效益。而使用内部收益率法会错误地认为应该选择B方案。此矛盾的解释是：假设这两个方案是将资金存在银行A和银行B中。对于B方案而言，银行B提供的利率较高，但需要在每年年末取出8万元并存入另一个账户，该账户在以后的时间里每年只能获得标准资金利率10%的利息。然而，对于A方案，银行A提供的利率虽然不高，但在未来10年内可以给所有存入的资金带来恒定利率17.8%的回报。因此，在10年后，A银行的净资金总额将大于B银行的净资金总额。

内部收益率可能会出现多个解的情况，导致价值评估指标无效。普遍认为多项根是内部收益率法的一大缺陷。但是在实际问题中，只要了解以下特点就不会出现太大误差：如果一个投资方案在初始投资后的现金流为正值且没有特殊变化，那么该方案不会有多个实数根。如果某个投资项目的净现金流变好，则可能有多个实数根。对于这种类型的问题，建议不使用内部收益率法来评估。在实践中，具有多个实数根的方案通常不具备吸引力，因为其净现值或净年值相对较低。

（三）外部收益率

外部收益率（ERR）是一种常用的评估方法，用于计算一个项目的长期经济效益与成本之间的平衡点。在项目的寿命周期内，外部收益率通过将各年支出按照外部收益率折现后的终值累计额与各年收入按照基准折现率折现后的终值累计额相等时的折现率来进行计算。其计算公式为

$$NFV = -\sum_{t=0}^{n} CO_t (1+ERR)^{n-t} + \sum_{t=0}^{n} CI_t (1+i_0)^{n-t} = 0 \quad (4-15)$$

式中：NFV为净终值；ERR为外部收益率；CO_t为第t年的现金流出；CI_t为第t年的现金流入；i_0为基准折现率。

外部收益率的经济含义与内部收益率相似，都是反映项目在寿命周期内的盈利能力，两者的区别是，ERR假设所回收的资金是以相当于基准收益率i_0进行再投资，而IRR假设所回收的资金仍然是以IRR进行再投资。

应用ERR指标评价项目的经济效果时评价标准是若$ERR \geq i_0$，项目在经济上是可行的；若$ERR < i_0$，则项目在经济上不可行。外部收益率的主要优点在于，它考虑了项目的时间价值，使得更远未来的现金流量相比较而言收到适当的比重，从而提高了评估的准确性和有效性。然而，使用外部收益率也存在一些限制，例如可能会产生多个解，需要对其进行合理分析和判断。外部收益率目前使用不普遍，但对具有多个内部收益率的非常规项目评价有优越之处。

【例 4-7】 根据［例 4-5］给出的数据，计算项目的外部收益率。

解：

根据外部收益率的方程式得

$$NFV = -2000(F/P, ERR, 5) + 300(F/P, i_0, 4) + 500(F/A, i_0, 3)(F/P, i_0, 1) + 1200 = 0$$

解方程得知 $ERR \geqslant i_0$，所以项目在经济上是可行的。

（四）净现值率

当需要比较多个方案时，净现值是一种常用的指标。然而，净现值并没有考虑每个投资方案投入资金的多少，在评估资金利用效率时可能不够准确。因此，通常会使用净现值率（NPVR）作为辅助指标来进一步研究资金的利用效果。净现值率是指项目的净现值与总投资（包括固定资产投资和流动资金）的现值 I_P 之比。具体计算公式为

$$NPVR = \frac{NPV}{I_P} = \frac{\sum_{t=0}^{n}(CI - CO)_t(1 + i_0)^{-t}}{\sum_{t=0}^{n}I_t(1 + i_0)^{-t}} \tag{4-16}$$

式中：NPVR 为净现值率；I_P 为总投资的现值；I_t 为第 t 年的投资。

净现值率是一个很重要的投资效率指标，它可以用来衡量每单位投资现值所创造的净现值。在单一项目方案中，如果净现值大于等于 0，则净现值率也大于等于 0；反之如果净现值小于 0，则净现值率也小于 0。这意味着净现值率和净现值是等效的评价指标。

当需要从多个方案中进行选择时，如果这些方案具有相同的净现值，那么就可以使用净现值率来进一步比较资金的利用效率，并决定选择哪个方案。具体而言，如果两个方案的净现值相同，而其中一个方案的净现值率更高，那么就说明该方案单位投资所获得的净现值更多，资金的利用效率更高，应该优先考虑选择净现值率更高的方案。

拓展阅读：三峡工程的投资回报

三峡工程在 1992 年获得批准建设，1994 年正式动工兴建。当时国家批准的三峡工程初步设计静态投资概算大约为 900.9 亿元，其中枢纽工程投资约 500.9 亿元，水库淹没处理及移民安置费用 400 亿元，但对物价水平、贷款利息以及实际建设期等因素进行测算，得到工程动态总投资估算大约为 2039 亿元。2003 年，三峡工程部分完工开始运营，于 2009 年全部完工，2012 年全部投产。2013 年，根据国家审计署公布对长江三峡工程竣工财务决算草案审计的结果显示，三峡工程最终实际投资额为 2078.73 亿元。那么三峡工程有哪些投资回报呢？

首先是发电收益，目前三峡水电站安装 32 台单机容量为 70 万 kW 的水电机组，平均每年能产生将近 900 亿 kWh 的电量，一定程度上可以缓解华东地区的用电压力。目前三峡水电站的上网电价约为 0.28 元，因此一年的发电收益大约是 266 亿元。同时水电是清洁能源，每年可以节省数千万吨煤炭，减少大量的二氧化碳排放，可以带来丰厚的生态效益。其次是防洪效益，三峡工程作为长江中下游防洪体系中的关键骨干工程，能够控制长江防洪最险的荆江河段 95% 的洪水来量。据中国工程院估算，三峡工程多年平均年防洪效益达 88 亿元人民币。再次是三峡工程建成后变成了一个通航枢纽，提升了船舶运输效率，促进了长江航运的发展。最后是旅游业发展，三峡大坝的建成推动了当地旅游业的发展，而旅游业的发展又带动了当地的经济发展。总而言之，三峡工程给中国带来了巨大的利益，而且看不见的效益要比实际收益大很多。根据相关数据显示，三峡工程每年就能为国家 GDP 总值带来 1 万亿

人民币的收入。

但是任何事情都是有两面性的，有利就有弊，作为一项世纪工程，三峡工程也是有弊端的，比如库区的文物受到了不同程度的破坏，一些洄游性鱼类受到很大的冲击面临灭绝。不过总体上，三峡工程为中国创造的收益早就超过了当初的投资，是一项利大于弊的重大工程。

思考与练习

1. 技术经济评价的基本指标有哪些？应用场景在哪里？
2. 静态投资回收期和动态投资回收期的区别及关联是什么？
3. 净现值法和净年值法的区别在哪里？其应用场合有什么不同？
4. 如何快速有效计算内部收益率？
5. 动态投资回收期、净现值、内部收益率的计算方法相同点和不同点在哪里？

第五章　多方案经济评价与选择

在技术经济分析中，当面临多个可行的技术方案时，需要进行全面、系统的比较和选择，以实现最大的社会经济效益。通过对不同方案的成本、效益、风险等方面进行评估和分析，可以为相关决策者提供有力的科学参考，确定最佳解决方案。研究多方案经济评价与选择还可以帮助企业和组织合理配置资源，最大限度地提高技术及其应用的效率和经济效益。

本章主要对多方案经济评价方法进行介绍，包括多方案的类型、相互排斥方案、相互独立方案和混合方案及其选择方法、一定限定条件下方案的选择方法。

学习过程中要求了解多方案的基本概念，掌握相互排斥型方案、相互独立型方案、混合型方案以及一定限定条件下方案的评价方法，并能应用该方法对多方案进行选择。

第一节　方案的类型与优化原则

技术经济评价基本方法中介绍了投资回收期、净现值、内部收益率等指标，并以某个或某几个指标评价来决定最优方案。这种方法通常适用于具有相似特征的多个方案之间进行比较选择。在现实情况下，不同层次的决策者可能需要对不同类型的候选方案进行比较评价，而这些方案可能存在各种各样的限制条件。在这种情况下，技术经济评价基本方法就不能完全适用。因此，对于决策者来说，识别候选方案之间的关系并在特定限制条件下采用适当的分析和比较方法变得非常重要。

一、方案间的关系

下面通过一个简单的例子来说明投资决策中不同指标可能导致不同的结论。假设有 A 和 B 两种投资方案，方案的寿命年限相同，相关数据见表 5-1。如果使用净现值指标进行比较，方案 B 的净现值比方案 A 多 15 万元，因此方案 B 看起来更加有利。然而，如果考虑使用内部收益率指标进行比较，那么方案 A 比方案 B 更为有利。在这个例子中，使用不同的指标得出了相互矛盾的结论。

表 5-1　A、B 方案的投资额及评价指标

方案	投资额/万元	净现值/万元	内部收益率/%
A	200	160	30
B	300	175	25

事实上，以上两种结论都是不准确的或不完全准确的。为了证明这一点，可以通过一个极端的例子来说明。假设有另一种投资方案 C，投资额为 2000 万元，净现值为 160 万元，寿命年限与方案 A 相同。使用净现值指标来比较，结果表明方案 C 与方案 A 并没有优劣之分。但是请注意，方案 C 的投资金额却是方案 A 的 10 倍。同样地，如果有方案 D，它的投资金额为 3000 万元，净现值为 1600 万元，内部收益率为 20%，寿命年限与其他案例相同。根据内部收益率指标进行比较，发现方案 D 不如方案 A 和方案 B 有利。然而，需要注意的

是方案 A 和方案 B 的净现值与方案 D 无法相提并论。

这表明，针对单一方案的分析结论例如净现值越大越好、内部收益率越高越好等不能直接应用于多种方案选择问题中。在多个方案问题中，需要考虑的不仅限于单一方案，而是项目群或整个组合，所追求的不是单个方案的局部最优结果，而是整个项目群的整体最优结果。与单个方案相比，整个项目群的经济效益可能会有所不同。一个看似很好的方案可能成为负担，并影响到整个项目群的经济展望。因此，在多方案选择问题中，除了考虑每个项目方案的经济性外，还必须研究各项目方案之间的相互影响，综合考虑各种因素，以求达到整个项目群的最佳综合效益。

二、方案的类型

在决策论中，针对候选方案之间的相互关系，可以将其分为以下三类。

(1) 相互独立型方案。在这种情况下，各个候选方案之间不存在相互影响，每个方案的选择都是彼此独立的。例如，在购买一款数码相机时，用户需要考虑品牌、型号、价格等因素，但每个因素都可以独立地被考虑。相互独立型方案只要满足条件，就可以自由选择有利的方案，甚至几个方案可以同时共存。相互独立型方案的效果具有可加性。比如，在一个企业考虑进行 A 和 B 两个投资方案时，方案 A 的净盈利为 160 万元，方案 B 的净盈利为 175 万元，则同时采用这两个方案的净盈利为 160 万＋175 万＝335 万元。因此，这两个方案是可加的。

(2) 相互排斥型方案。在这种情况下，不同的候选方案之间存在直接的相互影响，且只能选择其中一个方案。例如，在购买房产时，选择某个位置的房子便意味着不能再选择其他位置的房子；购买某个开发商的房产就无法同时购买其他开发商的房产。相互排斥型方案的效果之间通常不具有可加性。比如，在一个国家在平时与战时军事投资中需要从多个方案中做出决策，如果选择的结果只能是 A 和 B 两个方案，那么既不能同时选择，也不能都不选择，因为两者必选其一。这时，就称方案 A 和方案 B 是相互排斥型。

(3) 混合型方案。在这种情况下，既有相互独立的方案，也有相互排斥的方案。在资源有限的约束条件下，一个混合型方案可能由多个相互独立型方案组成，在每个相互独立型投资方案中又包含了若干相互排斥型的方案。举例而言，考虑一个企业的机械加工部门需要改善其加工系统，提出了三个设备投资方案 A1、A2 和 A3，其中方案 A1 为对现有设备进行更换，方案 A2 为全部更换现有设备，方案 A3 为建立全新的自动化生产线。对于该加工部门来说，这些方案属于相互排斥型方案。此外，企业的检测部门也提出了三个方案 B1、B2 和 B3，运输部门提出了 C1、C2 和 C3 三个方案。对企业的总经理来说，问题就在于如何最大化利用可用的投资金额将投资分配给各个部门的相互独立型方案，以达到最优化的效果。

通常情况下，工程技术人员面临的问题多为排斥型方案的选择，会围绕着如何在资源有限的情况下选择最佳方案展开。这涉及从多种提案中选出一个，并通过技术分析和比较来做出决策，以解决复杂的工程问题。例如，当设计师需要设计一辆汽车时，可能会需要权衡不同的材料、设计和制造方式等因素，最终只能选择其中一个，其他方案将被放弃。然而，高层计划部门面临的问题则通常更为复杂。在面对长期规划或战略决策的过程中，往往需要决定的是一系列相互独立型或混合型方案。例如，对于某个制造企业而言，计划部门可能需要考虑关于市场营销、生产运营以及资源分配等多方面的因素。在这个过程中，需要权衡各种不同的方案，并分析每个方案的成本效益，以便找到最优化的总方案。

总之，不同类型的方案都会在工程和管理决策中出现。理解各种类型的方案以及如何应用适当的技术分析和比较方法，可以帮助工程技术人员和高层计划部门面对这些复杂问题时制定出更加明智和有效的解决方案。

三、方案的优化原则

当面临多个可选的方案时，如何确定最佳方案是一个非常关键和复杂的问题。这就需要运用方案的优化原则来帮助决策者做出明智的选择。在这些原则中，经济效益是最基本和核心的考虑因素之一。研究不同方案的经济比较，寻求最有效地分配有限的资金以获得最好的经济效益就是项目管理中方案优化的主要宗旨。

在评价方案时，评价方法如何应用也至关重要。在不同类型的方案中，应选取合适的评价方法，灵活运用不同的评价工具和方法，以便更准确地衡量方案的效益和不利因素，进而做出正确的决策。

第二节 相互排斥型方案的选择

在面对相互排斥型方案时，决策者需要权衡每个方案的成本和效益，以确定哪一个方案最具有经济性和可行性，而衡量各方案更有效与否的方法之一就是通过差额指标。差额指标是一种通常用于比较两个不同方案之间的收益差异的指标，其计算方法是将其中一个方案的收益减去另一个方案的收益，得到的结果即为它们之间的相对收益。

一、寿命相同时方案的选择

下面通过一个实例来说明如何运用相互排斥型方案的经济比较原则进行选择。

【例 5-1】 某厂考虑三个以技术改造为核心的方案，厂家需要选择其中一个方案进行实施，以减少产品成本并提高产品质量。这三个方案名称分别为方案 A、方案 B 和方案 C，它们的寿命年限均为 10 年，表 5-2 简要描述了各方案的相关情况，试求折现率为 12% 的条件下经济上最有利的方案。

表 5-2   互斥方案 A、B、C 的现金流量   （单位：万元）

方案	初始投资	年节约金额
A	20	5.8
B	30	7.8
C	40	9.2

解：

（1）方法一：针对这类问题，可以使用净现值或净年值等方法来进行分析和比较。不论采用何种方法，它们的结论都是一致的：方案 B 是最佳选择。

（2）方法二：采用差额现金流量法来解决问题。所谓差额现金流量，即两个方案现金流量之间的差异。在本题中，方案 B 的初始投资比方案 A 多 10 万元，但年收益比方案 A 多 2 万元。这里的现金流量是由 10 万元初始投资和每年 2 万元净收益组成的，而这就是方案 A 与方案 B 之间的差额现金流量，如图 5-1 所示。同理，可以对方案 C 和方案 B 进行比较。方案 C 的投资比方案 B 多 10 万元，但年收益也比方案 B 多 1.4 万元。因此，由这两个现金流量之差构成的便是方案 B 与方案 C 之间的差额现金流量。根据差额现金流量计算的净现值、净年金、内部收益率分别称为差额净现值（记作 ΔNPV_{B-A}）、差额净年金（记作 ΔNAV_{B-A}）和差额内部收益率（记作 ΔIRR_{B-A}）。

当使用差额现金流量法选择方案时，应当遵循以下原则：首先，将备选方案按照投资额从小到大的顺序排列；其次，只有在较低投资额方案被证明是合理的情况下，才能与更高投资额的方案进行比较，否则不能比较；最后，在确定需要追加投资的前提下，应选择相应的投资额更高的方案，否则应选择投资额较低的方案。在应用差额现金流量法时，可以根据具体情况采用不同的方法，一般有差额净现值法和差额内部收益率法两种方式。

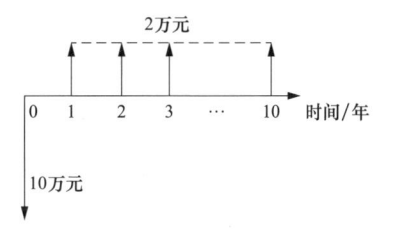

图 5-1 差额现金流量图

本例中采用差额净现值法，则 $NPV_A=12.77$ 万元。这里 $NPV_A>0$，说明方案 A 可行，接下来再用方案 B 与方案 A 相比较：

$\Delta NPV_{B-A}=2\times(P/A,12\%,10)-10=1.3$ 万元

因为 $\Delta NPV_{B-A}>0$，说明方案 B 比方案 A 多投资部分是值得的，故方案 B 优于方案 A。

$\Delta NPV_{C-B}=1.4\times(P/A,12\%,10)-10=-2.09$ 万元

同样，说明方案 C 比方案 B 多投资部分是不值得的，故 C 不如 B。

因此，结论是方案 B 最好，与方法一结论相同。

(3) 方法三：差额内部收益率法。

根据内部收益率的计算公式，则

由 $5.8\times(P/A，IRR_A，10)-20=0$ 得 $IRR_A=26\%>12\%$

由 $2\times(P/A，\Delta IRR_{B-A}，10)-10=0$ 得 $\Delta IRR_{B-A}=15\%>12\%$

因此，表明方案 B 优于方案 A。

同理，$\Delta IRR_{C-B}=6.5\%<12\%$，表明此项追加投资不值得。结论仍是方案 B 最好，也与净现值法的结论相同。

下面计算一下各方案本身的内部收益率，以便进行对照。

由 $5.8\times(P/A，IRR_A，10)-20=0$ 得 $IRR_A=26\%$

由 $7.8\times(P/A，IRR_B，10)-30=0$ 得 $IRR_B=23\%$

由 $9.2\times(P/A，IRR_C，10)-40=0$ 得 $IRR_C=19\%$

由此可见，假如按内部收益率的大小进行选择，由于 $IRR_A>IRR_B>IRR_C$，则很可能选择方案 A，而不选择方案 B，但此结论是不正确的。

二、寿命不同时方案的选择

当涉及几个互斥型方案的寿命期不相同时，这些方案就无法直接进行比较。为了能够进行比较，必须采取适当的处理方法以确保各方案在时间上具有可比性，具体包括了最小公倍数法和净年值法。

(1) 最小公倍数法。最小公倍数法是通过找到各备选方案寿命期的最小公倍数，以此作为各个方案进行比选的共同期限。然后将每个方案在这样一个共同期限内重复若干次，对方案分析期内各年的净现金流量进行重复计算，直到分析期结束。基于此，可以计算出各个方案的净现值，并以净现值最大的方案为最佳方案。

【例 5-2】 现有 A、B 两个互斥方案，各年的现金流量如图 5-2 所示，假定基准收益率

为 10%，试比选两方案的优劣。

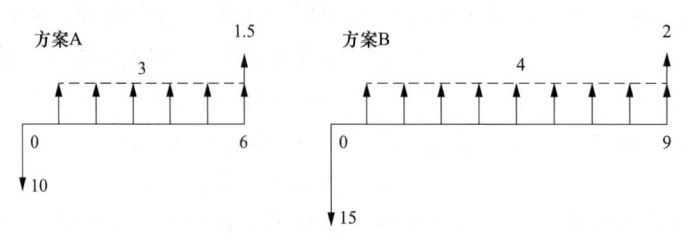

图 5-2 两项目的现金流量图

解：

两方案寿命期的最小公倍数为 18，故方案 A 需重复 3 次，方案 B 重复 2 次，可以得到如图 5-3 所示现金流量图。

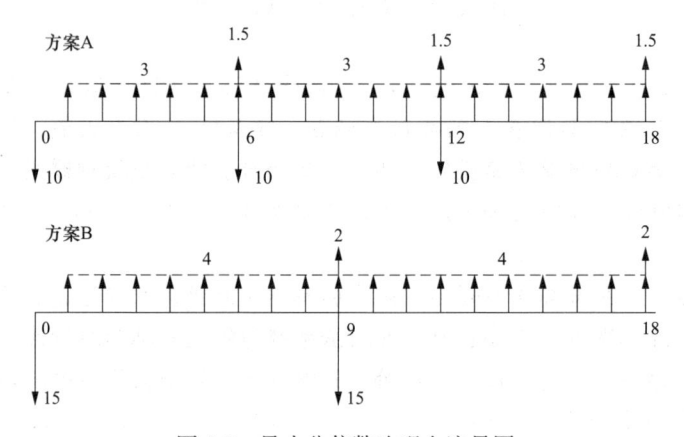

图 5-3 最小公倍数法现金流量图

分别计算两方案净现值：

$$NPV_A = -10[1+(P/F,10\%,6)+(P/F,10\%,12)]+3(P/A,10\%,18)+$$
$$1.5[(P/F,10\%,6)+(P/F,10\%,12)+(P/F,10\%,18)] = 7.37 \text{ 万元}$$

$$NPV_B = -15[1+(P/F,10\%,9)]+4(P/A,10\%,18)+$$
$$2[(P/F,10\%,9)+(P/F,10\%,18)] = 12.65 \text{ 万元}$$

因为 $NPV_B > NPV_A > 0$，所以方案 B 优于方案 A。

(2) 净年值法。净年值法以年为时间单位，将各个备选方案在寿命期内所产生的净现金流量，按照一个特定的折现率进行折现和纳入考虑范围，计算出每一年的贡献净现值，将各年净现值相加即得到总净现值。相较于最小公倍数法，净年值法更为简便，因无需寻找最小公倍数，并且不必重复计算投资回收周期外的现金流，减轻了计算负担。而且，通过将各方案的投资现值和运营现值进行比较，也有助于确定哪个方案最具价值性。需要注意的是，净年值法隐含着各备选方案在投资回收前均可按原方案无限次重复实施的假设，也是方案重复法中的一种形式。

仍以 [例 5-2] 为例，用净年值法进行比较：

$$NAV_A = -10(A/P,10\%,6)+3+1.5(A/F,10\%,6) = 0.9 \text{ 万元}$$
$$NAV_B = -15(A/P,10\%,9)+4+2(A/F,10\%,9) = 1.54 \text{ 万元}$$

因为 $NAV_B > NAV_A > 0$，所以方案 B 优于方案 A。

最小公倍数法和净年值法是两种简单、易用的方案比较方法，然而这些方法并不适合技术更新速度较快的产品和设备方案的比较，因为在项目还未达到计算期之前，某些方案已经失去了其可行性。

三、投资增量内部收益率法

与传统的选择方法相比，从相互排斥的方案中进行选择的方法可能不那么直观。传统观念认为最佳方案是投资内部收益率最高的方案、人均生产率最高的方案或销售收益最高的方案，但对于相互排斥的方案，这种想法可能并不合适。当投资方案的现金流具有相似的形式时，可以考虑使用内部收益率准则来分析和评价方案。然而，在使用内部收益率法进行方案选择时，必须清楚地了解各备选方案的性质，并正确运用内部收益率准则。对于互相独立的方案，以投资方案的内部收益率作为评估准则是非常合适的。但是对于相互排斥的方案，则应将投资增量的内部收益率作为评估准则。

为了进一步说明这种选择方案的方法，以一个实例进行解释：

【例 5-3】 假设某个经理正在考虑从 A、B、C 三台设备中选择其中之一。表 5-3 列出了 A、B、C 设备的初始投资和每年年末的收益，这三种设备的使用寿命均为 10 年，10 年后它们都不具有残值。假设所有所需资金都是可以提供的，如果现在的资金利率为 12%，那么应该选择哪一种设备来获得最优化的效益呢？

表 5-3　互斥方案 A、B、C 的现金流量　（单位：万元）

方案	初始投资	年收益
设备 A	20	6
设备 B	30	8
设备 C	40	9.2

解：

若直接用净现值和净年值法均可以得出一致的结论，即方案 B 最好。如果用内部收益率作为衡量标准来分析这个问题，则应首先计算各方案的内部收益率

由 $20 \times (A/P, IRR_A, 10) = 6$ 得 $IRR_A = 28\%$

由 $30 \times (A/P, IRR_B, 10) = 8$ 得 $IRR_B = 23\%$

由 $40 \times (A/P, IRR_C, 10) = 9.2$ 得 $IRR_C = 19\%$

如果根据内部收益率法计算后认为方案 A 比方案 B、方案 C 更优，那么这个结论可能并不准确。原因在于，前面使用净现值法得到的结果显示方案 B 最优，这与内部收益率法给出的结论相矛盾。这个问题的关键在于，相互排斥的备选方案需要使用投资增量报酬率来进行正确的分析。在这三种特定的方案中，它们之间是相互排斥的，因此应该求解它们各自的投资增量报酬率，并按照以下方式计算：

由 $20 \times (A/P, IRR_A, 10) = 6$ 得 $IRR_A = 28\%$

由 $10 \times (A/P, \Delta IRR_{B-A}, 10) = 2$ 得 $\Delta IRR_{B-A} = 15\%$

由 $10 \times (A/P, \Delta IRR_{C-B}, 10) = 1.2$ 得 $\Delta IRR_{C-B} = 3.5\%$

把这些结果绘于图 5-4 上，并标出资金利率线 12%。

根据投资增量内部收益率的计算结果，方案 B 的投资增量内部收益率为 15%，高于资金利率。由此可知，方案 B 是经济上可行的投资，并且比方案 C 更具优势，因为方案 C 的投资增量内部收益率仅为 3.5%，远低于 12%。需要注意的是，如果其他备选方案的投资增

量内部收益率从大于资金利率变成小于资金利率,那么这些方案就没有经济效益,应该被排除掉。因此,在处理非单调减少的投资增量内部收益率时,应该先去掉不合格的方案,然后再使用投资增量内部收益率增量法进行判断。

当需要从几个相互排斥的备选方案中选择最优方案时,使用净现值或者净年值法比投资增量内部收益率法更直接和简单明了。当资本成本难以确定时,投资增量内部收益率法呈现出强大的优越性。以下就是一个具体的例子,说明如何使用投资增量内部收益率法来解决问题。

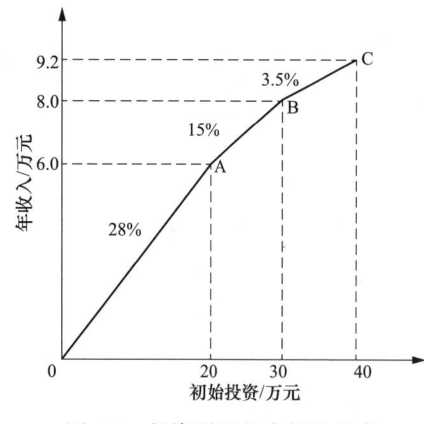

图 5-4 投资增量的内部收益率

【例 5-4】 某个加工过程需要从五台设备中选择一台,每台设备的初投资、年收入及运行费用均在表 5-4 中列出。所有设备都可以使用 9 年,但由于目前无法确定资金利率,包括 7%、10%、14% 或 20% 等不同的利率水平,那么选择哪一台设备最好?

表 5-4　　　　　　　　　5 个相互排斥的方案　　　　　　　　　(单位:元)

方案	初始投资	年收入	运行费	收益
设备 A	10 000	9000	7600	1400
设备 B	20 000	12 000	7350	4650
设备 C	30 000	15 000	8400	6600
设备 D	40 000	16 000	7800	8200
设备 E	50 000	20 000	10 330	9670

解:

如果采用净现值法,在计算净现值时,每次都要重复按资金利率的变化进行计算。然而,如图 5-5(a)或(b)所示只计算投资增量内部收益率,同样可以根据资金利率选择最

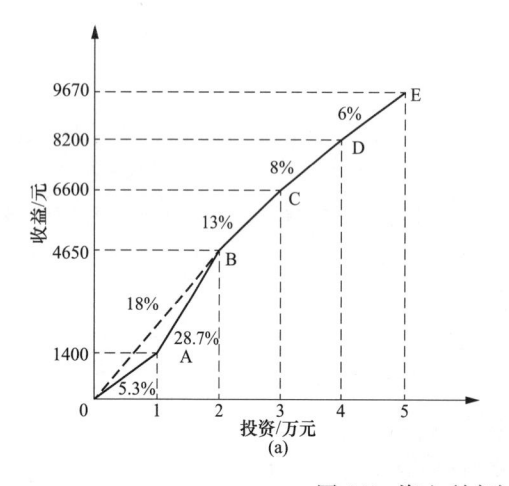

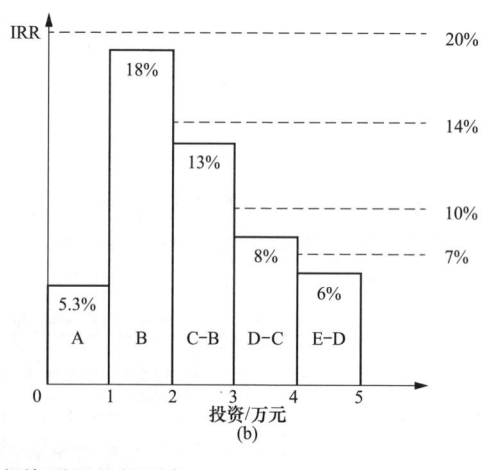

图 5-5 资金利率与投资增量的报酬率

佳方案。应当注意的是，在对方案进行比较之前，不合格方案 A 应先予以剔除。

当资金利率小于 6% ，选取 E；当资金利率介于 6%~8% 时，选取 D；当资金利率介于 8%~13% 时，选取 C；当资金利率介于 13%~18% 时，选取 B；当资金利率大于 18%，任何一台设备也不行。

最后的选择结果应是：若资金利率为 7%，取 D；若资金利率为 10%，取 C；若资金利率为 14%，取 B；若资金利率为 20%，则任何一台设备也不行。

需要说明的是，在图 5-5 (a) 中，把图中实线与凸出的点用虚线连接起来，折线就变成上凸的了。凡是不在凸线上的方案称为不合格方案，如方案 A 即为不合格方案。在比较方案时，不考虑不合格方案。

第三节 相互独型立方案的选择

一、相互独立型方案的一般选择方法

假设 X 先生是一个贷款者，他手头有 1000 万元的多余资金。现在 A、B、C 三人都想向 X 借 500 万元，借款期限为一年。其中，A 愿意支付 10% 的年利息，B 愿意支付 20% 年利息，而 C 则愿意支付 30% 年利息。考虑到如果 X 将资金存在银行中的收益为 6%，那么 A、B、C 提供的不同利率在经济上是具有吸引力的。此外，贷款者 Y 先生已同意向 X 先生出借 500 万元，年利率为 25%。面对这样一个情况，X 先生考虑到 C 愿意给我更高的 30% 年利率，相较于 Y 提供的 25%，应该将 Y 的 500 万元借给 C，并将自己的 1000 万元分别借给 A 和 B。这样，就不会失去任何做生意的机会。那么，这个想法是正确的吗？

通过进一步研究计算，可以发现 X 先生的做法还不够优化。实际上，更好的方案是将 1000 万元全部借给 B 和 C，而不借给 A。这是因为 B 和 C 都能够支付年利率更高的利息，并且总共需要的资金正好是 1000 万元，能够最大化利润。此外，如果 X 先生将 500 万元借给 A，其年收益仅为 100 万元；而将 500 万元借给 C，则年收益为 150 万元。值得注意的是，在这种情况下，Y 先生不再参与，并且所有的借款都来自于 X 先生自己，这也消除了任何可能涉及其他利润分配或风险的因素。

在实际工作中，常常遇到类似于上面所述的情况。比如说，某电器公司一直在它的两家下属工厂里生产两种不同种类的电器产品，一个工厂位于市区，另一个工厂则位于农村地区。由于劳务费和设备生产效率的不同，两个工厂的这两种产品的成本也就不相同。然而，公司管理部门可能会做出决策，要求在成本较高的市区工厂里生产高效益的产品，而将低边际效益的产品留给成本较低的农村工厂。从 X 先生的错误中可以看出，如果简单地只考虑效益而没有充分权衡各种因素，该公司的管理部门将犯下一个与 X 先生类似的错误。

怎样才能做出最佳贷款方案呢？以下介绍一个简单而准确的系统化分析方法，即递减递增法。假设 X 先生有 1000 万元多余的资金，他的目标是获取最大的净利润。为此，他需要将所有借款方案按照效率高低次序排列起来，从最高的 30% 到最低的 10%。因此，三个方案的排序是 C、B、A。除了考虑贷款方案的效率之外，还应当确定资金来源的效率。毫无疑问，X 先生自己持有的资金相对于从 Y 先生处借来的资金具有更高的投资效益。

递减递增法是一种对相互独立的投资方案进行系统分析选择的步骤，其具体步骤如下：

(1) 明确目标。在这个例子中，目标是获得最大的净收入，也就是收到的利息减去应付

的利息。

(2) 确定有限资源。在这个问题上,将现有资金总额作为有限资源。

(3) 根据每个投资方案的效率,即收益与投资金额的比例,对各方案进行排序,并按效率从高到低排列,以获得最大的净收入。这些方案排列成一个列表,可以使用图表来表示,如图 5-6 (a) 所示,并且需要从左到右递减。

(4) 根据资金来源按效率从低到高排列。在这个问题中,排列次序为 X 自己的资金排在第一位,Y 的资金排在第二位。如图 5-6 (b) 所示,这些资金的排列顺序应该从左到右递增。

(5) 将图 5-6 (a) 与 (b) 结合起来,形成一个新的图 (c),并用它来绘制一个包含所有投资方案的递减线和所有资产来源的递增线的图表。

(6) 找到递减利润线和递增成本线的交点,确定最佳决策方案。如果资金在此交点之前达到极限,则排在此极限内的方案都是可以接受的。

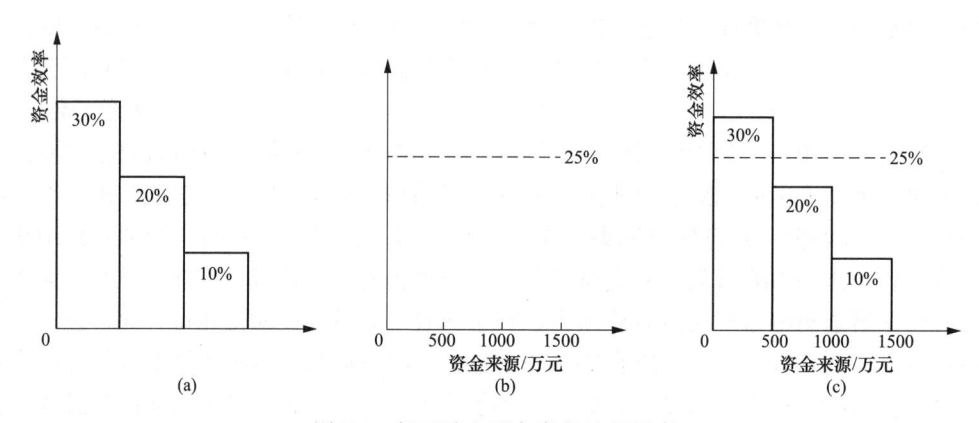

图 5-6 相互独立型方案的选择程序

二、资金约束条件下相互独立型方案的选择

在资金有限制的情况下,根据效率指标的大小来确定相互独立方案的优先次序,并基于该限制条件确定最佳方案组合是一种比较方便且有效的方法。以下为一个例子阐述当有资金约束条件下如何选择相互独立型方案。

【例 5-5】 假设有 6 个相互独立的投资方案,表 5-5 给出了这些方案分别对应的资本投入和每年净收益。为简化计算,假设各方案的寿命均为 6 年,每年的净收益不变,且贴现率为 10%。在可用资金为 2000 万~3000 万元的范围内,应选取哪些方案呢?

表 5-5　　　　　　　　　　6 个相互独立的投资方案　　　　　　　　　　(单位:万元)

方案	初始投资	年净收益
A	450	152
B	550	119
C	600	180
D	700	170
E	750	283
F	800	217

解：

各方案的内部收益率可由下式求出：

$$初始投资 \times (A/P, IRR, 6) = 年净收益$$

按照内部收益率从高到低的顺序将这些方案排序，并画出图 5-7 中的优先顺序图，图中的纵坐标为 IRR，横坐标为投资额。在可利用资金范围为 2000 万～3000 万元的情况下，根据资金限制，依次选择可行的方案进行组合。当可用资金为 2000 万元时，应该选择 E、A、C 三个方案。当可用资金增加到 2600 万元时，可以再加入方案 F。而当可用资金达到 3000 万元时，所选方案与 2600 万元时相同，即仍然是 E、A、C、F 四个方案。

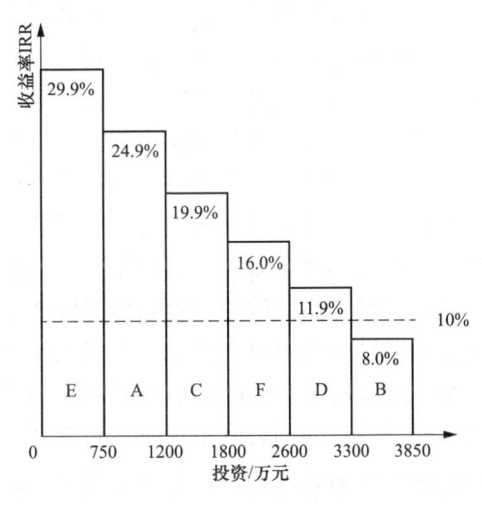

图 5-7 独立方案的优先顺序

【例 5-6】 表 5-6 列出了 6 个相互独立的投资方案。如果资金利率为 12%，可用资金为 3000 万元，试求最佳选择方案。设每年收益为常量，且各方案经济寿命均为 8 年。

表 5-6　　　　　　　　　　6 个相互独立的投资方案　　　　　　　　　　（单位：万元）

方案	初始投资	年净收益
A	5000	1710
B	7000	2280
C	4000	1500
D	7500	1670
E	9000	2350
F	8500	1590

解：

在资金有限的情况下，应该对于各个投资方案进行收益率的计算和分析，并将其按照收益率从大到小的顺序排列得到一张图表，如图 5-8 所示。根据这种方式，可以发现 C、A、B、E 四个方案是可以采纳的，它们的总投资金额均在 30 000 万元之内；而 D 和 F 两个方案则不能接受；尤其需要注意的是 F，即使没有任何资金限制，也不能接受它，因为它的内部收益率只有 10%，小于预期收益率 12%。

如更深入地研究这个问题，可以对投资决策中的利率进行进一步分析。假设在可用资金少于6000万元时，利率为12%。随着资金每增加3000万元，该利率将递增3%。在图5-8中，可以用虚线来表示这种阶梯式的利率结构。基于这种情况下，投资者需要重新计算各个投资方案的预期收益率，并采用递减递增的方法，选择可接受的投资方案。根据这种方法，只能接受C、A和B三个方案，而其他方案的效益则不足以满足新的利率要求。

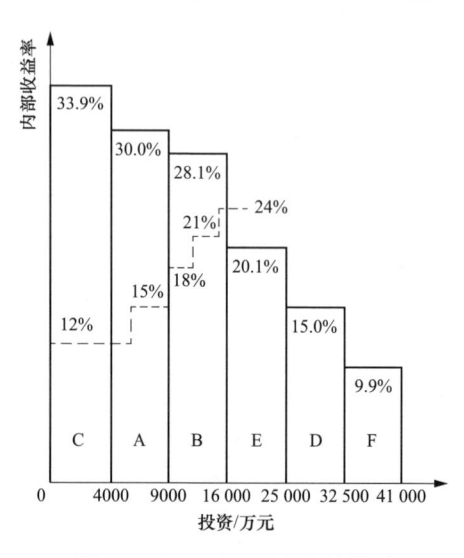

图 5-8 相互独立型方案的排列

第四节 混合型方案的优化与选择

一、混合型方案的优化程序

混合型方案的选择是实际中最常遇到的一类问题。不同于单一型投资方案，混合型方案通常由多种独立的子方案构成，涉及诸多复杂性因素，所以其选择方法相对较为复杂。下面举一个具体的实例。

【例 5-7】 某石油化工联合企业设有A、B、C三个工厂，各厂都向企业提出了多个技术改造方案，见表5-7。已知各工厂之间相互独立，但各工厂内部的投资方案相互排斥，假设所有方案的寿命均为8年，贴现率为15%，在资金限制下，应该如何才能做出最优决策呢？

表 5-7　　　　　　　　　混 合 型 方 案　　　　　　　　（单位：万元）

工厂	方案	初始投资	年净收益
A	A1	100	38
	A2	200	69
	A3	300	88
B	B1	100	19
	B2	200	55
	B3	300	75
C	C1	200	86
	C2	300	107
	C3	400	154

解：

方法一：构造排斥方案求解。

这种方法的基本思路与独立型方案类似，即首先列出所有可能的方案组合，然后根据排斥型方案的选择方法找出最优的组合。然而，当方案数量较多时，利用这种方法就会变得比较复杂和困难，因此通常需要结合其他求解方法。

方法二：差额效率指标求解。

首先计算各工厂内方案之间的差额内部收益率如下。

A工厂：$IRR_{A1}=35\%$，$\Delta IRR_{A2-A1}=26\%$，$\Delta IRR_{A3-A2}=10\%$

B工厂：$IRR_{B1}=10\%$，$\Delta IRR_{B2-B1}=32\%$，$\Delta IRR_{B3-B2}=12\%$

C工厂：$IRR_{C1}=40\%$，$\Delta IRR_{C2-C1}=13\%$，$\Delta IRR_{C3-C2}=42\%$

然后清除无资格方案，本题中将各工厂的差额内部收益率用图形表示，如图5-9（a）所示。无资格方案是指图5-9（a）中使曲线向下凹的方案，如本题中的B1和C2。无资格方案从方案中除去，然后还需重新计算除去无资格方案后的差额内部收益率，即本题中$IRR_{B2}=22\%$和$\Delta IRR_{C3-C1}=30\%$。整理后，图5-9（a）中的曲线均为向上凸的。最后，按差额内部收益率的大小确定各方案的优先顺序。将各工厂的方案合在一起，按差额内部收益率由高至低排列起来，如图5-9（b）所示。据此可得出在贴现率为15%条件下的最优选择。

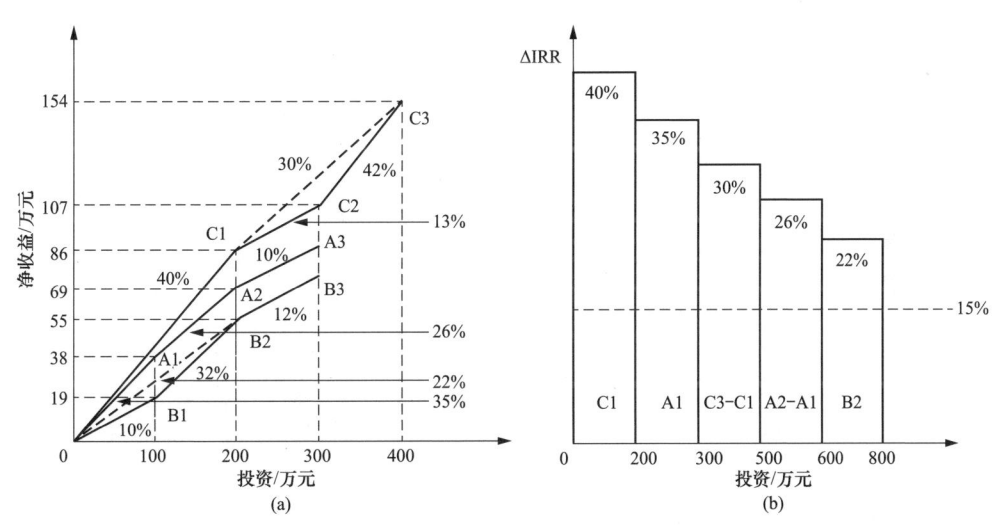

图5-9 混合型方案的差额内部收益率和优先顺序

由图5-9（b）可知，构成排斥型方案组合的差额内部收益率大于贴现率的有：C1，A1，C3-C1，A2-A1，B2。因此，方案A2、B2和C3最优。

二、资源限制条件下混合方案的选择与设计

当资源有限时，需要在不同需求之间进行取舍，制定最优的混合方案以满足各种需求。

【例5-8】 假设某工厂正在考虑追加投资，三个部门提出了不同的追加投资方案。这三个部门是装配部A、动力部B和运输部C。它们各自提出来的相互排斥方案列在表5-8中。各投资方案的有效期假定为10年，投资费用与收益都是与0方案比较之后的结果。资金利率取10%。如果这个工厂仅有60 000元可供投资，哪个方案为最佳方案？如可用资金增到80 000元，选择结果怎样变化？

表 5-8　　　　　　　　　　混 合 型 方 案　　　　　　　　　（单位：元）

部门	方案	初始投资	年净收益
A	A0	0	0
	A1	30 000	9700
	A2	40 000	10 800
	A3	50 000	13 240
B	B0	0	0
	B1	10 000	1530
	B2	20 000	5100
	B3	30 000	7170
	B4	40 000	8660
C	C0	0	0
	C1	20 000	3000
	C2	30 000	8400

解：

把投资增量的收益率画在图 5-10（a）上。其中 A2、B1 和 C1 三个方案为不合格方案，然后把各部门的方案排列起来，如图 5-10（b）所示。图 5-10（b）中还标出了资金利率为 10% 的线，以及资金限额 60 000 元，于是确定了下列各方案是可以接受的：A 部门 A1，B 部门 B0，C 部门 C2。如果可用资金增至 80 000 元，除了原先已选定的方案以外，可增加 B 部门的方案 B2。

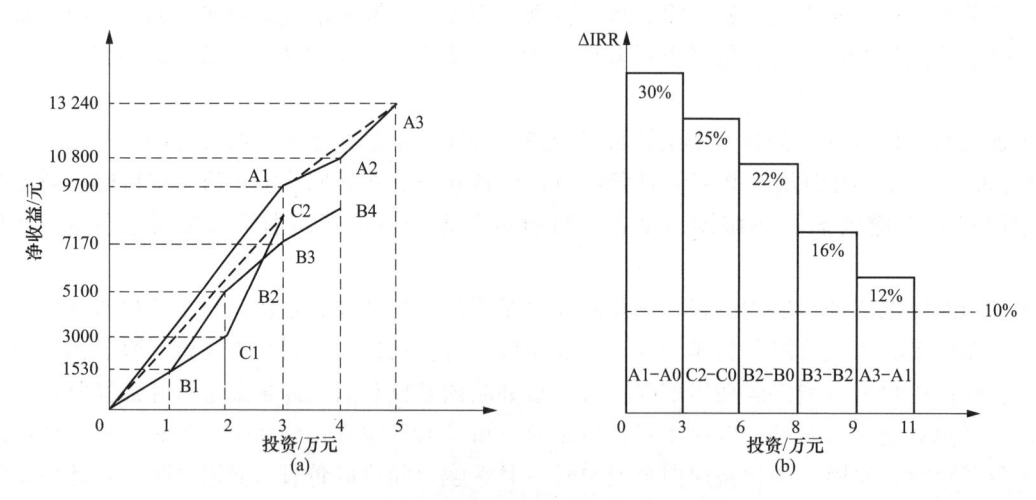

图 5-10　混合方案的增量收益率和优先顺序

三、考虑政策因素条件下混合型方案的选择与设计

在实际的投资决策中，不仅需要考虑各个方案的经济效益，还可能需要考虑其他非经济因素。例如，有些项目需要不断进行环境保护措施，产生的成本较高，但为了贯彻落实可持续发展战略和绿色发展理念，这些项目也必须排在优先位置。此外，还有一些援助性投资，虽然它们本身在经济上直接效益很低，但其对于社会和人民群众的福祉意义重大，同样需要给予优先考虑。由于这类费用是不可避免的，因此被称为不可避免费。

【例 5-9】 某工厂在制订投资计划时，发现需要同时考虑减少能源消耗、提升产能以及应对环境保护等问题。因此，该工厂对节能改造（A）、增产扩建（B）和废液处理（C）三个方面进行了投资安排。在节能改造（A）领域，设计了三种不同的投资方案，目的是降低生产过程中的能源消耗，从而减少成本，表 5-9 显示了这三种方案的投资额和预期节约额，表 5-10 和表 5-11 分别显示了增产扩建方案和废液处理方案的三种方案之间的投资额和预期节约额。

表 5-9　　　　　　　　　节 能 改 造 方 案　　　　　　　　　（单位：万元）

方案	初始投资	年节约费用
A1	100	40
A2	200	70
A3	300	75

表 5-10　　　　　　　　　增 产 扩 建 方 案　　　　　　　　　（单位：万元）

方案	初始投资	年净效益
B1	100	5
B2	200	40
B3	300	54

表 5-11　　　　　　　　　废 液 处 理 方 案　　　　　　　　　（单位：万元）

方案	初始投资	年经营费
C1	100	50
C2	200	25
C3	300	10

假设各方案的使用寿命均为无限长，废液处理项目必须投资，此情况下，某工厂拥有 400 万元的可用资金，如何在三个方案中做出最优选择。

解：

本题是一个混合型问题，涉及三个不同项目，每个项目中又有三个方案供选择，并且 A、B、C 项目中的三个方案是互斥性的，只能选其中一个方案。但是三个项目之间是独立的，彼此之间没有影响。为了做出最优决策，需要先计算出各个项目内部各方案之间的差额效率。由于每个方案的使用寿命都是无限长，因此可以采用简便的内部收益率法来计算。

本题要求必须投资废液处理设施，因此至少按方案 C1 投资 100 万元，这是不可避免费。在 400 万元总预算的情况下，剩余 300 万元资金应按差额效益法排列，以确定投资的优先顺序。图 5-11（a）根据此方法，首先可以考虑投资节能改造（A）项目中的方案 A2，投入 200 万元进行节能改造。在资金有限的情况下，增产扩建（B）项目中的每个方案都不能实施。按照差额效率的原则考虑废液处理方案（C），并选择方案 C2 投资 200 万元用于建设废液处理设施。

如果该工厂有更多的资金可供使用，可以按照类似的方法来排列各项目内的方案，以实现更多的发展战略。例如，如果可用资金为 600 万元，则可以投资 200 万元用于增产扩建项目。如果增产扩建项目必须按计划实施，则应将 B 项目中的各个方案视为不可避免费，并按照类似的方法进行排序。如图 5-11（b）所示。此时，对于节能改造（A）项目，方案 A1

是最优选项，应投资 100 万元实施该方案。对于增产扩建（B）项目，方案 B2 将达到最大的效益，因此应当投资 200 万元用于扩建项目。最后，为了解决废液处理（C）问题，需要按照方案 C1 投资 100 万元建设废液处理设施。

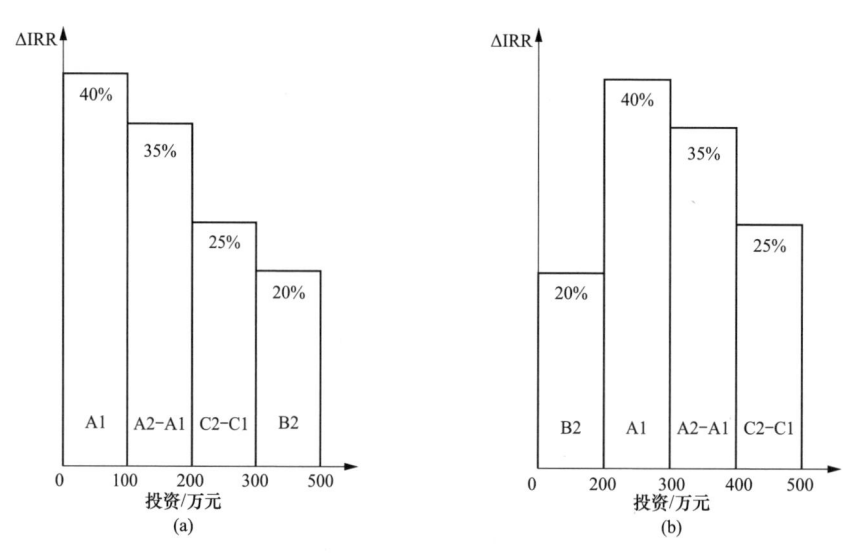

图 5-11 混合方案的选择

拓展阅读：中国新能源发电的选择

中国新能源发电的发展十分迅速，诸如水电、核电、风电、光伏发电都迅猛发展。在主流的新能源发电方式中，哪一种是各地政府的最优选择呢？

就环保性而言，水电对周边的土壤、气候以及水中生态环境会造成一定影响，核电伴随核泄漏和废料污染等问题，光伏发电和风电更为环保。就发电时长而言，核电不受天气影响，年发电小时数最高；而风电、光伏发电和水电均具有季节性，水电的发电力度随汛期和旱季而波动，光伏发电量在夏季达到峰值，风电发电量则在春冬达到峰值，虽然都不稳定，不过光伏发电和风电可以互补。就资源分布而言，四种发电方式均具有较强的地域性，核电站的建设选址尤为严格，水电站需要集中在水资源丰富的西南地区，而风能和太阳能资源基本分布在偏远的三北地区，不过分布式光伏和海上风电可以匹配用电需求大的东部地区。就建设周期而言，水电站的建设周期通常在 5~10 年左右，核电站则更长，投产前需要花费 10~15 年进行建设和调试；而光伏发电和风电建设周期较短，光伏电站建设周期多在一年以内，20MW 的地面电站一般为 3~4 个月，更大一点的 50MW 的地面电站一般为 6~9 个月，陆上风电场比光伏电站建设周期稍长，一般在 12~18 个月左右。就国产化程度而言，光伏发电和水电已实现全产业链国产化，风电除轴承外基本实现国产化，核电站的设备国产化率已超 85%。就度电成本而言，水电最低，度电成本为 0.1~0.3 元/kWh；海上风电最高，度电成本为 0.3~0.55 元/kWh；核电次高，为 0.25~0.35 元/kWh；光伏和陆上风电适中，略高于水电，均为 0.15~0.3 元/kWh。

不难看出，四种发电方式中，光伏发电和风电最环保，度电成本较低且建设周期最短，发电时长也可以互补，何况分布式光伏和海上风电还能建设在电力负荷较高的东部地区，节约输电成本。总体来说，"双碳"目标下，各地政府将加大对新能源发电的投资，而风电和光伏发电是中短期的最佳选择。

思考与练习

1. 方案的类型有哪些？各有什么特点？
2. 对于寿命期不同的相互排斥型方案应该如何选择？
3. 投资增量内部收益率法的适用范围是什么？与内部收益率有什么异同？
4. 相互独立方案选择的一般流程是什么？
5. 混合相方案的限制因素有哪些？

第六章 不确定性和风险分析

在任何投资项目中，都面临着各种各样的不确定性和风险。投资者通过对不确定性和风险进行分析，能够精确地评估各种结果的可能性，并制定相应的管理措施来规避风险，选择出最优解决方案。因此，不确定性和风险分析是技术经济学中非常重要的工具，可以帮助投资者评估不确定性和风险因素，并最终确定可行的方案。

本章内容主要介绍不确定性和风险的概念、意义和作用，三种基本的不确定性分析方法即盈亏平衡分析、敏感性分析和概率分析，投资风险及其对策。

学习过程中要求了解不确定性和风险的基本概念，了解风险应对方法，掌握平衡点分析、敏感性分析和概率分析方法，并能应用该方法对项目的不确定性和风险进行分析。

第一节 不确定性和风险的概念

一、不确定性和风险的含义

在技术经济学中，评价投资项目的决策主要依赖于对未来各种因素的预测和估算。这些因素包括项目建设期、投产期、生产期、生产能力和产品价格等方面。但是由于投资环境、条件以及相关因素都处于不断变化发展之中，因此分析和预测投资项目所需要的数据也会存在一定程度的不确定性。实践证明，人们对投资项目的分析和预测很难完全符合未来的情况和结果，因为不确定性和不可预知的风险无法排除。因此，在进行投资决策时，必须认识到这些不确定性和潜在风险，并进行正确的分析和评估，只有这样才能减少决策所面临的风险，并提高投资决策的可靠性。

不确定性是指决策者无法预知决策的所有可能结果，或者虽然知道所有可能结果，但不知道它们出现的概率。在技术经济学的投资决策中，方案评价中使用的数据与实际发生的值存在偏差，如项目总投资、年销售收入、产量、经营成本、设备残值、资本利率、税率等变化都会对投资方案的经济效益产生影响。通常将未来可能发生变化的因素对投资方案效果的影响进行分析和评估，统称为不确定性分析。

风险则指由于随机原因所引起的项目总体的实际价值和预期价值之间的差异。在投资决策中，风险是对可能结果的描述，即决策者可以事先了解决策所有可能的结果以及它们出现的概率。因此，风险是可以通过数学分析方法来计量的。

在技术方案的制定和实施过程中，产生风险和不确定性的原因有多种，可以归纳为以下几个方面。

（1）通货膨胀和物价的波动是影响投资项目经济效益的重要因素。在任何国家，货币的价值都是随着时间的推移而受到影响的，由于项目的生命周期长达一二十年，勘察、设计和建设等费用不可能保持固定不变。此外，在市场竞争激烈的情况下，产品价格也会随之波动。

（2）技术装备及生产工艺变革和项目经济寿命期的变动也会影响项目经济效益。随着科学技术不断进步，许多项目所采用的技术和设备很可能提前老化，这将导致项目经济寿命期缩短。当生产工艺发生变革时，旧的生产工艺可能会迅速失效，这将导致原有的生产线和设备不能适应新的生产需求，项目的产品生命周期可能会提前结束，项目经济寿命期的缩短将导致项目收益减少。

（3）在对项目进行评估时，需要采用设计生产能力来计算经济效益，在实际生产过程中，往往会出现难以达到或超越设计生产能力的情况。这是由于多种因素所致，例如原材料、动力和生产用水等供应不稳定，运输设备匹配不当，技术掌握程度不足以及管理水平不高等都可能对项目的生产能力产生影响，进而影响项目的经济效益。若建设项目未能达到预期的生产能力水平，则产品成本必然上升，销售收入必然下降。

（4）建设资金和工期的变化在项目可行性研究和评估中扮演着重要的角色。当前存在着过低估算建设资金的现象，该现象旨在确保项目获得国家或地方政府的审批、通过。低估的建设资金将导致投资计划不足，迫使延长建设工期和推迟投产时间，增加建设资金和利息负担，项目的总投资将增加，经营成本和各种收益也会发生相应变化。

（5）政策和法规的变化可能会影响媒体、金融市场、国际贸易、能源政策等领域，进一步影响企业和项目的运营。这些变化可能包括税收政策、贸易政策、产业政策、环境保护政策等方面。法规和政策的变化对项目可行性研究来说往往是无法预测和不能控制的，可能会导致项目建设过程中出现很多不确定性。

二、不确定性和风险的区别

不确定性指的是在未来某事件或活动是否发生，及其发生状况、时间和结果的可能性或概率是未知的。相对地，确定性则表示事件或活动一定会发生，且其结果可以被预测和计算。20世纪初，美国经济学家弗兰克·奈特首次将风险与不确定性做出了区分，认为风险属于介于确定性与不确定性之间的状态，其发生的概率是可以计算得出的，而不确定性则指的是结果发生的概率无法被精确计算。基于这种区分，人们逐渐发展出了基于概率的风险分析方法和针对未知概率的不确定性分析方法。不确定性与风险在以下四个方面存在明显差异。

（1）可度量程度。风险可以被度量，即可以知道或经过分析得到其发生概率，而不确定性是无法被度量的。通过概率分析方法，可以对各种风险发生的概率及其影响进行分析；但在不确定性情况下只能进行假设和推测分析，以预测可能出现的结果。

（2）是否可保险。与风险相比，不确定性不具备保险的特点。风险可以用保险方式来转移和分散，因为其发生概率是已知或可计算的；但对于不确定性而言，由于其结果不可预测，无法采取有效的措施来减少或消除其风险。

（3）概率获取的便捷性。风险的发生概率是可知或可以获得的，可以用概率分布等方法加以描述；而不确定性往往缺乏数据支持，其发生概率和影响难以准确评估。

（4）影响的大小。不确定性事件通常具有更大的影响和不确定性。当相同事件的风险可以被度量时，可以采取严谨的风险管理和防范措施来控制其影响。但是对于不确定性风险而言，缺乏足够的数据和概率评估，也难以进行有效的预测和控制。

三、不确定性与风险分析的意义

在项目分析中，为了更好地了解可能的不确定性和风险因素，需要进行不确定性和风险分析。不确定性分析通过分析影响项目的主要变量，计算其对财务和经济效益指标的影响，并找出最重要、最敏感的变量及其关键临界点，以预测潜在风险。风险分析主要是针对已经识别出的风险因素进一步进行评估和管理的过程。首先需要识别潜在的风险，并分析每个风险的可能性和影响程度；然后进行风险评估，即在考虑风险影响的同时，根据项目特征和目标来权衡风险的重要性和优先级；最后制定应对策略，以降低或消除潜在风险。

从不确定性与风险的客观属性和对项目运营的影响来看，不确定性和风险分析的意义体现在以下几个方面。

（1）投资不确定性与风险是客观的存在，正确分析和评估有助于提高投资决策的可靠性。实践证明，人们对拟建项目的分析和预测很难完全符合未来情况和结果，因为人所处的环境、条件及相关因素都是变化发展的，人们根据过去数据和经验做出的预测也很难完全符合未来事物的发展规律和实际状况，而且时间距离越远，预测误差就越大。

（2）进行不确定性和风险分析对投资决策具有特殊重要的作用。与短期经营决策相比，长期投资决策具有两个显著的特点。第一，长期投资项目需要耗费大量资金，在更广泛的范围内产生影响，并持续较长的时间，决策者的责任是非常重大的，错误决策可能导致巨大、长期甚至无法挽回的损失。第二，长期投资项目的各种预测多数都是长期预测。与短期预测相比，长期预测的可靠性通常较低，长期投资决策所面临的风险和不确定性也更大。

第二节 盈亏平衡分析

影响项目现金流的因素包括投资、经营成本、产品销售量、产品价格和项目寿命期等。这些因素在项目实施后可能会发生变化，从而影响投资方案的经济效果。当这些影响因素的变化达到某一临界值时，就会影响方案的选择。盈亏平衡分析的目的是找出各关键影响因素的临界值，并判断投资方案对不确定性因素变化的承受能力，为做出决策提供依据。

在决策是否要投资一个方案时，最重要的考虑就是项目能否实现盈利，以及能够赚取多少盈利。一个项目的盈利只跟收入和成本有关，其中包括产品销售量、产品价格以及成本三个因素。从市场的供求关系角度来看，销售量和价格是有一定联系的：向市场提供的某种产品数量越多，其价格就越低；提供的产品数量越少，产品的价格就越高。因此，在投资项目时，可能会面临一个问题，即向市场投入一定数量的产品后，市场价格会发生怎样的变化。如果产量等于销售量，就会有两种情况：一种是该项目的生产销售活动不会明显影响市场供求关系，假设其他市场条件不变，产品价格就不会随着该项目销售量的变化而变化；另一种情况则是该项目的生产销售活动会明显地影响市场供求状况，随着该项目产品销售量的增加，产品价格会下降。在第一种情况下，产品价格保持不变，总收入和产量成线性关系；而在第二种情况下，产品价格随着产量的变化而变化，总收入和产量则成非线性关系。

当针对产品的销售量、产品价格以及成本等因素的各种关系做出不同的假设时，盈亏平衡分析就可以分为线性盈亏平衡分析和非线性盈亏平衡分析。

一、线性盈亏平衡分析

线性盈亏平衡分析是一种常用的计算方法，这种方法基于以下四个假设条件：首先，产量等于销售量，即当年生产的产品或服务当年销售出去；其次，产量变化时，单位变动成本不变，因此总成本费用是产量的线性函数；第三，产量变化时，产品售价保持不变，因此销售收入是销售量的线性函数；最后，按单一产品计算，当生产多种产品时，应换算为单一产品，不同产品的生产负荷率的变化应保持一致。

在以上条件下，销售收入可以表示为产品价格和产量的乘积：

$$\mathrm{TR} = P \cdot Q \tag{6-1}$$

式中：TR 为销售收入；P 为产品的价格；Q 为产品的产量。

总成本包括固定成本和变动成本两部分，其中固定成本是指在生产过程中不随产品数量的增减而发生变化的成本，如房租、折旧费等；而变动成本则是会随着生产数量的增加或减少而相应发生变化的成本项，如原材料、工资等。变动成本是由单位变动成本和产量的乘积来计算：

$$\mathrm{TC} = \mathrm{TFC} + \mathrm{AVC} \times Q \tag{6-2}$$

式中：TC 为总成本；TFC 为总固定成本；AVC 为单位变动成本。

在计算项目盈利时，需要将项目的销售收入和所有成本与费用的总和相减，包括固定成本和变动成本，而税金及附加则是按照政府制定的相关法规和标准应缴纳的税款和其他各种附加费用

$$\mathrm{TP} = \mathrm{TR} - \mathrm{TC} - \mathrm{TAX} \tag{6-3}$$

式中：TAX 为税金及其他附加费用。为简化计算，可假设税金及其他附加费用为 0。

线性盈亏平衡分析如图 6-1 所示，销售收入曲线与总成本曲线有一个交点，该交点被称为盈亏平衡点。在盈亏平衡点上，销售收入等于总成本，盈利为 0。在交点的左侧，销售收入小于总成本，项目处于亏损状态，称交点左侧为亏损区；在交点的右侧，销售收入大于总成本，项目处于盈利状态，称交点右侧为盈利区。交点所对应的产量 Q_b 称为平衡点产量；其计算公式为：

$$Q_b = \frac{\mathrm{TFC}}{P - \mathrm{AVC}} \tag{6-4}$$

平衡点生产负荷率为

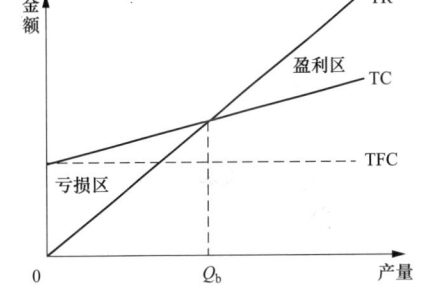

图 6-1 线性盈亏平衡分析

$$R_b = \frac{Q_b}{Q_c} \times 100\% \tag{6-5}$$

式中：R_b 为平衡点生产负荷率；Q_c 为设计产量。

【例 6-1】 某项目设计产量为 6000t/年，产品售价为 1335 元/t，其年总固定成本为 1 430 640 元，单位变动成本为 930.65 元/t，假定产量、成本、盈利之间的关系均成线性关系，试进行平衡点分析。

解：

盈亏平衡点产量为

$$Q_b = \frac{\mathrm{TFC}}{P - \mathrm{AVC}} = \frac{1\ 430\ 640\ \text{元}}{1335\ \text{元/t} - 930.65\ \text{元/t}} = 3538\text{t}$$

盈亏平衡点销售额为

$$\mathrm{TR}_b = PQ_b = 1335\ \text{元/t} \times 3538\text{t} = 4\ 723\ 230\ \text{元}$$

盈亏平衡点的生产负荷率为

$$R_b = \frac{Q_b}{Q_c} \times 100\% = \frac{3538\text{t}}{6000\text{t}} \times 100\% = 58.97\%$$

所以若该项目产量大于3538t，销售额超过4 723 230元，生产负荷率大于58.97%，则该项目处于盈利状态；反之，则处于亏损状态。

二、非线性盈亏平衡分析

在实际工作中，盈亏平衡分析往往不是简单随着产量的线性变化而变化。相反，它们可能呈现出如图6-2所示的非线性趋势。当产量、成本和销售收入三者之间呈非线性关系时，可能会出现多个盈亏平衡点。其中，出现在最后的盈亏平衡点被称为盈利限制点。在图6-2中，只有当产量处于Q_{b1}~Q_{b2}范围内时，才能够实现盈利，并可以找到最大盈利所对应的产量Q_{max}。

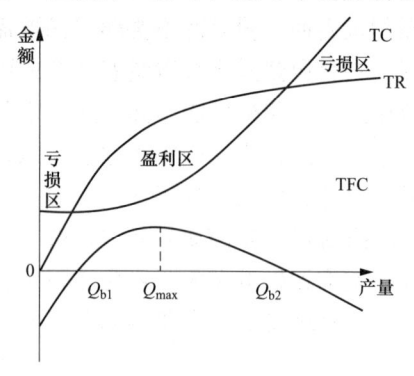

图6-2 非线性盈亏平衡分析

【例6-2】 某项目产品为一种专用小型设备，年总销售收入与产量的关系为$TR=(300-0.01Q)Q$，年总成本与产量的关系为$TC=180\ 000+100Q+0.01Q^2$，试进行盈亏平衡分析。

解：

项目的盈利函数为

$$TP=TR-TC=(300-0.01Q)Q-(180\ 000+100Q+0.01Q^2)$$
$$=200Q-0.02Q^2-180\ 000$$

因为达到平衡点时，销售收入等于生产成本，$TP=0$，所以有

$$-0.02Q^2+200Q-180\ 000=0$$
$$Q_{b1}=1000\text{ 台}, Q_{b2}=9000\text{ 台}$$

说明可使该项目盈利的产量范围为1000~9000台，若产量$Q<1000$台或$Q>9000$台，都会发生亏损。若对盈利函数求导数，并令其等于零，则可求出最大盈利时的产量值。

$$\frac{dTP}{dQ}=-0.04Q+200$$

令$dTP/dQ=0$，即$-0.04Q+200=0$，则得$Q_{max}=5000$台

最大盈利为

$$TP_{max}=-0.02\times5000^2\text{元}+200\times5000\text{元}-180\ 000\text{元}=320\ 000\text{元}$$

三、优劣平衡点分析

如果将盈亏平衡的概念应用于相互排斥型方案的比选过程，假设这两个相互排斥型方案都是单变量函数，那么它们会有一个交点。在这个交点处，无论选择哪个方案，它们的经济效果都相同。此时交点就被称作优劣平衡点。如果变量的取值在交点左侧或右侧，就需要选择不同的最优化方案。这种基于交点的比选方法被称作优劣平衡点分析。

例如，假设有两个排他型方案，它们的总成本均与一个公共变量相关，且可以把它们的总成本都表示为该公共变量的函数。在某个值处，两个方案的总成本完全一致，即$TC_1=f_1(x)$和$TC_2=f_2(x)$，当$TC_1=TC_2$时，就有$f_1(x)=f_2(x)$。若解出$f_1(x)=f_2(x)$时的x值，这个值x_b就是它们的优劣平衡点。根据分析，当变量的取值小于或大于平衡点时，分别可以选择其中某一个方案以获得更好的经济效益。因此，通过优劣平衡点分析可以帮助企业或个人进行决策，找到最佳的方案和取值，以最大化经济利益。

【例 6-3】 建设某工厂有三种方案：

A. 从国外引进，每年固定成本 800 万元，单位产品变动成本为 10 元。

B. 采用国产自动化装置，每年固定成本为 500 万元，单位产品变动成本为 12 元。

C. 采用自动化程度较低的生产设备，每年固定成本为 300 万元，单位产品变动成本为 15 元。

若市场预测该产品的年销售量为 80 万件，问应该选择哪种建设方案？

解：

各方案的总成本函数为

$$TC_A = TFC_A + AVC_A Q = 800 + 10Q$$
$$TC_B = TFC_B + AVC_B Q = 500 + 12Q$$
$$TC_C = TFC_C + AVC_C Q = 300 + 15Q$$

各方案的总成本曲线如图 6-3 所示，从图中可以看出最低成本线被两个交点分为三段，其中 Q_1 和 Q_2 分别为优劣平衡点 1、2 下的产量。具体计算如下：

对于点 1：　　　　　　　　$TC_B = TC_C$

即　　　　　　　　　$500 + 12Q = 300 + 15Q$

解得　　　　　　　　　$Q_1 = 66.7$ 万件

对于点 2：　　　　　　　　$TC_A = TC_B$

即　　　　　　　　　$800 + 10Q = 500 + 12Q$

解得　　　　　　　　　$Q_2 = 150$ 万件

因此，当产量小于 66.7 万件时，选择方案 C 的成本最低；当产量在 66.7 万～150 万件时，选择方案 B 的成本最低；当产量大于 150 万件时，选择方案 A 的成本最低。根据市场预测，选择方案 B 建厂经济效益最好。

由此可以看出，优劣平衡点分析并非盈亏平衡分析的一种，它是一种用于比较相互排斥型方案的方法。除了应用于产量的比较分析外，它还可以应用于比较相互排斥型方案的项目寿命、贴现率等因素的比选。

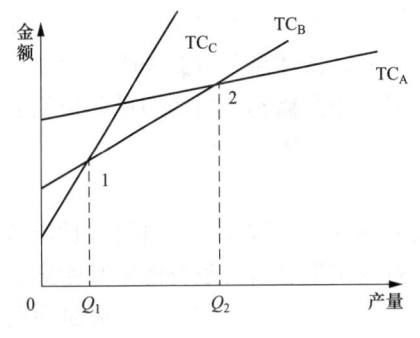

图 6-3　各方案的总成本曲线

【例 6-4】 某工厂为加工一种产品，有 A、B 两种设备供选用，两种设备的投资及加工费见表 6-1。

表 6-1　　　　　　　　　　**两种设备的投资及加工费**

设备	初始投资/万元	加工费/(元/个)
A	2000	800
B	3000	600

试问：①假定贴现率为 12%，使用年限均为 8 年，每年产量为多少时，选用 A 设备更有利？②假定贴现率为 12%，年产量均为 13 000 个，设备使用年限多长时，选用 A 设备更有利？

解：

（1）此问即求 A、B 两种设备的产量优劣平衡点，考虑资金的时间价值以后，两种方案

的年固定成本为
$$TFC_A = 2000(A/P, 12\%, 8)$$
$$TFC_B = 3000(A/P, 12\%, 8)$$

根据优劣平衡点的定义,有
$$TC_A = TC_B$$
$$TFC_A + 800Q = TFC_B + 600Q$$

即
$$2000(A/P, 12\%, 8) + 800Q = 3000(A/P, 12\%, 8) + 600Q$$

解得 $Q_b = \dfrac{(3000-2000)(A/P, 12\%, 8)}{800-600}$ 万个/年 = 1.0065 万个/年

所以当产量小于 1.0065 万个/年时,选择 A 设备有利。

(2) 此时分析的不确定性因素是使用年限 n,由 $TC_A = TC_B$ 得
$$2000(A/P, 12\%, n) + 800 \times 1.3 = 3000(A/P, 12\%, n) + 600 \times 1.3$$
$$(A/P, 12\%, n) = 0.26$$
$$\frac{0.12(1+0.12)^n}{(1+0.12)^n - 1} = 0.26$$
$$n = 5.46 \text{ 年}$$

所以当设备的使用年限小于 5.46 年时,选择 A 设备有利。

第三节 敏感性分析

一、敏感性分析概述

敏感性分析是指通过分析投资方案中不确定性因素的变化对经济和财务评价指标产生的影响,并确定影响最为显著的敏感性因素。如果不确定性因素采用参数来表示,那么投资项目的经济效益随其现金流量中某个或某几个参数的变化而变化,被称为投资经济效益对参数的敏感性。通过敏感性分析,投资者可以更好地了解投资方案的风险程度和承受能力,从而更好地制定应对措施。如果某个参数值的较小变化能够导致经济效益的较大变化,那么投资经济效益对该参数的敏感性就很大;如果经济效益对该参数的敏感性比较小,那么相应的参数变化不太可能对经济效益产生重大影响。因此,敏感性分析可以揭示投资经济效益的变化范围和幅度,帮助投资者更好地把握投资项目的风险和不确定程度。在进行方案选择时,不确定性和风险大小是制定决策的重要依据之一。如果项目风险较大,那么在方案选择时需要考虑增加风险缓冲措施以保证项目的经济效益;而如果风险较小,就可以更多地考虑经济效益对方案的影响。

二、敏感性分析流程

敏感性分析包含以下步骤和内容:

(1) 确定分析指标。分析指标是敏感性分析的具体研究对象,即方案的经济效果指标,如净现值、净年值、内部收益率及投资回收期等。针对某个特定方案进行经济分析时,不需使用所有经济效果指标作为敏感性分析的分析指标,而是要根据方案的特点,如资金来源等选出一种或两种指标来作为分析指标。确定敏感性分析的分析指标时,应遵循以下两个原则:第一,选择与方案经济效果评价指标相关的指标。对于需要研究方案投资回收速度变化

影响的，筛选投资回收期作为分析指标；对于需要研究产品价格波动对方案超额净收益影响的，可使用净现值作为分析指标；对于需要研究投资规模对方案资金回收能力影响的，则选择内部收益率等指标。第二，根据方案评价的要求深度和方案的特点，选择合适的静态或动态评价指标。在机会研究阶段，对深度要求不高的方案，可使用静态评价指标；反之，在详细的可行性研究阶段，应该选择使用动态评价指标。

（2）选择不确定因素，设定其变化幅度。技术项目方案的经济效果受到多种因素的影响，如投资、建设工期、产品价格、生产成本、贷款利率和销售量等。不需要逐一分析全部不确定因素。在选择需要分析的不确定因素时，可以从两方面考虑：首先，选择的因素应与确定的分析指标相关联；否则，当不确定性因素变化时，不能反映出评价指标相应的变化，达不到敏感性分析的目的，例如，折现率对静态评价指标没有影响。其次，根据方案的情况，选取预测准确度低或未来变化可能性较大而且将强烈影响评价指标的数据作为主要的不确定性因素进行分析。例如，对于高档消费品，销售量是主要的不确定性因素，因为其销售量受市场供求关系变化的影响较大，并非项目本身所能控制。对于生活必需品，如果处于成熟阶段，产品售价直接影响其竞争力，并取决于方案的变动成本，因此，将变动成本作为主要的不确定性因素进行分析。对于高耗能产品，如能源短缺地区的投资计划或能源价格变动大的方案，燃料、动力等价格是主要的不确定性因素。在确定需要分析的不确定因素后，还需根据实际情况，设定各不确定因素可能变动的范围，并设置变化幅度，例如±5%、±10%、±15%等。

（3）计算不确定性因素对指标的影响程度。可以先针对不同的不确定因素进行各种可能变化幅度的计算，然后固定其他不确定因素，只调整某一个或几个因素，来计算其对经济效果指标的具体数值影响。基于这些数据建立不确定因素与分析指标之间的数量关系，并使用图表形式呈现结果。

（4）寻找敏感性因素。敏感性因素指的是其数值变化可以显著地影响方案的经济效果。判断敏感因素通常采用的方法是相对测定法。该方法通过设定要分析的各个不确定因素从确定性分析时采用的数值开始变动，同时假定其他因素保持在确定性分析时的取值不变，每次变动的幅度相同，从而使得各个因素的敏感度获得可比性。通过将结果以表格或图形的形式表示出对应的数量关系，比较在同一变动幅度下各因素变动的敏感程度。最后，通过对表中因素变动率或图中曲线斜率进行分析，可以判断敏感性因素。

（5）综合评价，优选方案。在综合考虑确定性分析和敏感性分析的结果后，对方案进行综合评价并选择最优方案。

三、单因素敏感性分析

敏感性分析中单因素敏感性分析和多因素敏感性分析都是常用的方法之一。在单因素敏感性分析中，假定除了考察的某一个参数外其他参数不变，来研究该参数变化对方案经济效益的影响。

【例 6-5】 据测算，某项目的净现值为 17 240 元，各参数的最初估计值见表 6-2。假定投资额和贴现率保持不变，试对年收入、年支出、寿命期和残值四个因素进行敏感性分析。

解：
首先令各因素的变动范围分别取原估计值的±10%、±20%和±30%，并分别计算变化后的净现值。计算结果见表 6-3，并据此画出敏感曲线如图 6-4 所示。

表 6-2　　　　　　　　　　　　　　　项目现金流量表

参数	初始投资/元	年收入/元	年支出/元	残值/元	寿命/年	贴现率/%	净现值/元
估计值	170 000	35 000	3000	20 000	10	12	17 240

表 6-3　　　　　　　　　　　　　　敏感性分析计算表

参数	变动率						
	−30%	−20%	−10%	0	+10%	+20%	+30%
年收入/千元	−42.08	−22.30	−2.53	17.24	37.02	56.79	76.57
年支出/千元	22.33	20.63	18.94	17.24	15.55	13.86	12.16
寿命期/年	−14.91	−2.96	7.71	17.24	25.76	33.35	40.14
残值/千元	15.37	15.96	16.60	17.24	17.89	18.55	19.16

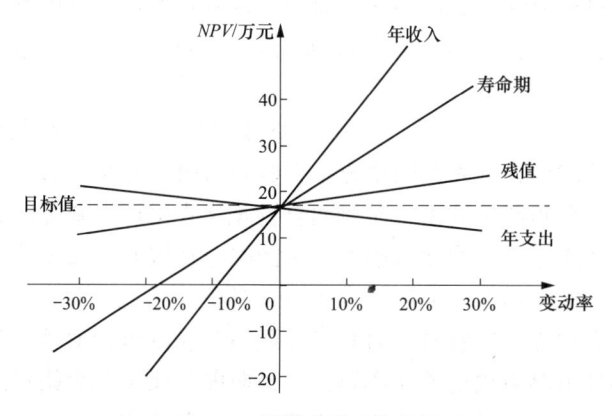

图 6-4　单因素敏感性分析

根据分析结果可以得出结论：在此项目中，净现值对年收入和寿命期两个参数最为敏感，对年支出次之，而对残值的影响不太显著。在其他因素不变的情况下，一旦年收入超过估计值的 10% 或寿命期比估计值长 20%，项目净现值将增加到原预测值的两倍以上。反之，如果收入减少约 10%，则项目净现值将降至负值。这些结果表明，在进行项目评估时，应特别关注年收入和寿命期等参数的准确估算。

四、多因素数敏感性分析

多因素敏感性分析是研究多个因素同时变化对项目影响的一种方法，决策者可以了解每个因素对指标影响的重要程度，并在针对各相关因素相互变化进行预测和判断的基础上，作出进一步的经济效益评估，或者在实际执行中控制敏感因素，以减少项目的风险。

双因素敏感性分析是在假定其他参数不变的情况下，分析两个因素同时变化对经济效益的影响。通过这种分析方法，可以更全面地了解两个因素相互作用的影响，以便更好地进行项目决策。例如，在研发某款新产品时，双因素敏感性分析可以用于评估不同价格与销售量之间的关系，确定最有利的价格策略和销售策略。这种细致入微的分析可以更好地揭示两个因素之间的复杂关系，并为决策提供可靠的数据支持。

【**例 6-6**】　为了研究一项投资方案，某企业提供了表 6-4 中给出的参数估计值，假设投资和年收入是该项目中最关键的参数，可以进行双因素敏感性分析来进一步评估这两个参数对方案经济效益的影响。

表 6-4			项目现金流量表			
参数	投资/元	年收入/元	年支出/元	残值/元	寿命/年	贴现率/%
估计值	10 000	5000	2200	2000	5	8

解：

以净年值为主要指标进行分析。令 x 代表投资变化的百分比，y 代表年收入变化的百分比，则得净年值为

$$NAV=-10\,000(1+x)(A/P,8\%,5)+50\,000(1+y)-2200+2000(A/F,8\%,5)$$
$$NAV=636.32-2504.6x+500y$$

如果 NAV>0 或 $y>0.127\,264+0.500\,92x$，该投资方案便可以盈利 8% 以上。

将以上不等式画成图形，便得到图 6-5 所示的两个区域，其中所希望的区域（NAV>0）占优势。如果预计造成±20% 的估计误差，则 NAV 对增加的投资比较敏感。例如投资增加 5%，年收入减少 12%，则 NAV<0，此时便达不到 8% 的基准收益率。

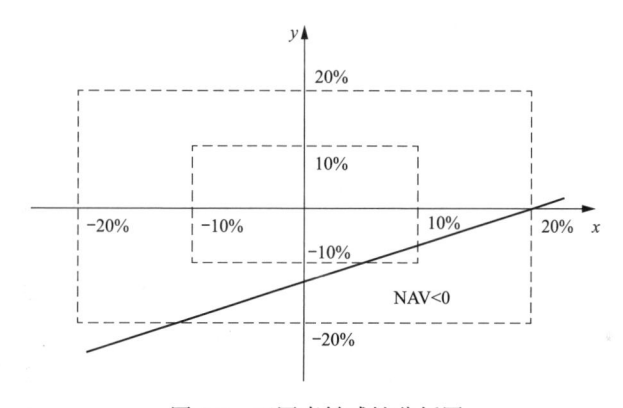

图 6-5 双因素敏感性分析图

当需要对多个参数进行敏感性分析时，手工计算工作量就会大大增加。为了解决这个问题，通常使用一些基本方法来简化计算和提高效率。

第一种是将单参数分析法应用到多参数敏感性分析中。这种方法的思路相对简单，即分别分析每个参数对指标的影响，并根据不同的参数组合来计算结果。通过这种方法，可以了解每个因素对指标变化的贡献程度，以便更好地确定各个因素的权重和优先级。这种方法的缺点是计算量较大，需要耗费较多的时间精力。

第二种是采用三状态分析法。这种方法将参数设置为"正常""最小值"和"最大值"三种状态，以模拟不同情况下模型的变化情况。通过对所有可能的参数组合进行分析，可以得到一个敏感度矩阵，该矩阵描述了每个参数对模型输出的影响程度。与第一种方法相比，三状态分析法可以有效减少计算量，并且更全面、更精细地揭示了各个因素之间的关系和重要性。

五、敏感性分析的应用要点及局限性

敏感性分析可以帮助项目管理人员识别出哪些因素对项目经济效益可能造成重大影响，以及这些因素所能容忍的风险程度。通过对敏感性因素进行深入调查研究，可以制定出相应的管理和应变对策，将注意力集中在最关键的因素上，从而达到降低风险、提高决策可靠性

的目的。但是,敏感性分析也存在着一些局限性:

(1) 敏感性分析对于不同因素之间变动相关性的考虑还存在不足。通常在敏感性分析中,单个因素的变化被视为独立影响,而其他因素则被认为是固定的。在实际情况中,各种因素往往是相互关联、互为因果的。项目产出品的需求曲线在一段时间内保持稳定时,价格升高可能会导致销售量下降,而在没有额外补偿的前提下,这将对项目经济效益产生负面影响。与此同时,即使是看似不直接相关的因素,它们之间也可能存在关联性。例如,自然灾害和政治因素等事件的发生可能对多个经济指标产生影响,并从根本上改变预期的经济环境。

(2) 在项目的整个服务寿命期内,各个不确定性因素都有可能发生相应变动幅度,但它们发生的概率不同。这意味着,即使两个因素具有相同的敏感性,在面对一定程度的不利变动时,其中一个因素可能会有较高的概率引发风险,另一个则可能只有微小的可能性引发风险,甚至可以忽略不计。因此,针对不同概率的风险事件,需要使用更为精确和全面的风险评估方法,例如概率分析。

第四节 概 率 分 析

一、概率分析的概念

敏感性分析可以初步描述项目经济效益的不确定性,识别出可能存在的各种风险因素,但对参数不同值发生的概率却没有进行准确的估计。因此,需要通过风险估计来进一步定量估计参数不同值发生的可能性及其影响。概率分析是一种定量描述不确定性和风险的方法,采用概率与数理统计理论来评估项目的不确定性和风险。

概率分析的基本原理是假设项目所涉及的各个参数都是服从某种特定的概率分布的独立随机变量。而在一个项目中,经济效益往往作为参数的函数,也会变成一个随机变量。通过对每个参数进行概率估计可以计算出项目的经济效益。最后,根据累计概率、经济效益期望值以及标准差等指标,可以进一步定量地反映项目的不确定程度和风险。

在概率分析中,确定各参数的概率分布是至关重要的。常用的方法包括概率树、蒙特卡罗模拟和 CIM 模型等。其中,蒙特卡罗模拟和 CIM 模型比较复杂,在此不展开讨论,本节主要介绍概率树法。概率树分析基于假设风险变量之间相互独立,通过构造概率树,每个风险变量的各种状态取值组合计算,分别计算每种组合状态下的评价指标值及相应的概率,以此得到评价指标的概率分布,并统计出低于或高于基准值的累计概率,计算期望值、方差、标准差和离散系数。

经济效益期望值可以被定义为在各个参数值都存在不确定性的条件下,预计投资经济效益可能达到的平均水平。通过定义公式,可以更加清晰地表达经济效益期望值为

$$E(X) = \sum_{i=1}^{n} X_i P_i \tag{6-6}$$

式中: $E(X)$ 为经济效益的期望值; X_i 为变量 X 的第 i 个值 ($i=1, 2, \cdots, n$); P_i 为 X_i 发生的概率。

标准差是一种用来衡量随机变量离散程度的统计量,评估了实际值与期望值之间的偏离程度。标准差越大,实际值相对于期望值的离散程度越高,代表着投资项目可能面临的不确

定风险也越加显著。而若标准差比较小,则意味着实际值更加接近于期望值,该投资项目风险则相对更低一些。标准差的计算公式为

$$\sigma = \sqrt{\sum_{i=1}^{n} P_i [X_i - E(X)]^2} \tag{6-7}$$

【例 6-7】 项目 A、B 的净现值及其概率见表 6-5,试计算项目的经济效益期望值及标准差,并做项目风险和不确定性比较。

表 6-5　　　　　　　　　　　　项目 A、B 的净现值及其概率

项目 A		项目 B	
净现值/元	概率	净现值/元	概率
2500	0.1	1500	0.1
3500	0.2	3000	0.25
4000	0.4	4000	0.3
4500	0.2	5000	0.25
5500	0.1	6500	0.1

解:

项目 A 的净现值期望值

$E_A(X) = 2500 \times 0.1 + 3500 \times 0.2 + 4000 \times 0.4 + 4500 \times 0.2 + 5500 \times 0.1 = 4000$ 元

项目 B 的净现值期望值

$E_B(X) = 1500 \times 0.1 + 3500 \times 0.25 + 4000 \times 0.3 + 5000 \times 0.25 + 6500 \times 0.1 = 4000$ 元

项目 A 净现值的标准差 $\sigma_A = 741.62$ 元

项目 B 净现值的标准差 $\sigma_B = 1322.8$ 元

由计算结果可知,项目 A、B 的净现值期望是相等的,均为 4000 元。但是两个项目的不确定性和风险是不完全相同的。由于 $\sigma_A < \sigma_B$,故项目 B 净现值的实际值同期望值间的差异一般要比项目 A 大,即项目 B 的不确定性和风险程度比项目 A 大。

由此可见,在项目经济效益期望值相近的情况下,有必要通过标准差来进一步反映项目在不确定性和风险方面的差异。

二、概率分析流程和方法

在不确定性与风险分析中,有时需要评估项目经济效益在某一特定区间内发生的可能性。此时,需要计算该区间内所有可能取值的概率之和,即累计概率。通过绘制一条以评价指标为横轴、累计概率为纵轴的累计概率曲线,可以更加直观地分析该区间内面临不同情况的概率分布情况。对于采用概率树法来计算项目净现值的期望值和净现值大于或等于零的累计概率,计算步骤通常包括以下几个阶段:

(1) 通过敏感性分析确定风险变量。面临多个潜在的风险因素时,需要使用敏感性分析来确定其中关键的风险变量。

(2) 判断风险变量可能发生的情况。需要进行全面、系统地分析,以便识别每个变量可能面临的不同状态,并评估其潜在的影响。

(3) 确定每种情况可能发生的概率。针对每一种变量状态,需要计算出其可能发生的概率,并将各状态分别权重求和,以得出总体的风险概率分布,每种情况发生的概率之和必须

等于 1。

$$\sum_{i=1}^{n} P(A_i) = P(A_1) + P(A_2) + \cdots + P(A_n) = 1 \tag{6-8}$$

（4）求出可能发生事件的净现值、加权净现值，并计算净现值的期望值。针对每一种状态，需要计算出其下可能产生的各种结果的净现值，并以其概率为权重进行加权平均以得到加权净现值，所有情况的加权净现值之和即为该状态的净现值。

（5）通过插入法等方法可以计算出净现值大于或等于零的累计概率，并且结合累计概率表进行分析，并对不同方案进行比较，确定最优投资决策。

【例 6-8】 某计算机公司计划投资 20 万元生产一种新研制的芯片。为了合理评估该项目的风险和经济效益，公司需要对生产线经济寿命和市场销售预测前景等参数进行分析。

据技术发展趋势预测，该生产线的经济寿命可能有 2 年、3 年、4 年和 5 年四种情况。各种情况的概率分别是 0.2、0.2、0.5 和 0.1。在市场调查后，公司对该芯片的市场销售前景进行了评估，发现有三种可能性：①销路很好，年净收入为 125 000 元，概率为 0.2；②销路较好，年净收入为 100 000 元，概率为 0.5；③销售不理想，年净收入为 50 000 元，概率为 0.3。目前公司的最低期望收益率为 9%，需决策是否投资该生产线，并判断项目风险。项目参数值及其概率见表 6-6。

表 6-6　项目参数值及其概率

投资额		贴现率		年净收入		寿命	
金额/元	概率	数值	概率	金额/元	概率	时间/年	概率
200 000	1.00	9%	1.00	50 000	0.3	2	0.2
				100 000	0.5	3	0.2
				125 000	0.2	4	0.5
						5	0.1

解：

（1）在进行概率分析时，需要对各种参数进行组合并计算其净现值和组合概率。为了清晰地展示不同组合下的情境及其发生概率，可以使用概率树来呈现，如图 6-6 所示。

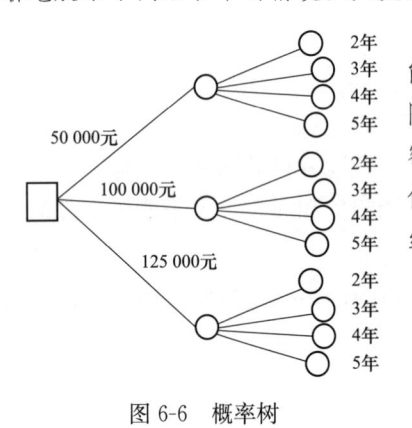

（2）通过对各个参数进行组合计算可以得出不同可能情况下的净现值，并据此判断该项目的投资价值和风险状况。在该项目中，有四个重要参数需要考虑：投资额、贴现率、年净收入、寿命。每个参数都有不同的取值范围，可以将其进行排列组合，从而得到所有可能的组合情况及其相应的组合概率。

在第一种情况下组合概率为

$$P_1 = 1 \times 1 \times 1 \times 0.3 \times 0.2 = 0.06$$

其净现值为

$$\mathrm{NPV}_1 = -200\,000 + 50\,000 \times (P/A, 9\%, 2) = -112\,045 \text{ 元}$$

图 6-6　概率树

根据四个参数的不同取值情形，共有 12 种可能的结果。可以针对每种情形，按照设定的贴现率计算出其净现值，同时统计出该情况出现的概率。将数据整理成表格的形式，见表 6-7。

表 6-7　　　　　　　　　　　12 种情况下的净现值和累计概率

序号	净现值/元	概率	累计概率
1	−112 045	0.06	0.06
2	−73 440	0.06	0.12
3	−38 020	0.15	0.27
4	−24 090	0.10	0.37
5	−5520	0.03	0.40
6	19 880	0.04	0.44
7	53 120	0.10	0.54
8	116 400	0.04	0.58
9	123 960	0.25	0.83
10	188 960	0.05	0.88
11	204 950	0.10	0.98
12	286 200	0.02	1.00

（3）根据所列期望值和概率数据，可以求得该项目净现值期望值和标准差分别为

$$E(X) = \sum_{i=1}^{n} X_i P_i = 58\,014 \text{ 元}$$

$$\sigma = \sqrt{\sum_{i=1}^{n} P_i [X_i - E(X)]^2} = 101\,963 \text{ 元}$$

（4）根据表 6-7 对项目进行不确定性与风险分析，项目净现值小于零的累计概率使用插入法计算为

$$i_c = 0.4 + \frac{5520 \text{ 元}}{5520 \text{ 元} + 19\,880 \text{ 元}} \times (0.44 - 0.40) = 0.4087 = 40.87\%$$

这意味着项目亏损的可能性约占 41%。同理，项目净现值在 0～15 000 元区间的可能性略大于 41%；超过 15 万元的可能性约为 15%。这些数值从不同的角度反映了项目的不确定性和风险程度。

【例 6-9】　假设项目净现值服从正态分布。已知其期望值为 1000 元，标准差为 100 元，试求项目净现值小于 875 元的概率。

解：

已知净现值为随机变量，根据标准正态分布的概率计算公式为

$$P(\text{NPV} < X) = P\left(Z < \frac{X - \mu}{\sigma}\right)$$

$$P(\text{NPV} < 875) = P(Z < -1.25) = \Phi(-1.25) = 1 - \Phi(1.25) = 0.106$$

$$P(\text{NPV} < 875) = 10.6\%$$

所以净现值小于 875 元的概率为 10.6%。

第五节 风 险 分 析

一、风险的概念与特征

风险的研究是一个历史悠久且不断发展的问题。风险最初使用在 18 世纪中叶的保险交易中，此后，风险逐渐被引入到经济、金融、投资和管理等领域，并成为一个重要的研究对象。不同行业对于风险的定义会有所不同。例如，根据传统的理解，风险通常与灾害和损失相关联，其本质是一种不利和有害的因素。在保险领域，风险通常被定义为可保险以规避事故或损失的项目或条款。这意味着，保险公司需要承担可能发生的损失的机会。在管理术语中，风险通常被视为变化或不确定性。而在加工工业特别是化学工业中，风险则涵盖了火灾、泄漏、爆炸、人员伤亡、财产损失、环境损害、经济损失等所有灾害事件。然而，这些定义只是针对风险的一个方面，即风险是有害的和不利的，将给项目带来威胁。与此相反，风险也可能是有利的和可以被利用的，将给项目带来机会。这两个方面合并起来的风险被称为广义的风险。

随着风险概念的深入研究，越来越多的国际性项目管理组织开始接受"风险是中性的"这一概念。例如，英国项目管理学会将风险定义为"对项目目标产生影响的一个或若干不确定事件"。英国土木工程师学会更明确地定义"风险是一种将影响目标实现的不利威胁或有利机会"。国际标准化组织也将风险定义为"某一事件发生的概率和其后果的组合"。因此，广义的风险可以总结为：未来变化偏离预期的可能性以及对目标产生影响的大小。其特征是：风险是中性的，既可能产生不利影响，也可能带来有利影响。风险的大小与变动发生的可能性以及变动发生后对项目的影响的大小相关。变动出现的可能性越大，变动出现后对目标的影响越大，风险就越高。

在投资项目中存在着多种风险。这些风险可以从不同的角度进行分类划分。

(1) 按照系统进行分类，主要有个体风险和系统风险。个人所面对的风险被定义为个体风险，而对于整个投资市场、特定行业或宏观经济环境的风险，通常被视作系统风险。

(2) 按照阶段来进行划分，投资项目的风险可分为前期阶段的风险、实施阶段的风险以及经营阶段的风险。在前期阶段，主要的风险包括市场需求不确定性、竞争环境不明朗等；实施阶段则可能面临技术难题、资金和资源等瓶颈问题；而在经营阶段，最重要的风险可能来自于经营模式的可持续性和市场变化等因素。

(3) 按照风险的性质进行分类，政治风险、经济风险、财务风险、信用风险、技术风险和社会风险等被视为不同的风险类型。政治风险指的是政策环境不稳定或国家政权发生变化所带来的风险，经济风险包括货币汇率风险、通货膨胀风险等，财务风险则涉及现金流、财务状况的变化等方面，信用风险指的是资产管理者无法按时偿还本金和利息，但它也可能发生在公司失去客户的过程中，技术风险，则涵盖了诸如产品可靠性、制造成本、生产效率、人才供给以及市场需求等因素，而社会风险着重于企业的社会形象和作用。

(4) 按照内在因素和外来影响分，风险还可以分为内在风险和外来风险。前者主要指那些由项目本身的设计和规划所导致的风险，如商业模式的持续性、人员流动等，而后者则是由于行业、市场、政治制度甚至天气等外部因素所引起的风险。

(5) 按照控制能力分，风险可以进一步分为可控和不可控的风险。可控的风险是指那些可以通过调整项目计划和实施方式来减少、控制或消除的风险；而对于不可控的风险，则需要定期进行监测和评估，以及适时采取应对策略工具。

二、风险分析的程序和基础

项目风险分析是评估和辨识项目中可能存在的潜在风险因素，以及预测这些风险因素发生的可能性、影响程度，然后寻求避免或减少负面影响的方法。该过程包含四个基本阶段：风险识别、风险估计、风险评价与风险对策研究。在风险分析过程中，实质上是从定性分析过渡到定量分析，然后再从定量分析回到定性分析的过程，其基本流程如图 6-7 所示。

图 6-7 风险分析流程

项目决策分析中的风险分析需要按以下步骤进行。首先，必须了解风险特征并识别风险因素；其次，应根据需要和可能性选择适当的方法来评估风险的可能性和影响；再次，需要按照一定标准来评估风险程度，包括对单个风险因素和整个项目风险程度的评估；最后，提出有针对性的风险对策，对项目风险进行总结，并得出风险分析结论。

下面介绍几个风险分析的基本概念。

1. 风险函数

风险函数是描述风险的数学工具，通常根据两个关键变量来定义：一个是事件发生的概率或可能性，另一个是事件发生后对项目目标的影响。因此，可以将风险用一个二元函数来描述

$$R(p,I) = pI \tag{6-9}$$

式中：p 为风险事件发生的概率；I 为风险事件对项目目标的影响程度。很显然，风险的大小和高低既与风险事件发生的概率正相关，也与风险事件对项目目标的影响程度成正比。为了更好地理解风险函数，可以将其视为计算风险得分的公式。通过对风险概率和影响程度进行评估和计算，便可得到风险得分。当风险得分越高时，风险就越大，需要采取更加及时有效的风险管理措施来确保项目顺利实施。

2. 风险影响

针对风险对项目产生的影响程度不同，可以将其划分为多个等级，以便更好地评估各种风险事件。一般来说，风险的影响等级通常包括五个不同的级别。

第一个等级是严重影响：如果某个风险发生，会直接导致整个项目的失败，这种情况应该被视为高度紧急并采取相应措施加以解决，它通常用字母 S(severe) 表示。

第二个等级是较大影响：当某个风险发生时，项目的价值可能会受到严重影响，但项目仍有可能部分达成目标，因此这种情况可用字母 H(high) 表示。

第三个等级是中度影响：如果某个风险事件发生，它可能对项目目标造成中度影响，但项目仍有机会实现其目标，这种情况可用字母 M(moderate) 表示。

第四个等级是较小影响：如果某个风险发生，可能只影响项目的某部分目标，而不会对整体目标产生太大影响，因此这种情况可用字母 L(low) 表示。

最后一个等级是可忽略影响：一旦某个风险发生，对于项目对应部分的目标影响可以被忽略，并且不会对整体目标产生显著的影响，这种情况可以用字母 N(negligible) 表示。

3. 风险概率

在进行风险管理时，评估每个风险因素发生的概率是非常重要的。将风险概率划分为不同的等级，可以更好地识别和处理各种潜在风险。

第一个等级是很高的概率：当风险发生的可能性在 81%～100% 时，这意味着该风险几乎肯定会发生，通常使用字母 S 表示。

第二个等级是较高的概率：如果风险发生的可能性在 61%～80%，意味着该风险可能会发生，通常使用字母 H 表示。

第三个等级是中等的概率：当风险发生的可能性在 41%～60% 时，意味着该风险有一定可能性在项目中出现，通常用字母 M 表示。

第四个等级是较低的概率：如果风险发生的概率在 21%～40%，意味着该风险很少发生，通常使用字母 L 表示。

最后一个等级是很低的概率：当风险发生的可能性在 0%～20% 时，意味着该风险非常不可能发生，通常用字母 N 表示。

4. 风险评价矩阵

要评估风险的大小，通常使用风险评价矩阵或风险概率-影响矩阵表示，如图 6-8 所示。这种矩阵把风险因素发生的概率作为横坐标，以风险因素发生后对项目的影响大小作为纵坐标，在图表中直观地呈现出来。一般情况下，发生概率大、对项目影响也大的风险因素会被放在矩阵的右上角位置；反之，发生概率小、对项目影响也小的风险因素会位于矩阵的左下角位置。

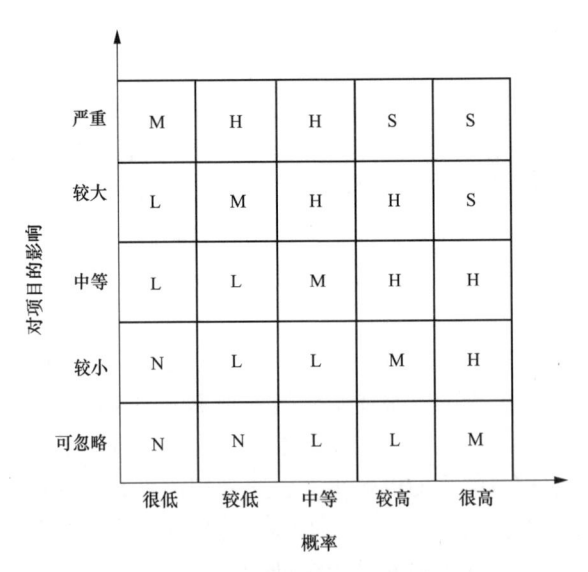

对项目的影响 \ 概率	很低	较低	中等	较高	很高
严重	M	H	H	S	S
较大	L	M	H	H	S
中等	L	L	M	H	H
较小	N	L	L	M	H
可忽略	N	N	L	L	M

图 6-8　风险概率-影响矩阵

5. 风险等级

根据风险因素对投资项目造成的影响程度大小，可以采用风险评价矩阵方法将风险等级划分为以下五个不同的水平。

（1）微小风险。微小风险指风险发生的可能性很小，即概率在 0～20%，风险对项目造成的影响非常小，可以通过常规方法轻松处理。这种风险等级通常被标记为 N 区域。

（2）较小风险。较小风险指风险发生的可能性较小，即概率在21%～40%，或者风险事件虽然可能发生，但是其对整个项目造成的影响相对较小，可以通过简单有效的应对措施来减轻损失。该风险等级通常被标记为L区域。

（3）一般风险。一般风险指风险发生可能性中等，即概率在41%～60%，或者虽然概率较小但风险对项目带来的影响较大，可能会对项目决策产生一定的影响。在面对这种风险时，需要采取适当的防范措施，以便及时应对突发情况，该风险等级通常被标记为M区域。

（4）较大风险。较大风险指风险发生的可能性较大，即概率在61%～80%，或者风险事件虽然不太可能发生，但是其对整个项目造成的影响相对较大，可能导致项目发生一些损失和成本增加，需要采取必要的防范措施。这种风险等级通常被标记为H区域。

（5）重大风险。重大风险指风险发生的概率极高，即概率在81%～100%，这种风险事件对投资项目造成了严重危害，可能无法避免地导致项目失败，需要采取积极有效的防范措施。该风险等级通常被标记为S区域。

三、风险分析的内容

1. 风险因素识别

首先需要确定投资项目可能面对的风险因素以及对项目可能造成的影响及具体原因，例如市场风险、技术与工程风险、组织与管理风险、政策风险、环境与社会风险等。通过揭示项目的主要风险因素，可以进一步进行风险评估，确定损失概率和程度，并找出关键的风险因素，提出针对性的风险对策。

历史经验尤其是后评价的经验应被借鉴，逆向思考也可应用于审视项目，寻找可能导致项目不可行的因素。在风险识别过程中，需要结合各行业、各项目的特点，选取适当的方法进行。常用的方法包括风险分解法、流程图法、情景分析法和专家调查法等。

2. 风险估计

风险估计是评估风险发生的可能性及其对项目的影响。在投资项目中，一些风险因素可以被量化并经过定量分析，但也存在着大量无法量化的风险因素。这些无法量化的风险因素可能会给项目带来更高的风险，有必要对其进行定性描述。因此，风险估计应该采取综合定性描述与定量分析相结合的方法。需要注意到定性描述和定量分析不是绝对的，深入研究和分解后，某些定性因素可以转化为定量因素。

风险概率估计方法和风险影响估计方法是两种常用的风险估计方法。前者分为主观估计和客观估计两类。主观估计是基于专家意见或历史数据，具有较高的不确定性；客观估计则基于统计或模型，具有更高的可信度。后者包括概率树分析、蒙特卡罗模拟等方法，适用于复杂的非线性系统。风险估计还可以使用其他方法，如模糊数学、人工智能等。

3. 风险评价

风险评价是在风险估计的基础上，通过指标体系和评价标准对风险进行划分，以识别出影响项目成功或失败的关键风险因素，并采取相应的防范措施。风险评价可以分为单因素风险评价和项目整体风险评价。

单因素风险评价主要是针对单个风险因素进行影响程度评估，以找出影响项目的关键风险因素。常用的方法包括风险概率矩阵法和专家评价法等。风险概率矩阵法将可能发生的事件的概率和可能造成的后果确定一个评级，这种方法简单易行但也不够精确。专家评价法则巧妙地将各位专家根据其经验水平进行综合评分，各种评价策略都要建立在统一的评价标准之上，以便保持评价结果的准确性并方便最终评估。但在评价的过程中会存在很多的随意性和主观性，所以评价过程要科学化，同时还要尽量避免人为误差的发生。

项目整体风险评价则是综合评估多个重要风险因素对项目整体的影响程度。通常采用层次分析法和灰色系统理论等方法进行评价，这些方法比较适用于对复杂、大规模投资项目的风险评价。

4. 风险分析结论

在完成风险识别和评估之后，需要对项目的主要风险进行归纳和综述，包括其原因、程度和可能造成的后果，以全面、清晰地展现项目的主要风险。在此基础上，还需要将风险防范措施的研究结果进行汇总，以便更好地指导项目管理实践。通过对项目的主要风险进行归纳和综述，可以极大地提高对项目风险的认知和理解。在综合分析各项风险措施的结果之后，建议将其结果整合到一个表格中进行汇总（见表6-8），以便更好地了解不同措施之间的关系并决策最佳选择。

表 6-8　　　　　　　　　　　　风 险 与 对 策 汇 总 表

主要风险	风险起因	风险程度	后果与影响	主要对策
A				
B				
⋮				

四、投资项目的主要风险

1. 市场风险

市场风险是竞争性项目中常见的主要风险，特别是在不断变化的市场环境下更加突出，其主要表现为项目产品销量下滑、价格走低等问题，导致产量和销售收入无法达到预期目标。市场风险的识别可以从多个方面进行分析，以确保全面而准确地把握市场风险。

市场风险主要可以分为以下四个层次：首先是消费者的消费习惯和偏好发生较大变化所导致的市场需求重大波动，这会导致市场供需总量实际情况与预测偏离；其次是市场预测方法或数据错误，需要对市场需求进行大幅修正；再次是市场竞争格局发生改变，竞争对手采取进攻策略，或新的竞争者进入市场，对项目的销售产生重大影响；最后是市场条件的变化，如项目产品和主要原材料的供应价格的剧烈波动等因素，也会对项目的效益产生影响。

2. 技术与工程风险

在可行性研究中，对采用的技术和设备进行了必要的分析和论证，但在实际操作中仍有可能遭遇到各种预料之外的问题，导致投资项目面临风险损失。因此，应综合考虑技术方面的风险因素，可以从以下几个方面进行探讨。

首先，需要充分认识所选技术的适用性和可靠性，以确保其能够达到目标生产能力和质量标准。其次，需要关注工艺技术与原材料的匹配问题，确保生产能够顺畅进行。如在某些化工生产中，原材料与工艺流程脱离或者不匹配都有可能导致生产事故的发生。最后，对于一些涉及地质环境的项目，如铁路、港口、水库等工程，需要特别关注工程地质情况，以避免地质灾害导致的风险损失。

3. 组织与管理风险

在项目过程中可能涉及多个参与方，而每个参与方之间可能存在着不同的目的和动机，从而导致一些不必要的摩擦和冲突，这种情况称为组织风险。除此之外，项目组织内部各部门对项目的理解、态度和行动不一致也有可能影响到项目进展，甚至会导致投资损失。相对于组织风险而言，管理风险是指由于项目管理模式不合理，导致项目内部管理混乱，或者主要管理者的能力不足、人格缺陷等因素而导致的投资损失。

4. 政策风险

随着全球化进程的加速和国际市场竞争的不断加剧，政策风险已经成为跨国投资和海外投资的主要风险所在。政策风险的具体表现形式包括国内外政治经济条件发生重大变化，或者政策调整从而导致项目原定目标难以实现。诸如环保政策、土地政策、投资政策、税收政策等各种政策的调整变化都会对项目产生直接或间接的影响。尤其是海外投资项目，面临的政策风险更加明显，涉及的问题更加复杂。例如，在某些国家，政府对于特定行业进行保护性立法和政策，可能导致该行业的市场失去活力，产品难以按期销售，给企业带来一系列挑战。

5. 环境与社会风险

环境风险主要是由于企业自身的环境保护措施不当或环境影响分析深度不足，而引起的环境冲突和重大环境影响。这些影响可能导致公众持反对态度和采取行动，也可能产生高额罚款和采取法律行动的后果。社会风险是指由于对项目的社会影响估计不足，给项目建设和运营带来潜在的困难和损失的可能性。社会风险的表现形式包括针对项目的公众反对、劳资纠纷、安全事故等问题，如选址不当、补偿不到位等都有可能引发公众不满和反对，从而严重影响项目建设和运营。社会风险的影响面非常广泛，包括宗教信仰、社会治安、文化素质、公众态度等方面，因而社会风险的识别难度极大。

6. 其他风险

不同项目还存在着其他特有的风险因素。例如，在资源开发领域，如矿山和油气开采项目，资源风险是主要的风险因素。设计规模通常根据政府相关部门批准的地质储量而定，但实际储量可能与预测不符，导致产量降低、成本过高或寿命缩短。对于大型项目，融资风险也是需要考虑的。由于资金供应不足或来源中断，建设工期可能会拖延甚至被迫终止建设。在众多消耗原材料和料的项目中，原材料供应、价格及运输保障也是需要考虑的重要风险因素。例如，在水资源极度匮乏的地区或耗水量较大的项目，就会存在水资源风险。而对于采用合资模式的项目，就可能涉及合资对象的资信问题和合作协调问题。

五、风险对策

投资项目的建设需要大量资源，并且投资决策的失误可能导致不可挽回的损失。在进行可行性研究时，除了要全面了解项目可能面临的风险，还需要提出有针对性的风险应对策略，以避免风险发生或将风险损失最小化，从而提高投资安全性和项目成功率。风险对策研究包括以下几个方面。

（1）风险对策研究应该贯穿可行性研究的全过程。在正确识别项目潜在风险因素的基础上，应从方案设计层面开始，采取规避和防范风险的措施，以确保风险能够最大限度地得到预防和控制。

（2）在进行风险对策研究时需要具有针对性。不同类型的投资项目可能会涉及不同的风险因素，并且每个项目都具有自己的特点。风险对策研究应该根据特定项目的具体情况针对关键风险因素提出必要的措施来尽可能降低其影响。

（3）风险对策研究应该是切实可行的。所谓可行，并不仅仅是指技术上的可行，还包括财力、人力和物力等方面的可行。为了确保项目能够成功实施，投资者需要将风险对策研究结果与实际情况结合，提出切实可行的规避防范措施。

（4）在进行风险对策研究时，必须要考虑到经济成本。如果某个风险对策的成本太高，而产生的风险损失相对较小，那么这项措施很可能无法通过审核。因此需要将风险的严重性和成本进行比较，以便找到最符合实际情况的方案。

（5）风险对策研究应该是项目有关各方的共同任务。风险对策研究不仅有助于避免决策失误，而且也是投资项目风险管理的基础。包括投资者、项目发起人以及其他利益相关者都应积极参与和协助进行风险对策研究，并真正重视研究结果。只有通过多方努力，才能够有效地预防和控制项目中的风险问题。

拓展阅读：国债利率与风险

2020年，英国首次以负利率发行长期债券，以－0.003％的收益率出售了37.5亿英镑的三年期英国国债，并获得2.15倍认购。负利率债券意味着国债购买者如果持有该债券至到期时，所获得的报酬将低于最初支付的本金。购买国债反要倒贴钱给政府，这样就出现了非常不合理的情况：投资者购买负利率债券的主要原因是预期英国长期国债利率会进一步下降。

国债收益率作为国家的无风险利率对标的是国家经济的发展状况，一般国债利率越高表明经济越好，越低表明经济越差。国债利率越低表示央行会进一步宽松刺激经济发展和通货膨胀，央行要宽松就得购买债券（主要是购买国债），以此达到投放货币的目的。

自2008年金融危机以来负利率并不罕见，日本、欧洲、英国都出现了负利率国债，负利率背后的原因是全球经济陷入了结构性问题。21世纪初，全球化蓬勃发展，经济体相互合作提高效率达到共赢。全球化发展的同时经济不平衡逐渐显现，贸易不平衡导致贸易摩擦，贫富差距悬殊催生了民粹主义，触发了各种金融风险。

思考与练习

1. 不确定性和风险的相似处和区别在哪里？
2. 盈亏平衡分析的核心思想和基本流程是什么？
3. 多因素敏感性分析的流程和单因素敏感性分析有什么区别？
4. 如何计算项目敏感性因素的累计概率？
5. 如何辨识项目的风险并进行规避？

第七章 项目可行性分析

技术经济学中项目可行性分析旨在全面评估新建项目的可行性，可以帮助投资者评估风险和收益，并决定是否继续推进项目。投资者可以对项目的设计和实施进行调整和改进，以提高项目运作的效率和成本竞争力。在项目可行性分析过程中，需要综合考虑社会和环境影响因素，以有效地减轻项目给社会和环境带来的负面影响，达到可持续发展的目标。

本章内容主要介绍了项目可行性分析的概念、意义和作用，阐述了市场研究、技术研究和厂址选择的相关内容，给出了项目可行性研究报告的编制要求。

学习过程中要求了解项目可行性研究的基本概念和重要意义，了解市场、技术和厂址选择的基本思路和方法，能基于可行性研究报告的撰写要求初步开展项目可行性研究报告的撰写。

第一节 项目概述

一、项目的基本概念

项目是指在如资源和时间等特定的限制条件下，具有明确目标的一次性任务或活动。广义的项目定义十分普遍，并指代所有符合项目定义及具备项目特征的一次性任务或活动。其中最常见的项目分类包括开发项目、建设项目、科研项目、工业生产项目、软件开发项目等。本章中将项目的意义限定于狭义的范围中，即专指建设项目。建设项目作为狭义定义的项目，属于一种复杂而庞大的任务，其特征在于需要各种专业人员协作，中间存在着复杂的逻辑性和关联性。

为了满足计划管理和统计分析研究的需要，建设项目可以根据不同的角度进行分类：按照建设目的的不同，建设项目可分为生产性项目和非生产性项目，生产性项目包括工业、农业、服务等多个领域的投资项目，非生产性项目则包括旅游、文化、教育、体育等公共事业和社会福利类项目；按照建设性质的不同，建设项目可以分为新建项目、扩建项目、改建项目、迁建项目、恢复项目等；按照建设阶段的不同，建设项目可分为预备项目、筹建项目、实施项目、建成投产项目等；按照建设规模的不同，建设项目可以分为大型项目、中型项目、小型项目等；按照土建工程性质的不同，建设项目可以分为房屋建筑工程项目、土木建筑工程项目、工业建筑工程项目等；按照使用性质的不同，建设项目可分为公共工程项目、生产性产业建设项目、服务性产业建设项目、生活设施建设项目等；按照建设内容与管理关系的不同，建设项目可以分为建设项目、设计项目、施工项目、采购项目等。

建设项目的主要特点包括：

（1）具有总体性和统一性。项目通常按照一个总体设计进行建设，行政上实行统一管理，经济上实行统一核算，即"三个统一"。即使由多个单体工程组成，只要符合"三个统一"的原则，就可视为一个建设项目。

（2）有明确的建设目标和任务。项目需要具备明确的生产能力目标、工程质量标准、工期目标和投资限额目标等。

（3）一般具有有形资产。建设项目往往具有建筑工程和设备安装工程等有形资产，并且可能存在购买商标、专利、专有技术等形成的无形资产。

（4）过程的一次性和成果的单件性。不同于大规模重复性生产过程或企事业单位和政府机关的行政管理过程，建设项目的活动过程都具有特定的开头、展开和结尾的过程，一次性完成，基本没有简单的重复。

（5）建设过程必须按照一定的程序进行。一个建设项目通常都需要遵循可行性研究、评价、决策、设计、实施、竣工投产、总结评价等阶段，以确保项目在从概念到实施各个阶段都得到严谨的计划和执行。

二、项目基本建设程序

项目基本建设程序是指在建设项目的整个过程中按照相关规定的先后次序进行的一系列工作，包括从设想、规划、评估、决策、设计、施工到竣工验收、交付使用等环节。这一程序是人们在长期的建设实践中，通过充分认识客观规律，科学总结经验得出的一套制度，反映了建设工作所固有的客观规律和经济规律，并且不会受到人们意志的干扰。按照这一规律，建设程序被划分为若干个阶段，这些阶段有严格的先后顺序，如果颠倒了顺序，就可能会导致项目建设走弯路，遭受重大损失。从建设项目管理的角度来看，建设程序一般分为以下7个主要阶段。

1. 项目建议书阶段

项目建议书是投资者向国家提出要求建设某一建设项目的建议性文件，也是决策前对拟建项目的轮廓性设想。项目建议书主要从宏观上分析投资项目建设的必要性，看其是否符合市场需求和国家长远规划的方针和要求；同时初步分析项目建设的可能性，看其是否具备建设条件、投资价值等因素。

2. 可行性研究阶段

可行性研究是在项目建议书被批准后进行的，其主要任务是针对项目在技术、工程、经济、社会和外部协作条件等方面的可行性和合理性进行全面的分析和论证。可行性研究旨在为决策提供可靠的依据，以确定最佳方案，并提供有关措施和建议，为保证项目的顺利实施提供可行性保障。可行性研所提交的成果是可行性研究报告。一旦可行性研究获得相关审批单位的认可和批准，可以确定项目立项，并启动勘测设计工作。

3. 勘测设计阶段

在可行性研究阶段完成后，项目进入勘测设计阶段，勘测是指在设计前和设计期间必要的勘察、调查和测量工作。而设计则是对拟建工程的实施在技术上和经济上进行全面而详细的安排。设计工作是逐步深入地分阶段进行，对于大中型建设项目，通常采用两阶段设计方法，即初步设计和施工图设计。对于重大或特殊项目也可以采用三阶段设计，除了以上两个阶段外，再增加一个技术设计阶段。初步设计阶段是为了研究拟建项目在技术和经济上的可行性，并对设计方案进行基本技术决策，通过编制总概算确定总建设费用和主要技术经济指标。在这个阶段，需要进行各方面的评估和比较，包括工艺路线选择、土建结构、材料、设备选型等。技术设计阶段是在初步设计的基础上，进一步开展具体工程项目工作，研究其中涉及的重大技术问题，编制详细的施工方案，并对总概算进行修订。在这个阶段需要通过科研、试验、设备试制等方式，获得可靠数据和资料，并针对初步设计中的重大技术问题进行深入探究。施工图设计阶段则是在前两个阶段的基础上，按照初步设计或技术设计所确定的设计原则、结构方案和制性尺寸，根据建筑安装施工和非标准设备制造的需要，绘制施工详图，并编制施工图预算。在这个阶段需要完成详细的设计工作，包括各种材料规格、安装方法、设备配套等内容，为后续的建设提供具体指导。

4. 建设准备阶段

建设准备阶段是完成项目开工建设前的各项准备工作的阶段。这个过程中需要做好以下几个方面的工作。

（1）办理有关建设手续。建设项目实施前，需要经过多部门审批、核准和备案手续。其中最为核心的手续为"一书两证"，即建设项目选址意见书、建设工程用地规划许可证、建筑工程规划许可证等。

（2）完成施工用的"三通一平"或者"七通一平"。"三通一平"指的是在建设项目正式施工以前，施工现场应达到水通、电通、道路通和场地平整的条件。"七通一平"则是"三通一平"的延伸，具体包括通道路、自来水通、电通、排水通、热力通、电信通、燃气通及土地平整，以满足未来工程建设所需的基础设施条件。

（3）落实建设资金，组织设备和材料订货等。在建设准备阶段，需要根据规划和预算计划来落实建设资金，同时组织采购主要设备和原材料等。这些资金和物资的筹集需要根据各项审批程序来进行，同时也需要保证其合理使用。

（4）组织监理、施工招标，选定监理单位和施工单位等。项目实施需要有专业人员来通过监督、检查和评估等方式确保质量和安全。在建设准备阶段，需要展开监理单位和施工单位的申报与评选，以确保未来施工过程的顺利推进。

（5）制定年度建设计划。年度建设计划是为了合理安排分年度施工项目和投资，规定计划年度应完成建设任务的文件。它规定各年度应该完成的工程项目和进度要求、应该完成的投资额和投资额的构成、应该交付使用固定资产的价值和新增的生产能力等。只有列入批准的年度建设计划的工程项目，才能进行施工和支取建设用款。

（6）所有列入国家计划的建设项目都要实行"五定"，即定建设规模、定总投资、定建设工期、定投资效益和定外部协作条件。这种措施能够有效地控制国家基本建设规模，提高建设项目的投资效益。

5. 组织施工阶段

组织施工阶段需要确保项目的顺利进行，同时要保证施工、投资和质量等方面都能够得到有效控制。建设单位需要按项目管理的要求，组织好施工单位的施工和甲方提供设备、材料的管理。建设单位需要充分发挥其管理职能，在配合政府部门和承包商的同时，保证施工过程中的安全、环境保护和文明施工标准得到有效执行。监理单位需要根据项目建设的有关文件和各类工程承包合同，做好对工程的投资、进度和质量的控制、协调和管理。监理人员需要对现场施工和施工单位的行为进行全面监督和管理，切实发挥监管作用，从而保障工程的质量和安全。承包商（包括建筑安装施工、设备制造、材料供应等单位）需要根据承包合同的约定和承诺，全面履行各项合同义务，保质、保量、按时完成工程建设任务。在此过程中，承包商需要遵守法律法规和技术标准，与监理单位和建设单位充分协调，确保工程资金的安全使用。除此之外，组织施工阶段还需要完成生产准备工作，如招收和培训人员、生产的组织、技术和物资的准备等。对于较为复杂的工程项目，可能还需要进行模拟实验和试运行过程,以确保设备和技术能够稳定运行,各项指标达标。

6. 竣工验收阶段

竣工验收阶段是整个项目建设全过程的最后一环。竣工验收主要是对整个建设项目所完成的成果进行全面考核和检验设计,是保证施工质量的关键步骤,对于确认建设项目能否正常运行非常关键,并且也是转入生产或使用的标志。为了保证竣工验收的工作顺利进行,在实际工作中通常可以将其分为单项工程验收和整个项目验收两个不同的阶段。在每一个单项工程完工之后,由建设单位组织验收,以确保该工程达到预期效果并符合相关的技术规范。当整个建设项目全部建设完成之后,就应根据国家对竣工验收的规定来组织验收。在竣工验收过程中,需要对建设的结果进行全面的评估,包括各工程部位完好性、工程质量和外观等方面。此外,还需要对整个系统进行测试和试运行,从而确保所有的设备、设施都达到了设计要求,并能够按照预期运行。如果在竣工验收中发现任何问题或存在未做好的地方,建设单位应及时采取纠正措施,以确保整个系统的正常运行。在竣工验收结果确认完成之后,建设单位需要及时向有关部门申请颁发相关的证书和批文。这些证书和批文可以显示出该项目是否符合国家的法规和环保要求,以及能否开始正常的生产或使用。

7. 后评价阶段

在项目建成投产并达到设计生产能力后,需要进入后评价阶段。这个阶段会通过对项目前期工作、项目实施以及项目运营情况的综合研究,对项目建成后的实际情况和预测情况之间的差距及其原因进行分析。随后,根据研究结果,吸取经验教训,为今后改进项目的准备、决策、实施、管理、监督等工作提供依据,并为提高项目投资效益提出可行性强的对策措施。在进行后评价分析时,需从多个方面进行综合研究,包括项目建设过程中的各方面信息收集和总结,如征地拆迁、环境治理、质量检查和安全规范等;同时还应关注项目顺利运营是否满足了政府规定的相关法律法规和质量标准。而且,要充分考虑现实市场变化、技术创新和竞争压力等外部因素对项目实际情况的影响,确保所得的评价结果更加全面公正。进行后评价是把握项目成功经验并改进不足的关键步骤,可以为今后类似项目的决策和管理提供强有力的参考,也能够为企业探索新的发展方向和商业模式提供借鉴。

第二节 可行性研究概述

一、可行性研究的概念

在建设项目之前进行可行性研究是十分必要的,该研究要对项目的社会、经济和技术方面进行深入细致的调查,从而认真分析各种可能采用的技术和建设方案,以及科学预测和评价项目建成后的经济效益。此外,在可行性研究中,还需要全面分析、系统论证、多方案比较和综合评价拟建项目的技术先进性和适用性、经济合理性和有效性,以及建设必要性和可行性。通过这些工作得出的结论性意见,可以为项目投资决策提供可靠的科学依据,向投资者推荐最优的技术经济方案,并明确项目的财务盈利能力、投资风险等重要信息,帮助做出明智的决策。同时,可行性研究数据也有助于主管部门领导明确从国家角度是否应该支持和批准该项目,进一步促进项目的顺利推进。对于银行和其他投资者而言,可行性研究能使这些投资者明确该项目能否按期或者提前偿还他们提供的资金,从而帮助他们进行风险评估和决策。

二、可行性研究的作用

在建设项目的整个周期中，前期工作对于项目的成功起着至关重要的作用，而其中最为核心和重点的便是建设项目投资前期的可行性研究工作。可行性研究报告一经批准，在整个项目周期中都会发挥极其重要的作用。

（1）作为建设项目投资决策的依据。可行性研究需要从多方面对建设项目进行全面综合的分析和论证，并依据分析结论进行投资决策，这样可以有效提高投资决策的科学性。从市场、技术、工程建设、经济和社会等方面进行全方位考虑，不仅使得项目更加符合国家和市场的需求，也可以避免不必要的风险和损失。

（2）作为编制设计文件的重要依据。在可行性研究工作中，对项目选址、建设规模、主要生产流程、设备选型等方面进行了比较详细的论证和研究，并形成完善的初步设计方案。一旦可行性研究报告获得批准，意味着该项目正式批准立项，可以进行初步设计。设计文件的编制必须以可行性研究报告为依据，确保设计符合项目需要和国家要求。

（3）作为向银行贷款的依据。在可行性研究工作中，详细预测了项目的财务效益、经济效益及贷款偿还能力，这些分析与预测是向银行等金融机构申请贷款的重要依据。国际金融组织如世界银行等都将可行性研究报告作为申请工程项目贷款的必备条件。我国的金融机构在审批建设项目贷款时也毫不例外地以可行性研究报告为依据进行细致的分析评估，仅在确认项目的偿还能力及风险水平之后才会结合自身风险控制策略做出是否贷款的决策。

（4）作为建设单位与各协作单位签订合同和有关协议的依据。在建设项目实施过程中，可行性研究报告还是建设单位签订各种协议和合同的重要依据。在与有关协作单位签订原材料、燃料、动力、工程建筑、设备采购等协议时，建设单位均应以批准的可行性研究报告为基础，保证预定目标的实现。

（5）环保部门、地方政府和规划部门对建设项目进行审批的重要依据。在建设项目开工前，土地部门需要审批土地，规划部门需要审查项目是否符合城市规划，环保部门需要审查项目对环境的影响，这些审查都以可行性研究报告中总图布置、环境及生态保护方案等方面的论证为依据。

（6）作为施工组织、工程进度安排及竣工验收的依据。可行性研究报告为施工组织、工程进度安排及竣工验收提供了基本依据，可以作为检验施工进度及工程质量的依据。

（7）作为项目后评价的依据。建设项目后评价是评估实际运营效果是否达到预期目标的重要环节，而建设项目的预期目标是在可行性研究报告中确定的。因此，后评估应以可行性研究报告为依据，评价项目目标实现程度。

三、可行性研究的阶段划分

工程建设项目的全过程通常可以分为三个主要时期：投资前期、建设期和生产时期。这三个时期涵盖了整个项目的重要阶段，需要进行不同的计划和管理，以确保项目顺利实施。投资前期是工程建设项目的第一个和最重要的阶段之一，可行性研究就是在此阶段进行的。投资前期的可行性研究主要包括四个主要阶段：机会研究阶段、初步可行性研究阶段、详细可行性研究阶段、评价和决策阶段。

1. 机会研究阶段

投资机会研究，也被称为投资机会论证，该阶段的主要任务是通过调查、预测和分析研究，在确定的地区和部门内根据自然资源、市场需求、国家产业政策和国际贸易情况选择建设项目，提出建设项目投资方向建议，并寻找投资的有利机会。机会研究主要解决两个问题：社会需求是否存在以及是否具备实施该项目的基本条件。在机会研究阶段中，需要从以下几个方面着手开展工作。

（1）以当地丰富的资源为基础去谋求投资机会。例如，如果某地区拥有丰富的水力资源，则可以考虑水电站建设项目等。

（2）以工业的拓展和产品深加工为基础创造投资机会。在这种情况下，通过增加企业现有生产能力、增加生产工序，或通过改造现有的生产线等方法来创造投资机会，如新厂房、新生产线或新产品等。

（3）分析基于优越的地理位置和便利的交通条件的各类投资机会。通过对交通枢纽、物流条件等的审查来确定地区和部门内创造投资机会的可能性。

机会研究是工程建设项目可行性研究中相对比较初级的阶段，主要任务是提供可能进行建设的投资项目。如果证明了这些项目投资设想是可行的，则需要进入更深入的调查研究阶段。同时，如果经过反复思考后确定该项目的投资前景不如预期，则需要重新采取机会研究的方法去寻找新的投资机会，为工程建设项目的投资做出更加准确的决策。

2. 初步可行性研究阶段

初步可行性研究又称为预可行性研究，该阶段是在投资机会研究认为可行的建设项目，但尚无法判断其是否值得进行详细可行性研究时进行的预备性研究阶段，其任务是进一步评估项目的生存力和经济效益。如果经过初步可行性研究后认为该项目具有一定的可行性，则可以进行下一步的详细可行性研究；否则，将终止前期研究工作。初步可行性研究将投资项目机会研究与详细可行性研究衔接起来，是中间性或过渡性研究阶段，其主要目的如下。

（1）评估项目的是否值得进行详细可行性研究。通过对建设项目的市场需求、社会环境、管理和技术方面等进行概括性分析，从整体上评估项目的可行性，并决定其是否需要进行更加深入的研究。

（2）确定哪些关键问题需要进行辅助性专题研究。通过对项目的可行性进行概括性分析，确定需要进行哪些辅助性专题研究，以更加准确地评估项目的可行性。

初步可行性研究的内容和结构与详细可行性研究基本相同，主要区别在于所获资料的详细程度和研究深度不同。此外，初步可行性研究还应该注重对投资项目的目标受众、实施过程和预期效果等方面进行分析，为进一步研究奠定基础。

3. 详细可行性研究

详细可行性研究也被称为可行性研究，该研究是建设项目投资决策的基础，其目的在于为项目决策提供技术、经济、社会和商业方面的评价依据，并为项目的具体实施提供科学依据。详细可行性研究的主要目标如下。

（1）提出项目建设方案。根据初步可行性研究的结果，确定最终项目建设方案，包括项目规模、施工周期、选址、设计方案等。

（2）效益分析和最终方案选择。通过对项目进行市场调研、金融分析、社会效益评价等方面的研究，确定项目的实际收益水平和投资回报率，并选定最佳建设方案。

（3）确定项目最终确定的可行性和选择依据标准。通过上述的分析，得出项目的实际可行性和经济效益等指标，并与前期投资机会研究和初步可行性研究的结论比较确定最终可行性并制定选择依据标准，以便后续进一步实施。

该阶段的研究内容比较详尽，需要投入大量时间和精力。此外，详细可行性研究还为后续的工程设计提供基础资料和决策依据，以确保项目建造质量和效益的可持续发展。

4. 评价和决策阶段

评价和决策阶段主要由投资决策部门组织和授权相关公司或专家代表项目业主和出资人对拟建项目的可行性研究报告进行全面的审核和再评价，其任务是对可行性研究报告提出评价意见，最终决策该项目投资是否可行并确定最佳投资方案。在评价和决策阶段中，评估报告需要基于可行性研究报告，包括以下内容。

（1）全面核查可行性研究报告反映的情况是否真实准确。

（2）分析项目可行性研究报告中各项指标计算的准确性，包括各种参数、基础数据定额费率的选择等。

（3）从企业、国家和社会等多方面角度综合分析和判断工程项目的经济效益和社会效益，并明确项目对环境的影响以及相应的控制措施。

（4）对项目可行性研究的可靠性、真实性和客观性进行分析判断，最终做出投资决策。

（5）撰写项目评估报告。该报告需要清晰地总结出评估结果，并提供支持决策的分析和数据。

评价和决策阶段还需要对可行性研究报告中未涵盖的问题进行完善，以确保整个项目在初步设计和建设过程中不会出现大的问题。

可行性研究不同阶段的研究性质、目标、要求、时间和费用各自不同，主要取决于基础资料的占有度、研究深度和可靠性等因素。在不同的研究阶段，研究内容由浅入深，项目投资和成本估算精度要求由粗到细，研究目标和作用逐步提升，因此所需的工作时间和费用也随之增加，各个工作阶段的要求见表 7-1。在开展可行性研究时，需要严格按照各个阶段的工作要求来分配资源，以确保最终得出的结论是科学、准确、具有说服力的。

表 7-1　　　　　　　　　　可行性研究各个工作阶段的要求

工作阶段	机会研究	初步可行性研究	详细可行性研究	评估与决策阶段
研究性质	项目设想	项目初选	项目准备	项目评估
研究要求	编制项目建议书	编制初步可行性研究报告	编制可行性研究报告	提出项目评估报告
估算精度	±30%	±20%	±10%	±10%
研究费用占比	0.2%～1%	0.25%～1.25%	大项目 0.2%～1%；小项目 1%～3%	—
需要时间/月	1～3	4～6	8～12	—

四、可行性研究的内容

不同的投资项目在进行可行性研究时，其研究内容会因项目的性质和所处行业的特点而不同。从整体上看，可行性研究的内容与初步可行性研究的内容基本相同，但是在各自的研究重点、深度和范围上都有所不同。在进行可行性研究时，需要更加深入地探究项目建设的可行性，必要时还需进一步论证项目建设的必要性。

根据 2023 年国家发展改革委发布的《关于印发投资项目可行性研究报告编写大纲及说明的通知》，企业在进行投资项目可行性研究时，其报告需要涵盖以下主要内容。

（1）概述。概述项目建设目标和任务、建设地点、建设内容和规模、建设工期、投资规模和资金来源、建设模式、主要技术经济指标等。简述企业基本信息，分析企业综合能力与拟建项目的匹配性；概述国家和地方有关支持性规划、产业政策和行业准入条件、企业战略以及其他依据；简述项目可行性研究的主要结论和建议。

（2）项目建设背景、需求分析及产出方案。简述项目建设背景和前期工作进展情况，论述拟建项目与经济社会发展规划、产业政策、行业和市场准入标准的符合性；对于关系企业长远发展的重大项目，论述企业发展战略对拟建项目的需求程度和拟建项目对促进企业发展战略实现的重要性和紧迫性；结合企业自身情况和行业发展前景，分析拟建项目所在行业的业态、目标市场环境和容量，评价市场饱和程度，提出市场营销策略等建议。阐述拟建项目总体目标及分阶段目标，提出拟建项目建设内容和规模，明确项目产品方案或服务方案及其质量要求，并评价项目建设内容、规模以及产品方案的合理性；根据项目主要商业计划，分析拟建项目收入来源和结构，判断项目是否具有充分的商业可行性。

（3）项目选址与要素保障。通过多方案比较，选择项目最佳或合理的场址或线路方案；分析拟建项目所在区域的自然环境、交通运输、公用工程等建设条件；分析拟建项目相关的国土空间规划，说明拟建项目用地总体情况和资源、能源、大气环境、生态等承载能力及其保障条件，说明是否存在环境敏感区和环境制约因素。

（4）项目建设方案。通过技术比较提出项目生产方法、生产工艺技术和流程、配套工程、技术来源及其实现路径，论证项目技术的适用性、成熟性、可靠性和先进性；通过设备比选提出拟建项目主要设备（含软件）的规格、数量和性能参数等内容；通过方案比选提出工程建设方案，明确工程安全质量和安全保障措施，对重大问题制定应对方案；对于资源开发类项目，研究制定资源开发和综合利用方案，评价资源利用效率；涉及土地征收或用海域征收的项目，应根据有关法律法规政策规定，确定征收补偿（安置）方案；对于具备条件的项目，研究提出拟建项目数字化应用方案；提出项目建设组织模式、控制性工期和分期实施方案。

（5）项目运营方案。对于产品生产类企业投资项目提出生产经营方案，对于运营服务类企业投资项目研究提出运营服务方案；分析项目运营管理中存在的危险因素及其危害程度，提出安全防范措施；简述拟建项目的运营机构设置方案，明确项目运营模式和治理结构要求。

（6）项目投融资与财务方案。说明投资估算编制范围、编制依据，明确建设期内分年度资金使用计划；根据项目性质，选择适合的评价方法，分析项目的现金流入和流出情况，构建项目利润表和现金流量表，计算财务内部收益率、财务净现值等指标，评价项目的财务盈利能力，并开展盈亏平衡分析和敏感性分析；分析项目资本金和债务资金来源及结构、融资成本以及资金到位情况，评价项目的可融资性；分析计算偿债备付率、利息备付率等债务清偿能力评价指标，判断项目偿还债务本金及支付利息的能力；分析投资项目对企业的整体财务状况影响，判断拟建项目是否有足够的净现金流量，确保维持正常运营及保障资金链安全。

（7）项目影响效果分析。对于具有明显经济外部效应的企业投资项目，论证项目费用效益或效果，以及重大项目可能对宏观经济、区域经济等产生的影响，评价拟建项目的经济合理性；通过社会调查和公众参与，识别项目主要社会影响因素者，评价项目的社会责任，提出减缓负面社会影响的措施或方案；分析拟建项目所在地的生态环境现状，评价拟建项目能否满足有关生态环境保护政策要求；对于占用重要资源的项目，分析项目所需消耗的资源品种，评价项目能效水平以及对项目所在地区能耗调控的影响；对于高耗能、高排放项目，在项目能源资源利用分析基础上，提出项目碳排放控制方案，明确拟采取减少碳排放的路径与方式，分析项目对所在地区碳达峰碳中和目标实现的影响。

（8）项目风险管控方案。识别项目各方面的风险，研究确定项目面临的主要风险；结合项目特点和风险评价，有针对性地提出项目主要风险的防范和化解措施；研究制定重大风险应急预案，明确应急处置及应急演练要求等。

（9）研究结论及建议。从建设必要性、要素保障性、工程可行性、运营有效性、财务合理性、影响可持续性、风险可控性等维度分别简述项目可行性研究结论，重点归纳总结拟推荐方案的项目市场需求、建设内容和规模、运营方案、投融资和财务效益，并评价项目各方面的效果和风险，提出项目是否可行的研究结论；针对项目需要重点关注和进一步研究解决的问题，提出相关建议。

对于政府投资建设项目可行性研究及其报告与企业投资项目非常相似，但在项目单位概况、项目建设背景和必要性、项目需求分析与产出方案、项目运营方案、项目投融资与财务方案等方面具体内容上有所区别。

可行性研究报告不仅需要包含主体文本部分，根据项目实际情况和相关规范要求，还需要研究确定并附具可行性研究报告必要的附表、附图和附件等。

（1）附图。附图包括了三个非常重要的图：厂址位置图、工艺流程图以及总平面布置图。

（2）附表。投资估算表主要涉及项目投入总资金估算汇总表、主要单项工程投资估算表和流动资金估算表等。财务评价报表则会涉及营业收入、税金及附加和增值税估算表、总成本费用估算表、财务现金流量表、利润与利润分配表、总投资使用计划和资金筹措表、借款还本付息计划表、国民经济费用效益流量表以及国内投资国民经济费用效益流量表。

（3）附件。附件包括：项目建议书的批复文件，环保部门对项目环境影响的批复文件，资源开发项目有关资源勘察及开发的审批文件，在主要原材料、燃料及水、电、气供应的意向性协议以及项目资本金的承诺证明及银行等金融机构对项目贷款的承诺函；中外合资、合作项目各方草签的协议，引进技术考察报告、土地主管部门对场址的批复文件，新技术开发的技术鉴定报告或者组织股份公司草签的协议等。这些附件将会辅助审批机关进行更为全面深入的审查。

可以看出，项目可行性研究报告通常包含三个基本内容部分：市场研究、技术研究和效益研究。市场研究是项目可行性研究的前提和基础，需要对产品的市场需求进行调查和预测研究，以解决项目的"必要性"问题。技术研究是项目可行性研究的技术基础，包括技术方案和建设条件研究，需要解决项目在技术上的"可行性"问题。效益研究是项目可行性研究的核心部分，主要对项目的经济效益进行分析与评价，以解决项目在经济上的"合理性"问题。这三个部分共同构成了项目可行性研究的三大支柱。

第三节 市 场 研 究

建设项目建成投产后，为了推广产品并发展更大的市场份额，不断开拓市场至关重要，市场是项目成功的重要条件之一。项目的市场研究可以包括项目市场调查、市场预测以及项目规模选择等内容。其中，项目市场调查是通过数据收集、分析和处理来全面了解项目产品的实际市场和潜在市场情况，认知项目产品的市场供求情况和竞争态势。项目市场预测则是在市场调查的基础上运用科学的方法和手段，对未来的市场需求和发展趋势进行预测和判断。项目规模选择，则涉及合理选择拟建项目的生产规模，以达到资源有效配置的目的。

一、市场调查

1. 市场调查的内容

市场调查是项目市场研究的重要组成部分，为了更好地满足市场需求并提高产品的销售量和竞争力，需要深入了解项目产品在市场中的各项情况。项目产品的市场需求调查是市场调查的首要任务之一，其中包括以下几个方面。

（1）项目产品的需求者调查。需求者调查旨在了解项目产品主要面向哪些消费者，不同项目产品都有自己的目标消费群体，因此需要对目标消费群体进行全面的调查。

（2）项目产品的需求量调查。需求量调查是为了摸清在既定市场范围内项目产品可能的需求总量，有些项目产品的市场涵盖国内和国外两个市场，还需全面分析两个市场的现有需求量和潜在需求量。

（3）项目产品的品种需求调查。品种需求调查主要是对项目产品多样性需求的调查，任何项目产品都可以按一定用途或性能分为不同种类，需要按照项目产品的分类进行市场调查。

（4）项目产品的质量需求调查。质量需求调查会涉及既定产品用途、特性、寿命、功能等具体要素的调查，主要包括产品的内在质量、外观质量和商业质量等方面。

（5）项目产品的市场价格调查。市场价格调查是对项目产品价格的调查，因为价格水平关系到项目产品的销售总量和市场占有率，所以价格调查需包括价格水平的调查和对价格弹性的测定等。

2. 市场调查的基本程序

市场调查的基本程序包括准备调查、制定调查计划、实施调查和结果处理四个阶段。

（1）调查准备阶段。市场调查的准备阶段是进行市场调查的首要步骤，需要明确调查目标、范围并选定调查方式、对象和组成调查组等。根据需搜集的资料性质进行选择，可以采用间接调查法、直接调查法和直接观察法等不同的调查方式。

（2）制定调查计划。市场调查人员需要制定详细的调查计划，调查计划内容应当十分详尽，包括调查的目的、内容和方法、时间安排以及费用预算等重要信息。

（3）实施调查阶段。在实施调查阶段，为了保证调查的顺利进行，市场调查人员需要组织相应的培训，提高调查人员的专业素质与操作技能。同时还需要加强对调查过程的监督，及时发现并解决可能出现的问题，确保调查数据的准确性和完整性。

（4）结果处理阶段。在结果处理阶段，市场调查人员需要对收集到的数据进行分类整理和分析，以支持综合分析和运用。根据分析结果撰写出调查报告，分别对调查对象的基本情况、调查问题的事实材料和分析说明以及调查结论和建议进行详细的陈述。对于需进行预测的问题，也需要提出相应的预测结果和建议。

二、市场预测

在进行项目产品市场调查的基础上，为了更准确地了解市场需求和发展变化趋势，人们常常需要进行项目产品市场预测,主要包括产品寿命周期、销售量、投入物和产出物市场价格以及未来各种市场行情发生的概率等方面。对于项目产品市场预测需要考虑国内和国外两个方面,并需要选取合适的方法进行分析和预估。市场预测的方法多种多样,由于各种数据和参数的限制,不可能使用每一种预测方法都进行产品需求预测。因此,在实际应用中,可以根据市场预测的目标、实际占有数据资料情况以及预测的准确度要求等因素来选择项目产品的市场需求预测方法。

常规的市场预测方法包括定量分析和定性分析,其中定量分析主要通过搜集市场份额数据和历史预测的数据建立数学模型,而定性分析则通过专家访谈和调查问卷等方式获得非数值化信息,进而进行市场预测结果的推断。通常在进行市场预测时,可以采用以上方法的相互结合,以提高预测的准确性。

1. 时间序列预测法

时间序列预测法是基于历史资料的时间序列数据,利用一定的简单平均数方法分析数据趋势和变化,并通过这种趋势向外推断未来发展变化趋势,从而进行项目产品市场需求预测。在使用时间序列预测法进行市场预测时,首先需要将历史数据绘制成曲线图,并利用平均数作平滑分析确定其趋势变动类型。然后根据趋势变动类型,对未来的发展趋势进行预测。例如,如果历史数据表现出逐渐增长的趋势,那么可以预计未来其会继续增长;而如果数据呈周期性波动,则可以预期未来也会出现类似波动情况。此外,时间序列预测法还包括趋势分析、季节性分析和循环性分析等不同类型。趋势分析主要考虑历史数据呈现的总体趋势,季节性分析则探究历史数据的季节特征和对应的周期变化规律,循环性分析则关注历史数据的周期性波动,以进一步深入挖掘市场的特定规律。

2. 回归预测法

回归预测法是一种研究两个以上变量之间相关关系的数学方法,可以通过找出变量之间的因果关系来预测市场的发展变化。在使用回归预测法时,其基本程序包括三个主要步骤。首先,需要对实际调查数据进行分析,以确定影响项目产品市场变化的因素,并找出变量之间的相关关系。其次,在建立预测模型时,需要利用变量之间的相关关系来构建数学模型。最后,在预测过程中,需要对预测结果进行检验和误差分析,以确保预测准确性和完整性。在回归预测法中,预测数据应当是符合因果关系的变量,而不仅仅只是简单的相关性。回归预测法也面临着多重共线性和过度拟合等问题,这些问题可能导致建立的模型过于复杂或过于简单,从而使得预测结果失真。

3. 德尔菲法

德尔菲法可以通过广泛征求专家意见,进行定性和定量预测。它是以多轮不记名方式征询专家意见,并将其整合分析得出预测结果的集体经验判断法。该方法在市场预测中应用广泛,特别是对于那些复杂的、难以量化的市场变化情况更为适用。使用德尔菲预测法进行项目产品市场预测,需要经过以下步骤:首先,需要选择15~50名专家参与调查。这些专家需具备相关的行业知识和经验,在市场预测领域有较高的威望。其次,需要根据预测科学的原理,设计出调查问卷,涵盖项目产品市场预测所需要的问题。再次,将设计好的调查问卷发给各专家,并请他们按照自己的专业背景和认识水平做出初步的预测和分析。在此基础上,系统整理和统计专家们的回收调查问卷内容,进行归纳总结。最后,需要在反馈阶段继续请专家修改和完善自己的预测和判断,使其更准确、更全面。这个过程需要经过多次迭代和反馈，直到达成一个共识点。最后，根据专家的预测结果，可以撰写出详细的市场需求预测报告。

三、项目规模选择

在拟建一个项目时，必须面对项目合理规模的选择问题。这个问题不仅要考虑到生产能力和市场需求之间的协调，也要兼顾资源匹配和经济效益等因素。如果生产规模设置过小，将导致资源配置不足以支撑全部生产，从而使得产品成本较高、经济效益低下。若生产规模过大，超过市场需求水平，则有可能造成开工不足、产品积压或者是产品降价售出，进而破坏项目的经济效益。

1. 影响项目规模的因素

在确定一个项目的合理规模时，必须考虑到多种因素的影响。项目内部各因素之间的数量匹配和协调是非常重要的，这包括资源、技术、人力和市场等方面的评估和预测，以保证每个因素在整体中的适度和平衡。扩大规模虽然可以实现经济效益的增加，但是这种效益并不是无限的。随着规模逐渐扩大，单位成本也可能会逐渐提高，并导致收益递减。

（1）市场因素。为了确定合理的项目规模，应该根据市场需求量来制定生产计划，并在长期内持续调整规模，还应该对原材料市场、资金市场、劳动力市场等进行分析，这些市场会对项目规模的选择产生不同程度的影响。若项目规模过大，可能会导致原材料供应紧张和价格上涨、筹资困难、资金成本上升等问题。

（2）技术因素。先进的生产技术及技术装备是实现规模效益的前提，而相应的管理技术水平则是保证规模效益的关键。如果无法获得经济规模适当的先进技术及其装备，或者获取技术的成本过高，或者管理水平跟不上，则预期的规模效益将难以实现，甚至会导致项目投资效益低下和工程支出严重浪费。

（3）环境因素。项目建设、生产和经营都离不开一定的社会经济环境，因此项目规模确定时也需要考虑政策因素、燃料动力供应、协作及土地条件、运输及通信条件等相关因素。政策因素包括产业政策、投资政策、技术经济政策、国家、地区及行业经济发展规划等，这些因素会对项目规模选择产生影响，特别是为了取得较好的规模效益，国家针对某些行业的新建项目规模做出了下限规定。在制定项目规模时需要遵循并执行这一要求，以符合相关的法规监管标准。

2. 合理项目规模的选择

合理项目规模选择的可以通过定性和定量两个方面进行分析。在定性分析中，需要考虑项目是否符合市场条件、专业化分工要求、技术先进等因素。在定量分析中，则需要考虑项目最小规模、项目起始规模以及项目最佳经济规模的确定。

项目最小规模指的是盈亏平衡点对应的规模。在单一产品的情况下，可以采用盈亏平衡分析方法来确定盈亏平衡点。对于多品种生产，可以采用折算的方法，选取一个标准产品并将其他产品折算成这个标准产品，再根据单一产品的盈亏平衡点来进行分析。

项目起始规模则指能够获得社会平均资金利润率的生产规模。这可以通过下述公式来计算：

$$Q_0 = \frac{F + aM}{P - V} \tag{7-1}$$

式中：Q_0 为起始规模产量；F 为固定成本；V 为单位可变成本；a 为平均资金利润率；M 为投资额；P 为产品单价。

第四节 技 术 研 究

一、项目技术研究概述

人类社会的发展需要依靠生产力的不断提高,而生产力的发展则主要受到资源投入和技术进步这两方面因素的影响。虽然资源是人类社会运作所必需的,但是资源投入是有限制的,并不能持续地扩大,人们不可能通过单纯增加资源投入来解决社会生产力发展的问题。因此,科技创新成为引领经济增长的关键。

技术创新被认为是推动经济增长最根本的动力之一,它对于提升生产效率、降低生产成本、拓宽市场和促进产业转型升级都起着不可替代的作用。随着国家在政策层面上对科技创新的重视程度逐渐提高,越来越多的企业也开始把技术研发置于战略的核心位置,进行更好的资源配置、组合开发以及知识产权的保护,从而充分激发技术创新的活力。在企业进行项目投资时,除了要考虑项目经济可行性外,还需要充分分析和论证项目技术的可行性。只有在建设项目技术可行性得到保障的情况下,才能更好地保证项目的可行性和风险可控。

项目技术研究是指对整个项目所使用的技术进行深入评价与选择,主要关注项目中工艺、设备和工程技术方案的可行性分析和论证。其目的在于从技术角度出发,科学地分析与评估项目的实施可能会遭遇的风险和挑战,以减少项目决策带来的潜在损失,保障项目实施的成功。在现代经济和社会环境下,各种领域的新兴技术层出不穷,投资者和政府监管部门必须针对项目提前进行全面技术评估,以避免技术上的错误导致投资计划失败;同时,优质的技术研究可以提高项目经济效益与社会效益,而只有在技术可行的前提下,项目才有可能进一步发挥自身价值,在市场中占据有利地位,也只有技术可行的项目才有必要进一步进行项目经济评价。

二、项目技术研究的原则

项目技术研究是一项高度复杂和科学的工作,它要求在按照一定的原则和步骤进行的同时,需要考虑到多方因素的影响,主要原则包括先进性和适用性相结合、经济性与合理性相结合、安全性与可靠性相结合、有利于环境保护性的原则。

1. 先进性和适用性相结合的原则

项目技术的先进性指的是它需要采用尽可能具有国际国内先进或领先水平的工艺技术和设备的技术含量,而项目技术的适用性则是指项目采用的工艺技术与设备的技术水平必须要符合项目特定的需求。在对项目技术进行评价时,必须在坚持适用性的基础上去追求项目技术的先进性,从而达到两者的有机结合。这一原则要求项目所采用的工艺技术和设备的技术含量都能够适应当前的技术条件,并且符合国情和国家技术发展的水平。通过这种方式,就可以确保项目的技术方案在满足实际需求的同时,也具备一定的技术优势和创新性。

在项目技术评价中应该综合考虑项目工艺技术和项目设备两个方面。对于工艺技术的评价,需要根据其成熟度阶段进行选择。在初期阶段,一些新兴技术可能存在一定先进性但不稳定,风险较大,因此一般不建议在项目中采用。而当技术进入成长阶段后,逐渐显示出先进性和稳定性的特点,可在领先性项目中有限采用以获取技术领先优势,并减少风险。当技术进入成熟阶段时,具有经验和成功案例,可在大多数项目中广泛运用,但也要注意评估可能的潜在风险;衰退期的技术则一般应避免继续使用。

在项目设备选择方面也需要进行细致的分析和论证，确保所需设备与项目运行条件相适应，配套条件可行。这包括是否符合项目工艺技术对设备的要求，国内外市场上可获得某种设备是否符合所需标准，项目团队是否具备掌握这些技术设备的专业技能等。同时，还需要关注国内外市场动态和技术进展，并通过科学的设备评估和选择来保证项目顺利实施。

项目技术的先进性和适用性并不是孤立存在的。在进行项目技术评估时，应该坚持先进性和适用性相结合的原则，遵循这一原则能够确保选取的技术方案既具有创新性和先进性，又能够满足项目的实际需求，同时也能够避免因过度追求技术而导致资源的浪费和风险的增大。

2. 经济性与合理性相结合的原则

经济性指的是在选择项目技术时，必须以相对较低的代价获得相对较高的经济效益。这样可以降低项目投资成本，加快资金回报率，并确保项目长期的可持续发展。合理性是指在项目技术的选择上，必须能够符合项目全体相关利益主体的利益，从而保障所有相关方的权益得到妥善的保障和维护。这需要考虑到公司股东、员工和客户等多方利益，确立以人为本、全面发展的项目理念，并在技术选型之前进行充分的沟通和协商，以确保技术方案的可行性和实施效果。经济性和合理性这两个原则必须结合起来纳入考虑，只有这样才能够制定出在市场竞争中具有优势的项目技术方案，同时满足不同利益主体的需求和期望。

在市场经济条件下，评价项目技术的经济性和合理性必须考虑下述问题。

(1) 项目全体相关利益主体之间的利益关系。项目要保证各相关利益主体的权益得到充分尊重和保障，从而实现项目整体利益的最大化。然而，实际情况往往可能比较复杂，不同利益主体在项目实施中可能会存在利益冲突或抵触的情况。例如，在进行技术选型时，某些技术方案可能会更倾向于符合某个利益主体的利益需求，但如果盲目采用，有可能会导致其他利益主体的利益受损。如何最大限度地平衡各方的协调与合作，确保项目中的每个相关方都能够获得相应的利益，就成为需要解决的重要问题。

(2) 项目技术的直接效益与间接效益之间的关系。在项目技术的评价中，必须充分考虑直接效益和间接效益两个方面。直接效益是指项目本身产生的经济效益，而间接效益则是指项目对整个企业或社会产生的一些额外的经济效益。在进行项目技术评价和选择时，不能仅关注项目本身的直接经济效益，而应该综合考虑在项目实施过程中带来的全部经济效益，力求将两者的效益最大化。值得注意的是，某些项目技术可能对企业并不会立刻带来显著的直接效益，甚至有时会出现大量投入却难以回收的现象。然而，这些项目技术的先进性却可能给企业组织带来非常重要的影响，例如提升组织整体技术水平、推动企业发展战略等。因此，对于这类项目也需要很好地进行项目技术的评价论证，从提升组织整体技术水平的角度去评价。

(3) 项目技术的当前效益与长远效益之间的关系。对于任何项目技术的采用，除了近期效益外，还会带来某些长远效益。这种长远效益通常是通过对项目技术的长期应用、积累、吸收和改进而得到的，在一定的时间范围内会产生非常显著的影响。因此，在项目技术评估中，必须用战略眼光来考虑和评估当前利益和长远利益，需要综合考虑多种因素，例如技术的可持续性、市场变化和需求趋势、产业政策等，避免急功近利的做法，重视从长远利益出发考虑和评估项目技术，让企业更好地把握技术发展趋势和方向，为长远发展提供更有力的支撑。

从技术经济学的角度来看，项目的技术与经济具有互相促进、互相依存、互相制约的关系。一般来说，为了获得较好的经济效益，项目应采用先进的技术方案。但是，在选择技术方案时，技术的先进性必须在充分保障技术的经济性和合理性的前提下进行考虑。在实际工程项目中，技术选型往往会牵扯到诸多因素，如项目特点、技术成熟度、本地化程度、供应链可行性等，这些因素都会对技术的经济性和合理性产生重要影响。例如，在工业领域，一种新的数控加工技术可能能够带来更高的效率和更低的损耗，但同时也需要更高的设备投资和人员技术水平的提升。这种情况下就需要仔细权衡技术的各种优缺点，并且结合项目实际情况，做出最合适的选择。在落实项目技术的经济性和合理性原则时，也需要密切关注市场变化和技术创新，不断调整和完善技术方案，以确保技术的长期可持续性和更好的适应性。而如果单纯追求技术的先进性而忽视了经济性和合理性，那么最终可能会导致项目出现商业风险和不良影响。

3. 安全性与可靠性相结合的原则

安全性和可靠性是所有项目技术的核心要素，这两个因素相互结合、互为依存，成为项目技术确保生产运作稳定和健康的基本原则之一。安全性代表了对于参与项目的各种要素的关心，其中包括了环境安全、人身安全、设备安全等多方面的问题。如果在项目技术选型时没有充分考虑到这些安全因素，其可能会导致难以预料的风险和伤害，对项目造成不良影响。可靠性则更着重于项目技术的效能和操作性，一个可靠的项目技术通常意味着它能够顺利地完成预期目标并且最小化故障率，减少影响生产的停机时间和维护成本，从而提高整个项目的运营效率，可持续地保证生产稳定增长。

当评估一个项目技术的安全性和可靠性时，需要对诸如工作人员的身体和心理健康、周围环境质量、设备操作的不同情况以及经过测算的故障率和工艺技术成熟度等多方面因素进行全面的考虑，确保项目技术可以稳定可靠地运行。同时，在项目的实施期间还需要不断跟进技术的创新和更新换代，以应对环境变化和市场需求的挑战。整个流程需要重点关注财产的保存、人员的安全、环境的保护，并最大程度地提高生产效率与有效性。

4. 有利于环境保护性的原则

在项目规划和执行过程中，环境保护的原则必须得到积极的落实，环境因素的占比应该得到足够的重视。除了满足法律和国际规范外，环境保护还是企业社会责任的体现和推动可持续发展的重要手段。对于项目技术而言，环保意识需要贯穿整个技术方案，从设计、施工、运营管理等多个环节入手，最大限度地减少环境污染和资源浪费的可能性。在技术选型时，环境安全将是不可或缺的目标之一，适当采用低碳清洁的能源，使用绿色、可回收的材料，以及使用高效灵活的生产方式技术等，都是促进环境保护和绿色发展所必需的。

三、项目技术研究的影响因素

技术的发展是在一定的社会环境背景下进行的，它既受制于经济和市场需求，也受制于政治、文化、法律等多种因素。在当今科技高速发展的时代，任何一个项目都需要考虑各种相关因素和制约因素，才能够有针对性地选择适合自身的项目技术和方案。常见的影响因素包括如下几个方面。

（1）需求因素。在需求因素中，市场需求是项目技术开发与选用的基础。项目技术需要能够满足组织和社会的需求，并且实现相应的经济效益。市场需求直接决定了项目产品的性能、规格、质量、生产数量、生产规模以及生产方式等方面。因此，在项目技术选择和评价中需要始终保持对市场需求的敏锐度,并根据需求的变化及时地调整技术方案。同时,还需要考虑消费者对环保和可持续发展等新趋势愈加重视,这可能会对技术方案产生新的影响。

(2) 资源因素。资源因素主要包括资金、人力、能源、原材料以及装备等方面。它们对于项目技术的选择和评估有着直接而且重要的影响。不同的技术方案选择将直接影响项目所需要的资源类型和数量,而资源供给限制也会反过来限制技术选择与方案实施。例如,资金短缺会对选择资金密集型项目技术形成制约,人员素质和数量不足会对选用知识密集型项目技术造成影响,能源缺乏会对选用高能耗项目技术形成制约等。在选择和评估技术方案时,必须对这些资源因素进行充分的考虑和分析,并且根据实际情况进行技术选择和管理。

(3) 供给因素。供给因素是指需要考虑是否有相应技术的供给以及是否能够获取所需的项目技术,并且要确定可以使用何种方法来取得这些技术,尤其是在项目涉及高精尖技术时,可能会遇到无法获得所需技术的限制,在国际禁运或出口受限等方面也可能碰到困难。这些供给问题都会直接影响项目技术的可行性与科学性,因此在项目技术评估中必须特别重视。

(4) 技术支持因素。技术支持因素是指能让项目技术发挥最大效益的各种技术支持条件,包括基础设施、人员技术能力和技术装备配件等。基础设施包括运输、通信、动力、水电、气供等,厂房、仓库等建筑也是其中重要的一部分,具备必要的基础设施是项目实施及内涵建设的基础。人员技术能力则是指项目建设和运营人员对项目技术的各种知识和技能的理解和掌握程度,这直接影响着项目技术的实施及效益。因此,在技术支持方案的制定中,必须考虑如何提供足够的培训、教育以及实践机会,确保项目工程人员具备一流的技术能力。

(5) 环境制约因素。环境制约因素包括社会环境因素和自然环境因素。社会环境因素从人为角度对项目技术进行制约。例如,政策法规、文化习惯等都可能成为制约技术选择的因素。自然环境则从客观角度制约着技术使用。不同的融资状况、地理位置和气候条件都可能对技术的使用造成限制,比如,在高寒地区或者沙漠地带种植热带水果就可能变得困难。因此在项目技术选择过程中,必须充分考虑到当地的自然生态环境,如土地、水资源、空气质量、环境影响等方面,不能只顾眼前利益而忽视环境保护。

四、项目工艺技术评价的内容

不同项目的工艺技术选择和评价因其特性和要求的不同而存在差异,但是大多数工艺技术方案的评价都应包括以下几方面。

1. 项目工艺技术方案合理性的分析和评价

这部分内容包括分析和评价项目工艺方法和过程是否符合项目产品生产的客观规律和要求,能否科学合理地利用资源和人力,减少不必要的资源和时间浪费,从而使项目运行达到科学高效的目的。针对此方面的评价,需要确保项目工艺技术方案具备以下要求。

(1) 能够保证项目运行过程的连续性。保证项目运行过程的连续性,能够让项目各个阶段在时间和空间上实现紧密衔接,促进资金周转和生产效率提高,从而使项目的运行周期缩短、装备和人员的利用率提高。

(2) 能够保障项目运行过程的协调性。确保项目运行过程的协调性也非常关键,它关乎到项目中不同阶段之间合理配置生产能力和技术水平等各项技术指标和比例关系的协调情况。而项目工艺技术方案也必须能够充分保障各阶段之间的配置合理性,包括设备和工人数量及其技术水平、装备数量和工程能力指数、精度和效率等各个方面。

（3）能够满足项目运行过程的特定要求。任何项目工艺技术方案都应当具备满足特定项目要求的能力，这也是方案合理性的重要体现。由于不同行业和产品都有各自独特的条件要求，在评估项目工艺技术方案时需要充分评价其是否能够满足这些特殊要求。以某些产品的生产为例，可能需要保持净化、恒温、防火等特殊环境条件，那么在项目评价中就必须对项目工艺技术方案能否满足这些具体的要求进行全面的评估。

2. 项目工艺技术方案适用性的分析评价

项目工艺技术方案适用性是指采用的工艺技术是否能够适应项目所处的环境条件，在各种产品生产流程中满足生产要求和市场需求，同时还要综合评估经济成本等多个因素，主要包括以下几个方面。

（1）原材料和燃料等的适用性。项目应选择工艺技术方案，使其与可获得的原材料和燃料等条件相协调。由于不同的项目工艺技术方案需要不同的原材料和燃料，因此对可行性进行分析，并考虑原材料供应是否能够满足项目的运营需求，是工艺技术方案评估的重要内容。

（2）气候和地理条件的适用性。项目的运营发生在特定的气候和地理环境中，在制定工艺技术方案时必须考虑项目所在地的气候和地理条件。随着项目运营要求和产品质量的提高，工艺技术对当地气候和地理条件的适应性也要逐步提高，以确保产品的合格率。工艺技术方案应尽量是成熟和稳定的，并且确保员工和设备的安全得到保障，以确保项目产出符合各种技术要求。

（3）其他资源条件的适用性。项目的运营除了消耗能源和原材料外还需要其他各种资源，如人力资源、物流等。因此，工艺技术方案也必须适应这些资源的条件和要求。例如，如果工艺技术对人力资源的要求超出了所在区域的人才储备，则该方案可能不太实际。因此，在评估工艺技术方案的适用性时，需要考虑项目所在区域的整体资源状况以及市场环境等综合因素。

3. 项目工艺技术方案可靠性的分析评价

工艺技术方案应尽量是成熟和稳定的，以确保项目产出符合各种技术要求，并且确保员工和设备的安全得到保障。项目工艺技术可靠性是选择方案的基本前提条件，如果工艺技术方案不可靠，则企业未来的运营活动可能会受到影响并造成损失。

在评估项目工艺技术可靠性时，可以使用专家评估法或实验方法。对于新兴工艺技术，特别是不确定性较大的最新工艺技术，必须要有一定的可靠性实验和保障措施。实验方法可以在小规模实验中测试工艺技术方案的稳定性，并通过成熟供应商采购原材料和设备来进行先期验证，确保在项目实施前确信该工艺技术方案是否可行。

在评估项目工艺技术方案的可靠性时，还应考虑成本和效益因素。成本和可靠性之间需要做出适当的平衡，确保实施计划不会因过高的成本而受到压力或制约。同时，有必要进行风险分析并提出解决方案，以便在出现问题时迅速响应并采取有效的措施保证项目运行的顺利性。

4. 项目工艺技术先进性的分析评价

在设计项目工艺技术方案时需考虑其先进性，并不断通过新技术的引入来增强项目竞争力。否则，随着技术的迅猛发展，旧有技术逐渐被淘汰而导致整个项目不再具有优势。在评估项目工艺技术方案先进性时，需要遵循先进性原则以确保所选工艺技术方案具备一定先进性，因为一旦应用到项目中就很可能超过存量技术，从而使项目拥有更高的附加值。

但工艺技术的先进性和可靠性有时是存在矛盾的，在评估项目技术时需要进行平衡和综合考虑，并确保选择的工艺技术方案不会因过度追求先进性而损害项目的可靠性，也不能过分要求工艺技术的可靠性而降低对先进性的重视。

在评估项目技术方案先进性时，可以采用专家评估法进行评估。另外，也可以使用市场调研，研究现有最新工艺技术，并综合考虑其应用后的成本效益比，以确保所选方案具备足够高的先进性和适用性。

5. 项目工艺技术经济性的分析评价

项目的工艺技术方案对实现经济效益至关重要，需要对项目制造成本和收益进行深入的分析和评估。在评价一个项目工艺技术方案的经济性时，首先应该确定其年产品制造成本和预期收益，并从多角度进行比较和分析。同时，为了适应市场需求并保持竞争优势，项目工艺技术方案还需要具备一定的灵活性。这就要求方案的设计和策划过程中要预留足够的余量，以便在运行阶段根据市场反馈进行相应调整。

五、项目技术设备评价的内容

1. 项目技术设备的生产性能评价

项目技术设备的生产性能包括两个方面，即生产能力和效率。生产能力是指单位时间内技术设备能够生产出产品的数量或者价值，效率则是生产所需资源的使用程度以及完成产品所需时间的长短。可以用单位技术设备在一定时间内的生产能力来衡量项目技术设备的生产性能。在评估项目技术设备的生产性能时，应重点关注项目设计要求和实际的生产需求是否相适应。

2. 项目技术设备的可靠性评价

项目技术设备的可靠性是指在规定时间内和规定使用条件下，设备能够稳定运行且无故障地发挥其功能的能力。设备的可靠性越高，在工作过程中发生各种故障的可能性就越小，从而可以更好地保障项目产品的生产和品质。对于不同类别的设备，可靠性评价方法也有所不同。例如对于某些关键设备，主要采用失效模式和影响分析方法，通过对设备的潜在失效模式进行分析和评估，查清失效模式可能发生的原因，并采取措施加以消除。此外，还可以通过设备性能测试、负荷测试等方法来评估设备的工作状态和稳定性。

3. 项目技术设备耐用性的评估

项目技术设备的耐用性是指设备在特定使用条件下能够在特定使用条件下经受住时间和使用量的考验，保持稳定的性能和使用寿命。对于不同类型的设备，其使用寿命评估应该综合考虑物质寿命、技术寿命和经济寿命这三个方面的因素。

物质寿命指设备从开始使用到由于有形磨损而导致老化或损坏所经历的时间周期。随着科学技术的不断发展，许多设备的技术寿命都在不断缩短，需要更加关注设备优良材料和先进制造工艺的选择和应用，以拓展设备的物质寿命。

技术寿命则是指设备从开始使用到因为技术落后而被淘汰的时间周期。随着科技进步的加速，许多设备的更新换代速度也在迅猛加快，为了延长设备的使用期限，需要考虑技术研发以及永续性设计，尽可能避免设备一旦投入使用便过时的情况。

经济寿命是指设备从开始使用到因为老化而需要高额维护费用的时间周期。虽然设备寿命周期内总体支出在特定时期是必要的，但保养成本累计增加可能会超过更换设备所需成本，从而导致经济负担加重。因此，在设备选择和替换阶段上，需要对比设备维修和更新换代的全部成本，并同时考虑环境和资源的限制，以达到最优的持续时间。

4. 项目技术设备安全性和维修特性的评价

项目技术设备的安全性是指设备对项目产品生产过程中所需人员、设备和环境的安全保障能力。在选择技术设备时，实现安全特性至关重要。为确保生产流程的无障碍运行，应通过评估设备的设计、制造和使用过程中的各个环节，特别是那些可能存在安全隐患或风险的地方，来获取更准确的信息。

设备维修特性是指设备结构的合理性、易于卸载和检测性、零部件的可互换性、规范性以及维修难度等方面的特点。注意到这些特性可以更好地维护设备、降低维修成本、避免生产延误或损失。设备的结构设计、材料选用和制造工艺等因素，也必须充分考虑维修环节的需求，以提高设备的可靠性和寿命，并且便于异地技术支持。由于不同类型设备的维修特性存在很大差异，项目应当着重评估其适用的具体情况。

5. 项目技术设备配套性与系统性的评价

项目技术设备的配套性是指整个项目所需技术设备之间在数量和技术参数等方面的吻合情况。评估技术设备的配套性按配套规模可以分为单机配套、机组配套和项目配套三个层次。单机配套是指一台机器设备的各种部件、附件和工装的配备；机组配套是指一套机器设备中的多台主机、辅机和装具等的全面配备成套；项目配套是指一个项目所需各种生产、辅助和服务设备以及各种成套装具的配套。根据不同的进口设备，也需要更加注重其配套问题。例如，在引进多种外国设备时，必须考虑它们之间的配套关系和兼容性，特别是在国外厂家分别购买设备组成生产线时需要更加谨慎地处理各设备之间的适配关系。

在进行技术设备的选型和配置时，还需要考虑到系统性，特别是在项目技术设备的整体评价阶段，需要对所有设备进行全面评估，从而保证整个系统的可靠性和一致性。这不仅涉及单机及机组与整个项目的配套问题，还包括国内外设备混合使用、新老设备协同以及集成各种智能化系统的复杂性等方面。

6. 项目技术设备灵活性和经济性的评价

项目技术设备的灵活性是指其对原材料和运行环境等要求的严格程度以及应对项目产品生产方案变更的能力。随着市场需求、产品设计要求等因素的不断变化，强调灵活性的技术设备更容易适应项目的新变化，并保持竞争优势。灵活性不仅包括原材料的适应性和生产线布局的可调整性等方面，还包括技术设备的可编程性、智能化和自适应能力等方面。只有在技术设备的灵活性得到全面考虑并满足实际需求时，设备才能有效地支持生产过程，提高工作效率，并为企业创造更多的经济效益。

当选择和配置项目技术设备时还需要考虑设备的经济性。在保证技术先进和安全可靠的前提下，需要尽可能降低设备的投资成本和维护费用，以增加项目的投资回报率并提高整个项目的运营收益。这需要使用节能环保的技术设备和工艺，减少过度消耗资源和排放污染物，并采用智能控制和优化管理等方法来提高设备的利用率和效率。

六、项目工程技术方案评估的内容

项目工程技术方案评估是指对项目的各项工程技术方案进行综合性评估，以便确定最佳的工程方案。在这个评估过程中，必须根据国家经济布局和区域发展计划的要求来制定方案，并且需要遵循项目工艺技术方案的规定与要求，同时满足项目技术设备方案的特定需要，科学而全面地评估项目工程设计方案是否可以保证工程建设在技术、经济和安全等方面达到最佳的效果。项目工程技术评估的具体内容主要有以下两个方面。

1. 项目工程设计方案的评估

项目工程设计方案的评估需要对设计方案的科学性、合理性和经济性等多个方面进行综合评估。科学性评估需要全面考虑方案中各项技术指标的合理性，这包括对工程设计中所使用的技术方案、方法和材料等是否符合行业标准以及国家法规等的要求进行评估。同时，还需要考虑该方案在项目实施过程中的可行性和操作性等因素，确保其能够顺利实现。合理性评估主要包括对设计方案与项目工艺技术方案和项目技术装备方案的匹配性进行评估，这需要考虑到诸如生产工艺流程、设备配置和材料选择等方面的因素，以确保设计方案可以更好地配合项目工艺和技术装备方案，提高工程建设质量和效率。经济性评估则需要全面论证其在满足项目工艺技术和项目技术装备要求的前提下能够尽可能节约项目投资，这需要考虑到方案中所包含的设备和工程投资、施工人员和时间等多个因素，并进行成本效益分析，以实现资金投入的最大效益。

2. 项目工程实施技术和施工组织方案的评估

在确定项目工程设计方案后，根据设计方案选用的技术方法和施工组织方案的要求，需要对项目工程实施技术和施工组织方案进行全面评估，主要包括可靠性、经济性和高效性的评估。可靠性评估过程中需要确保所选用的工程实施技术和施工组织方案科学、可靠而安全地实现项目工程设计方案所规定的各项指标和要求；同时，还需考虑可行性研究、技术可行性验证等因素，以使工程实践得到充分保障。经济性评估过程中需要确保选用的工程实施技术和施工组织方案能够最大限度地节约项目实施成本，防止出现超预算的情况。整个评估流程需要进行详尽的专业评估和财务分析，以确保对工程成本有科学和准确的掌握。高效性涉及实际施工效果的达成、合理的人力资源配置等多个方面。为了实现这一方面的评估目标，需要考虑所选用的工程实施技术与施工组织方案的时间规划、任务分配等因素，以确保工程建设按计划顺利推进，并实现最佳的经济效益。

第五节 建设地区和厂址选择

在确定建设项目的具体地址时，常常需要经过建设地区选择和厂址选择这两个工作阶段，这两阶段相互关联又有明显的区别。建设地区选择是指在几个不同的区域范围内，选择最适合拟建项目的一个或数个区域。厂址选择则是建设地区选择之后的更为具体的一项工作，主要是对所选定的建设地区中的具体位置展开比较和筛选，以确定最佳的厂址。已经完成了建设地区选择，厂址选择就沉淀到一个更加详尽而具体的层面。

一、建设地区的选择

建设地区的选择直接关系着拟建项目未来发展的命运和市场竞争力，对于建设过程中的工程造价、建设工期、建设质量以及项目建成后的经营状况等方面也会产生深远的影响。

1. 影响建设地区选择的主要因素

影响建设地区选择的因素比较复杂。首先，国民经济发展战略规划、国家工业布局总体规划和地区经济发展规划等政策性因素将会成为主导影响之一，需要充分了解相关政策和发展趋势以确定符合国家战略以及符合自身项目定位方向的地区。其次，原材料条件、能源条件、水源条件、交通运输方式以及各地区对项目产品的需求等因素，也都会对建设地区的选择方案产生重大影响。另外，建设地区的自然条件，如气象、地质、水文等，也会对建设地区的选择产生直接影响。除此之外，还需要考虑劳动力来源、生活环境、社会文化和协作等社会环境因素的影响，这将会对项目的建设和后续经营带来一定的影响。在选择建设地区的过程中，各种制约因素之间相互交叉和影响，需要科学合理地综合分析研究，以确保最终的建设地区选择是符合多重条件制约而得出的最佳方案。

2. 建设地区的选择应遵循的基本原则

（1）靠近原料、燃料提供地和产品消费地的原则。这一原则的实践可以避免长途运输所带来的时间成本和费用成本，并缩短流通时间，加快流动资金的周转速度。但这个原则并不表示项目需要建立在原材料、燃料提供地或产品消费地的左右等距离范围内。应根据项目的技术经济特点和需求，合理布局。例如，对于农产品、矿产品等初步加工项目，由于大量消耗原材料，应尽可能靠近原料产地以降低运输成本。而对于能耗高的项目，如铝厂、电石厂等，则宜靠近发电站以获取廉价电源，并减少电能运输损失。对于技术密集型建设项目，应选择在大中城市建设，以充分利用城市的工业和科技力量，并更好地配套产业链的资源。

（2）工业项目适当聚集的原则。在工业项目的规划中，通过将一系列相关的项目聚集在适当规模的工业基地和城镇中，可以发挥集聚效益。这种效益建立在以下客观基础上：首先，现代化生产是一个复杂的分合作体系，只有对相关企业进行集中配置，才能充分利用各种资源和生产要素，便于形成综合生产能力，特别对那些具有密切投入产出链带关系的项目，集聚效益的优势尤为突出。其次，现代产业需要相应的生产性与社会性基础设施相配合，唯有这样，企业的能力和效率才能充分发挥。而针对不同类型的工业项目，若能适当集中会更有可能统一建设较为齐全的基础设施，从而避免反复投资和增加投入成本。最后，企业适当集中，才能为多种类型的劳动者提供就业机会。

工业项目的适当聚集可以带来很多优势，但过度的聚集则会产生不经济性，降低综合经济效益。工业聚集过剩的主要表现是一些负面因素不断出现，并且已经突破了合理界限。这些负面因素包括：首先，由于生产要素和市场相对较远，原材料、燃料和产品就需要更长距离的运输过程，运输成本不断增加，大量的物流运输还将给环境造成一定的压力；其次，过度的工业聚集促使城市人口增加，在一定程度上导致城市对农产品的需求激增，大量农产品被运到城市之后产生的额外成本将由最终消费者承担；再次，过度的工业聚集区通常意味着大量的建筑，这将加重地下水位下降的趋势，此外，废水排放和用水量的增加也可能引起水污染问题，甚至需要从遥远的来源引水以满足需求；最后，当一个工业区的聚集度超过了客观条件时，不仅会增加排放废气、废水和废固体的数量，同时还易引发环境污染和生态平衡破坏的问题，这将进一步导致环境治理和预防成本显著增加。

因此，在工业布局中，适当的项目聚集和规划对于提高综合经济效益非常有益，但需要根据工业项目本身的特点和资源禀赋，把握正确的聚集程度，并注意在项目实施过程中避免对环境造成负面影响。

二、厂址选择

在任何项目的规划和开展过程中，厂址选择都是至关重要的一项决策。厂址选择非常复杂，需要综合考虑多个因素，包括但不限于项目条件、产品生产要素、生态环境和未来产品销售前景等问题，同时受到社会、政治、经济和国防等众多因素的制约。选址正确性对于项目投资、建设速度和施工条件以及未来企业的经营管理所在地点的城乡建设规划与发展等方面均产生了直接影响。一旦选错位置，不仅会加大成本和降低效率，还可能导致产品竞争力下降，给企业带来负面影响。因此，在做出合理的选址方案之前，必须从宏观的角度出发，充分运用系统观点和方法进行分析决策，如梳理相关领域的政策标准和交通发展趋势，评估项目的核心竞争力和国内外市场需求情况等，只有这样才能确立最优解方案，满足多方面的利益需求。

1. 选择厂址的要求

为了保证项目的顺利开展和稳定运营，厂址选择需要遵循以下几条要求：首先，应该尽可能地节约土地资源，降低占用耕地造成的补偿成本。选择荒地或不可耕种区域，避免过度占用必需的耕地资源，这有助于减少施工期间的土地交通和采购时间，并最大化地改善所在区域的生态环境。其次，项目的建设地点应该具备良好的地质和水文条件。特别是在挑选厂址时，要尽量避免坐落在断层、熔岩、流沙层、洪水淹没、采矿坑塌陷和滑坡区等危险地质区域中，以确保施工安全。同时，如果选择位于地下水位高处作厂房基础，则会增加基础承压难度；而如果厂址的地下水位较低，则可以降低基础承压力，减轻基础建设的难度和投资成本。此外，项目建设地点应当能够满足面积和形状的需求，以确保厂房和各种构筑物得以布置在科学的工艺流程上；而为了减少土方工程量及合理利用地面排水，应力求选择平坦且略有坡度的地形。另外，在选址时还需要考虑周边交通运输等配套条件。特别是选址应靠近铁路、公路、水路等交通干线，以缩短物流距离，降低物流成本；同时也要便于取得供电、供热资源以及其他协作条件。最后，还需要尽可能地减少对环境产生污染。对于排放大量有害气体和烟尘的项目，不能建在城市的上风口，以避免对整个城市造成污染。对于噪声大的厂区，也要将其选址在距离居民区较远的地方，并同时设置适当的绿化区域来减轻噪声的干扰。

在进行选址决策时，除了需要切实满足以上诸多要求外，也应该根据项目的技术经济分析和比较，综合考虑多重因素，选择合适的建设地点。只有这样，才能够确保项目建设的安全、高效和可持续性。

2. 厂址选择的方法

在进行厂址的多方案技术经济分析时，可采用不同的方法确定最优的厂址方案。最小费用法和评分优选法是两种常用的方法。

（1）最小费用法。最小费用法通过对项目不同选址方案的投资费用和经营费用进行比较，在确保满足建厂条件的前提下，选取整个生命周期内费用最低的方案作为最优方案。如果某个方案的投资费用和经营费用都很低，则为最优方案。如果投资费用高，但经营费用低；或者投资少，但经营费用高，则可以采用投资回收期等指标进行比较，以确定最佳方案。

（2）评分优选法。当多个方案在满足建厂条件方面各具特色、优劣相当且难以折算成费用时，就需要使用评分优选法。该方法具体步骤如下：列出厂址方案比较的主要指标，并根据实际条件给每个指标赋予一定的权重。针对每个方案，计算其在各个评价指标上的得分。将各方案的所有评价值乘以对应的比重因子，计算指标评价分，得分总和最高的方案即为最优方案。

三、项目可行性研究报告有关建设条件与厂址选择的主要内容

项目可行性研究报告需要对建设条件和厂址选择等因素进行详细的评估和探讨。

针对资源和原材料问题，首先需要通过具体调查来详述资源的分布情况和可获取程度。例如，可以考虑自然资源在当地的丰富程度、开发利用程度等方面，也可以对原材料供应商的信用、货源稳定性以及价格等因素进行评估。还需要关注到生产试验所需要的原料种类，是否容易获得以及所需成本费用等方面。

建厂地区的选择则涉及多个方面。自然条件是其中的一大考量因素，主要包括地质、气候和水文状况等因素，这些自然环境比较适宜的地区能够更好地保障企业的生产安全和生产效率。基础设施和社会经济条件也是重要的考虑因素，如水、电、气等公用设施的供应情况、通信和交通的便利程度、人口结构和经济发展水平等。在选择建厂地区时还需了解当地的政策法规、环保法规等情况，确保企业能够合规经营。

厂址选择可通过多方案比较和推荐方案的方式进行。在多方案比较中，需要详细比较地形、地貌、地质、土地占用和拆迁情况等因素，并对各项费用进行分析。在确定厂址推荐方案时，可以绘制地图介绍所推荐的具体位置，并概述该厂址的优缺点和推荐理由。同时还需对环境条件做出评估，包括生态环境和污染状况等方面。最后，推荐方案还应给出厂址类型、建设规划方案、主要技术参数以及预算经济数据等内容。

第六节　可行性研究报告的编制及其要求

一、可行性研究报告的编制步骤

在编制可行性研究报告时需要遵循一定的步骤和流程，以确保研究结果合理、准确并且具有可信度。具体做法如下。

1. 签订委托协议

可行性研究报告编制单位与委托单位应就项目的可行性研究报告编制范围、重点深度要求、完成时间、费用预算和质量要求等方面进行交流，并签署委托协议，明确双方责任和任务，据此开展可行性研究的各阶段工作。

2. 组建工作小组

进行任何可行性研究需要先组建一个合适的工作小组，工作小组要根据项目的特点和需求来确定其人员结构。例如，在工业项目可行性研究中，应包括经济学家、市场分析专家、财务分析专家、土木建筑工程师、专业技术工程师以及其他相关辅助人员。在国外的实践中，项目的可行性研究通常是由投资者委托有实力、有信誉的专业中介机构进行，而在我国，则通常会委托有资质的工程咨询机构来承担此项工作，尤其是在大型项目中更为普遍。如果投资者决定委托工程咨询机构进行可行性研究，首先需要与该机构签订委托协议，然后成立工作小组。工作小组可以由咨询机构的专职人员或外聘的专家组成。

在工作小组正式成立后，可以根据可行性研究的内容进行基本分工，并分头进行调研。各成员还可以撰写详细的提纲，最后由组长综合各成员的意见，编写可行性研究报告的详细提纲，并要求根据该提纲展开下一步的工作。

3. 数据调研和收集

为了保证研究结果的准确性和可靠性，工作小组各成员需要分头进行数据调查、整理、估算、分析以及有关指标的计算。数据的调查和分析尤为关键，因为研究结果的质量和准确性直接取决于所使用数据的完整性和准确性。

可行性研究所需的数据来源一般来自三个方面：首先是投资者提供的资料，投资者在进行项目初步决策时已经对相关问题做出了考虑并获取了一定量的信息，这些能够作为咨询机构的重要信息来源。其次是咨询机构本身所拥有的信息资源，包括丰富的实践经验、专业知识、历史数据以及其他相关资讯。最后，当投资者提供的资料和咨询机构所提供的信息不能满足可行性研究的要求时，还需委托专业调研机构进行专项信息调研，以获取更多的信息资料，特别是在结构比较复杂的大型工程项目中，委托专业调研机构进行专项调查研究可以取得事半功倍的效果。此外，虽然可以由工程咨询机构或投资者委托专业调研机构进行调研，但从实际效果看，由工程咨询机构委托具有更多优势和合理性。

4. 方案编制与优化

在展开方案编制与优化之前，需要对所获得的信息资料进行整理和筛选，并组织涉及人员进行全面性和准确性的分析论证。根据这些研究结果，在项目建设规模、产品方案、厂址方案、技术方案、设备方案、工程方案、原材料供应方案、环境保护方案、组织机构设置方案、实施进度方案以及项目投资和资金筹措方案等许多方面制定备选方案。在对各个方案进行确认和论证后，才会提出推荐方案。

5. 形成可行性研究报告初稿

在开始分工后，必须按照可行性研究报告的要求完成初稿的编写工作。实施编写报告的团队需要有良好的协作和衔接。可行性研究报告中的各个部分都是相关联的，因此各个团队成员的衔接、配合和合作至关重要。

6. 论证和修改

一旦完成可行性研究报告的初稿编写，工作小组成员需要对其进行分析和论证，每个小组成员都应介绍自己负责的部分，并与其他成员共同探讨、提出修改建议。在审查可行性研究报告时，务必确保前后一致性、数据准确性、方法正确性和内容全面性等要点得到充分注意，并为每一个结论提供充足论据。在进行评审和修改期间，可以扩大参与小组讨论的人员范围，特别是邀请相关的决策者、专家和投资者加入讨论，对可行性研究提出有益的建议和观点。

经过全面的审慎的讨论之后，最终对可行性研究报告进行各方面细致修改，并拟定最终版本。定稿后，可行性研究报告将成为项目决策者的重要依据，对于未来的管理和运营具有关键意义。

二、可行性研究报告的编制依据

可行性研究报告的编制是一项非常重要的工作，需要严谨、认真和全面地开展。为了确保报告的严密性和可行性，必须遵循一些依据和标准。这些依据可能涉及国家的法律、法规、行业规定、合同及相关资料等。总的来说，可行性研究报告的编制必须遵循以下内容。

（1）项目建议书及其批复文件。

（2）国家和地方的经济与社会发展规划、行业部门的发展规划等。

（3）国家有关法律、法规、政策及相关文件。

（4）国家相关部门批准的矿产储量报告及勘探最终报告。

（5）有关机构发布的工程建设方面的标准、规范、定额。

（6）中外合资、合作项目各方签订的协议书或意向书。

(7) 编制可行性研究报告的委托合同。
(8) 其他相关的依据和资料。

三、可行性研究报告编制单位及人员资质要求

编制高质量的可行性研究报告对于项目的后续开展至关重要，因此需要有具备专业素养和丰富经验的编制单位和人员。为了确保可行性研究的准确度和可靠性，承担可行性研究报告的编制单位和人员应当符合下列要求。

(1) 报告编制单位必须具备经国家有关部门审批登记的相应资质等级证明，依法依规进行投资咨询工作。

(2) 编制单位应当具备较强的可行性研究能力和丰富的实践经验，能够针对各种类型的项目进行全面、精准的分析评估。

(3) 可行性研究人员应该拥有与所从事的专业相关的中级以上专业职称，并具备相关知识技能和工作经历。我国在严格市场准入条件的背景下，实施了全国注册咨询工程师资格考试，为保障工程咨询市场的准入条件创造了有利条件。因此，在签字可行性研究报告时，咨询单位的人员必须具备国家注册咨询工程师证书。

(4) 编制单位及人员应当坚持独立、公正、科学、可靠的原则，始终实事求是。他们必须对提供的可行性研究报告质量尽职尽责，并为其负完全责任。

四、编制可行性研究报告应注意的问题

编写可行性研究报告是拟建项目成功落地的重要前提。为了确保报告的可靠性、科学性和客观性，需要特别注意以下几个问题。

1. 坚持实事求是原则

在做好调查研究工作前，应该从实际出发，并且按照经济规律办事。这意味着需要摒弃个人主观愿望，遵循真实情况，认真全面地收集数据，通过科学的分析和论证，得出具有权威性和可靠性的结论。编写报告时必须防止两种情况。一方面，不能为了使某项工程能够实施而忽视潜在不利因素，片面看重有利条件，淡化负面因素；另一方面，也不能片面强调不利因素，夸大其影响。总之，必须坚持实事求是的态度，抛开个人偏见，全面、细致地考虑各种情况，并选择技术上合理、经济上可行、风险尽可能小的最佳方案。同时，在报告中，需要把一切情况写清楚，逻辑性强地归纳出结论，并为投资者提供正确的决策依据。

2. 编写报告必须尽可能掌握与项目有关的专业知识

可行性研究本身是一项非常复杂的任务，需要涉及众多领域的专业知识才能全面深入地评估项目的可行性。编写可行性研究报告必须组成一个由专家构成的小组，这个小组应该包括技术方面和经济方面的成员，以 3:7 的比例为宜。联合国工业发展组织认为，对于较大型项目的可行性研究小组，其成员应该包括工业经济专家、市场分析专家、精通拟建项目的工艺师（或工程师、机械师、工艺工程师）、土木工程师和会计师等人员。这些专业人员可以通过科学分工，共同协作，从各自的领域出发，充分发挥自己的专业优势，提高可行性研究报告的准确性和可信度。

制定可行性研究报告的主持人必须掌握项目相关的专业知识，并且具备精心组织、协调能力，这样才能全面指导小组成员进行工作，并保证报告的编制质量。主持人应该有较强的沟通协调能力和团队合作意识，对每个环节加以把握，确保整个研究过程运作良好。小组成员通过专业讨论，广泛收集建议，定期开展数据分析和预测模型，逐步深入了解项目，善于

发现问题和风险，并提出具有可操作性的建议，从而使得可行性研究报告具有更高的参考价值和实用性。

3. 要重视不确定性因素的分析研究

对于可行性研究来说，要进行经济效益评价是非常重要的。在这个过程中，需要对数据进行预测和估算，比如经营成本、营业收入、利润额、贷款还本付息等信息，然而这些数据往往存在着不确定性因素，并且可能与实际情况产生相当大的出入，从而给项目带来潜在的风险。为了避免决策失误，必须要对这些不确定性因素进行分析和研究，以预测项目所承担的风险程度。

数据预测和估算误差的原因也是多方面的。比如，技术和工艺的变化或重大突破、新产品或替代产品的出现以及未预见的经济形势的变化等。面对这些不确定性因素，不能简单地依靠经验或直觉进行处理，而必须要采用一系列科学的方法和手段进行分析和研究。例如，可以使用蒙特卡罗模拟和决策树分析等方法进行不确定性因素的量化分析，从而减少不确定性对经济评价的影响并提高项目的可行性。

五、可行性研究及其报告应达到的深度要求

可行性研究报告是制定项目投资、建设及运营计划的重要依据，应该达到一定的深度要求，以保证报告能够满足决策者的需要。

首先，可行性研究报告的内容必须齐全、数据准确、论据充分、结论明确，并且能够满足决策者定方案、定项目的需求。在确定主要工程技术数据时，应能够满足项目初步设计的要求，同时重大技术和财务方案也应有两个以上方案的比选，以确保最终方案的可行性和优越性。在进行投资和生产成本的估算时，应采用分项详细估算法，并且准确度需要符合规定的要求。

其次，选用的设备和引进的技术应能够满足预订货和合同谈判的要求，同时融资方案也应能够满足资金筹措和使用计划对投资数额、时间和币种的要求，并且能够满足银行等金融机构信贷决策的需要。这些基础信息将直接影响到项目后期的筹资、设备采购和技术引进等工作的可行性。

最后，在可行性研究报告中，还应该体现出一个方案中出现的重大分歧及未被采纳的理由，供决策者权衡利弊进行决策。同时，评估和决策必需的合同、协议、意向书、政府批件等文件也应该附在报告中，以确保完整性和真实性。

六、可行性研究报告报告结论的撰写要求

项目可行性研究报告和项目申请报告是任何项目决策分析与评价的重要组成部分。在完成对项目各个方面的分析研究之后，需要对研究结果进行整理、归纳和总结，并进行综合分析讨论，形成评论性结论来供决策者进行科学决策。

然而，每项指标能够提供的信息都有一定的局限性，只能从某个方面或某个角度来评价项目，各项指标所提供的信息对项目效益的判断可能并不一致，这使得如何权衡利弊进行决策并非容易。例如，先进性、可靠性和经济性被认为是项目选择技术时必须考虑的重要因素，但这三者之间有时存在冲突。在某些情况下，先进的技术可能具有较高的成本，且其可靠性并不完全保证，可能会影响财务效益。另外，一个项目的财务效益极佳，但它可能会对环境带来很大的威胁。因此，在完成决策分析与评价后，需要对各项指标提供的信息进行概括，得出综合性的结论。

1. 报告结论的要求

报告结论是任何项目决策分析与评价过程中的关键部分，要满足以下要求：

(1) 必须坚持客观性。由于每个项目可能会产生多重影响，既有正面的因素，也存在负面的影响，有时甚至可能与项目目标相悖。例如，在造纸项目中为业主创造利润的同时却会带来严重的水污染；在大型水利项目中，为农民带来的福利同时却引发了生态破坏。在评估这些影响时不能忽视明显的负面结果，只有坚持客观性分析，才能做出正确的评价。

(2) 结论应该具有针对性。每个项目都是复杂多维的，不是所有项目都需要全面评估其各方面的细节。例如，一个普通的竞争性产品项目可能不需要进行经济分析和社会评价，而一个特大型水利项目则必须进行社会评价。在准备报告结论时，应注意根据项目特点增加或减少相关内容，使结论更为专业可行。

(3) 结论应当符合一定的合理性标准。政府管理投资项目的方式由单一的审批制变为审批、核准或备案制，对于企业投资项目，除了需要满足业主投资决策的需求，在内容上还必须符合核准或备案的要求。如果需要政府核准，那么该报告结论应符合政府核准项目的规定和条件；但只需备案的项目则主要是满足业主投资决策的需求，同时也要考虑环境、安全和用地等因素，其法律法规方面应符合政府相关规定。对于政府投资项目，采用直接投资和资本金注入方式的，应满足政府投资决策的要求；而采用投资补助、转贷和贷款贴息方式的，则应满足政府审批资金申请报告的要求。

2. 报告结论的内容

结论部分对于项目决策分析与评价过程至关重要，其具体内容包括推荐方案、主要比选方案的概述以及对项目有关各方的建议。

(1) 推荐方案。推荐方案是结论的核心内容之一，包括以下几方面内容：逐一介绍推荐方案各部分的主要内容以及分析研究所得出的结论，保证推荐方案的客观性和可行性；对于某些项目目标的实现需要满足一些特定的条件，因此需要明确描述项目实施的基本条件和满足程度；对于推荐方案往往会存在不同的意见和问题，需要给出实事求是的描述，以便做出更加全面、科学的决策；根据对推荐方案的总体描述，对结论性意见进行归纳总结，突出强调项目建设的必要性和可能性、项目目标的可实现性、项目的外部影响、风险程度以及建设必要条件；给出主要的技术经济指标表，以便更加具体地说明方案的可行性和实施情况。

(2) 主要比选方案的概述。在决策分析与评价过程中，往往需要通过多方案比较来推荐相对优化的方案。在结论部分应对那些未被推荐的一些重大比选方案进行描述，阐述方案的主要内容、优缺点和未被推荐的原因，以便决策者从多个角度进行思考并做出最终的决策。

(3) 对项目有关各方的建议。针对项目方案存在的优劣以及特定条件下方案实施过程中需要注意的问题，提出相应的具体、针对性和明确的建议，可以进一步优化整个项目方案。首先，有必要提出建议的必要性。任何项目方案都需要扬长避短、优化整体效益，在项目实施和运营阶段还需要关注相关风险对策，并提出相应的措施。此外，提出重要意见和建议来指导项目下一步的工作也十分必要。其次，建议应该具有针对性。不同方面对项目有不同的要求和责任，因此所提建议应该根据不同方面的需求而进行针对性调整。例如，考虑到国家资本在重大项目中的重要作用，国家政策制定者可以为项目提供必要的政策和资金支持。最后，建议应该明确具体，避免模棱两可和含糊不清。如果项目通过决策分析和评价确认了可行性结论，注册咨询工程师可以在此基础上提出推荐项目的具体建议；如果评价结论显示由于某些原因导致无法达到预定目标，就需要提出放弃或暂缓项目的具体建议，或者是对项目方案进行根本性修订的具体意见。在建议部分应该充分考虑项目的可行性和实际情况，提出具有针对性和明确性的建议，以有效促进整个项目的顺利实施。

拓展阅读：中国的五年规划

自新中国成立以来，我国编制实施了 14 个五年规划，创造了世所罕见的经济快速发展奇迹。规划是我国国家治理体系的重要组成部分，可以说，一部规划史，就是一部新中国的经济史。从世界经济的历史大视野来看，规划制度并非我国独有，许多国家都实施过各种形式的规划制度，但实施效果却参差不齐，尤其是能像我国一样长期坚持并取得重大经济成就的很少。

回顾我国五年规划的历程，最初是学习了苏联模式，但我国规划制度一直在不断探索、改革、发展和完善，形成了"适应性宏观计划＋激励性目标治理"的科学规划制度。与其他国家的规划制度相较而言，中国的规划制度本质上是一种柔性的、较为灵活的弹性规划制度。具体而言，中国五年规划的编制既是政府对不同发展阶段的宏观战略性问题进行长期性、延续性的科学计划，也能充分吸纳市场的诉求，适应市场需要，对目标、内容、任务进行不断调整。我国的五年规划不是僵化的五年一度的一次性工作，早在改革开放前就已经是中央和地方在每个年度不断研究、协商、试验、评估、调整年度计划，自上而下和自下而上双向发力的循环过程，这些做法让我国避免了规划一旦出台就无法调整的困境。尤其是面对艰巨的宏观经济挑战时，比如 2020 年初暴发的新冠肺炎疫情对市场带来突如其来的冲击，我国果断在政府工作报告中不明确经济增长的具体目标，显示出规划制度极强的适应性。

我国五年规划的实施也不仅仅是政府的事情，而是将各个层级不同领域的政策主体相互连接成为一个庞大的网络，引导或激励各类经济主体的活动，塑造或制约各级政府的行为。因此，中国的五年规划，不是简单下达行政命令，而是在尊重市场规律的基础上，用改革激发市场活力，用政策引导市场预期，用规划明确投资方向，用法治规范市场行为。这种弹性规划制度既能够运用计划这只"看得见的手"，提供公共服务，促进社会进步，也能够运用市场这只"看不见的手"，提供良好投资环境，促进经济增长。

思考与练习

1. 项目的具体含义是什么？你能举出一些常见的项目吗？
2. 项目建设的基本程序是什么？
3. 建设项目的可行性研究在整个项目建设中处于什么地位？
4. 项目可行性研究报告应具备什么内容？
5. 可行性研究中市场、技术和厂址该如何选择？

第八章　投资估算与资金筹集

新能源发电项目成本较高，所需资金较大。合理的投资估算有助于确立项目规模、建设周期和运营效益，降低开支成本。合理的资金筹集方案有助于降低融资成本和财务风险。因此，在技术经济学中对投资估算与资金筹集的研究和分析可以有效降低项目或企业的风险，提高资金使用效率，以确保项目顺利进行并取得理想效益。

本章主要介绍了项目投资的基本概念、要求、内容和主要步骤，介绍了融资的基本概念和基本要求，给出了资金成本的计算方法。

学习过程中要求了解项目投资和融资的基本概念和重要意义，了解资金成本的计算方法并能进行使用。

第一节　投　资　估　算

一、投资估算概述

投资估算是指在项目投资决策过程中，借助现有资料和特定方法，对新建、扩建或改造项目预期投入资金的估计。它是编制项目建议书和可行性研究报告的重要组成部分，也是项目决策的重要依据之一。精准的投资估算不仅会影响到可行性研究工作的质量和经济评价结果，还直接关系到下一阶段设计概算和施工图预算的编制，以及建设项目资金筹措方案的制定。全面准确地估算建设项目的投资数额，是可行性研究乃至整个决策阶段经济分析的重要任务。

在项目开发建设过程中，投资估算扮演着至关重要的角色，其作用主要体现在以下几个方面。

（1）在项目建议书阶段进行投资估算，有助于主管部门审批项目建议书，并为项目规划、规模提供参考依据。

（2）在可行性研究阶段进行投资估算，则成为项目投资决策的重要依据之一。这也是研究、分析和计算项目投资经济效果的重要条件，一旦可行性研究报告获得批准，其中的投资估算就会成为设计任务书中下达的投资限额，也就是建设项目投资的最高限额，不得随意突破。

（3）在工程设计概算阶段，项目投资估算能够对设计概算起控制作用。设计概算不得突破批准的投资估算额，并应控制在投资估算额以内。

（4）项目投资估算也是资金筹措及制定建设贷款计划的重要依据，建设单位可以根据批准的投资估算额，进行资金筹措和向银行申请贷款。

（5）项目投资估算还可以作为核算建设项目固定资产投资需要额和编制固定资产投资计划的重要依据。

二、投资估算的阶段划分

项目投资估算是在做初步设计之前各工作阶段中的一项工作。在进行工程初步设计之前，可能会邀请设计单位参加编制项目规划和项目建议书，并委托设计单位承担项目的初步可行性研究、详细可行性研究及设计任务书的编制工作。同时，根据项目已明确的技术经济条件，编制和估算出不同精度的投资估算额。这些过程旨在为建设项目提供决策依据，并保证建设项目的可行性和规范性。建设项目的投资估算分为以下几个阶段。

(1) 项目规划阶段的投资估算。项目规划阶段指有关部门根据国民经济发展规划、地区发展规划和行业发展规划的要求，编制一个建设项目的建设规划。此时，需要根据项目规划的要求和内容，对建设项目所需的投资额进行大致估算。由于此时尚未完成具体规划和设计，因此对投资估算精度的要求为允许误差30%。

(2) 项目建议书阶段的投资估算。在项目建议书阶段，根据项目建议书中的产品方案、规模、生产工艺以及初步选定的建厂地点等信息，进行初步估算和测算，计算出建设项目所需的投资额。由于此时各种因素尚未完全确定，在投资估算精度上的误差控制较松，一般允许误差30%以内。

(3) 初步可行性研究阶段的投资估算。从项目建议书阶段进入初步可行性研究阶段，建设项目的相关细节和详细条件会更加明朗化，这时需要对项目的投资额进行更为准确和深入的估算，以确认其可行性。由于更加完备的条件和数据能提供更加科学合理的基础，对于投资估算精度的要求则有所增加，一般为不超过误差20%。

(4) 详细可行性研究阶段的投资估算。详细可行性研究阶段需要对所有的细节进行审查并制定相应的实施计划，严格把控每部分的资金投入来尽量减少成本，合理分配开支。该阶段的投资估算是制定工程任务书的依据，承担着行之有效的重要角色。因此，对于投资估算的精度有更为严格的要求，允许误差不得超过10%。

建设项目的投资估算按照一定的步骤和标准进行，每个阶段所要求的投资估算精度也会随之增加，以确保建设项目的顺利实施并提高财务管理的效率。

三、投资估算的内容

建设项目投资的估算需要从满足投资设计和规模的角度出发，并将其分为建设投资估算和流动资金估算两部分。建设投资估算包括了多种费用性质，如设备及工器具购置费、建筑安装工程费、工程建设其他费用以及基本预备费、涨价预备费、建设期贷款利息、固定资产投资方向调节税等，如图8-1所示。在建设投资估算中，各项费用的性质不同，有的费用形成的是固定资产，而有的费用则可能会形成无形资产及其他资产。例如，建筑安装工程费和设备及工器具购置费所形成的都是固定资产，这些资产对于保障工程项目的顺利实施及长远运营十分关键。而工程建设其他费用则可以根据实际情况进行细分，可能会形成不同类型的资产，如固定资产、无形资产甚至其他资产。除此之外，还有一些特殊性质的费用需要考虑，如基本预备费、涨价预备费、建设期贷款利息和固定资产投资方向调节税等，为简化计算，这些费用在可行性研究阶段时会被纳入到固定资产里。

固定资产投资是建设项目投资的重要组成部分，可分为静态部分和动态部分。其中，涨价预备费、建设期利息和固定资产投资方向调节税构

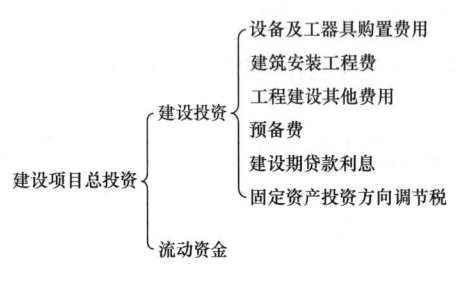

图8-1 建设项目总投资构成

成了动态投资部分，而其他部分则属于静态投资部分。

流动资金也是建设项目投资中不可忽略的重要部分，它指的是在项目投产后，用于购买原材料、燃料、支付工资及其他经营费用等所需的周转资金。实际上，流动资金就是财务中的营运资金，是伴随着固定资产投资而发生的长期占用的流动资产。

四、投资估算的依据、要求与步骤

投资估算依据、要求和步骤对于项目后续的实施及经营具有至关重要的意义。

投资估算的依据主要包括三个方面：专门机构的建设工程造价费用构成、估算指标和计算方法；专门机构的工程建设其他费用计算办法和费用标准，以及政府部门发布的物价指数；拟建项目各单项工程的建设内容和工程量。这些依据都是进行投资估算所必需的有效信息来源，其准确性和完整性将直接影响到投资估算结果的精准性和科学性。

投资估算的要求也应得到充分考虑。首先，需要保证工程内容和费用构成的齐全性和合理性，不得出现重复计算、漏项少算等情况。其次，在选用指标与具体工程之间存在标准或条件差异时，应进行必要的换算或调整以确保计算标准的正确适用。最后，为了满足初步设计概算的精度要求，需要确保投资估算的精确度高，数据的准确性和可靠性得到充分保障。

投资估算的步骤也非常重要。一般来说其步骤包括：首先，分别估算各单项工程所需的建筑工程费、设备及工器具购置费、安装工程费；其次，在汇总各单项工程费用的基础上，估算工程建设其他费用和基本预备费；再次，需要计算涨价预备费和建设期利息；最后，还需要估算流动资金。这些具体的步骤需要根据实际情况和项目特点进行灵活调整，以确保投资估算的精度和科学性。在计算过程中，还需要结合相关法规与标准，并借助专业软件等工具逐步进行精细化推算，以提高计算结果的可靠性。

第二节 融资概念与方式

融资是指为获取特定活动所需的资金而开展的各种筹款或贷款等融资活动。融资方案也称为融资设计，是针对拟建项目的资金需求和特点而制定的可行的资金筹措计划，包括融资渠道、融资形式、融资结构和融资成本等方面的内容。精心设计的融资方案将有助于保障拟建项目资金的顺利周转，降低资金筹措成本，提高融资效率。

一、项目资金筹措的基本要求

（1）合理确定资金的需要量。合理确定资金的需要量不仅可以保障项目的生产经营和发展，还能避免资金过剩导致资源浪费和利润降低。科学的方法预测和确定未来资金的需求量对于筹资成功和投资回报的最大化具有重要意义。在需要量确定后，还需要根据实际情况不断进行调整，尽可能地切合实际需求。如果出现项目规划不周、预算不到位等问题，则很容易导致融资不足或筹资过剩，从而影响到项目的进展和效益。

（2）合理选择资金的来源。项目资金可以通过不同的渠道和方式筹措，但是每种筹资方式都会面临一定的成本代价，比如，贷款会产生利息、公开发行股票或债券会有融资手续费等。为了提高筹集资金的效率和控制资金成本，需要结合项目需求和市场状况，选择最经济方便的渠道和方式。

（3）合理选择资金获得的时间。如果获得资金过早，会导致在投入生产前的资金闲置，从而影响到项目效益；而若获得资金滞后，就可能耽误投资的最佳时机，使得项目发展的速度变慢甚至失去市场竞争优势。因此，在筹资时应该考虑项目进度和市场需求等因素，制定恰当的资金获得计划,以保障资金的合理利用和项目顺畅运营。

(4) 合理选择资金的结构。自有资金和借款都是常见的筹资方式,但二者的风险和利益也有着显著差异。借款可以提高自有资金的使用效率,但是负债规模过大容易造成债务风险,给企业带来不必要的压力,因此在负债经营时应该注重控制债务比例和偿债能力。

二、项目资金筹措的渠道与方式

(一) 资本金筹措

在改革开放以后,投资项目的资金来源发生了显著的转变,从过去主要依靠国家拨款到现在主要依靠负债性资金如银行贷款、债券等,此变化也使得许多企业选择用借款来进行新项目的建设。虽然这样做可以节省部分资本金,但是一旦项目投产之后,企业就会面临高额负债经营的风险。由于债务压力过大,许多企业难以偿还贷款,这不仅直接影响到企业的生产经营和经济效益,同时也给银行带来巨大的财务风险。因此对于投资企业而言,必须充分考虑资本金筹措的问题,项目法人责任制的推行和投资风险管理机制的建立,也要求投资项目具备一定的资本金。

所谓投资项目资本金,是指投资者在总投资额中按照出资比例认缴的资金量。这部分资金归属于非债务性资金,项目法人不承担任何利息和债务,同时投资者可按其出资比例享有所有者权益或转让其出资,但不得以任何方式抽回。在实行资本金制度的情况下,政府能够更好地监管投资项目,避免贷款和其他借款增加企业的财务风险。此外,规定固定比例的资本金还可以鼓励企业更加理性地使用贷款和其他形式的借款,促进资产负债结构的优化,从而提高企业的成长潜力与竞争力。

建设项目可通过争取国家预算内投资、发行股票、自筹投资和外资直接投资等多种方式来筹集资金。

1. 国家预算内投资

国家预算内投资,即国家投资,是指以国家预算资金为来源并列入国家计划的固定资产投资。除国家预算外,地方财政、主管部门等拨给或委托银行贷给建设单位的基本建设拨款,以及中央财政安排的专项拨款中用于基本建设的资金都被视为国家投资的范畴。在我国,尽管国家投资占全社会固定资产总投资的比重较低,但它是能源、交通、原材料以及国防科研、文教卫生、行政事业建设项目投资的主要来源之一,对整个投资结构的调整起着重要作用。

国家投资在当前的经济形势下具有不可替代的重要性。在国家推进新基建、加强数字化和信息化建设的政策引领下,国家投资已成为促进国内各行业技术创新和落地的重要动力。同时,国家投资也承担着稳定就业和推动消费升级的使命,为社会各方面的改善和提高做出了重要贡献。相对于其他投资渠道而言,国家投资具有资金规模较大、流动性强、拨款及时等优势,同时还能通过政策引导调整固定资产的结构,拉动经济发展和完善基础设施建设。

2. 自筹投资

自筹投资是指建设单位在报告期内收到的用于进行固定资产投资的上级主管部门、地方、企事业单位和城乡个人自筹资金,但不包括各类财政性资金、从各类金融机构借入资金和国外资金。自筹投资必须纳入国家计划,并受到国家投资总规模的限制。自筹投资也必须符合国家确定的投资使用方向,保证合理的投资结构,以提高经济效益。

在当前的经济形势下,自筹投资已成为推动技术创新、促进产业升级的关键因素之一。吸引更多的城乡个人参与自筹投资,也是推动社会和经济发展、促进全民经济共同繁荣的重要任务之一。随着自筹投资所占比例的提高,不仅需要保障其合法合规的来源,还需要建立较为完善的监督机制和考核体系,这样才能最大程度地确保自筹投资对于我国经济发展和社会建设起到促进作用,同时也是有效采用社会资源、激发各界活力的重要手段之一。

3. 发行股票

股票是股份有限公司为吸收资金而发行的一种有价证券,它代表着投资者作为股东对公司的所有权和分红权证,是可作为买卖对象或质押品的有价证券。

股票作为一种重要的企业获得融资的途径,相对于债券等固定收益证券,具有更强的弹性,可以根据公司实际情况灵活支付或者不支付股息和红利,避免了公司融资成本和债务压力过大的风险。同时,股票投资不存在到期日,属于永久性投资,这种长期资金的注入进一步增强了企业未来的可持续发展能力。发行股票还有助于降低公司的负债比率,提高财务信用度,从而增加公司今后的资金获得能力。

与此同时,股票筹资也面临不少的缺点和挑战。股票发行的资金成本通常较高,因为购买股票承担的风险比购买债券高,只有在股票的投资报酬高于债券收益时,投资者才会选择购买股票。此外,债券利息可在税前扣除,但是股票的总利润需在税后支付,股票市场的波动性以及风险也相对较高。除了资金方面的缺点,发行股票还可能导致一定的管理和控制问题。对于普通股的增发,新股东权益的提升会影响到原来的老股东,引起原有股东的不满。

4. 外资直接投资

国外资本直接投资是企业获取融资的重要途径之一,主要包括合资经营、合作经营、合作开发及外商独资经营等形式。这种方式不同于债券等固定收益证券,它通过让出一部分管理权,并支付一部分利润来吸引国外资本进入中国市场。

合资经营是与外商在我国境内共同设立的合资企业,各方出资比例由双方协商确定。这种方式对我国企业来说有利,因为它可以借助外方的技术和品牌进入更高端的市场,提高自身研发能力和产品质量,同时也有利于培养中方人员,提高其管理水平和市场营销能力。合作经营则是指我国企业与国外企业间进行资金、技术或者设备等方面的合作,实行契约式经营。这种方式较为灵活,我方可以选择出售一部分股权给海外投资方,也可以选择在合作中保留全部股权,而仅仅让出一部分管理权。它主要适用于当地企业生产制造能力相对薄弱、市场开拓难度较大时,依赖外资的优势进行共同发展。合作开发则是指海上石油和其他资源的合作勘探开发。这种方式以能源领域的勘探和开发为主,可以充分利用国外公司丰富的资源、技术和资本,增强中外企业间的协作与合作。外资独资经营企业则是由外资独资投资和经营的企业形式,它适用于我国政府批准的地区进行独资经营,执行国内公司的各项管理规定,并照章纳税。

(二) 负债筹资

负债筹资是项目获得资金的另一种方式。负债指项目所承担的需要用资产或劳务偿还,可以用货币计量的债务。银行贷款、发行债券、设备租赁和借用国外资金等均是常见的负债筹资渠道。

1. 银行贷款

项目银行贷款是指银行通过信贷资金向企业或个人提供的投资性贷款。随着我国投资管理体制、财政体制和金融体制改革的不断推进，银行信贷资金发展迅速，逐渐成为项目融资的重要组成部分。

银行贷款在融资市场中非常普遍，通常可以用于获取短期的流动资金，如周转资金和应付日常支出；也可用于长期的固定资产投资，如购买机器设备和房地产等。银行贷款的发放和使用应当符合法律法规和监管机构的要求，并遵循效益性、安全性和流动性的原则。其中效益性，是指贷款的使用能够产生积极的社会或者经济效益；安全性，是指贷款没有损失风险，即借款人有足够能力和意愿偿还贷款本息；流动性，是指银行贷款的资金具有良好的流动性和可变现性，以满足客户的存取需要。这三个原则既相互关联、相互依存，又相互制约、相互矛盾。银行贷款是一种常见且有效的融资渠道，在融资市场中发挥着重要作用。借款人必须在偿还期限内全额归还贷款本金和利息，遵守独立性原则，即不得将银行借来的资金用于非法或与项目无关的目的。

2. 发行债券

债券是一种可以用于筹集资金的信用凭证，借款单位向公众或机构发行债券，资金使用期限、利息和本金偿付等均需预先确定。我国的债券发行主要包括国家债券、地方政府债券、企业债券和金融债券等。发行债券的优点在于，债券持有人只有获取固定利息和到期收回本金的权利，不具备参与企业管理的权利，因此，发行债券不会影响企业原有投资人的控制权。合理的债券利息可计入企业成本从而减少所得税，债券筹资还能提高自有资金利润率。如果企业的投资报酬率大于利息率，通过杠杆效应，可以提高股东投资的报酬率。

债券筹资也存在缺点。例如，固定的利息支出增加了企业的风险，特别是在企业盈利波动较大时，按期偿还债券本息可能会更加困难。发行债券会提高企业的负债比率，增加企业的财务风险和信用风险。债券合约通常具有较多限制性条款，如限制企业在偿还期内再向别人借款、未按时支付债券到期利息不得发行新债券、限制分配股息等。这些条款可能会对企业的经营管理产生限制，因此发行债券在一定程度上也约束了企业从外部扩大融资的能力。

3. 设备租赁

设备租赁是一种商业筹资方式，出租人和承租人按照契约协议，在一定时间内完成设备租借，同时由出租人收取租金。在租赁期间，设备的所有权属于出租人，而承租人仅拥有使用权，且不得随意解除合同。到期后，承租人可选择将设备归还出租人、延长租期、购买所租设备等处理方法。

设备租赁的方式包括融资租赁、经营租赁和服务出租。其中，通过融资租赁，承租人可以先与制造厂家达成设备型号、技术、价格等方面的协议，并与租赁公司签订租赁合同。接着，租赁公司会通过向银行贷款等方式筹措资金，并按照承租人与制造厂家商定的条件将设备买下，最后再出租给承租人。融资租赁既可以实现融资也可以引进设备，推动技术升级，但相应的资金成本较高。相对而言，经营租赁则是出租人将自己经营的设备进行反复出租，直至设备报废或淘汰为止。服务出租主要应用于车辆租赁，租赁公司不仅向用户提供车辆出租服务，还会提供保养维修、验车、事故处理等相关业务。在一定程度上，服务出租也可以提高车辆租赁市场的竞争力和服务品质。

4. 借用国外资金

借用国外资金是一种重要的融资方式，不仅可以满足企业的资金需求，同时也有助于引进先进技术、提升产品质量和开拓国际市场。主要借款途径包括：①外国政府贷款来源于外国政府直接向我国政府提供的财政支持，利率较低，期限长。由于数额有限，这种贷款主要应用于建设周期较长、规模较大的项目，如电力和能源等领域。②国际金融组织贷款是由世界银行、国际货币基金组织、亚洲开发银行等机构为发展中国家提供的经济发展贷款。相比外国政府贷款，这种贷款数额更大，适用于各种不同规模的项目，并且在贷款期间可以提供必要的技术支持和管理咨询。③国外商业银行贷款包括了国外各种类型的银行及金融机构提供的贷款，国外商业银行贷款一般更灵活，可以根据企业需要进行定制化贷款，同时可以提供更高的贷款额度。④在国外金融市场上发行债券是指发行人以一定面额向公众募集资金，并在以后一定期限内按约定支付固定利息和兑付本金的证券。债券发行可以分为原始发行和二级市场交易，而国外债券以美元计价，通常面向境外投资者。⑤吸收外国银行、企业和私人存款，这是企业通过其所在的金融机构，在国际上广泛吸收包括私人客户外汇存款、同业行存款、企业外汇存款在内的各类外汇存款。由于这类存款存在着较高的流动性和比较低的成本，因此是一种较为便捷的企业筹资方式。

第三节 项目融资方案设计

一旦企业初步确定了工程项目的资金筹措方式和资金来源，接下来应进一步制定具体的融资方案，通过对不同融资方案的详细分析和评估，可以降低融资成本和融资风险。

一、资金成本的含义

资金成本是企业为筹集和使用资金所付出的代价。在广义上讲，对于任何类型的资金，无论是长期还是短期，企业都要承担一定的资金成本。在狭义上，资金成本仅指由长期资金筹集和运用而产生的成本。

资金成本一般分为资金筹集成本和资金使用成本两部分。资金筹集成本主要指企业为了筹措资金而支付的各项费用，例如发行股票或债券时需要支付的印刷费、发行手续费、律师费、信用评级费、公证费、担保费、广告费等，这些费用一般属于一次性支出，在企业多次筹资时会带来较大的负担。资金使用成本则指企业使用资金而产生的费用，包括向债权人支付的贷款利息、支付给股东的股息和红利以及其他债权人所需的各种利息费用等。这些支出与筹集到的资金数量以及使用时间长短等因素有关，具有较为经常性和定期性的特征。资金使用成本是包括在企业运营成本中的主要部分之一，对企业长期盈利能力和未来发展规划都至关重要。

资金筹集成本与资金使用成本是不同的两个概念，一个是在筹措资金时支出的一次性费用，而另一个则是在资金使用过程中多次产生的周期性费用。这两者虽然互相关联，但它们在企业决策中的考虑因素各不相同。

资金成本不同于资金的时间价值，尽管二者有一定联系。资金的时间价值反映了资金在运动中的价值增值情况，它是随着时间的流逝而不断改变的，呈现出典型的时间函数特征。而资金成本则更多地反映资金占用量对应的支付费用，其与资金的时间长度之间存在相互牵制和影响，但不能简单地等同起来。

此外，资金成本具有一般产品成本的基本属性。就像其他生产要素一样，资金是企业生产经营不可或缺的重要资源。占用资金时会产生一定的成本，这些成本需要作为耗费列入产品成本中，同时还需要通过产生利润的方式得到合理的补偿。正因为资金成本具有这种一般的产品成本属性，企业在进行财务规划和资金管理时必须全面考虑这一因素，并且合理平衡各种各样的财务指标。

二、资金成本的作用

资金成本作为企业财务管理中的一个重要概念，被广泛应用于各种经济活动。在国际上，资金成本通常被用作衡量资本成本、投资回报率等重要指标之一。企业希望以最小的资金成本获取所需的资金数额，分析资金成本有助于企业选择筹资方案并确定筹资结构，从而最大限度地提高筹资的效益。资金成本的主要作用包括如下。

（1）资金成本是选择筹资方式的重要依据。不同的筹资方式其资金成本也会不尽相同，资金成本的高低可以作为比较各种筹资方式优缺点的一项依据，从而挑选最小的资金成本作为选择筹资方式的重要参考。不能将资金成本作为选择筹资方式的唯一依据，还需综合考虑各种风险和成本因素，以制定最佳的筹资计划。

（2）资金成本是企业进行资金结构决策的基本依据。企业的资金结构是由借入的资金与自有资金的组合而成。在寻求两者间最佳组合时，可以通过计算综合资金成本来做出决策。综合资金成本的高低可以评价各个筹资组合方案的优缺点，为企业资金结构的调整提供基础依据。

（3）资金成本是比较追加筹资方案的重要依据。企业为了扩大生产经营规模，增加所需资金，需要考虑不同追加筹资方案的优缺点。通常以边际资金成本作为依据，即投入额外一块钱所需要支付的全部成本和费用，从而找到最具经济效益的追加筹资方案。

（4）资金成本是评价各种投资项目是否可行的一个重要尺度。在投资决策过程中，通过对投资项目的预期投资收益率与其资金成本进行比较，可以判断该投资是否值得实施。国际上通常将资金成本视为投资项目的最低收益率，并将其作为选择投资方案的主要标准，从而确保企业在实施投资项目时获得最大限度的经济效益。

（5）资金成本是衡量企业整个经营业绩的一项重要标准。资金成本是企业从事生产经营活动必须挣得的最低收益率，企业无论以什么方式取得资金，都需要将利润率与资金成本进行比较，从而评价企业经营的良好程度。如果利润率高于资金成本，则可以认为经营良好。

三、资金成本的计算

资金成本可以用绝对值或相对值表示。为了方便分析，通常使用相对值来表示资金成本，即资金成本率。资金成本率的计算公式为

$$K = \frac{D}{P-F} = \frac{D}{P(1-f)} \tag{8-1}$$

式中：K 为资金成本率；P 为筹资资金总额；D 为使用费；F 为筹资费；f 为筹资费费率。

资金来源的资金成本计算方式因不同类型而各不相同，具体如下。

1. 优先股资金成本

发行优先股进行筹资时需要支付注册费和代销费，并且还要定期支付股息，但这些股息是由公司使用税后利润支付的，因此不会减少应缴纳的所得税。优先股的资金成本率计算公式为

$$K_P = \frac{D_P}{P_0(1-f)} = \frac{P_0 i}{P_0(1-f)} = \frac{i}{1-f} \tag{8-2}$$

式中：K_P 为优先股成本率；P_0 为优先股票面值；D_P 为优先股每年股息率；i 为股息率。

【例 8-1】 假设某公司发行的优先股票面值为 200 万元，根据市场价格计算，该公司在筹集资金时需要支付 4% 的筹资费，并且每年需要支付 14% 的股息，则其资金成本率是多少？

解：
$$K_P = \frac{200 \times 14\%}{200(1-14\%)} = \frac{14\%}{1-14\%} = 16.28\%$$

2. 普通股的资金成本

由于普通股的股利往往不是固定的，因此通常采用股利增长模型法来计算其资金成本率。这种方法假设股息以固定的年增长率递增，因此可以使用以下公式计算普通股的成本：

$$K_S = \frac{D_C}{P_C(1-f)} + g = \frac{i_C}{1-f} + g \tag{8-3}$$

式中：K_S 为普通股成本率；P_C 为普通股票面值；D_C 为普通股预计年股利额；i_C 为普通股预计年股利率；g 为普通股利年增长率。

【例 8-2】 假设某公司发行普通股的市场价格为 56 元，在未来预计会以每年 12% 的增长率递增，第 1 年预计发放每股 2 元的股利，并且筹资费用率为股票市价的 10%，那么新发行的普通股的成本是多少？

解：
$$K_S = \frac{2}{56 \times (1-10\%)} + 12\% = 15.97\%$$

资本资产定价模型是一种根据投资者对股票的期望收益来确定普通股成本的方法。普通股成本的计算公式为

$$K_S = R_F + \beta(R_m - R_F) \tag{8-4}$$

式中：R_F 为无风险报酬率；β 为股票的贝塔系数；R_m 为平均风险股票必要报酬率。

【例 8-3】 假设某公司普通股值为 1.2，在一个市场无风险报酬率为 10%，而平均风险股票必要报酬率为 14% 的期间，留存收益的成本是多少？

解：
$$K_S = 10\% + 1.2 \times (14\% - 10\%) = 14.8\%$$

3. 债券资金成本

企业发行债券后，支付的债券利息可以减少企业所得税的缴纳，因此债券资金成本可以按以下公式计算：

$$K_B = \frac{I(1-T)}{B(1-f)} = i_B \frac{1-T}{1-f} \tag{8-5}$$

式中：K_B 为债券成本率；B 为债券筹资额；I 为债券年利息；i_B 为债券年利息利率；T 为所得税税率；f 为发行费用率。

【例 8-4】 某公司发行了 10 年期债券，总面额为 500 万元，票面利率为 12%，发行费用率为 5%。该公司所得税税率为 33%，则该债券的成本是多少？

解：
$$K_B = \frac{500 \text{万} \times 12\% \times (1-33\%)}{500 \text{万} \times (1-5\%)} = 8.46\%$$

为了更准确地计算资金成本,如果债券以溢价或折价发行,应该以实际发行价格作为债券筹资额。

【例 8-5】 假设该公司发行了面额为 500 万元、期限为 10 年、票面利率为 12% 的债券,发行费用率为 5%,发行价格为 600 万元,公司所得税率为 33%,那么该债券的成本是多少?

解:

$$K_B = \frac{500 万 \times 12\% \times (1-33\%)}{600 万 \times (1-5\%)} = 7.05\%$$

4. 银行借款资金成本

银行借款的资金成本包括利息和费用,企业支付的这些支出可以减少其利润,从而降低所得税负担,实际支出也会相应减少。对每年末偿付利息并在贷款期末一次性还本的借款而言,借款成本率为

$$K_G = \frac{I(1-T)}{G-F} = i_G \frac{1-T}{1-f} \tag{8-6}$$

式中:K_G 为借款成本率;G 为贷款总额;I 为贷款年利息;i_G 为贷款年利率;F 为贷款费用。

5. 租赁资金成本

企业通过租入某项资产获得其使用权,需要定期支付租金并将其列为成本,这样可以减少企业的应缴所得税。因此,该资产的租金成本率为

$$K_L = \frac{E(1-T)}{P_L} \tag{8-7}$$

式中:K_L 为租赁成本率;P_L 为租赁资产价值;E 为年租金额。

6. 保留盈余资金成本

保留盈余是企业资金的重要来源,属于股东所有。它相当于股东对企业进行追加投资,并要求有一定的报酬,因此也存在资金成本。这个成本是股东失去外部投资机会的机会成本,与普通股本成本的计算类似,但不包括筹资费用。计算公式为

$$K_R = \frac{D_1}{P_0} + g = i + g \tag{8-8}$$

式中:K_R 为保留盈余成本率。

7. 加权平均资金成本

企业通常需要采用多种筹资方式来获得所需资金,因此需要计算长期资金的总成本,即加权平均资金成本,以支持筹资决策。加权平均资金成本是通过将不同资本占全部资本的比例作为权重,对各项资金成本进行加权平均计算而得出的。其计算公式为

$$K = \sum_{i=1}^{n} \omega_i K_i \tag{8-9}$$

式中:K 为平均资金成本率;ω_i 为第 i 种资金来源占全部资产的比重;K_i 为第 i 种资金来源的资金成本率。

【例 8-6】 某企业账面显示其长期资金总额为 500 万元,其中包括长期借款 100 万元,应付长期债券 50 万元,普通股 250 万元和保留盈余 100 万元。这些资金来源的资金成本分别为 6.7%、9.17%、11.26% 和 11%。通过将不同资金来源所占比例作为权重,计算加权

平均资金成本。

解：

$$6.7\% \times \frac{100\,万}{500\,万} + 9.17\% \times \frac{50\,万}{500\,万} + 11.26\% \times \frac{250\,万}{500\,万} + 11\% \times \frac{100\,万}{500\,万} = 10.09\%$$

以上计算中个别资本占全部成本的比重是按照账面价值确定的，虽然该数据易于获得，但当资本的账面价值与市场价值差别较大时，例如股票、债券价格发生较大变动，计算结果可能与实际情况相差甚远，从而给筹资决策带来负面影响。为了克服这一缺陷，可以通过按照市场价值或目标价值确定个别资本占全部资本比重的方法来进行计算。

四、融资风险分析

在实施融资方案之前，需要对可能影响其成功的风险因素进行识别和预测。这就是融资风险分析，它帮助企业更好地把握各种潜在风险并采取相应的应对策略。下面将对可能存在的融资风险进行拓展并进行详细阐述。

（1）资金供应风险。当项目融资计划出现变化、资金未能如期落实，就会导致工程建设进度延迟和成本增加，从而影响投资效益目标的实现。资金供应风险的主要表现形式有四种：一是原定筹资额全部或部分落空；二是原定发行股票、债券计划不能实现；三是既有项目法人融资项目现有企业经营状况恶化，无力支付原定出资额；四是各种来源的资金不能按建设进度及时到位。为了规避资金供应风险，企业可以在融资计划制定阶段做好筹资额度的评估，同时尽量采用多元化的筹资方式。

（2）汇率风险。汇率风险主要指外汇交易结算过程中，由于各国货币之间汇率的变动而导致投资产生的损失。如果项目利用了较大规模的外资，就需要预估可能出现的汇率波动对其造成的影响和损失，从而采取相应的风险管理措施。

（3）利率风险。当利率变化对项目经营会产生直接或间接的影响时，就存在利率风险。例如，如果企业选择浮动利率融资，利率上升将会使得项目生产成本增加。而如果企业选择固定利率融资，在市场利率下降时可能会错失更为优惠的融资条件。因此，企业可以采用衍生金融工具进行利率风险转移和降低风险。

拓展阅读：同股不同权

成长型公司随着多轮融资，创始人团队的持股比例不断被稀释，此时如何保持对公司的控制权？实行同股不同权（不同投票权架构）是主要方法之一。

所谓不同投票权架构，是指公司的股票划分为两类（通常称为AB股）：A类股票为特别投票权股票，B类股票为普通投票权股票。A类可以转换为B类股票，但B类不能转换为A类股票。除极少数股东大会决议事项外，特别投票权的股票1股享有若干（通常为2~10票）投票权，由管理层（创始人团队）持有，不得上市交易；普通投票权的股票1股则仅有1票投票权，但可以上市交易。两类股票仅投票权不同，分红权等其他权利相同。通过不同投票权架构设计，管理层（创始人团队）能够以少量持股即拥有公司多数投票权，从而得以控制公司，因此受到了众多拟上市公司管理层的青睐。

早在2013年阿里巴巴谋求在港交所上市，但由于阿里巴巴要求保留基于合伙人制度的不同投票权的设计，与当时港交所同股同权的要求不符，因此阿里巴巴未能在港交所上市，最终选择了赴美上市。赴美上市的其他中概股中，很多也具有不同投票权架构，比如百度、京东、爱奇艺等。

境内同股不同权企业一般要到境外上市，这主要是因为境内资本化路径并不明确，一定程度上导致了一批优质企业尤其是互联网龙头的流失。近几年来，情况逐渐好转。2018 年 3 月份，中国证监会所发布的《关于开展创新企业境内发行股票或存托凭证试点的若干意见》指出，试点企业应当是符合国家战略、掌握核心技术、市场认可度高，属于互联网、大数据、云计算、人工智能、软件和集成电路、高端装备制造、生物医药等高新技术产业和战略性新兴产业，且达到相当规模的创新企业。2018 年 9 月份，国务院出台《国务院关于推动创新创业高质量发展打造"双创"升级版的意见》，明确允许科技企业实行"同股不同权"治理结构。2019 年 1 月份，科创板征求意见稿出台，明确同股不同权企业可在科创板上市。

思考与练习

1. 投资估算的作用和意义是什么？
2. 项目投资该如何进行估算？
3. 项目资本金筹措和负债筹措的共同点及区别在哪里？
4. 国内新能源项目可采用的融资方式有哪些？
5. 资本成本计算方法是什么样的？

第九章 项目财务评价

评价项目时需要考虑其经济性是否可行，研究项目财务评价可以帮助项目决策者制定不同的项目投资计划并考虑流量时间价值因素，评估风险和收益，为企业有效分配资源，规避企业可能存在的投资风险和损失。项目财务评价也可以为企业价值最大化提供决策支持，确定更多的机会和创新潜力，加强预算控制，增加企业的融资渠道和资源来源，明确财务可持续性发展路径。

本章内容主要介绍了项目财务评价的基本概念、作用、内容和主要步骤，介绍了财务评价的基本指标，给出了项目盈利能力、清偿能力和外汇平衡能力的计算方法。

学习过程中要求了解项目财务评价的基本概念和重要意义，了解财务评价的基本指标，并能对项目盈利能力、清偿能力和外汇平衡能力进行计算。

第一节 财务评价概述

一、财务评价的含义

项目财务评价是从企业或项目角度出发，根据国家现有的价格制度、经济政策和金融制度的规定，对拟建项目进行分析测算，编制财务报表，计算评价指标，考察项目的获利能力、贷款清偿能力等财务状况来评估项目的财务可行性。

在兴办大中型及限额以上建设项目时，各种投资主体与来源应当都进行财务评价，并综合各方面考量后进行决策。但需要注意财务评价与其他两类评价方法存在区别：首先，与国民经济评价相比，财务评价注重对项目直接产生的财务效益和费用进行评估，而不是对项目整体所做出的贡献进行考察。因此，对于那些费用效益计算较简单、建设期和生产期相对短、不涉及进出口平衡的项目，只需进行财务评价就能满足最终决策的需求。其次，与企业日常财务分析相比，财务评价更注重事前预测和规划，对投资和生产经营活动进行全面的静态和动态分析，并应考虑不确定性因素。与静态的财务报表分析不同，财务评价还要对预测未来的现金流进行动态分析。因此，项目财务评价在企业决策中扮演着至关重要的角色，帮助企业降低各种风险，提高经济效益，实现可持续发展。

二、财务评价的作用

项目的财务评价对于项目投资主体以及其他资金供应机构和个人都具有非常重要的作用，这种影响不仅关乎利益方面，同时也涉及社会经济发展水平。财务评价的作用主要表现在以下几方面。

1. 衡量竞争性项目的盈利能力

在进行项目投资决策时，项目投资主体、债权人以及国家、地方各级决策部门、财政部门等相关方都关注项目的财务收支是否与预期一致、能否达到国家规定的基准收益率、项目的清偿能力是否高于国家规定的投资回收期、项目债权人权益是否受到保障等问题。

2. 权衡非盈利项目或微利项目的经济优惠措施

针对非盈利性或微利性的项目，例如基础设施投资项目，政府可以实行还本付息价格或微利价格。在这些项目所需财政支持的程度以及政策性补贴和减免税等方面进行决策时，需要进行详细的财务评价。这类项目一般是指建设周期长、投资大而收益较低，需要政府扶持的基础设施或基础产业项目，以及直接增强国力符合经济规模的基础产业项目，多数由中央政府通过经济实体投资，并吸引地方、企业参与投资，也有一些可以吸引外商直接投资。

3. 为中外合资项目提供双方合作的基础

在中外合资项目中，财务评价对于外方合营者来说是做出项目决策的关键因素。只有项目具备良好的财务可行性，中外双方才可以进行有效的合作。为了确保项目顺利进行并取得成果，需要重视财务评价并通过它为中外合资项目提供双方合作的稳定基础。中方还需遵循审批机关的要求，进行国民经济评价。

4. 是对项目进行国民经济评价的基础

国民经济评价和财务评价是在经济领域中，对项目盈利能力进行评估的两种不可或缺的方法。虽然这两种方法看起来很相似，但它们所关注的方面却有所不同。财务评价主要强调关注投资项目的收入、支出与净利润之间的关系，着重考虑经济成本与效益。而国民经济评价则更加注重社会利益和环境保护等因素，从全面的角度去考虑一个项目带来的长远社会发展效益。国民经济评价是建立在财务评价的基础上，但它又通过纳入更多非财务影响因素，如环境维护、人类健康等方面进行调整和补充。

三、财务评价的内容

对于任何投资项目，财务评价是至关重要的，其中，财务盈利能力评价、财务清偿能力分析和不确定性分析三个要素都需要被综合考虑。

财务盈利能力评价是指通过对收益率的评估，了解该项目投资的潜在收益，识别可能出现的问题，并为后续管理与决策提供参考。针对具体项目，项目定位、市场前景、行业趋势等因素也必须予以综合考虑，从而更全面地了解这项投资是否具有长远和稳定的潜力。

财务清偿能力分析则集中考察了计算期内的偿债问题。除了关注债务的到期时间表外，还应着重评估项目的流动性水平和运营风险，确保项目能够高效地获取所需的资金，按时偿付债务和其他相关费用。根据实际产业特点，考虑项目资金需求在整个项目周期内做出最佳资金来源安排，以保证项目运营的持续性。

第三个方面是不确定性分析。一项财务评价无法忽略市场环境、行业风险等主要因素，但不能完全排除可控因素。要想避免因各种非计划因素导致潜在风险，需要建立一套反映随机变量的风险模型，并根据模型结果制定适当对策，在项目前期的筹备阶段就应考虑借鉴同行业已有经验，制定合理预算，尽量减少运营成本和损失。

在涉及外汇资本运作的情况下，外汇平衡能力分析则需要额外关注该项目的外汇收支情况，包括了外汇储备供给、外汇变动影响及完成项目所需的贸易支付、支付商这些存量货币形式的资金使用计划。这样做可以有效确保资金匹配，顺利深入开展项目实施及运作。

四、财务评价的步骤

项目财务评价是基于项目的基础数据、基本财务报表和各项财务比率进行分析和评估。一般来说，项目财务评价可以分为以下三个步骤。

（1）财务评价前准备工作。该步骤需要熟悉拟建项目的基本情况，收集整理有关基础数据资料。这些基础数据包括了资金来源与运用情况、项目建设周期、基准收益率、项目收益情况等。在编制辅助报表时，通常会包括建设投资估算表、流动资金估算表、资金使用计划与筹措表、销售收入及相关税金估算表、总成本费用估算表、固定资产折旧费估算表和无形资产及递延资产摊销费估算表等。在编制基本财务报表时，则需要涵盖资产负债表、全部投资现金流量表、自有资金现金流量表、损益和利润分配表、资金来源与运用表以及借款还本付息表等。基本财务报表之间的关系通常如图 9-1 所示。

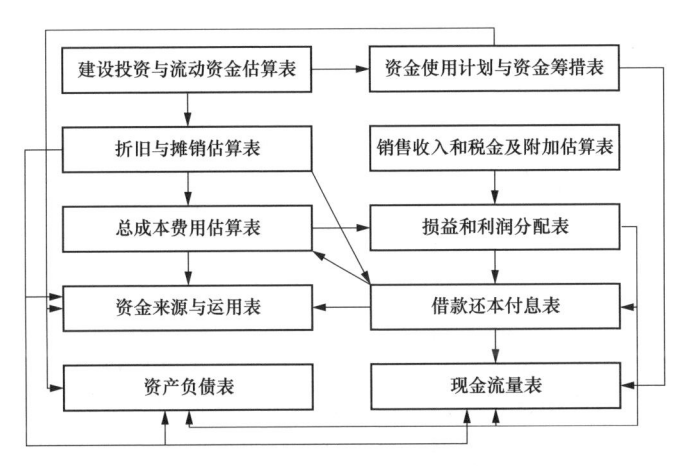

图 9-1　各财务报表之间的关系

（2）财务效益分析。财务效益分析旨在计算各项财务比率和评价指标，以确定项目的财务盈利能力和清偿能力。这些指标包括净现值、投资回报率、内部收益率、负债比率、流动比率等。对于涉及外汇收支的工程项目，还需进行外汇平衡分析。其中，外汇平衡分析被视为财务效益分析的重要组成部分，分为财务外汇效果分析和国外借款偿还能力分析两个方面，用于评估项目是否能够正常支付外币债务，并避免潜在的财务风险。

（3）不确定性分析。不确定性分析则是针对可能出现的不确定性因素对工程项目各项经济评价指标的影响，估计可能承担的风险并确定项目的经济可靠性。具体而言，不确定性分析主要涵盖了盈亏平衡分析、敏感性分析和概率分析三个方面。其中，盈亏平衡分析仅应用于财务评价，旨在确定项目的盈亏平衡点，在此点以上项目将获得正收益，在此点以下则会出现亏损。而敏感性分析和概率分析则可同时用于财务评价和国民经济评价，帮助识别在各种不确定情况下项目所面临的各项风险，以及低、中、高概率情形下的实际效果，并进行相应的风险规避与管理。

第二节　财务评价指标和方法

一、财务评价指标

正确选取合适的财务评价指标对于制定翔实可行的决策和提高财务管理水平至关重要。不同的财务评价指标是从不同角度、不同侧面来反映项目经济效果的，因此必须根据实际情况和需求选择正确的评价指标，以保证财务评价结果与客观实际情况相吻合，具有实际意义。针对不同的评价任务，可以使用各种不同的财务评价指标，这些指标主次不一，可以从不同侧面反映项目的经济效益。

根据是否考虑资金时间价值，可以将财务评价指标分为静态评价指标和动态评价指标。静态评价指标主要关注未来现金流量总额，动态评价指标则同时考虑现金流量的时间和大小对其价值的影响。

根据指标性质的不同，可以将评价指标进一步分类为时间型、价值型和效率型三种类型指标。时间型指标主要关注时间维度上的变化趋势，如历时、投资回收期等指标；价值型指标则主要关注经济效益的总体价值水平，例如净现值等指标；效率型指标则强调在特定的经济和技术条件下所能够达到的最高效益水平，如内部收益率等。

根据财务效益分析的目标不同，可以将评价指标分为反映财务盈利能力的指标、反映清偿能力的指标和反映外汇平衡状况的指标。反映财务盈利能力的指标包括净利润率、投资回报率、毛利率等；反映清偿能力的指标则主要涉及债务比率和流动比率等；而反映外汇平衡情况的指标则考虑工程项目所涉及的各种外汇收支问题，包括国际收支平衡表、外汇盈余或赤字等。

二、项目财务盈利能力分析

项目的财务盈利能力分析对于评估项目的投资回报和经济效益至关重要。为此，需要通过计算主要评价指标如财务净现值、财务内部收益率和投资回收期等来考察项目的投资盈利水平；同时根据项目的特点及实际需要，也可计算投资利润率、投资利税率和资本金利润率等指标。

具体而言，进行盈利能力分析一般是分两步进行。第一步中，需要通过全投资现金流量表来分析假设项目全部资金都为自有资金的情况下项目本身的盈利能力。这个过程排除了财务条件对项目盈利能力的影响，从而更客观地反映出项目本身的盈利能力。如果项目的全投资财务效果达到预期的检验标准，那么就需要进一步进行自有资金财务效果评价；反之，如果不满足要求，则可能需要否决该项目。

第二步中，需要通过编制自有资金现金流量表来考察企业自有资金的获利性，并反映出企业自身可得到的利益。通过计算财务内部收益率、投资回收期、财务净现值、投资利润率、投资利税率和资本金利润率等指标来进行评估，可以更全面地分析项目的盈利能力和经济效益。在实际分析中应该根据具体情况综合使用各项指标，并且要充分考虑投资风险和不确定性因素等因素的影响。

（一）现金流量表的编制

1. 全部投资现金流量表的编制

为了对项目的现金流入和现金流出进行全面考察，需要编制全部投资现金流量表。该表以项目全部投资为基础，将全部资金视为自有资金来进行分析。

在编制全部投资现金流量表的过程中，现金流入包括产品销售收入、固定资产余值回收、流动资金回收以及其他补贴。其中，产品销售收入数据取自损益表，并分年度记录；固定资产和流动资金的回收金额则在计算期最后一年回收，流动资金回收额为项目全部流动资金。如果国家对该项目有补贴，则补贴也应作为现金流入之一。现金流出包括建设投资、流动资产投资、经营成本以及税金等方面的开支。其中，建设投资和流动资金的数额来自于投资计划与资金筹措表，经营成本则是根据总成本费用估算表所计算得出的。销售税金及附加、所得税的数额来自损益表。

最后，需要计算各个计算期年度的净现金流量，每年的净现金流量等于该年度现金流入减去对应年份的现金流出之和。各年累计净现金流量也需要进行标记，以反映出该年度及以前总的净现金流量情况。

2. 自有资金现金流量表的编制

自有资金现金流量表是一种从项目投资主体角度考察项目的现金流入、现金流出情况的财务报表。相较于全投资现金流量表，自有资金现金流量表的主要区别在于其对借款资金的处理方式。该表会将借贷资金单独列出，且仅视其取得贷款为现金流入，而在将贷款用于项目投资时统一视为现金流出，两者抵消。这样可以更加准确地计算出项目的净现金流量。

在编制自有资金现金流量表时，现金流入除了产品销售收入、回收固定资产余值及国家补贴外，还需考虑贷款本金的获得。产品销售收入数据和其他来源的现金流入数据的记录与全部投资现金流量表中的方式相同。除此之外，流动资金的回收只考虑自有流动资金，现金流出只统计自有资金以及贷款本金和利息的支付额度。自有资金的数额来自于投资计划与资金筹措表，而贷款本金和利息支付的数据需要通过借款还本付息计算表进行提取。其他部分的现金流出与全投资现金流量表中的记录是相同的。

在计算净现金流量时，只考虑各项现金流入和现金流出之间的差异。该计算方式与全部投资现金流量表中的处理方式基本一致，只不过现金流出部分排除了借贷资金以外的其他项。

（二）盈利能力指标的计算与分析

1. 投资回收期

投资回收期是指项目从投资到净收益能够偿还全部投资所需要的时间。这个指标通常以年为单位，从项目建设起始年算起，可以通过现金流量表中相关数据的计算得出。对于已经投产的项目，也可以以投产年来计算投资回收期。在比较时，应该特别注明静态和动态投资回收期，并与行业基准投资回收期进行对比。当小于基准投资回收期时，表示项目投资可以在规定的时间内收回，从而具有财务可行性。

2. 财务净现值

财务净现值是一种绝对指标，用于衡量项目盈利能力。它是指按设定的折现率计算的项目计算期内各年净现金流量的现值之和，可以通过现金流量表中的数据进行计算。财务净现值反映了项目在满足设定折现率要求的盈利之外，所获得的超额盈利的现值。一般来说，只会计算所得税前财务净现值。当财务净现值大于零时，表示从全部投资的角度看，项目的盈利能力已经达到最低要求，并且值得进一步深入研究。

3. 财务内部收益率

在进行财务内部收益率计算时，需要根据现金流量表中的净现金流量，并结合所选的折现率计算项目在整个计算期内各年净现金流量现值累计等于零的折现率。相较于静态指标，财务内部收益率更加动态，且更能真实反映项目中的现金流入和现金流出情况，因此能够更为准确地评估项目的盈利能力。

根据分析范围和对象的不同，可以将财务内部收益率进一步细分为三种类型，即项目财务内部收益率、自有资金收益率和投资各方收益率。其中，项目财务内部收益率主要考察确定项目融资方案前且在所得税前整个项目的盈利能力，以供项目决策者进行项目方案比选和银行金融机构进行信贷决策时参考使用。而自有资金收益率则是以项目资本金为计算基础，考察所得税税后资本金可能获得的收益水平,使出资方能够更清晰地了解其投资收益情况。投资各方收益率则是以投资各方出资额为计算基础,考察投资各方可能获得的收益水平,以便合作伙伴评估自身投资的风险和收益。

在计算项目财务内部收益率时,不考虑利息支出和所得税,是为了保持项目方案的可比性。同时,财务内部收益率与行业基准收益率或设定的折现率进行比较,当两者相等时,表明项目达到最低标准,具有财务可行性;而自有资金和投资各方的收益率则应与出资方最低期望收益率对比,以判断投资方的收益水平。

4. 投资收益率

投资收益率是评估项目投资盈利能力的一种静态指标,通常包括投资利润率、投资利税率和资本金利润率。

投资利润率反映了在计算期内正常生产年份中,每年实现的利润总额(或平均年利润总额)与项目总投资资金之间的比例。它能够反映出项目单位投资获得的盈利水平,即

$$投资利润率 = \frac{年利润总额}{总投资} \times 100\% \tag{9-1}$$

其中,年利润总额可以选择正常生产年份的年利润总额,而该项目的总投资包括建设投资、建设期利息和流动资金。如果该项目在生产期内每年的利润总额变化幅度较大,应计算该生产期内年平均利润总额与项目总投资之比,以反映其盈利能力。

为了计算投资利润率,需要通过利润表中相关数据进行推算。对于财务效益分析,需要将该项目的投资利润率与同行业的平均投资利润率相比较,以确定该项目的单位投资盈利能力是否达到同行业平均水平。只有当该项目的投资利润率等于行业平均投资利润率时,才能被认为是一个财务上可以被接受的项目。

投资利税率是指该项目的年利润总额、销售税金及附加之和与该项目总投资之比,它体现了该项目单位投资盈利能力以及对财政的贡献。投资利税率用于衡量该项目的盈利情况和其对公共财政的影响,即

$$投资利税率 = \frac{年利税总额}{总投资} \times 100\% \tag{9-2}$$

其中,年利税总额可以通过以下两种方式进行计算:一种是将年产品销售收入减去年总成本费用,另一种是将年利润总额加上年销售税金及附加。

投资利税率可以根据损益表中的相关数据来计算。对于生产期内各年利税总额变化幅度较大的项目,需要计算生产期内年平均利税总额与总投资之比,以反映其盈利能力。在财务效益分析中,需要将该项目的投资利税率与同行业平均投资利税率进行对比,以确定该项目单位投资对国家积累的贡献水平是否达到同行业标准。只有当该项目的投资利税率等于或大于同行业平均投资利税率时,才可以在财务上考虑接受该项目。

资本金利润率是指该项目的年利润总额与项目资本金之比,用来反映投资该项目所使用的资本金的盈利能力。

三、项目财务清偿能力分析

项目清偿能力分析是评价一个项目财务状况与偿债能力的重要手段,需要编制资金来源与运用表、借款还本付息表和资产负债表等基本财务报表,然后据此计算资产负债率、借款偿还期、流动比率、速动比率等评价指标。

（一）报表编制

（1）资金来源与运用表是反映项目计算期内每年资金盈余或短缺情况的重要报表，在选择资金筹措方案和制定合适的借款及偿还计划时提供有力的依据。在编制资金来源与运用表时，应计算出项目计算期内各年的资金来源与资金运用，并通过计算两者之差来反映该项目每年的资金盈余或短缺情况。确保表中各年度的累计盈余金额始终大于或等于零，以确保项目不会因资金短缺而影响正常顺利进行。

（2）借款还本付息表是一种记录借款本息支出情况的报表，可用于反映项目现金流量和借款偿还状况，这对于项目的清偿能力分析至关重要。在编制借款还本付息表时，需要根据实际情况填写项目借款及每年借款期限、借入金额以及利率等关键信息，并结合项目的计算期和还款方式，计算出各年度的应还本金和利息。

（3）资产负债表是反映项目在计算期内，各年末资产、负债和所有者权益增减变化及对应关系的财务报表。该报表对于考察项目资产、负债和所有者权益的结构是否合理，进行清偿能力分析非常重要。

在编制资产负债表时，一般将资产分为流动资产、在建工程、固定资产净值、无形资产及递延资产净值等类别。其中，流动资产包括应收账款、存货、现金、累计盈余资金等，但累计盈余资金不包括回收固定资产所剩余值及自由流动资金。而在建工程指的是投资计划所需的固定资产投资和建设利息的年累计额。

负债包括流动负债和长期负债两个部分。流动负债中的应付账款可直接从流动资金估算表中获取。流动资金借款、其他短期借款和长期借款均指借款余额，并需根据资金来源运用表中的对应项及相应的本金偿还项进行计算。

所有者权益包括资本金、资本公积金、累计盈余公积金和累计未分配利润。其中，累计未分配利润可直接来源于损益表；累计盈余公积金可通过损益表中的盈余公积金计算各年份的累计值，但应视情况对有无用盈余公积金弥补亏损或转增资本金进行相应调整。资本金指的是项目投资中累计自有资金，当存在由资本公积金或盈余公积金转增资本金的情况时，也应进行相应调整。

在编制完成后，资产负债表应满足资产等于负债和所有者权益之和。此外，还可以根据资产负债表上的数据计算出一些重要的评价指标，如资产负债率、适合率和流动比率等，以更客观地衡量项目清偿能力的优劣。

（二）财务清偿能力评价指标的计算和分析

1. 国内借款偿还期

国内借款偿还期指的是根据国家财政规定和具体项目财务条件，以项目投产后可用于还款的资金来偿还国内借款本金和建设期利息所需的时间。当涉及外资时，还需要考虑国外借款部分的还本付息。此时，应该按照已经明确了的或预估可能的借款偿还条件来进行计算。对于采用等本偿还或等额偿还方式的国外借款，通常已经在贷款合同中约定了偿还期限，无需再进行计算。如果没有明确定义，就需要评价人员按照项目的具体情况进行分析，例如每年的外汇收入等因素。完成了对借款偿还期的计算，就需要将其与贷款机构的要求期限进行对比。只有项目满足贷款机构提出的要求期限时，才能认为项目具有清偿能力。

借款偿还期指标旨在计算最大偿还能力，适用于尽快还款的项目。它不适用于已经明确约定了借款还期限的项目。对于这类项目，应使用利息备付率和偿债备付率等指标来分析其偿债能力。

2. 利息备付率、偿债备付率

利息备付率是指项目在借款偿还期内,各年可用于支付利息的息税前利润与当期应付利息的比值,即

$$利息备付率 = \frac{息税前利润}{当期应付利息} \times 100\% \qquad (9-3)$$

其中,息税前利润等于利润总额加上当期应付利息。当期应付利息包括计入总成本费用的全部利息。

利息备付率可以按年计算,也可以按照整个借款期来计算。利息备付率越高,则表示项目具有更稳定的现金流和强大的偿债能力。一般情况下,正常运营的企业的利息备付率应该大于2。

偿债备付率是指项目在借款偿还期内,每年可用于还本付息资金与当期应还本付息金额的比值,即

$$偿债备付率 = \frac{可用于还本付息资金}{当期应还本付息} \times 100\% \qquad (9-4)$$

其中,可用于还本付息的资金包括可用于还款的折旧和摊销,以及在成本中列支的利息可用于还款的利润等;当期应还本付息金额包括当期应还贷款本金及计入成本的利息。

偿债备付率可以按年计算,也可以按照整个借款期来计算。通常情况下,偿债备付率应该大于1。如果这个指标低于1,则表示项目的现金流非常紧张,可能难以偿还债务;而高于1,则意味着项目有足够的资金来还债。

3. 资产负债率、流动比率、速动比率

资产负债率是一个可以反映项目各年财务风险和偿债能力的指标。该指标的计算公式为

$$资产负债率 = \frac{负债总额}{资产总额} \times 100\% \qquad (9-5)$$

作为提供贷款机构,可以接受100%以下的资产负债率,这意味着企业即使全部偿还债务,仍然具有一定数量的资产。而当资产负债率大于100%时,就表明企业已经变得严重负债,无法偿还已有的债务,甚至达到了破产的警戒线。

流动比率是反映项目各年偿付流动负债能力的指标,其计算公式为

$$流动比率 = \frac{流动资产总额}{负债总额} \times 100\% \qquad (9-6)$$

流动比率通常被认为应大于200%,对于每1元的流动负债,项目拥有至少2元的流动资产作为后盾,以确保能够按期偿还短期债务。这个比率是提供贷款机构可以接受的。

速动比率反映了项目快速偿付流动负债能力。速动比率计算公式为

$$速动比率 = \frac{速动资产总额}{负债总额} \times 100\% \qquad (9-7)$$

速动比率一般应接近于100%,对于每1元的流动负债,项目具有1元速动资产可以用于偿还这些负债,这个比率也被认为是提供贷款机构可以接受的。

四、项目财务外汇平衡能力分析

对于涉及外汇收支的项目,需要进行外汇平衡分析。这包括计算财务外汇净现值、换汇成本和节汇成本等,以评估各年外汇余缺情况。具体操作为首先编制每年的财务外汇平衡

表，然后进行分析，评估计算期内每年的外汇余缺情况。

1. 财务外汇净现值

财务外汇净现值是一项重要指标，它通过直接使用外汇流量表来计算。该指标可以帮助评估项目对国家外汇储备的净贡献或净消耗情况。财务外汇净现值的计算公式为

$$\text{NPVF} = \sum_{t=0}^{n} (\text{FI} - \text{FO})_t (1+i)^{-t} \tag{9-8}$$

式中：FI 为外汇流入量；FO 为外汇流出量；$(\text{FI}-\text{FO})_t$ 为第 t 年的净外汇流量；i 为折现率，一般可取外汇贷款利率；n 为计算期。

在实际应用中，如果项目能够提供替代进口产品，那么就需要按照净外汇效果来计算外汇净现值。这种方法会更加客观地反映项目对国家外汇储备的贡献。

2. 财务换汇成本及财务节汇成本

在财务分析中，要考虑到项目的换汇成本和节汇成本问题。财务换汇成本是指将 1 美元换成人民币所需的金额，可以用计算期内生产出口产品所投入的国内资源现值与出口产品净现值之比来表示。具体公式为

$$\text{财务换汇成本} = \frac{\sum_{t=0}^{n} \text{DR}_t (1+i)^{-t}}{\sum_{t=0}^{n} (\text{FI}-\text{FO})_t (1+i)^{-t}} \tag{9-9}$$

式中：DR_t 包括计算期内生产出口产品的各种成本，比如投资、原材料、工资和其他投入。

如果项目有能力提供替代进口产品，则需要计算财务节汇成本。财务节汇成本指节约 1 美元外汇所需的人民币金额，可以使用项目计算期内生产替代进口产品所投入的国内资源现值与进口替代产品的净现值之比来计算。

3. 外汇平衡分析

项目的外汇平衡分析主要是评估涉及外汇收支的项目在计算期内各年的外汇余缺程度，需要编制财务外汇平衡表。

外汇平衡表由外汇来源项和外汇运用项组成。对于外汇来源项，可以考虑一些关键因素，如产品销售外汇收入、外汇借款以及其他外汇收入等。而外汇运用项则包括固定资产投资中产生的外汇支出、进口原材料、进口零部件、技术转让费、偿还外汇借款利息、其他外汇支出以及外汇余缺等方面。通过分析外汇余缺项，可以直接了解到项目计算期内各年的外汇余缺程度。

五、项目财务不确定性分析

不确定性分析可用于评估项目面临的风险水平，以及项目在不同场景下的财务表现。财务评价中的不确定性分析通常包括盈亏平衡分析、敏感性分析和概率分析。盈亏平衡分析可帮助确定项目或企业需要达到何种收入水平才能不亏损，即达到盈亏平衡点。敏感性分析是通过查询不同的变量值来评估项目收益率的敏感性，例如利率等，从而确定项目的各种可能情况下的盈利能力。概率分析可以预测未来事件的可能性及其影响，在更贴近实际的情境下为投资决策提供支持。对于较复杂的项目和经营环境，概率分析可提供更具有说服力的洞察，并帮助投资者做出合适的资金配置决策。不确定性分析是财务评价过程中非常重要的一

步，能够帮助投资者更好地理解一个项目的财务风险和表现。

拓展阅读：现代化基础设施建设的经济账

新型基础设施包括信息、智能、创新等领域，是新兴产业繁荣发展的关键支撑。它不仅推动产业数字化转型，为新技术与新产业的孕育创造优越条件，激发国内经济增长潜力，还为新业态与新模式的崛起提供强大算力，保障产业升级进程。

现代化基础设施体系的构建需融合传统与新型基础设施之优势。新型基础设施如同催化剂，通过智能化升级，显著提升了交通、能源、水利等传统基础设施的服务质量和运营效率。以中国信通院的数据佐证，成宜高速的数字化改造使得交通管控效率翻倍，车辆通行效率提升10%，交通事故发生率降低30%。同时，新型基础设施还促进了不同地区间传统基础设施的协同，提升了新增基础设施投资的配置效率。传统基础设施则为新型基础设施的落地提供了稳固基础。通过强化薄弱地区和薄弱环节的传统基础设施建设，有效挖掘现有传统产业潜力，优化资源配置，为新型基础设施的发展打下坚实基础。因此，在基础设施布局规划时，需全面考虑传统与新型基础设施的现状与特点，促进两者间的互补与协同，共同构建现代化基础设施体系。

构建现代化基础设施体系，既关乎经济发展，又关乎国家安全；既重视当前效益，又着眼长远未来。在新型基础设施建设方面，需勇于探索未知，敢于尝试新技术与新方法，以保持国际创新领域的领先地位。同时，需把控建设节奏，避免过度超前带来的沉没成本与试错风险。鉴于新型基础设施的高技术成本与大融资规模需求，应积极探索多元化的投融资渠道和建设模式，鼓励多方力量的积极参与。

在传统基础设施建设方面，需补齐短板，稳步推进。优先关注农村地区和城市"隐形"基础设施等薄弱环节，避免重复建设，提高社会福利水平。同时，审慎控制交通、能源、水利等领域的投资规模与流向，确保在面对不确定冲击时保持一定的安全冗余空间，但需警惕过度投资可能带来的经济依赖风险。

此外，构建现代化基础设施体系还需立足长远，统筹兼顾。如何将不同地区、不同领域的基础设施从孤立的"点"连接成紧密相连的"网"是一大挑战。为此，需从战略高度进行长远规划，充分考虑各类基础设施间的相互作用机制及权责协调问题，通过优化基础设施的布局、结构与质量，为经济高质量发展提供强劲动力。

思考与练习

1. 财务评价的重要意义在哪里？
2. 财务评价的基本过程是什么？
3. 项目盈利能力指标该如何合理应用？
4. 国内新能源发电项目需要着重考察的财务评价能力是什么？
5. 为什么要考虑投资项目的清偿能力？

第十章　项目国民经济评价

国民经济评价是从国民经济整体利益出发对新项目的社会、环境和经济影响进行分析、评估的过程。国民经济评价能够详细研究新项目的盈利能力和投资价值，全面考虑新项目对社会生活水平和质量的影响，在评估新项目对环境产生的负面影响时尤为重要。通过国民经济评价，可以确保项目的可持续性和环保性，促进生态文明建设，实现经济与环境的共同发展。

本章内容主要介绍了国民经济评价的基本概念、作用以及与财务评价的关系，介绍了国民经济评价的效益和费用，给出了主要评价指标和参数，并介绍了指标和参数的确定方法。

学习过程中要求了解国民经济评价的基本概念，理解国民经济评价的重要意义，了解效益和费用的内容、评价的基本指标和参数。

第一节　国民经济评价概述

一、国民经济评价的概念与作用

按照国家发展和改革委员会的规定，对于一些重要项目，如涉及国民经济多个部门、影响国计民生的项目、稀缺资源的开发和利用项目、产品或原料进出口或替代进口的项目、中外合资项目以及产品和原料价格明显不合理的项目等，不能仅进行财务评价，还必须进行国民经济评价。所谓国民经济评价，是一种基于国民经济整体利益来分析项目的评估方法，其核心原则是费用与效益统一划分，使用影子价格、影子工资、影子汇率和社会折现率等参数，计算和分析项目对国民经济的影响。

通过国民经济评价，可以评估项目的经济合理性和宏观可行性，从而选择最具收益和最佳的配置方式。这将有助于实现资源的最优化利用和合理配置，促进国民经济可持续的稳定发展，因此项目的国民经济评价具有重要的意义。

国民经济评价的作用主要体现在以下三个方面。

（1）优化配置国家有限资源。在国家的发展中，资源往往是有限的。而国民经济评价可以通过统筹分析所有影响因素，对项目最终的效益进行评估和解释。只有合理地利用稀缺的资源，才能更好地促进国民经济的发展。并通过引导和鼓励那些为国民经济做出积极贡献的项目的发展，抑制那些可能带来负面影响的项目。

（2）真实反映工程项目对国民经济的净贡献。部分情况下，由于产业结构的不合理、市场体系不完善等原因，国内价格体系存在严重的失真问题。在这种情况下，以常规的价格模型计算建设项目的投入和产出就不能真正反映出其对国民经济的影响。为了清晰、真实地衡量和呈现这些开发项目的贡献，采用影子价格进行计算才能够准确地判断某项建设对国民经济总体目标的实现是否有利，并进而进行科学合理的决策。

（3）使投资决策科学化。采用诸如经济净现值、经济内部收益率等指标以及影子汇率、影子价格、社会折现率等参数进行计算的方法，可以使投资方向、投资规模及计划质量更加合理。这种方法不仅可以帮助国家为良好的社会和经济发展做出合理投资决策，同时也可以避免盲目或不当的投资所带来的负面影响。因此，科学地运用国民经济评价结果，是政府相关机构和企业必备的管理工具。

二、国民经济评价与财务评价的关系

财务评价与国民经济评价虽然是两种不同的方法，但却密切相关。通过财务评价，企业能够从盈利能力和财务生存能力两个方面来判断一个项目的可行性。通过国民经济评价，政府主管部门可以关注如何在整个国家范围内合理配置经济资源，更加注重在特定的社会情境下对整个经济体造成的积极或消极影响。通过财务评价和国民经济评价的结合，项目决策者可以得出全面、科学且可靠的结论。财务评价常常是国民经济评价的基础，而国民经济评价又可以促进财务评价的深化，财务评价和国民经济评价之间存在着相互补充的关系，既有联系，又有区别。

财务评价和国民经济评价的共同点主要体现在如下三点。

（1）财务评价和国民经济评价的最终目的都是为了寻求经济效益最大化的项目。两者都考虑如何使投入产出比最优化，确保使用尽可能少的资源获得尽可能多的经济收益。

（2）财务评价和国民经济评价都需要建立在完整的项目信息和基础上才能准确评估项目的可行性。两者都会对项目的市场需求、技术条件、总体方案、资金来源等信息进行分析和研究，也都需要考虑项目自身内部因素以及环境因素等客观条件，从而判断投资是否值得。

（3）财务评价和国民经济评价采用的方法和指标类似。两者都应用现金流量法来计算净现值、内部收益率和投资回报率等指标，从而较为全面地评估项目的经济效益，并从成本与收益两个角度评价项目的经济合理性和可行性。

财务评价和国民经济评价同样存在如下差异。

（1）评价角度的不同。财务评价主要关注企业自身利益的最大化，而国民经济评价则重点考虑对所在国家经济效益的贡献程度。以项目为中心的财务评价通常会从项目的微观角度出发，根据项目的盈利能力和还款能力来评估项目的财务可行性。以社会为中心的国民经济评价，则从宏观视野、全国资源分配平衡以及宏观经济稳定等方面考虑，分析项目对国家发展和社会效益的综合影响。

（2）费用与效益划分方式的不同。在财务评价中，通常使用正现金流或净现金流等指标来衡量项目的经济效益，并将项目收益视为项目的效益，将支出视为费用，如工资、税金和利息等，财政补贴等非直接投入项目的资金则被视为项目的效益。然而，在国民经济评价中，还需要考虑环保、人力资源等因素所带来的成本与效益。例如，在衡量某一产品业务生命周期内的实际市场成本时，还应该考虑包括生产污染、福利奖励、社会责任等对于整个国民经济的影响，而不是只看其直接带来的财务效益。

（3）价格体系的不同。在进行项目费用和效益分析时，财务评价使用以现行市场价格体系为基础的预测价格。但鉴于市场价格体系的失真，国民经济评价采用的是影子价格体系，即对现行市场价格进行调整后得到的价格。影子价格是指在特定市场条件下，能够反映社会劳动的消耗、资源稀缺程度和对最终产品需求情况的价格。相对于市场价格，影子价格更能够反映资源的真实经济价值，从而使评价更加准确。

（4）评价参数的不同。财务评价通常使用官方汇率和行业基准收益率作为折现率，而国民经济评价则采用影子汇率和国家统一测定的社会折现率。这意味着在考虑汇率和折现率等

参数时，财务评价和国民经济评价存在一定差异。

（5）评价内容的不同。财务评价主要涵盖盈利能力、清偿能力和外汇平衡分析三个方面。而国民经济评价则主要关注项目对经济效益和外汇效应的影响。相较于财务评价，国民经济评价更加综合而且具有长远导向，它考虑了项目对整个社会、国家以及更广泛的区域经济发展的影响。

国家发展和改革委员会与住房和城乡建设部明确规定，当一个项目在经过财务和国民经济两方面的评估后均可行，则该项目可以得到通过。但是，如果该项目只能通过财务评价而无法通过国民经济评价，则需要重新审视项目方案。对于一些国计民生急需的重要项目，如果仅使用财务评价不足以评估其价值时，应考虑重新制定方案或者调整财务条件以满足项目的可行性，这对促进国家长远发展具有至关重要的作用。

第二节 国民经济评价中费用与效益的分析

一、费用和效益的概念和识别原则

费用效益法是发达国家广泛采用的方法，用以进行项目的国民经济评价，也是联合国向发展中国家推荐的评估方式。我国也明确规定了采用费用效益法来进行国民经济评价。费用效益法是指从国家和社会宏观利益的角度出发，全面衡量项目带来的经济效益和成本，以便更好地评估项目的可行性。

费用效益分析的核心是对项目进行全面、系统的经济费用和效益方面的识别和分析，从而计算出项目的经济净收益。比较各种备选方案的全部预期效益和全部预计费用的现值能够为决策提供重要参考依据。项目的效益和费用都是相对于特定目标而言的两个相对概念。例如，在一个生产化工原料的大型项目投产之后，其价格下降会导致该行业利润下降，对该行业来说是费用；但是，对使用这种原料的生产商来说，成本则会下降，这对这些生产企业来说则是效益。因此，在对所有项目进行分析评价时，都需要解决费用效益识别的问题。

在项目的国民经济评价中，正确地识别费用与效益是非常关键的，但费用和效益识别并不总是简单明了的。有些行业，如烟草工业，在给政府提供巨额税收和大量就业机会的同时，也存在对消费者健康的危害，给国家和个人带来医疗负担等问题，这使得烟草工业对于整体国民经济来说究竟是费用还是效益，仅从财务收支上进行判别无法找到答案。

因此，在国民经济项目的评价中，必须遵循费用和效益的识别原则，即所有项目使国民经济发生的资源消耗或国民经济为工程项目付出的代价都是费用，而所有项目对国民经济的实源产出、节约或贡献都被视为效益。例如，某大型水利工程项目导致航运减少、航运航道工人失业、国家基建开支增加、移民开支以及电费降价引起的国家收入减少等，这些都是成本或费用；而由于兴建该工程后导致的水力发电净收益增加、洪水灾害减轻、农业增产、电力用户支出减少以及国家救济费用的减少等，则都是效益。费用和效益识别的正确性对于项目评价而言非常重要。在进行项目分析评估时，必须考虑所有的成本和效益，并综合讨论以确定该项目是否对国民经济有利。

二、费用和效益的内容

1. 直接效果

直接效果是指项目所带来的直接效益和直接费用。其中，直接效益是由项目自身产出物提供的经济价值，这些产出物是由影子价格计算得出的，它们可以直接增加项目的销售量和劳动量。在确定项目的直接效益时，主要有两种情况需要考虑：第一种情况是项目的产出物用于增加国内市场的供应量。在这种情况下，项目的效益等于其满足国内需求的能力，这可以通过消费者愿意支付的价格来确定。第二种情况是总国内市场供应量不变，但项目产出物增加了出口量或替代了进口。在这种情况下，项目的效益包括两个方面：一方面，如果项目产出物增加了出口量，那么项目的效益就是其获得的外汇收入；另一方面，如果项目产出物能够替代一部分进口，那么项目的效益就是其节省的外汇支出。此外，如果项目的产出物可以顶替原本的生产项目，从而使原有项目减少停产，项目的效益即为由原有项目减停产而导致向社会释放出的一部分资源，其价值也就等于社会为这些资源的支付意愿。

直接费用是为了项目建设和生产经营而花费的各种资源的经济价值。这些资源包括固定资产投资、流动资金、经常性投入等，其经济价值可以通过影子价格来计算。在确定项目直接费用时，也需要考虑不同的情况。第一种情况是当项目所需投入的资源可以通过增加国内生产来满足需求。在这种情况下，项目的费用等于为增加国内生产所应耗费的资源价值。第二种情况是当国内市场总供应量不变，并且项目所需投入的资源需要从国际市场上进口。在这种情况下，项目的费用即为投入物所花费的外汇。在某些情况下，如果项目需要使用可出口的资源来替代进口，那么该资源本身的外汇收入将会减少。这种情况下，项目的费用等同于因减少出口量而减少的外汇收入。第三种情况是当项目需要使用其他项目原本应用于生产的资源来满足自身需求。在这种情况下，项目的费用等同于其他项目因减少投入量而减少的效益，这也可以理解为其他项目对该投入物的支付意愿。

2. 外部效果

外部效果是指工程项目所带来的间接效益和间接费用，这些效果通常未计入到项目本身的效益和费用中。在评估项目时，需要考虑到这些外部效果给社会经济发展所带来的影响。间接效益又称外部效益，是由于项目的实施而对整个国民经济带来积极贡献的那部分效益。例如，某家企业在实施环保治理项目时减少了污染物的排放，改善了周围居民的生活环境，提升了居民的身心健康，从而为社会创造了额外的价值。它是难以通过常规的财务指标来衡量的，但却对于促进可持续发展和提高人民生活水平具有不可替代的作用。间接费用又称外部费用，是由于项目实施导致的国民经济代价。比如，一个大型的耗能工业项目会抢占当地电力资源，给其他行业和居民带来影响，使得他们的生产和生活受到制约。这种费用虽然并未被项目本身承担，但却是一种社会经济成本，会降低整个社会的效益和福利水平。

在进行国民经济评价时，必须充分考虑到外部效果；在计算项目效益和费用时，必须满足相关性条件和不计价条件两个前提。相关性条件指的是，项目的经济活动对其他与之无直接关系的生产者和消费者会产生一定的影响，这种间接效应可能是正面的、负面的或两者兼有。比如，某项新建筑工程为当地带来了餐饮、住宿等附加收入，但同时也可能影响到周围居民的交通状况和生态环境。如果只考虑到项目本身的效益和费用，就难以真正反映出其整个社会经济效应。计价条件指的是，某些外部效果难以用价格来衡量，需要通过其他方式来确定其价值。比如，烟草公司生产的香烟会对吸烟者的健康造成负面影响，而这种效应并不体现在产品售价中。如果只关注到香烟的生产效益和成本，就会忽略掉这种间接费用的存在。为了体现外部效果在项目内部的价值，可以采用影子价格或环境成本等评价方法，将一些间接效益和费用转化为直接效益和费用。

还有一些外部效果需要单独考虑和计算，这些外部效果通常包括以下几个方面。

（1）环境影响。许多工程项目可能会对自然环境和生态环境造成损害和破坏，比如工业企业排放的"三废"对环境的污染。这种污染所带来的社会成本通常是难以量化的，可以采用同类企业所造成的损失或者恢复环境质量所需的费用来近似估算。但有些时候，污染所带来的间接费用非常难以定量计算，就需要做出定性说明。此外，某些项目，比如环境治理项目，对于改善环境质量会产生正面影响，在国民经济评价中也应估算其相应的间接效益。

（2）价格影响。如果某个项目所生产的产品大量出口，导致国内同类产品的出口价格下跌，那么由此造成的外汇收益的减少就应该计作该项目的间接费用。但如果该项目的产品只是增加了国内市场的供应量，导致产品的市场价格下跌，尽管这种降价会让消费者获得实惠，但不能将其看作该项目产生的间接效益，因为产品的降价只是将原本经营商减少的收益转移给了消费者。对于整个国民经济而言，效益并没有实质改变，所以消费者获得的收益并不能算作该项目的间接收益。

（3）相邻效应。相邻效应指项目实施给予其相关的上游和下游企业带来的辐射效应。项目的实施可以促进上游供应链企业的发展，增加新的生产能力或使其原有生产能力得到更充分的利用；同时它也可以减少下游企业的生产成本，或使闲置的生产能力得到更好的利用。在大多数情况下，由于投资、劳动力等成本变化，影子价格反映了上游和下游企业之间的相邻效应。只有在某些特定情况下，间接的影响难以在影子价格中体现时，才需要将其作为项目的外部效益计入。

（4）技术扩散效应。建设具有先进技术的项目，可能会促进人才流动、技术推广和扩散等方面的发展，从而造福整个社会。但是，这种效应通常很难被识别和定量计算。因此，通常只能采用定性说明的方式进行描述。

（5）乘数效应。由于项目实施而使得与该项目相关的产业部门的闲置资源被有效利用，从而带动一系列连锁反应，支持某个行业、地区或全国的经济发展所带来的外部净效益。例如，当国内钢材生产能力过剩时，政府投资修建公路，需要大量的钢材，因此原本空闲的生产能力得到利用，使得钢铁厂的成本下降，效益提高。同时，由于钢铁工厂的生产扩大，炼铁、炼焦和采矿等部门也可以利用他们剩余的生产能力，从而形成了一系列的连锁反应。通常情况下，乘数效应不能连续扩张计算，一次计算即可充分体现相关效应。

3. 转移支付

在项目费用和效益的确认过程中，经常会面临来自国内借款利息、税金、折旧以及财政补贴等问题的处理。从整体经济角度来看，这些收支不会影响社会最终产品的增减，也不会导致资源实际消耗或累积，而仅是资源使用权在不同社会实体间的转移。这种转移并没有伴随着资源增加或损失，仅仅属于货币性质的转移，所以被称为转移支付。常见的转移支付包括税金、利息、补贴和折旧等。在国民经济评价中，应当意识到转移支付不能算作项目的费用或效益。

第三节 国民经济评价的指标和参数

一、国民经济评价指标

通过相关指标的计算和编制报表，国民经济评价可以反映项目的国民经济效果。国民经济评价指标主要包括国民经济盈利能力分析和工程项目外汇效应分析两个方面。

(一) 国民经济盈利能力分析指标

国民经济盈利能力分析指标是项目国民经济效益的重要组成部分,评价国民经济盈利能力的基本指标为经济内部收益率、经济净现值和经济净现值率。

1. 经济内部收益率

经济内部收益率是反映项目对国民经济的实际贡献程度的相对指标。它表示在预定计算期内,项目全部现金流量所产生的净现值为零时所需要的最低贴现率。其表达式为

$$\sum_{t=0}^{n}(B-C)_t(1+\mathrm{EIRR})^{-t} \tag{10-1}$$

式中：B 为项目的效益流入量；C 为项目的费用流出量；$(B-C)_t$ 为第 t 年的净现金流量；n 为项目的计算期；EIRR 为经济内部收益率。

如果项目的经济内部收益率大于或等于社会折现率,则意味着该项目的实际现金流与资本投入之间的比例已经达到或超越了预期的水平,从而使得项目对国民经济的净贡献达到或超过了要求的水平,这样的项目被认为是可行的。如果项目的经济内部收益率小于社会折现率,则意味着该项目的实际现金流与资本投入之间的比例未能达到预期水平,那么这个项目将被认为是不可行的。

2. 经济净现值

经济净现值是描述一个项目的总实际现金流和资本收益对国民经济的贡献力度的核心指标之一。这个指标是以社会折现率为基础,将项目计算期内各年的净效益流量折算至建设期期初所得到的现值之和。其表达式为

$$\mathrm{ENPV}=\sum_{t=0}^{n}(B-C)_t(1+i_s)^{-t} \tag{10-2}$$

式中：ENPV 为经济净现值；i_s 为社会折现率。

如果经济净现值大于或等于零,即使扣除所有的成本和折现率后,仍有剩余的现金流量,则说明项目的盈利性已经达到或超过了预期,表明该项目应该具有实现的可行性。这也意味着,在国家付出代价建设该项目之后,还可以得到符合社会折现率要求的社会盈余,或者甚至可以得到超额的社会盈余,从而为经济发展带来更多的收益和贡献。如果经济净现值小于零,则说明该项目不满足预期的盈利要求,表明该项目是不可行的。

3. 经济净现值率

经济净现值率是一个辅助性的指标,用于衡量项目所占据的单位投资对国民经济贡献能力的相对指标。其表达式为

$$\mathrm{ENPVR}=\frac{\mathrm{ENPV}}{I_P} \tag{10-3}$$

式中：ENPVR 为经济净现值率；I_P 为项目总投资的现值。

如果该指标大于 0,则表示该项目具有相对高的经济价值,并且应该被优先考虑实施；反之,如果经济净现值率小于 0,则说明该项目无法在项目建设和运营期间创造足够的贡献。

(二) 工程项目外汇效应分析指标

外汇作为一种重要的经济资源,对国民经济的发展具有独特的价值和影响。因此,在涉及产品出口创汇、替代进口节汇等方面的工程项目中,需要进行外汇效应分析。工程项目的

外汇效应指标包括经济外汇净现值、经济换汇成本和经济节汇成本。

1. 经济外汇净现值

经济外汇净现值是指将项目建设期内各年的净外汇流量按照社会折现率折算到建设期初的现值之和。它是衡量工程项目实施后对国家外汇收支直接或间接影响的重要评价指标,主要用于衡量项目对国家外汇的净贡献或净消耗。计算经济外汇净现值可以通过使用经济外汇流量表来得出,其公式为

$$\text{ENPV}_F = \sum_{t=0}^{n} (\text{FI} - \text{FO})_t (1+i_s)^{-t} \tag{10-4}$$

式中:ENPV_F 为经济外汇净现值;FI 为外汇流入量;FO 为外汇流出量;$(\text{FI}-\text{FO})_t$ 为第 t 年的净外汇流量。

经济外汇净现值的计算方法可以根据项目实际的外汇净收支进行计算。但需要注意的是,计算时必须使用社会折现率,而不能使用外汇借款利率。此外,对于那些具有替代进口商品的项目,也可以按照其净外汇效应来计算经济外汇净现值。其中,净外汇效应指的是,净外汇流量再加上产品替代进口所得到的节汇额。

如果一个项目的经济外汇净现值等于零,那么意味着该项目对国家的外汇收支并没有造成任何损耗;而如果经济外汇净现值大于零,这就表明该项目对国家的外汇收支具有净贡献。在以上两种情况下,可以认为该项目是可行的;反之,则表明该项目不具有必要性或可行性,需要进行改进或者废止。

2. 经济换汇成本

在包括产品直接出口的工程项目中,无论是全部还是部分出口,都应当计算经济换汇成本,以便分析评价出口对国民经济的真实效益。经济换汇成本指的是为生产出口产品而投入的以人民币表示的国内资源现值,与生产出口产品的通常以美元表示经济外汇净现值之比,即换取 1 美元外汇所需要的人民币金额。其表达式为

$$\text{经济换汇成本} = \frac{\sum_{t=0}^{n} \text{DR}_t (1+i_s)^{-t}}{\sum_{t=0}^{n} (\text{FI}' - \text{FO}')_t (1+i_s)^{-t}} \tag{10-5}$$

式中:DR_t 为项目在第 t 年生产出口产品投入的国内资源价值;FI' 为生产出口产品的外汇流入;FO' 为生产出口产品的外汇流出。

3. 经济节汇成本

对于涉及替代进口商品的工程项目,无论是全部还是部分替代,都应当计算经济节汇成本。经济节汇成本与经济换汇成本有相似之处,但不同之处在于其所考虑的外汇收入并非来自产品直接出口,而是来自通过替代进口商品带来的节省支出。通过计算经济节汇成本,能够评估一个工程项目在替代进口商品方面带来的经济效益,并确定该项目在促进国民经济发展方面的贡献。经济节汇成本的表达式为

$$\text{经济节汇成本} = \frac{\sum_{t=0}^{n} \text{DR}''_t (1+i_s)^{-t}}{\sum_{t=0}^{n} (\text{FI}'' - \text{FO}'')_t (1+i_s)^{-t}} \tag{10-6}$$

式中:DR''_t 为项目在第 t 年生产替代进口产品投入的国内资源价值;FI'' 为生产替代进口

产品所节约的外汇；FO″为生产替代进口产品的外汇流出；(FI″−FO″)$_t$ 为第 t 年的净节汇额。

当经济换汇成本或经济节汇成本小于或等于影子汇率时，说明该项目的产品出口或替代进口都是有利的，从而在技术、经济等方面都具备可行性。

二、国民经济评价参数

国民经济评价参数是对项目的经济性进行计算和衡量的一系列参数，这些参数能够帮助评定一个项目是否具备投资价值和经济可行性。其中，包括社会折现率、影子汇率、影子工资和土地影子价格等重要指标。各类项目的国民经济评价必须采用国家行政主管部门统一测定并发布的社会折现率和影子汇率换算系数，而影子工资换算系数和土地影子价格等可供参考选用。

1. 社会折现率

社会折现率是为了衡量一个项目的经济内部收益率而设置的基准值，社会折现率也是计算项目经济净现值时所采用的折现率。因此，在评估工程项目的经济可行性和方案比选时，社会折现率是一个非常重要的判据和指导性参数。

社会折现率的确定需要考虑多种因素的综合影响，包括了国家发展战略、资金机会成本、宏观调控意图、资金供给状况等多个方面。社会折现率被统一规定为 8%，在实际应用过程中，如果某些项目的受益期较长且远期效益显著，并且风险相对较小，社会折现率也可以适当降低至不低于 6% 的水平。

2. 影子汇率

影子汇率是指能准确反映一个国家外汇经济价值的汇率。在国民经济评价项目中，应使用影子汇率换算系数来调整计算进出口外汇收支价值，以考虑实际的汇率水平。影子汇率换算系数是影子汇率与官方汇率之间的比率，可按以下公式计算：

$$影子汇率 = 外汇牌价 \times 影子汇率换算系数 \tag{10-7}$$

鉴于我国外汇供求状况、进出口结构、关税和增值税政策，以及出口退税政策等因素，当前的影子汇率换算系数为 1.08。

3. 影子工资

在项目中使用劳动力资源需要社会承担成本，这些成本被称为影子工资。在国民经济评价中，劳动力费用通常由影子工资来衡量。计算影子工资的公式为

$$影子工资 = 劳动力机会成本 + 新增资源消耗 \tag{10-8}$$

式中：劳动力机会成本是指劳动力因在本项目中被使用而不能在其他项目中使用而放弃的劳动收益，新增资源消耗则表示由于劳动力在本项目中新就业或从其他岗位转移而来而导致的社会资源消耗，这些资源的消耗并没有提高劳动力的生活水平。

计算影子工资时，可以使用影子工资换算系数。该系数表示影子工资与项目财务分析中所用的劳动力工资之间的比值。影子工资的计算公式为

$$影子工资 = 财务工资 \times 影子工资换算系数 \tag{10-9}$$

为了得到准确可靠的影子工资数据，需要遵循以下规定。

(1) 影子工资要根据所在地的劳动力就业状况和成本来确定。针对不同地区和行业，劳动力市场中存在的供求关系和用工情况都会有所不同。

(2) 在技术劳动力方面，一般可以通过市场供需关系来确定合理的工资报酬，即利用财

务实际支付的工资作为影子工资计算依据。因为技术性岗位的员工具备较高的工作技能和知识水平,市场对于这类人才的需求比较大,因此薪酬与市场供求条件相关联。

(3) 在非技术劳动力方面,通常需要综合考虑市场供求情况、社会保障水平、地域经济情况等多种因素,使用影子工资换算系数来确定其影子工资值。根据我国非技术劳动力的就业状况,一般将影子工资换算系数取值范围设置为 0.15～0.8;当地非技术劳动力供需状况越充裕,该系数就可以偏向较低值;反之,则取较高值。针对不同地区和行业的中等状况,则可以统一将换算系数设置为 0.5。

4. 土地影子价格

土地影子价格是指项目使用土地资源所带来的社会成本。在项目国民经济评价中,土地成本应该按照土地影子价格计算。计算公式为

$$土地影子价格 = 土地机会成本 + 新增资源消耗 \quad (10\text{-}10)$$

式中:土地机会成本是指拟建项目占用土地而导致国民经济放弃其最佳替代用途所产生的净效益;新增资源消耗则包括土地改变用途所带来的拆迁补偿费、农民安置补助费等费用。通常情况下,土地平整等开发成本会计入工程建设费用中,不再在土地影子价格中重复计算。

在项目评估中,土地的影子价格是衡量土地使用的真实代价,也是进行投资决策的一个重要因素。准确计算土地影子价格应该符合下列规定。

(1) 对于通过招标、拍卖和挂牌出让方式取得国有土地使用权的项目,其土地影子价格应该按照财务价格来计算。这是因为在此类方式中,用地人与政府或地方企业之间是在市场竞争条件下自由达成使用权交易的,因此其成交价格能更加真实地反映市场供需关系。

(2) 对于通过划拨和双方协议方式取得土地使用权的项目,则需要分析其是否享受到了价格优惠等政策支持,参考公平市场交易价格,进而对土地影子价格进行调整。

(3) 对于经济开发区中优惠出让国有土地使用权的情况,则应该根据当地的土地市场价格进行类比,以确定其影子价格。

(4) 如果无法采用市场交易价格类比方法确定土地影子价格,可以采用收益现值法,即通过预估未来土地使用所带来的收益及费用,并以社会折现率对这些未来的收益及费用进行折现计算,以确定土地影子价格。

第四节 国民经济评价中影子价格的确定

不同国家对于影子价格的计算有不同的规范,我国在借鉴国际经济评价方法的同时,结合本国的国情,明确了影子价格的估算方法。该估算方法将评价对象首先区分为投入物和产出物,然后再进一步区分为外贸货物和非外贸货物、特殊投入物。针对不同的情况,采用到岸价、离岸价、成本分解法及法定公式等方式进行计算,旨在提高影子价格的估算准确度和可靠性。

一、外贸货物影子价格的确定

外贸货物是指那些生产或使用会直接或间接地影响国家进出口的货物,包括:项目产出物中直接出口、间接出口或替代进口,项目投入物中直接进口、间接进口或减少出口。在估算影子价格时,外贸货物的影子价格以实际可能发生的国际市场价格为基础来确定,一般采

取边境价格进行计算。当选择边境价格时,需要特别关注国际市场的变化趋势和未来发展预测,并根据市场规律进行有根据的预测。

(一) 产出物的影子价格

1. 直接出口产品的影子价格

$$SP = FOB \times SER - (T_1 + TR_1) \tag{10-11}$$

式中:SP 为影子价格;FOB 为离岸价格;SER 为影子汇率;T_1 为国内运输费用;TR_1 为贸易费用。

2. 间接出口产品的影子价格

$$SP = FOB \times SER - (T_2 + TR_2) + (T_3 + TR_3) - (T_4 + TR_4) \tag{10-12}$$

式中:T_2 和 TR_2 分别为原供应厂到口岸的运输费用及贸易费用;T_3 和 TR_3 分别为原供应厂到用户的运输费用及贸易费用;T_4 和 TR_4 分别为项目到用户的运输费用及贸易费用。

3. 替代进口产品的影子价格

$$SP = CIF \times SER + (T_5 + TR_5) - (T_4 + TR_4) \tag{10-13}$$

式中:CIF 为到岸价格;T_5 和 TR_5 分别为口岸到用户的运输费用及贸易费用。具体用户难以确定时,可只按到岸价格计算。

(二) 投入物的影子价格

1. 直接进口产品的影子价格

$$SP = CIF \times SER + (T_1 + TR_1) \tag{10-14}$$

2. 间接进口产品的影子价格

$$SP = CIF \times SER + (T_5 + TR_5) - (T_3 + TR_3) + (T_6 + TR_6) \tag{10-15}$$

式中:T_6 和 TR_6 分别为供应厂到项目的运输费用及贸易费用,供应厂和原用户难以确定时,可按直接进口考虑。

3. 减少出口的产品的影子价格

$$SP = FOB \times SER - (T_2 + TR_2) + (T_6 + TR_6) \tag{10-16}$$

当供应厂难以确定时,可只按离岸价格计算。

二、非外贸货物影子价格的确定

非外贸货物是指那些生产或使用并不影响国家进出口的货物,比如建筑、国内运输等基础设施以及商业产品和服务;另外还有无法进行外贸的货物,其主要是由于高昂的运输费用或受国内外贸政策及其他条件的限制而无法进行海外贸易。这类货物的特点是到岸价大于国内生产成本且高于离岸价。由于没有国际市场价格可供参考,因此必须通过投入产出分析来确定这类货物的影子价格。

1. 产出物

对于非外贸货物的定价,需要根据它们对国民经济的影响程度进行考虑。在生产方面,如果一种非外贸货物能够增加供应量以满足国内消费需求,在供求均衡时可以按照财务价格进行定价;但如果供不应求,就应当参照国内市场价格并考虑价格变化趋势来定价,一般来说不应该高于相同质量的进口产品价格;而如果无法明确供求情况,则可以采取上述价格中较低者作为参考。

在替代其他企业产品方面,如果质量与被替代产品相同,就可以按照被替代企业同种产品的可变成本分解定价。如果产出物质量比被替代产品质量高，并且国内没有同样的产品，则可以参照该产出物在国际市场上的价格来进行定价。

2. 投入物

关于投入物的定价，可以根据投入物的来源进行分类考虑。

当项目投入物来自于当前拥有富余生产能力的企业时，利用现有的资源挖潜或扩大生产能力就可以直接或间接地满足项目对投入物的需求，这种情况下，可以采用边际生产成本定价方法。这种方法并不包括固定成本，只考虑该种投入物所增加的变动成本，因此可以按可变成本分解来进行定价。

当项目投入物无法依靠当前拥有的生产能力满足需求时，可能需要新增投资或扩大规模以达到所需的产出。而在这种情况下，投入物的定价应该基于新增生产能力的边际生产成本。这种方法包括了固定成本和变动成本，因此应按全部成本来分解定价。如果无法获得相关数据，可以参照市场价或其他同类产品的价格来进行定价。

一些投入物并不能通过扩大生产规模来实现供应量的增加，而是依赖于减少对国内原用户的供应。这种情况下，投入物的影子价格就应该等于其他用户的边际产出价值。如果难以获得有关信息，也可以参照市场交换价格来作为边际产出价值的估算值。

三、特殊投入物的影子价格

特殊投入物一般指项目建设和运营中使用的土地和劳动力。影子工资是劳动力的影子价格，有关劳动力影子价格和土地影子价格的确定方法前面已进行了介绍。

四、贸易费用

贸易费用直接关系到商品在流通和交换过程中各个环节上的成本支出。除了长途运输以外，所有环节上的支出都纳入到贸易费用的计算范畴之内。这些支出包括：货物的经手、储存、短距离倒运、装卸、保险以及检验等环节所产生的费用；此外，还需要考虑资金占用的机会成本、流通中的丢失和破损等损耗等因素。

在国民经济评价中，贸易费用率是衡量贸易费用支出与相应商品总值之比的一个指标。它是由出厂价或口岸价乘以一定的贸易费用率系数得出。而具体贸易费用率的测定则是通过商贸部门的财务报表来进行的，根据不同商品的流通情况，选择合适的影子价格调整各项费用，再用资金机会成本来调整流动资金利息及固定资产折旧。国家测定一般性的贸易费用率是非常重要的，这需要兼顾国内商品流通部门和外贸部门的费用水平。一般会将各类外贸部门以及流通部门的贸易费用率按照商品流通额来进行加权平均，从而得出一个相对准确的贸易费用率。在实际应用中，对于不同类别的商品，其流通费用是有所不同的，因此需要根据客观情况来选择适当的贸易费用率计算公式。

关于进口货物的贸易费用计算方法，可以采用到岸价乘以影子汇率再乘以贸易费用率的公式进行计算。而对于出口货物的计算，则需要将离岸价乘以影子汇率再减去内部运输费用，最后再乘以贸易费用率。对于非外贸货物，可以使用出厂影子价格乘以贸易费用率单独计算贸易费用。对于那些不经商贸部门流转而由生产单位直接供应的货物，由于没有发生任何贸易环节，因此不计算贸易费用。在确定影子价格时，一般只需针对该项目的主要产出物和主要投入物进行计算即可。对于其他需要采用影子价格的产出物和投入物，可以直接选择已有的影子价格进行参考和计算。

拓展阅读：国家电网如何保证户户通电

国家电网不是以营利为目的，其目标是要让 14 亿中国人都用上电。为此，我国发起了"户户通电"工程，平均每户投资 1.33 万元，成本是正常农村通电成本的 10 倍以上。比如重庆市中益乡，80% 都是高山。供电员工在此处奋战了两个月，人工搬运电杆上山，架设 7 根电杆为华溪村偏岩坝台区的 7 户人家供电，架设 36 根电杆专为光明村余家坝台区 2 户人家供电，也就是说 18 根电杆专为 1 户供电，而每户人家的电费也就每月 20 多元，按照投入的成本来计算，至少需要 100 年才能收回成本，这还不算上投入资金的利息以及日常的人工维护成本。这样的情况并不是个例，青海、新疆、西藏、四川等省区的部分偏远地区，电网的投资成本都需要 100 年才能回本。虽然亏损巨大，但我国是第一个也是目前唯一一个让 14 亿人用上电的国家。

我国并不是一个能源大国，但是我国居民电价在全球是属于偏低的，根据 2020 年的全球数据，在全球 146 个国家、地区居民平均电价排名中，中国排名第 98 位。中国平均电价约 5 毛钱，这个价格从 21 世纪初到现在基本上就没有涨过。由于电力系统的建设极其昂贵，远距离输电还要占用大量土地，耗费大量有色金属，且不同电网间调度极其困难，小电网的容错率低，效率也低。

国家电网的目的是满足居民的自然需求，在这种情况下电力产品不应具有商品的属性。电力产品作为保障我国居民生产和生活的重要产品，它在国民经济中发挥着重要的作用，因此具有很强的公益性。国家电网在保障居民用电需求上，是不计投入、不计成本的，这也是为什么国家电网每年都持续盈利但总负债规模达 2 万亿元的原因。

思考与练习

1. 国民经济评价的重要意义在哪里？新能源项目为什么需要开展国民经济评价？
2. 国民经济评价和财务评价的区别在哪里？
3. 费用和效益的直接效果与外部效果有何区别？
4. 可以采用哪些国民经济评价指标评价新能源发电项目？
5. 采用影子价格进行国民经济评价的意义是什么？

第十一章 项目生命周期分析方法

新能源发电等被视为零排放的电力能源，然而从生命周期的角度来看，各类新能源的开发、建设、运行环节同样会消耗一定的能源和排放温室气体，甚至可能对环境带来影响和危害。因此，全生命周期分析是非常必要的，可以全面认识和比较新能源项目各个环节的环境负荷和资源、能源消耗，实现在生命周期内节约资源、改进技术、保护环境的目的，把新能源项目对环境的影响降到最低水平。

本章内容主要介绍了生命周期评价的基本概念和基本原则，介绍了评价目标和范围的确定、清单分析、影响评价和结果解释，给出了生命周期评价的基本方法。

学习过程中要求了解生命周期评价的基本概念和流程，了解目标和范围的确定、清单分析、影响评价和结果解释等生命周期评价过程，充分理解生命周期分析的重要意义，并能利用生命周期的观点解决相关问题。

第一节 生命周期分析方法概述

一、生命周期评价的发展与定义

生命周期评价（life cycle assessment，LCA）的概念起源于20世纪60年代末。当时，主要从保护原材料和能源的角度出发，采用各种方法计算资源和能源的供应和消耗情况。例如，美国能源署开展了"燃料循环"等研究。1969年，美国中西部资源研究所首次将生命周期评价思想用于饮料包装瓶的评价研究，其目的是评估饮料的一次性塑料包装与复用式玻璃瓶包装之间的环境影响并确定可行性。此后，美国和欧洲其他公司也开始进行包装材料和容器为中心的产品评价，标志着生命周期评价的发展。20世纪70年代中期，能源危机爆发，美国、英国等国政府进行了大量有关工业生产能量分析和研究，这些研究促进了当今生命周期评价方法中能源消耗部分的进展。20世纪80年代末90年代初，随着人们对产品和包装系统复杂关系的认识不断加深，人们发现每个系统都能够在资源与环境效益上有所改善。这使得生命周期清单分析方法得到了快速的发展。1990年，国际环境毒理学与化学学会（SETAC）主持召开了第一次关于生命周期评价的国际研讨会，并首次提出"生命周期评价"的概念。此后，以美国毒理学学会和化学学会为主，组织科研机构成立研究工作组，对生命周期评价进行了全面深入的研究工作。1993年，国际环境毒理学与化学学会出版了一本纲领性报告《生命周期评价纲要实用指南》，成为生命周期评价方法论研究起步的一个里程碑。1995年，美国国家环保局出版了《生命周期分析质量评价指南》和《生命周期影响评价：概念框架、关键问题和方法简介》，使生命周期评价的方法有了一定的依据，推动了生命周期评价进入实质性的推广阶段。1997年，国际标准化组织修订的ISO14040《环境管理-生命周期评价-原则与框架》标准规定：生命周期评价是对一个产品系统的生命周期中输入、输出以及其潜在环境影响的汇编和评价。在该标准中，产品系统是通过物质和能量联系起来的，具有一种或多种特定功能单元过程的集合。该标准中的产品既可以指制造业的产品系统，也可以指服务业提供的服务系统，而生命周期则是指产品系统中从原材料的获取或自然资源的生成直至最终处理的一系列阶段。

生命周期评价是对一种产品从原料采集、加工、制造、包装、运输、销售、使用、回用、维修到最终处理的整个过程进行资源消耗和环境影响的分析与评价。在每个阶段都可能发生资源消耗和环境污染物的排放，因此污染预防和资源控制应贯穿于产品生命周期的各个阶段。根据美国环保局的定义，生命周期评价是对自最初从地球中获得原材料开始，到最终所有的残留物质返归地球结束的任何一种产品或人类活动所带来的污染物排放及其环境影响进行估测的方法；国际环境毒理学与化学学会则认为生命评价周期是全面地审视与一种工艺或产品"从摇篮到坟墓"的整个生命周期有关的环境后果；GB/T 24040—2008《环境管理 生命周期评价原则与框架》将生命评价周期定义为对一个产品系统的生命周期中输入、输出以及其潜在环境影响的汇编和评价。

二、新能源项目生命周期评价的特点

生命周期评价的目的是将环境管理纳入到人类各个领域的发展计划中。虽然生命周期评价并非具有强制性和暴力性的工具，但其对人类社会至关重要，并且也是社会进步的体现。通过应用生命周期管理概念、数据编目和生命周期评价的环境评估，可以系统全面地评估新能源生产体系各个环节对环境的影响。生命周期评价是一种综合影响评价方法，特点如下。

（1）生命周期评价针对不同新能源产品及其从"生"到"死"的完整过程进行评价，包括产品设计、生产、运输、维护和废物处置等多个阶段，反映了每个产品及其各生产阶段的特点。

（2）生命周期评价是一种定量化的系统评价方法，旨在统计全生命周期内各个阶段的能耗情况，分析其对环境的影响，并以数据化的形式呈现结果。

（3）生命周期评价具有开放性，涉及物理化学、分析测量技术等多方面内容，使用时需要根据具体新能源产品的特征和制造技术过程进行选择。

（4）考虑到新能源生产技术仍在不断探索和完善中，部分产品尚未实现规模化生产和商品化应用，而且新能源替代传统能源的长远生态效益难以纳入生命周期评价的体系中，因此对这些产品的生命周期评价工作相对更加困难。

三、新能源项目生命周期评价的意义

生命周期评价是一种综合性的评估方法，能够全面考虑产品在整个生命周期内的环境影响，包括从原材料采集、制造、运输、使用以至废弃处理等各个阶段。相比传统的能耗评价，生命周期评价能够综合考虑多种环境因素，避免了单一指标评价的片面性，对于新能源领域的可持续发展至关重要。

在新能源产品开发中，通过生命周期评价来选择更有利于可持续发展的绿色技术以及更高效环保的节能技术，可以实现企业的长远绿色发展。此外，通过生命周期评价，企业可以循序渐进、有计划地实施清洁生产，为各地区之间的相同环境行为的影响、新能源项目的开展以及环境政策的发展提供理论支持，为绿色营销及绿色消费提供方向。

生命周期评价不仅能够让人们深刻认识到新能源生产各阶段的能耗情况和节约能源的紧迫性，还能推动绿色新能源的健康发展，真正实现传统石化能源的良性替代，为我国或全球的可持续发展战略提供支持。它使每个环节的资源消耗更加清晰透明，从而利于相关优化措施的实施，对人们的生活产生了长远的影响。同时，生命周期评价不局限于某一细节，而是以整体为出发点，为人们的决策、选择提供理论依据。

四、生命周期评价的基本原则与框架

生命周期评价是一种全面性评估方法，可以充分考虑产品从原料获取到最终处置的全过程中的环境因素。在该过程中，存在着多个相互关联的子系统和环节，涉及复杂的物质、能量和信息流动。对应这样的特点，在实施生命周期评价时需要遵守一系列基本原则，并按照总体框架进行操作。

生命周期评价应具有系统性，考虑到整个产品生命周期中的环境因素，即从原材料提取、生产制造、运输、使用、维护与修理、再利用或回收、废弃处理等各环节的资源消耗与环境影响。同时，也需要考虑时间因素，即生命周期评价研究目的和范围所决定的时间跨度和深度。生命周期评价应具有透明性。此项评价的研究范围、假设、数据质量描述、方法和结果，都需要具备透明性，方便对外公开和共享。准确性也是必不可少的，准确定录数据及来源，并给以明确、适当的交流，从而增加评价的可信度和可靠性。生命周期评价还需要保护知识产权。针对生命周期评价的应用意图需要规定保密和保护产权。此外，灵活性也是实施生命周期评价的一个重要原则。生命周期评价研究没有统一模式，而是根据实际应用意图来实施，并且无论是在方法还是在过程中都具有灵活性。可比性也是生命周期评价必不可少的原则之一。在相同的假定和背景条件下，必须对其结果进行比较分析，帮助人们更好地理解并比较不同的产品或服务的环境影响。

总体框架上，生命周期评价包括目的与范围的确定、清单分析、影响评价和结果解释四个部分，如图11-1所示。可以从这四个方面对生命周期进行全面、系统地评估，以确定最优化的环保策略，推动绿色可持续发展。

图 11-1　生命周期评价基本框架

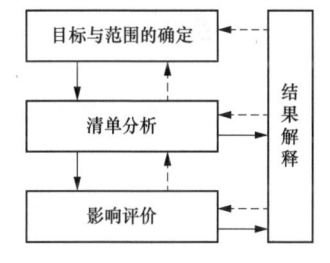

第二节　生命周期评价

一、评价目标和范围的确定

对于任何一项生命周期评价研究而言，首要步骤都是要明确评价的目标和范围。为了实现这个目的，需要解决一些核心问题，比如预期的应用意图以及开展研究的原因和目标等。明确这些问题有助于建立一个全面而合理的研究框架。在研究范围方面，需要定义如何执行研究以及如何建立产品系统的模型，其中包括相关功能、功能单位和基准流、初始系统边界、数据质量要求、报告和鉴定性评审等。ISO 14041《环境管理-生命周期评估-目标与范围定义及清单分析》中详细描述了这些步骤，该标准还强调评价目标与评价范围必须与生命周期评价预期的应用相一致，这有助于保证评价的科学性和有效性。生命周期评价是一个迭代过程，并且评价目标与评价范围可以在后续的研究中重新定义，以便更好地解释结果。由于这种反复选择的特性，研究范围可能需要不断完善。

在评价目标和范围确定时，需要特别关注功能单位和系统边界。对于功能单位而言，它提供了输入和输出的计量基准。因此，在定义功能单位时应明确可测量性，同时与输入输出数据相关联。选择恰当的功能单位可以提高计算精度和结果的可信度，并且有助于组织数据和展示结果。为了使所有输入和输出数据具备可比性，需要将它们与新能源产品的特定功能相关联。对新能源产品通常有两种类型的功能单位可供选择：一是质量单位，二是电能单位。若以质量为单位，可以定义生命周期内的二氧化碳减排量，若以电能为单位，则可以定义为生命周期提供的总电能。在定义系统边界时，则需要考虑到其包含的单元。这一过程也是目的和范围确定阶段中最重要的内容之一。在针对不同类型的产品系统进行研究时，需要明确和限定三个方面：自然边界、地域边界和时间范围。自然边界的确定可以帮助明确哪些环节或阶段属于新能源产品系统，并区分技术体系与自然体之间的边界。例如，起点是每个零部件的材料获取，终点则是新能源产品生命周期结束的报废处理。虽然大多数新能源产品处于研制和推广阶段，但后续报废处理的相关研究也是必不可少的。地域边界则需要考虑到产品不同零部件来自世界的不同地点、生命周期中发电和运输因地域而异、不同地域环境的敏感性物质不同等问题。时间范围则主要受研究目的和类型影响，一般而言，基于变化型的是回顾性的，而会计型的则是前瞻性的。

二、生命周期清单分析

生命周期清单分析是对产品系统有关输入和输出进行量化的一个重要过程，其目的是收集数据并进行计算程序，以便更加全面地了解产品系统的环境表现。在清单分析中，输入和输出涵盖了资源使用，向空气、水体和土地排放等与该系统相关的因素。清单分析也是一个反复的过程，当获得了一批数据，并且对系统有了更深入的认识后，可能需要对数据收集程序做出修改，以适应研究目的或范围的变化。

在清单分析中，收集数据的程序通常因不同的单元过程、研究范围和应用目的而异。针对每个系统边界内的单元过程都需要纳入清单中的数据，这些数据包括定性和定量两类。定性数据即描述性数据，主要介绍单元过程的特征、属性及相关情况；而定量数据则是可将产物、副产物、废料等具体转化为数值的数据。

由于研究范围和应用目的的不同，人们也会对研究目的或范围加以修改，以更好地适应所需的研究结果。例如，在评价某一新能源汽车的环境性能时，需要收集其整个生命周期中的数据，包括从原材料采购、生产制造、物流运输到使用和回收等过程的资源消耗、废弃排放等数据。这样有助于全面评估新能源汽车对环境的整体影响，并为可持续发展提供参考依据。

ISO 14041 中清单分析过程包括收集准备、数据收集、数据核对和过程分配四个步骤。

(1) 收集准备。在进行生命周期评价研究时，数据收集是至关重要的。事实上，数据收集是过程中最耗时、最费力的部分，但却对研究结果的效用影响最大。为了能够高效地利用各种资源，在开始数据收集前必须充分准备。首先，需要绘制具体的过程流程图。该图应描绘出所有需要建立模型的单元过程以及不同单元之间的相互关系。这有助于更加全面地理解整个系统的结构，并为后续的数据收集和分析提供框架。其次，需要详细表述每个单元过程并列出与之相关的数据类型。了解每个单元过程的操作过程、资源使用方式以及废弃物排放等信息非常重要，这将有助于确定所需数据的类型和量度单位。然后，需要编制计量单位清单。由于涉及不同的数据类型，会存在使用各种不同的量度单位的情况。因此，建立一个清晰的计量单位列表可以帮助减少混淆和误解。再次，需要针对每种数据类型展开数据收集技术和计算技术的表述。这样就可以使负责提交数据的人员清楚知道需要哪些信息，并可以提供任何必要的数据或信息。最后，需要对报送地点发布指令，要求将涉及所报送数据的特殊情况、异常点和其他问题给予以明确的文件记录下来。

(2) 数据收集。在进行生命周期评价研究后，收集数据是关键步骤之一。一旦准备工作完成，建议立即开展数据收集。因为数据收集通常非常耗时，并且建议在整个收集过程中不断记录数据和监督数据质量。这种方法可以提高数据的透明度和可修改性，同时减少重复任务和节约时间和精力。此外，还允许收集来的数据可以适用于新的生命周期评价研究以及其他应用，以避免重复计算或留下空白的单元过程。

（3）数据核对。在数据核对阶段，需要持续进行数据审定来确定收集的数据是否具有代表性并适用于实际指述的过程系统。该步骤是基于质量和能量守恒法则进行的，将相似的数据进行对比，找出数据缺失或重复的方法。数据需要分配给单元过程处理，并为每个单元过程分配一个基准流。在该阶段进行的数据合并要避免重复计算和汇总。此外，也可以将数据与功能单位相关联，以实现从每个单元过程到功能单位的数据归一化与数据合并操作。来自相同数据类型、相同物质，但来自不同单元过程的数据可合并以得到整个系统的价值总和。这阶段的敏感性分析可以揭示是否需要调整和改进某些数或研究范围，同时还可以调整系统边界。

（4）过程分配。在进行生命周期评价研究时，过程分配是将输入输出流分配到不同部分的过程。很少有工业过程只有一个单一的输出，因此，需要确定与其他产品系统共享的过程并进行适当的分配。对于材料、能量流以及相关环境排放，应该将其分配到不同的产品输出中。如果存在产品的再利用或再循环，则会出现更多的问题。在这种情况下，输入与输出将被其他产品系共享，并要密切关注再生材料的物理性质是否发生改变。在实践中，产品系统可以是闭合或开放的。如果再生材料可以延续其原始产品的应用程序，并使其成为重新使用的资源，则被视为闭路系统，这种方法有助于减少资源的消耗和浪费；否则，如果再生材料无法重新用于原始应用程序系统，则被视为开路系统。在这种情况下，输入输出流必须按比例分配给所有相关的特定领域，以充分考虑可能发生的任何环境影响。

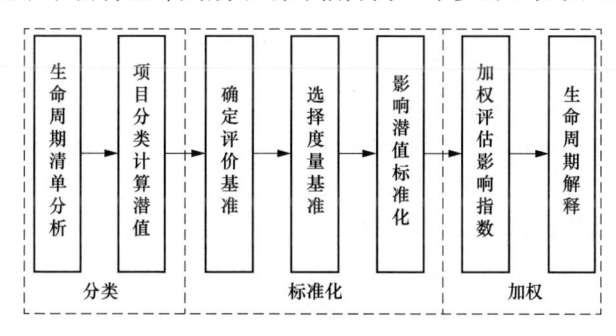

三、生命周期影响评价

生命周期影响评价的目的是对潜在环境影响的程度进行综合评价，并根据生命周期清单分析结果进行判断。一般来说，该过程涉及将清单数据与具体环境影响相联系，完成对新能源产品的整个系统排放物对现实环境的定性和定量评估。这是生命周期评价最重要的阶段，也是最具挑战性的部分。评价哪些环境影响、评价的详细程度以及采用的具体方法都是由研究目标和范围决定的。ISO 14042《环境管理-生命周期评估-生命周期影响评估》规定了生命周期影响评价，它要求所有调查的输入和输出数据均与它们的环境影响有关。其环境影响结果就是生命周期影响评估概要，可以选择性地进行归一化、分类或者权重处理，并将生命周期影响评估结果分配至环境问题的影响类型。然而，生命周期影响评估并不是完全客观的，在确定影响类型以及后续的归类处理过程中总会存在人的主观因素。国际标准化组织和国际环境毒理学与化学学会将生命周期影响评估分为三个步骤，如图11-2所示。

图 11-2 生命周期影响评价步骤

(1) 分类。分类是将清单分析得出的各种输入和输出数据归类为不同的环境影响类型。通过将清单项目与潜在影响之间建立联系，可以确定与清单项目有关的各种潜在环境影响。这些影响不仅包括了简单的直线型联系，也包含多因素和多结果的非线性联系。因此，在执行分类过程时，需要采用不同方向、不同途径建立影响网络，并依据影响类别对清单项目进行分类。生态系统、人类健康和自然资源都是清单分析中常见的环境影响类型，可根据实际情况进行归类。例如，空气释放物如二氧化碳、甲烷、氯氟烃和臭氧对温室效应有贡献，可以被归类到生态系统影响类型中的温室效应这一类中。

(2) 标准化。标准化是用于将不同影响污染物潜在的环境影响进行无量纲化处理。标准化的环境影响潜值体现了对于全球范围所造成的总的环境影响而言，产品生产过程的资源消耗和环境影响很小。采用标准化的数据可以反映出各个环境影响类型潜在环境影响量的大小。

(3) 加权。加权旨在对不同环境影响类型相对重要程度进行比较。虽然标准化能够达到让不同环境影响类型的数据具有可比性，并反映出其环境影响程度和可能性大小，但不能直接比较不同环境影响类型的相对重要程度。通过按照不同环境影响类型对环境影响程度大小进行赋权评估，可以更加合理地评价产品产生过程的环境影响及其金融与社会效应等问题。

四、生命周期影响评价结果解释

生命周期影响评价是一种评估和量化产品从产生到退役阶段内对环境、经济和社会方面的影响过程。在进行生命周期影响评价后，需要将生命周期评价的前几个阶段或生命周期评价的研究发现以透明的方式进行解释和说明，其中包括所采用的生命周期评价方法的条件假设、方法说明及存在问题等，以确保结果的可靠性和精度。

通过清单分析过程中获得的各类数据以及影响评价中所获得的影响信息，可以找出产品的薄弱环节并识别出产品生命周期中的重大问题。此外，在进行生命周期解释的过程中应进行完整性、敏感性和一致性检查，并给出结论、局限和建议，有目的、有重点地进行改进和创新。这些举措将为生产更好的绿色产品提供依据和改进措施，降低其对环境和社会的影响。

生命周期解释具有系统性、重复性的特点，该阶段包含识别、评估和告知三个要素。首先，在评估过程中要进行数据收集与整理，并识别出产品的热点区域和影响因素；其次，对各项数据进行量化和标准化，采用 ISO 14040/44 作为评估标准，量化到每一个细节，给予综合化的评价；最后是结果告知，在适当的时候向相关利益相关者进行结果公示和沟通。

第三节 生命周期评价工具或方法

生命周期评价分析和传统环境评价虽然都是对与产品或建设项目相关的环境性能进行评价，但有着一些重要的不同之处。首先，研究对象不同。前者以产品为考察对象，而后者则以建设项目或地区环境质量为评价对象。生命周期评价主要通过对整个产品生命周期进行评价来确定其环境负荷，比较产品环境性能的优劣或对产品进行重新设计；而传统环境评价则侧重于通过调查预测，揭示污染的程度，对环保措施提出改进意见或用于多个厂址的优选。其次，目的不同。生命周期评价主要在于确定产品的环境负荷，而传统环境评价则旨在全面评价建设项目或地区环境质量，并提出相应的改善措施。尽管存在这些差异，两种评价在方法和标准上仍有许多相通之处。现在人们逐渐将传统环境评价方法和标准引入生命周期评价影响分析之中，不仅方便了生命周期评价的推广应用，也使这两种不同类型的环境影响评价在基础上基本统一。

生命周期评价的方法可分为定性法和定量法两类。定性法主要依靠专家评分，其结果有一定的随意性和不可比性；而定量方法则采用更加严格的科学计算方法，其结果具有一定的可比性。但定量方法需要详尽的清单数据，并且也受限于人们对环境问题认识的深度和广度，实际操作起来存在不少困难。影响分析方法是生命周期评价的关键步骤之一，它对整个评价过程起到了重要的指导作用。一般情况下，影响分析方法将各种数据进行合并与聚集，包括资源消耗、水污染、大气污染、固体废物以及土壤污染等方面，以评价产品在不同阶段对环境所产生的影响。

一、简便矩阵方法

美国田纳西大学的专家提出的环境责任产品评价矩阵是目前环保领域常用的一种方法。见表11-1，它的核心特征是一个 5×5 的评价矩阵，代表着产品生命周期的五个重要阶段，以及与这些阶段相关的环境要素。在使用该矩阵进行评估时，环境评价师会仔细研究产品的设计制造过程、使用环境和可能的处理方法，然后根据每个元素对环境的影响程度将其划分为 0~4 的不同等级。其中，值为 0 表示对环境的影响最为严重并应予以否定，而值为 4 则表示对环境的影响最小并应予以肯定。在具体操作中，评价师通常会依据经验和收集来的数据核查表以及其他相关信息，进一步优化和完善量化评分。在所有矩阵元素完成评价之后，环境责任产品的总等级可以通过计算矩阵元素值的总和得到，由于该矩阵共有 25 个元素，最大产品等级可以达到 100。这种将加权因数应用于矩阵元素的数值方法，能够更加科学、合理地反映产品生命周期中的各种因素所导致的环境影响，有助于更好地识别和解决环境问题。

表 11-1　　　　　　　　　简便矩阵方法评价矩阵

生命阶段	材料选择	能源使用	环境影响固体残留	液体残留	气体残留
原料获取					
产品生产					
产品运输					
产品使用					
最终处理					

二、柏林工业大学的半定量法

2000 年，柏林工业大学 Fleisher 教授等人提出通过综合考虑污染物对环境的影响和污染物排放量，对产品的生命周期进行了半定量评估，见表 11-2。首先需确定排放特性的 ABC 评价等级和排放量的 XYZ 评价等级。在影响程度方面，A 级表示严重的毒性物质，如致畸、致癌、致突变物质等；C 级表示小到可以忽略不计的污染物；而排放量则根据总排放量和每种物质的排放量进行分级以定义 X、Y、Z 三种级别。对于每种排放物质，都会被赋予其在大气、水体和土壤这三类环境介质下的 ABC/XYZ 值。如果某一环境介质的排放数据无法获得，则该介质的 ABC/XYZ 值将由专家确定。对于每种环境介质，都会分别确定其最严重的 ABC/XYZ 值，然后根据生命周期中每个过程排放到大气、水体和土壤中 ABC/XYZ 值最高的物质进行分类，所有类别的值通过表中的加权矩阵进行集中计算，得到最后的结论。

表 11-2　　　　　　　　　　　半定量法评价矩阵

等级	排放到大气中的物质			排放到水体和土壤的物质		
	X	Y	Z	X	Y	Z
A	3	1	1/3	1	1/3	1/9
B	1	1/3	1/9	1/3	1/9	0
C	0	0	0	0	0	0

在这个矩阵中，大气污染物的权重值较高，原因是一些污染物经常会沉淀到水体和土壤中，并对这些环境产生影响。该方法已被许多组织广泛采用，以评估产品对环境的影响和制定相关策略。该方法的应用可以促进企业更加注重可持续发展和环境保护，倡导节能减排、环保低碳的生产方式。

三、荷兰环境效应法

荷兰的环境效应法通过对原燃料的消耗和污染物排放对环境影响进行分析，可以客观评价产品的环境性能，并将其与各种环境影响因素相联系。迄今为止，这种方法是定量分析中最完整的一种方法。这种方法将影响分析分为分类和评价两个步骤。其中，分类指归纳出产品生命周期中所涉及的所有环境问题，并确认三类十八种明细化的问题。这三类环境问题包括消耗型问题、污染型问题以及破坏型问题。其中，消耗型问题涵盖了从环境中提取某些物质资源的所有问题；污染型问题包括向环境排放污染物的所有问题；破坏型问题则包括引起环境结构变化的所有问题。在定量评估三类十八种环境效应时，该方法引用了分类系数的概念，其表示假设环境效应与环境干预之间存在线性关系的系数。目前，大多数环境效应都有可计算的分类系数公式。通过分类，产品的生命周期对环境的影响可以用 10～20 个效应评分来表示，并进一步进行综合性的评价。目前有两种评价方法，分别是定性多准则评价和定量多准则评价。其中，定性评价通常由专家进行，并对产品进行排序，以确定对环境的相对影响；而定量评价则通过专家评分将各项效应加权，得到环境评价指数。

荷兰环境效应法能够为企业和社会提供有效的决策支持，促进可持续发展和环境保护，鼓励节能减排、低碳环保的生产方式。同时，为了使定量分析方法能更加科学、合理地评估产品的环境性能，需要持续不断地完善和更新分类系数公式，提高计算方法的精度和准确性。

拓展阅读：中国拒收"洋垃圾"

"洋垃圾"指的就是从国外进口到国内的固体废物，包含着生活垃圾、各种电子垃圾以及其他废料。很多的"洋垃圾"都是通过走私、夹带等方式进入到国内的。在 20 世纪 80 年代，中国与世界各国的交流日益加深，我国的商人将"洋垃圾"进口回国，然后进行分解再利用，这样做比从头生产原料要省钱得多。在这种情况下，本来毫无价值的"洋垃圾"变成了能够让人发家致富的香饽饽。从开始进口到 2018 年逐步禁止，20 年内我国的"洋垃圾"进口量翻了十多倍，每年有几千万吨。

在当时"洋垃圾"确实为我国的经济发展提供了不小的动力，但在其他方面则有着致命的损害。在利用"洋垃圾"的时候，商家们大多会选择简单粗暴的方式，并不会去管它会不会造成污染，他们将有用的部分直接提取出来，然后没用的废料废水直接排到河里或者埋进地里，对环境造成了非常恶劣的影响。除了废料的处理，"洋垃圾"被送到国内后还需要人工进行挑拣。这些工人常年在非常脏乱的环境中工作，患上皮肤病以及其他疾病的概率要比普通人大得多。

因为再利用时有很多问题，西方国家从来都是生产垃圾然后转移给其他国家。当年美国有近三分之二的废纸都出口到了中国，欧洲国家80%以上的废旧塑料被运到了中国。西方人一边疯狂地制造垃圾，一边又将垃圾送往海外赢得"美好干净"的名头，这种情况持续了很长时间。

为了实现绿色可持续发展，2018年，我国对"洋垃圾"进行了史无前例的严格整治，彻底地将"洋垃圾"挡在了门外。失去了最大的"洋垃圾"消化市场，很快西方的垃圾治理系统就濒临崩溃。美国各地都有专门的垃圾回收站，这些地方本来会将垃圾运到其他国家，但现在无处可送的垃圾已经开始装不下了。英国、澳大利亚、日本等国家也是一样的情况，曾经能够卖钱的垃圾现在都需要花费大价钱来焚烧或者填埋，更多的是堆在垃圾站里无法处理。中国拒收了这些"洋垃圾"后，西方开始在其他东南亚国家寻找目标。泰国、印度等国家也开始出台规定，限制一些高污染的"洋垃圾"进入。

思考与练习

1. 新能源项目开展生命周期分析的意义是什么？
2. 从生命周期角度来看，新能源项目是否是零碳排放？
3. 生命周期评价与环境影响分析有什么区别？
4. 新能源项目评价目标和范围应该如何选择？
5. 生命周期清单分析的意义是什么？

第十二章 项目可持续发展评价

项目可持续发展评价既需要考虑项目的经济效益和企业的利益，同时也需要关注社会公众利益和自然资源的消耗情况。特别是从长期角度看，如果只追求经济效益而忽略了社会和环境方面的考虑，一些项目可能会导致不可逆转的负面影响，影响到社会的可持续发展。因此，通过对建设项目开展可持续发展评价，可以更好地平衡项目规划、资源配置、风险管理和责任制约等问题，实现经济、社会和环境的协调发展。

本章内容主要介绍了可持续发展的概念与内涵，建设项目可持续发展评价的原则，建设项目资源、环境、社会可持续发展的评价内容与方法。

学习过程中要求了解可持续发展的基本概念和内涵，了解建设项目可持续发展的评价原则，能利用可持续发展评价方法对项目进行综合评价。

第一节 可持续发展的概念和内涵

一、可持续发展的背景

现代科学技术在创造巨大物质财富的同时，也消耗了大量的资源和能源，对地球大气、水圈、土壤以及生物多样性造成了严重破坏。这些影响已经严重威胁到人类的生存与发展，并引起了全球性的三大危机：资源短缺、环境污染和生态破坏。

资源短缺是由于快速的人口增长和日益增长的生产需求导致的资源消耗过度。资源短缺是一个全球性的问题，全球范围内的自然资源储备每年都在逐渐减少。我国作为一个人口众多的发展中国家，一直以来都面临着自然资源短缺的问题。煤炭、石油和天然气是我国能源消耗中最主要的三种，对于国家经济建设、社会发展和人民生活都具有重要意义。由于国内人均资源占有量极低，加上经济增长带来的消费需求迅速扩大，自然资源承载很大压力。例如，在农村地区，虽然土地资源非常丰富，但是由于不合理开发和不当使用，造成土壤质量逐步下降和耕地面积逐渐萎缩。

环境污染主要是由于工业化、城市化和交通运输等活动所产生的大量废弃物和污染物排放。我国城市化进程的加速和产业化水平的提高，导致大量的废气、废水、餐厨垃圾和化工垃圾等污染物排放到空气、水体、土地中，使得环境损害逐渐加深。据统计，全国有多个城市空气质量严重不达标，$PM_{2.5}$指数处于世界较高水平；此外，水资源污染的问题也非常严重，许多地方的水体长期处于污染状态，给人们的健康和生活带来了极大的危害。

生态破坏包括森林破坏、土地沙漠化和生态系统退化等问题，其直接原因则是过度开采和不合理利用自然资源，特别是追求经济利益的驱动下破坏自然生态系统。在我国，长期以来快速的工业化和城市化进程，以及对资源的过度开发利用，已经对生态环境造成了极大的破坏。至今，中国仅有的40%左右的天然森林被保存了下来，而草原退化和沙漠化现象的严重程度也居高不下。此外，湿地的消失、江河泥沙淤积和水源污染也给当地及周边地区的生态环境带来了非常严重的影响。

二、可持续发展的提出

20世纪70年代,环境问题逐渐引起全球范围内的高度关注,同时也促进了对于可持续发展的深刻思考和探索。1972年经典著作《增长的极限》发布,该书从人口快速增长与资源有限性、环境污染问题等方面出发,预示着不断追求经济增长会带来的社会、经济和环境问题,以此警示必须思考可持续发展的路线。这本书诠释了跨学科、综合性的可持续发展思想,为后来可持续发展研究和实践奠定了基础。1972年的联合国召开的人类环境会议被视为全球环保领域中的历史性事件。大会通过了《人类环境宣言》,第一次提出可持续发展的概念,并确定了环境和可持续发展作为未来国际合作重心。这是一个里程碑式的事件,不仅推动了可持续发展的理念、政策、实践的深入发展,也奠定了后来相关国际法律法规和政策的基础。1987年,《我们共同的未来》一书中进一步正式确立可持续发展的定义,即要在满足现今需求基础上保障后代具有能够满足自身需求的能力,这个概念在全球范围内得到了广泛认可。1992年的联合国世界环境与发展大会将可持续发展的概念推向了一个更高的阶段,大会所通过并发布的《里约热内卢环境与发展宣言》和《21世纪议程》成为独树一帜的国际文件,具有重大的指导性和推动作用。其中,《21世纪议程》旨在在现代化的改善环境、缓解贫的困境、促进资源保护以及经济发展等方面取得新的平衡。在其他文件中认定,国际社会应共同努力,形成联产联销、环保共享的关键合作伙伴关系,推进全球可持续性发展。

1994年,《中国21世纪议程》的发布象征着中国积极响应了全球关于可持续发展的呼声,大力推进可持续发展战略。这份宏大蓝图不仅仅是对可持续发展的总体规划,也为全国各地政府和企业提供了一系列有针对性的、操作性强的建议。议程囊括了可持续发展四个分系统的理论体系:可持续发展总体战略、社会可持续发展、经济可持续发展、资源与环境的合理利用与保护。这些分系统相互结合、和谐共存,成为使我国可持续发展的最强大支持。此外,议程还概括了多个具有全面性、广泛意义的议题,例如促进信息化和公共服务、打造健康城市以及缓解农村污染等。我国提出了多项有效措施来实现其可持续发展战略,比如,要加强环境保护工作,防治水土流失,控制污染排放,推动清洁能源技术和可再生能源,可持续利用自然资源等,同时也要坚持转变经济发展方式,改革不良产业结构,探索新型城镇化与社区建设模式,支持节能减排、低碳发展等企业投资。这些政策和举措都是为了促进社会和谐稳定,保障人民的健康和生活品质。

三、可持续发展的概念

自从可持续发展这个概念被提出以来,各个学者都从自己的研究领域出发,赋予它不同的含义。例如,国际生态学联盟和国际生物学联盟认为,可持续发展是保护和加强环境系统的生产和更新能力,这强调了其自然属性。世界自然保护同盟、联合国环境规划署和世界野生动物基金会则主张,在不超过生态系统容量的情况下,提高人类的生活质量,这注重了社会可持续性,同时,还从经济、科技、空间等多个角度给出了定义。

随着对可持续发展的理论研究和实践的深入,越来越多的专家开始从系统的角度来看待此命题,并认为应该将这些属性结合在一起,形成统一的发展概念。即人类可以动态地调节自然-社会-经济三维复合系统,在不超出资源与环境承载能力的条件下,促进经济的可持续发展,实现资源的永续利用,全面提高人民生活质量,既满足当代人的需求,又不损害后代人满足其需求的能力。这一定义表明,可持续发展需要在经济、生态和社会三个方面实现可持续性和和谐统一。

在经济可持续方面,可持续发展不仅鼓励经济增长,更强调经济质量的提高。要通过改变传统的生产和消费模式,实施清洁生产和文明消费方式,提高经济效益、节约能源、减少废弃物等措施来实现经济可持续性。这种经济发展方式既能够减少对资源和能源的依赖,也能够减轻对环境的压力,从而实现在经济增长的基础上对生态环境的良好维护。在生态可持续方面,可持续发展要求保护环境,例如加强对环境污染的控制和提高环境质量、保障生命支持系统及保护生物多样性、保持地球生态的完整性、推进以可再生能源为代表的新型能源的开发利用等。这些措施有利于保护自然环境、改善生态状况、减轻环境压力,并有助于将人类的发展范围内与地球承载能力相协调。在社会可持续方面,可持续发展旨在通过提高生活质量与社会进步相适应,来实现人口、住房、教育、卫生、贫穷消除等方面的可持续发展。这包括从机制建设、公众参与、相关产业革命等角度来加强社会可持续发展。改善人类生活质量,提高健康水平,创造一个人们享有平等、自由、人权和免受暴力的社会环境是可持续发展的最终目的。只有在经济、生态和社会三个方面都得到协调发展并具备可持续性,才能够实现真正意义上的可持续发展。

四、可持续发展的内涵

可持续发展是一个动态、发展的概念,其内涵极为丰富,主要表现在以下几方面。

(1) 可持续发展强调持续性。这种持续性是指在地球承载力允许的范围内,尽量维持或继续提高。地球资源和环境具有有限性,但它本身具备恢复能力,在其承载力范围内可以为人类提供持续的发展条件和资源。然而,如果不重视可持续性,人口膨胀和高消耗、高消费、高污染的经济模式必将导致资源的匮乏和生态环境的恶化,威胁到人类的生存。

(2) 可持续发展追求公平性。公平性包括代内间和代际间,其中代内间核心是在地区、国家和全球范围内实现资源与经济的公平发展;代际间公平则强调不能以牺牲后代人的利益和发展空间为代价,当代人不应剥夺后代人的同等发展机会。

(3) 可持续发展注重系统性。可持续发展是全球的协调发展,生态环境问题是全球经济、科技、文化等因素交互作用的产物,必须通过全球的共同发展加以解决。系统性是认识可持续发展的基本角度,不仅可以指自然-社会-经济的三维复合系统,还包括人地系统。在解决协调发展问题的过程中,要注重对系统中各因素的综合研究,建立综合的决策与管理机制。

第二节 建设项目可持续发展评价概述

建设项目是一个长期持续的过程,从规划设计、组织实施、生产运营到报废拆除,通常需要数十年甚至上百年。在整个项目生命周期中,与环境诸要素之间的物质、能量和信息交换都相当复杂,对当地经济和社会发展、生态环境以及资源利用都有着巨大的影响。实践证明,单纯从经济效益的角度来审视项目的可行性,往往会带来一系列的社会和生态问题,既影响项目本身的可持续运营,又给社会发展和生态环境的保护造成了不可估量的影响。

因此,项目可持续发展评价是可持续发展战略在微观项目上的具体体现,对于保证并促进区域乃至全球的可持续发展具有重要作用。通过项目可持续发展评价,可以增强全局观点和长远的持续发展观,全面考虑项目对经济和社会协调发展的贡献,避免短期投资和盲目的建设。同时，也能够将有限的资源配置到更好的项目中，提高资源配置的效率，并避免恶性影响，有利于促进国家社会发展目标的实现。

一、建设项目可持续发展评价的含义

可持续发展是当前全球面临的一个广泛关注的议题，而建设项目可持续发展评价是一个非常重要的工具。这种评价方法有两层含义，一个是评估项目对企业持续发展的影响，另一个则是从社会战略层面考虑评估项目对地方和国家社会经济持续发展的影响。

在考虑项目对企业持续发展的影响时，需要关注一些关键因素。当项目建设资金投入完成后，项目既定目标是否能够按期实现、项目对企业发展是否能够持续地产生积极的正向作用都至关重要。

基于社会战略层面的考虑，还需要关注项目对社会公众利益和自然资源的消耗情况。为了实现可持续发展，必须保证项目在促进经济增长的同时不损害社会公平和公众利益。在项目建设过程中，需要努力避免所谓先污染后治理的问题，确保不以环境的破坏和恶化为代价，保证不可再生资源的优化使用和可再生资源的永续利用，并且努力维护生态环境的可持续性。

按照可持续发展准则，需要对建设项目开展可持续发展评价。这是一个从单项、单属性的经济评价向多维、多层次的综合评价方向转变的过程，它旨在对项目投资在区域经济发展、资源利用、环境保护和推动社会进步等方面带来的影响进行全面的分析和评估。

二、建设项目可持续发展评价的原则

1. 短期利益与长期利益相结合的原则

要实现项目的可持续发展，必须注意短期利益与长期利益的平衡。短期利益是近期内能获取或实现的成果，在某种程度上支撑着长期稳定和盈利增长，二者是互为依存的关系。有时，短期利益是实现长期利益的前提，长期利益则孕育于短期利益中；但有时短期利益也会与长期利益产生对立。因此，在对项目进行可持续发展评价时，需要平衡考量短期利益和长期利益。

重视长期利益，在考虑短期利益时不能忽略后代的需求和健康发展。长期利益体现在修建低能耗、环保、高品质、长寿命、多功能的项目上，有利于满足人类未来的需求，确保社会的可持续发展。但也不能一味追求长期利益而损害短期利益。在项目可持续发展评价中，需要将短期和长期利益合理结合，把握市场机会、优化资源配置，在维护并优化企业盈利能力的同时满足公众需求。

2. 经济效益、生态效益与社会效益相结合的原则

在对项目进行可持续发展评价时，必须高度重视经济效益、生态效益和社会效益的平衡和协调。经济效益是支撑一个项目生产销售产品所获利的基本指标，它与生态效益和社会效益密不可分，三者相互依存、相互促进。生态效益是指在可持续发展背景下，实现自然生态系统功能稳定，形成了防洪治污、绿色旅游等多方面的正向效应。生态效益的价值体现在保护生态环境、提高环境质量、保障公共福利、满足人类对自然资源的需求等方面。社会效益是一个项目与社会之间的互动作用，涉及就业、公共安全、教育文化、社区发展等方面。合理运营的项目将为当地社区带来积极的影响，并通过创造就业机会、增加社会财富等方式，为社会创造实际价值。在项目进行评价时，要对经济效益、生态效益和社会效益的绩效进行综合分析，权衡关系，考虑如何最大限度地实现三者的平衡。

3. 定性评价与定量评价相结合的原则

在项目的可持续发展评价过程中，定量评价和定性评价是不可或缺的两个方面。定量评价可以利用指标和数据进行分析和检测，可以较为准确地估量各种效益与成本之间的关系。而定性评价则通常基于对多方面因素的系统整合和专家判断进行决策，并提供一些没有明确数值的信息。定性评价在体现某些评价要素的复杂性、专业性以及主观性等方面具有独特优势。它可以分析参与者的态度和社会反应，研究社会的动态演变以及特殊问题的解决方法等。通过这些因素，定性评价能够更好地揭示出隐藏在定量评价下的一些问题，进一步加深对项目可持续发展评价的全面认识。

4. 静态评价与动态评价相结合的原则

项目可持续发展评价中，静态评价和动态评价是相互关联、相辅相成的两个方面。静态评价着重分析项目建设对当前环境和社会带来的影响，以及对现有系统所产生的各种影响，特别是在资源利用、生态破坏、环境污染等方面的影响。与此同时，动态评价则侧重于探讨新投资在项目操作过程中能够发挥的潜力，考虑未来因素，掌握可持续发展系统的运营趋势以及应变措施。

三、建设项目可持续发展评价的内容

在社会战略层面，项目可持续发展评价是一个涉及多个方面的综合性评估。为了更全面、科学地评价项目的可持续性，一般将其分为资源与能源利用评价、环境可持续发展评价和社会可持续发展评价三个方面，如图 12-1 所示。

```
                                  ┌ 土地占用与消耗评价
                 资源与能源利用评价 ┤ 水资源消耗评价
                                  └ 电力资源消耗评价
                                  ┌ 环境污染源与污染量
项目可持续发展评价 环境可持续发展评价 ┤ 环境经济效益分析
                                  └ 环境影响分析
                                  ┌ 社会影响分析
                 社会可持续发展评价 ┤ 相互适应性分析
                                  └ 社会风险分析
```

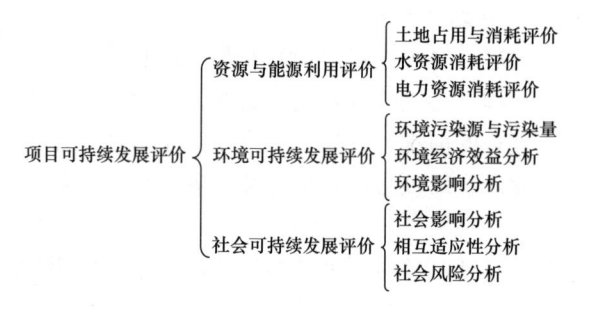

图 12-1 项目可持续发展评价系统

第三节 建设项目资源与能源利用

资源和能源的不可再生性、基础性、稀缺性以及可耗竭性是建设项目在可持续发展评价中需要优先关注的问题。各国政府普遍认识到这个问题的严重性，并高度重视建设项目对资源和能源消耗及有效利用的评价，积极倡导循环经济发展模式。为此，我国加强了对于投资项目的核准和监管，鼓励从合理开发和利用资源角度出发，对投资项目进行审批和监管，提出了对资源和能源消耗的限制，要求各部门以及投资单位在项目筹备、申报和实施过程中特别关注资源使用效率和容量，合理评估并规划项目的资源和能源需求，要求所有向国家发展和改革委员会报送项目申请报告的项目都必须提供有关资源和能源的利用方案、节约措施等内容，以便更好地开展全面综合评价。对于非资源开发领域的项目，资源和能源利用评价主要集中在性能评估、节能减排、资源回收等方面。这些措施可以通过优化技术和管理策略，

提高资源和能源的利用效率，并确保项目实现经济、社会和环境的共赢。

一、资源与能源综合利用效果评价

资源和能源综合利用效果应当包括以下内容：首先，评估项目所占用的资源种类、数量和来源，提出合理的资源供应方案，确保项目在使用资源方面实现节约和高效。其次，在进行资源和能源综合利用效果评价时，需要通过将单位生产能力主要资源消耗量、能源消耗量、资源循环再生利用率等指标与国内外先进水平进行对比分析，以评价拟建项目的资源利用效率的先进性。再次，还需要对多金属、多用途化学元素共生矿、伴生矿、油气混合矿等不同类型的资源进行综合利用方案的论述，以充分发挥各种资源的潜力。评价过程中，还需分析资源利用是否会对其他资源（如地表水等）造成不利影响，并采取相应的措施来减少或避免不良影响。最后，需要综合比较评判项目指标水平和国内外先进水平，主要评价指标包括单位产量占地面积、单位土地投资强度、单位产量耗水量、单位产量能耗、万元产值能耗、单位建筑面积能耗、主要工序能耗等。在这些指标的基础上，对项目进行全方位评估，提出优化建议，并通过科学的管理和技术手段不断提升资源与能源综合利用水平。

二、资源与能源节约措施评价

为了确保资源和能源可持续利用，需要采取特定的措施来节约和利用这些资源。对于这些措施的评价主要关注节约效果与效率，具体表现为原材料、水资源、能源等的节约利用。

在对原材料等资源的节约利用进行评价时，首先需要关注是否能够提高资源利用效率，减少生产过程的资源消耗；其次，可以通过延长和拓宽生产技术链，将污染物在企业内进行处理，以减少对环境的损害；最后，在废旧物品回收方面也需要全面推行资源与能源措施评价，并通过技术处理将重复利用的废弃物进行多次循环利用。如果是占用稀缺性资源或者资源承载能力较低的项目建设方案，需要提出替代方案以达到节约效果。

对于节水措施的评价，则需要重点关注采用节水型工艺和设备、推广节水灌溉技术、提高水资源利用率、降低水资源无效消耗、提高工业用水回收率和重复利用率等。此外，还需要注意采取防渗、防漏措施，提高再生水回收率以及利用海水替代技术等手段，更好地实现对水资源的节约。

对节能措施的评价中，需要重点关注所采用的工艺技术、设备方案和工程方案对各类能源的消耗种类和数量是否按照规范标准进行设计。同时，考虑是否符合国家规定的能耗准入标准，是否优化了用能结构，并评估了节能的效果。

三、资源节约和综合利用

传统经济模式是一种单向流动的经济方式，按照资源-产品-污染排放路径，人们通过高强度的资源提取来实现经济增长，却也大量排放废弃物和污染物到水系、空气和土壤中。这种粗放型的资源利用，将资源变成一次性废物，而经济增长主要依靠数量的迅速增加。相反，循环经济则是将经济活动构建为一个资源-产品-再生资源的反馈式流程，尽可能地降低对自然环境的影响。循环经济以减量化、再使用、再循环原则来实现，充分考虑低消耗、低排放、高效率等基本特征，建立清洁生产和生态产业链的机制，实现物质资源的有效利用和经济与生态的可持续发展。

在推行循环经济理念时，需要评价资源节约和综合利用的效果。这不仅包括企业层面的小循环，即通过工厂内部的水循环和废弃物再回收利用等手段最小化废弃物的排放量，还包括区域层面的中循环。中循环指的是一定区域内企业或项目之间的循环，例如下游工业的某些资源被上游工业再次利用,或者某一工业部门的废物被另一个不相干的工业部门作为原料之一。生态园区建设项目是其中有代表性的模式。只有在企业层面的小循环和区域层面的中循环的基础上,才能实现社会层面的大循环,也就是通过资源-产品-废弃物-再生资源的特征,构建循环型社会建设。

第四节　建设项目环境可持续发展评价

人类赖以生存和发展的物质条件的综合整体是环境,保护环境已经成为每个人都应该履行的责任。然而,任何建设项目在开发过程中都会对环境产生或诱发一定程度的影响,对于建设项目而言,不仅需要考虑工程特征,还需要客观评估其在所处环境中可能产生的影响程度。

建设项目环境可持续发展评价旨在找出环境影响的各个因素,特别是那些不利的因素,并评估其对环境的性质、程度和可能影响的范围,以便为污染综合防治提供指导方向。这种全面的评估可以帮助控制不利影响,使其减少到符合环境质量标准的要求和人们所能够接受的程度。如果发现项目对环境造成的影响无法缓解,就需要建议对其进行缓建或避免建设。

一、建设项目环境影响识别

环境影响识别是指通过一定的方法对建设项目可能产生的影响进行全面而深入的分析,找出影响的主要方面,并定性地说明其对环境影响的性质、程度及范围。在进行环境影响识别时,需要考虑到各种不同类型的影响,如直接影响和间接影响、有利影响和不利影响、短期影响和长期影响、可逆影响和不可逆影响等。这些影响可以分为多个方面,包括生产、健康、环境服务、生态和全球系统功能等。例如,水净化成本增加和作物产量下降是对生产的影响,大气污染引起的发病率、死亡率的增加则是对健康的影响。景观改变和游憩价值改变则属于对环境服务的影响,而温室效应和臭氧层破坏则是对生态和全球系统功能的影响。

在环境影响程度的识别中,拟建项目的活动特征、强度以及相关环境要素的承载能力也会对影响的程度和显著性产生影响。因此,通常需要按照一定的等级或标准来对影响程度进行定性划分,如按五个等级划分影响程度为:极端不利、非常不利、中度不利、轻度不利和微弱不利。而对于拟建项目的活动,一般可以分为四个阶段进行识别,包括建设前期、建设期、运行期、服务期满后几个不同阶段。

环境影响识别表是对建设项目进行环境影响识别的一种重要工具。在设计环境影响识别表时,需要列出可能受到影响的各个方面,并针对每个方面提出相应的问题,用于逐一询问相关专家和利益相关者,以确定该建设项目对环境的影响程度和范围。在实际的环境影响识别过程中,可以根据建设项目的具体特征,选择不同的环境影响识别表来进行分析。例如,一个新建工厂的环境影响识别表可能会关注空气、水、噪声等因素,而城市交通基础设施建设的环境影响识别表则可能主要关注交通拥堵和对周边居民生活造成的影响等方面。通过环境影响识别表的使用,可以全面地了解建设项目对环境可能产生的影响,并逐项剖析有哪些主要环境影响和次要环境影响。依据这些评估结果,可以制定出相应的减缓、调控、防治污染等环保管理方案,并根据事实情况的具体变化进行动态调整和优化,从而确保环境影响预测和评价具备更高的精确性和针对性。

二、明确项目产生的环境污染源与污染量

项目产生的污染物按其属性和来源可分为不同类型，包括物理、化学、生物和综合几种。其中，物理污染物主要包括噪声、光污染、热污染、放射性污染和电磁波污染；化学污染物包括无机污染物、有机污染物、重金属和油类等；生物污染物则指病理菌、病毒、霉菌和寄生虫等致病因子；而综合污染物则囊括了烟尘、废渣和致病体等多个方面。这些污染物根据其对环境各要素的影响，也可以分为水环境、大气环境和土壤三种污染类型，且它们之间频繁地相互转化。例如，大气污染物可能会随降水转变为水污染物和土壤污染物，而水污染物也可以通过灌溉进一步影响到土壤质量。同时，土壤污染物也能够通过如扬尘和径流来转变为大气污染物或水污染物。关于不同行业的具体污染物，发电行业主要的污染物包括悬浮颗粒物、硫化物、挥发性有机物、砷、铅和镉等，而电子行业则主要涉及苯类化合物、氰化物、汞、镉、铅和六价铬等有害物质。

三、环境影响预测

为了预测环境影响，需要使用一些成熟、通用且简便的方法。目前被广泛应用的方法包括数学模型法、物理模型法、类比调查法以及专业判断法。

（1）数学模型法是一种能够给出定量预测结果的方法，但其需要满足一些计算条件以及必要的参数和数据输入。在采用数学模型时还需要注意模型适用条件。如果实际情况无法很好地满足模型的应用条件，但是又必须采用该模型进行预测时，则需要对模型进行修正并验证。

（2）物理模型法具有较高的定量化程度和再现性，能够反映相对复杂的环境特征，但是需要合适的试验条件和必要的基础数据，并且制作复杂的环境模型需要较多的人力、物力和时间。当无法利用数学模型法进行预测，但是需要定量预测结果精度较高时，可以考虑采用物理模型法。

（3）类比调查法是通过对既有开发工程及其已显现的环境影响后果的调查结果分析说明拟建工程可能发生的环境影响。该方法得到的预测结果属于半定量性质。如果由于评价工作的时间较短等原因无法取得足够的参数和数据，而不能采用前述两种方法进行预测时，则可以考虑使用类比调查法。

（4）专业判断法是一种定性地分析判断建设项目的环境影响的方法，例如德尔菲法等。当建设项目的某些环境影响很难进行定量估测或者由于评价时间过短等原因不能采用前述几种方法进行预测时，则可以使用专业判断法。

四、企业环境经济效益分析

环境资源是有限的，因此应该对其进行计价。在建设项目中，可以尝试使用货币来衡量环境资源的损失，并将其与项目的经济效益进行比较，以提供决策依据。

从企业角度出发，投资项目的环境经济效益分析是通过比较环保投入和环保产出的货币价值来评估建设项目的环保投资是否能够弥补或部分弥补可能造成的环境损失，这是综合评估建设项目的重要依据。

企业的环保投入包括治理费用和辅助费用，以及为弥补因污染和生态破坏而导致的损失所需支付的费用。企业的环保产出则包括各种实施环境保护措施后的收益，这些包括政府的财政补贴、排污权交易获得的收益、产品品质提高和品牌形象改善带来的经济效益等。

1. 企业环境经济成本

企业环境经济成本可以通过以下公式进行计算：

$$C = C_1 + C_2 \tag{12-1}$$

式中：C 为企业环境经济成本；C_1 为环保费用；C_2 为污染损失。环保费用指标 C_1 是指为了治理和控制污染需用的投资，由污染治理费用 C_{11} 和辅助费用 C_{12} 构成。污染治理费用 C_{11} 是指环保设施一次性投资在各年的分摊及其运行费用之和，计算公式为

$$C_{11} = V_1(A/P, i, n) + C_{1j} \tag{12-2}$$

式中：V_1 为环保设施一次性投资；C_{1j} 为第 j 年环保设施的运行费用。

污染的辅助费用 C_{12} 表示环境管理、监测和咨询所需的费用等，计算公式为

$$C_{12} = U_1 + U_2 + U_3 \tag{12-3}$$

式中：U_1 为管理费用；U_2 为监测费用；U_3 为咨询费用。

污染损失 C_2 主要指由于消耗资源和排污而被政府征收的生态环境补偿费和对员工身体健康或产品价值造成影响的补偿，计算公式为

$$C_2 = C_{21} + C_{22} + C_{23} + C_{24} + C_{25} \tag{12-4}$$

式中：C_{21} 为超标排污费；C_{22} 为因环境污染而支付的赔偿费；C_{23} 为罚款；C_{24} 为企业为员工支付的超过正常水平的保健费或医疗费支出；C_{25} 为企业因环境污染而造成的产品价格低于正常市场价值的损失。

2. 企业环境经济产出

企业环境经济产出包括直接经济产出 R_1 和间接经济产出 R_2。直接经济产出 R_1 可以通过以下公式进行计算：

$$R_1 = M_i + N_j + S_k + L_0 + Y_t \tag{12-5}$$

式中：M_i 为能源利用效率提高的经济产出，包括各种燃气的回收，固体、液体气体显热和潜热利用；N_j 为水资源利用效率提高的经济产出，包括水资源利用率提高、减少废水外排量而节约的费用；S_k 为固体废物综合利用效率提高的经济产出，包括对各种固体废物、污泥粉尘等的回收综合利用；L_0 为企业治理污染从政府得到的补贴、税赋减免；Y_t 为企业治理污染中得到的副产品收入。

间接经济产出 R_2 可以通过以下公式进行计算：

$$R_2 = J_i + K_j + Z_k \tag{12-6}$$

式中：J_i 为控制污染后产品价值的提高；K_j 为控制污染后对员工健康支出的减少；Z_k 为控制污染后，减少的排污费、赔偿费和罚款支出。

3. 环境年净效益与环境效费比

环境年净效益是指扣除环境费用和污染损失后的剩余环境效益，计算公式为

$$环境年净效益 = 环境产出指标 - 环境费用指标 \tag{12-7}$$

如果结果大于或等于零，说明企业环境经济产出大于环境损失，即项目的环保方案是可行的；反之，如果结果小于零，则环保方案不可行。

环境效费比是环境效益与环境费用的比值，计算公式为

$$环境效费比 = \frac{环境产出指标}{环境费用指标} \tag{12-8}$$

一般来说，如果结果大于或等于 1，则表明该建设项目得到的环境效益大于建设项目环

保支出费用，项目投资在环境经济上是合算的；否则，这个项目的环保方案是不可取的。

五、社会环境经济效益分析

从经济学角度看，环境保护成本包含内部与外部两类费用。内部成本指的是企业在实施环境保护措施时需投入的基建和运营费用，比如治污系统的建设和维护运营费用等。而外部成本则从社会、经济和自然三个方面考虑。在社会方面，外部成本可以从环境恶化造成的损失中推断出。例如，空气和水质污染所引起的健康问题，人们因此需要巨额医药费用支出；或者因环境恶化导致生产力受损，从而降低了整个社会的生产力水平，进一步影响到经济的发展。在经济方面，环境保护成本会给企业带来直接与间接的经济损失。大规模的污染和环境恶化可能导致环境治理项目的成本升高，如为供应干净水源而增加的能源开销以及废气的处理费用等，从而增加企业的经营成本。此外，还有一些企业依赖于特定自然资源开展生产活动，在自然资源破坏后受到的损失更加严重。在自然方面，环境保护成本涉及环境破坏对生态系统的影响。人类活动对环境的破坏造成的影响过大，已经对生物多样性和生态平衡造成了不可估量的影响。例如，珍稀野生动植物的数量和品质下降可能导致物种灭绝、生态环境减缓，而过度砍伐林木和土地退化则可能导致大规模的水循环变化、自然资源枯竭等问题。

环境保护所带来的收益不仅包括货币性和非货币性两个方面。在货币收益方面，它可以被市场价格直接表示出来，有着明确可见的经济效益，例如，建造水库使得水电产生量和供水量增加、多种经营方式相互作用形成新的商业发展利润等。同时，水质得到改善对水处理过程中的费用降低、渔业产量增加等都可以通过货币价值进行估算。非货币效益也是不能忽视的一部分，非货币效益无法转换为货币价值。比如，一个美丽而自然的风景区吸引了游客前来参观，这样既促进了当地的商业发展，也为当地政府提供了税收收入，提高了当地居民的生活质量。生态系统得到恢复会吸引益鸟和珍禽栖息地回归该地区，形成更加平衡及健康的生态系统。

社会环境经济效益分析是从社会的角度出发，利用一定的手段对项目建设和营运期间对社会整体系统所带来的环境效益进行评估并表达出来的过程。在实现这个目标时，包含了四个主要步骤：影响筛选、影响量化、影响货币化以及将货币价值结果纳入到项目的经济分析中。在实施社会环境经济效益分析的过程中，如何将建设项目诸因素对环境带来的影响货币化是十分关键的。针对这个问题，通常有三种方法可以选择：基于偏好的估价方法、基于损失的估价方法和基于补偿费用的估价方法。

1. 基于偏好的估价方法

基于偏好的估价方法是通过研究人们的行为来推断他们对环境效益的偏好和支付意愿或接受意愿，进而进行环境效益的估价。该方法一般分为两种：显示偏好和陈述偏好。显示偏好指直接观察人们的估价行为或使用统计和计量经济技术进行间接估价；陈述偏好则是通过询问人们的偏好来进行估价。基于偏好的估价方法主要包括了意愿估价法、产品替代估价法和旅行成本法。

（1）意愿估价法是一种以调查结果为基础的估价方法，适用于没有市场价格甚至连市场替代价格都无法获得的情况下。调查者首先要向被调查者解释所要估价的环境物品或服务的特征及其环境质量变化的影响，以及保护这些环境物品或服务的具体措施。然后，调查者可以询问被调查者，为改善保护环境不受污染，他最多愿意支付多少钱，或者反过来询问被调查者,他至少需要得到多少钱的补偿,才愿意接受环境被污染和破坏的事实。通过对调查数据的分析,就可以评估环境资源的价值。

(2) 产品替代估价法是一种用改变环境产生的资产价值变化来估计原有环境价值的方法。例如,某地要建造飞机场,那么即使在飞机投入运营前,飞机噪声对周边环境的影响也已经可以被预测。通过比较飞机场建设前后当地房地产价格的变化,可以估算出由于噪声带来的环境损失。同样,在某些区域,由于其优美的景色或其他环境特点,该地区的房价相对较高。因此,通过将环境特征转化为物业价格,这种方法可以定量地评估环境资源的价值。

(3) 旅行成本法是一种常用于估算没有市场价格的自然风景或环境资源的方法。这种方法需要进行大量的问卷调查以收集数据,并建立某景观游览次数与旅行费用等相关因素之间的函数关系。研究人员可以利用这些数据绘制出环境资源需求曲线,即在不同的价格水平下,消费者对这种环境资源的需求或想象的消费量。这个需求曲线下面的面积,也就是整体效用,可以作为这种环境资源的价值。

2. 基于损失的估价方法

基于损失的估价方法是从经济活动带来的环境质量下降、对人类经济福利造成的损失和代价等角度出发,对环境影响进行价值估算的一类方法。

(1) 剂量-反应法是基于项目排放的污染物对环境介质中的受体产生的物理影响效果,再应用市场价格或影子价格,对每种污染物的产出变化进行评估的方法。例如,空气污染会直接威胁人们的身体健康,剂量-反应法则可以通过实验获取数据,在死亡率和发病率与空气污染指数之间找到关系,以确定空气污染对人体健康的患病率和死亡率的影响程度,并据此计算人们因健康损害而承担的费用。这种方法可将环境实验室数据转换为价值评估,从而较准确地量化了污染所造成的不良影响。

(2) 生产率变动法是通过测算环境资源的变化,评估其所带来的经济价值变化。例如,水污染对水稻产量产生负面影响,可以通过测定水污染造成水稻产量下降的数量,再乘以相应的水稻价格,估算出污染对环境资源造成的经济损失。类似的例子如,酸雨每年可能使荷兰农业遭受1400万美元的损失,这就反映了酸雨状况给荷兰农业带来的负价值,并可用于评估环境污染对该地区农业收益的影响程度。

3. 基于补偿费用的估价方法

基于补偿费用的估价方法从环境质量不下降所需的补偿费用角度出发,对环境资源进行估价。防护支出估价将防护支出的花费视为环境的价值,例如治理噪声污染或防护噪声干扰的花费可以计入噪声带来的环境损失并反映其价值。同样地,如果火电厂安装除硫设备来减轻空气污染,则该空气污染的环境损失可以用除硫设备的费用来表示。重置支出估价则是通过恢复环境破坏或重置相似环境的费用来估算农村水土流失、重金属污染、土地退化等环境破坏造成的损失的价值。如此估价方法保证了通过修复环境来弥补已经造成环境损害的效益,并为环境保护提供了一个有效的经济管制工具。

疾病成本法和人力资本法也是基于补偿费用的估价方法。这些方法通常应用于评估空气和水污染对人类健康的影响,并涉及医疗支出增加、货币收入损失等方面。估算由于疾病导致缺勤所引起的收入损失和医疗费用开支增加可用下式计算:

$$L = M_i + N_j \tag{12-9}$$

式中:L 为由于环境质量变化所导致的疾病损失成本;M_i 为 i 类人由于生病不能工作

所带来的平均工资损失；N_j 为 j 类人的医疗费用。如果医疗费用存在严重的价格扭曲现象，那么它们很可能不反映真实的成本。在这种情况下，需要通过影子价格或影子工资来进行调整，以反映出更为准确的经济损失。

在评估由于环境变化而导致过早死亡所带来的经济损失时，可以利用人力资本法进行计算。具体而言，该方法将过早死亡的影响视为失去了剩余寿命期间的劳动收入，并据此计算出对社会和经济的总体影响。其中一个关键的计算指标是经济损失，即年龄为 t 岁的人在他剩余的正常寿命期间由于过早死亡而产生的经济损失的现值。计算公式为

$$V = \sum_{i=1}^{T} \frac{Q_{t+i} E_{t+i}}{(1+r)^i} \tag{12-10}$$

式中：Q_{t+i} 为年龄为 t 的人活到 $t+i$ 岁的概率；E_{t+i} 为年龄为 $t+i$ 时预期收入；r 为贴现率；T 为退休年龄。

六、环境保护经济政策

为了有效地解决环境问题，必须建立一套符合现代经济活动规律的环境经济政策体系。在缺乏有效政策的情况下，企业往往会忽略其环境影响，并追求短期经济利益，这种情况最终将导致环境的恶化。而经济政策是调动企业保护环境积极性和形成环境保护长效机制的重要手段。常采用的经济政策如下。

1. 总量控制与排污权贸易

总量控制是通过在重点污染区域或保护区范围内确定主要污染物的排放总量，并确保不超过环境容量或目标纳污限制。控制方式多样，包括运营管制、强制减排等方法。政府鼓励企业通过资源节约、污染治理、生产工艺改进等手段实现自愿减排，并提供税收优惠等激励政策来奖励企业的环保行为。

与总量控制相结合的方法是排污权交易。按照这种方法，政府向企业颁发一定数额的排污权，以允许其在限定范围内释放指定量的污染物。根据环境污染程度和市场需求，政府随时可以调整行业或地区的总体排放限制。企业通过购买排污权实现污染物排放，并进行增减排管理。定价交易机制可以激励企业投入资源来降低污染物的排放，如果价格高于治理成本，公司将花更多的时间和资金来优化过程，从而在系统级别上实现了最小化的污染次数和咨询费用。这种政策将市场机制运用于环境保护管理，有效促进了经济的可持续发展和环境保护的协调发展。

排污权交易在国际和国内均得到了广泛的推广和应用。一些国家、地区和企业通过购买来自其他地区的排污权来满足自身需求，并实现减排目标。国内近年来积极探索机制建设和实践经验，浙江、江苏等省份率先开展了排污权交易试点。通过运用总量控制，在特定区域范围内设置污染物排放总量，并实现污染物的排放专用许可证制度，企业可以按照总量授权规定购买或出售排污权。这种拓宽企业减排渠道、提升减排效率、推动企业技术进步和结构调整的政策，可以促进环境保护和经济可持续发展的共同实现。

2. 排污收费

排污收费是指依照国家法律和相关规定，对环境污染者基于其排放污染物的数量或超过规定标准而征收费用的制度。它可以推动环境污染外部成本内部化，促进企业加强经营管理、资源节约和综合利用，强化污染治理和控制环境恶化的趋势。从理论上讲，应该按照单位排放量所造成的损失程度征收排放费用。但当前我国主要污染物排污收费的征收标准还偏

低，无法完全弥补污染治理的成本，也不利于污染物的治理和减排，甚至还会削弱企业治理污染的积极性。为了解决这个问题，一些地方政府推出了逐步提高排污收费标准的措施。例如，北京市针对大气污染、水污染等多种污染物逐年提高收费标准，以鼓励企业减少排放。另外，政府也可以采用税收激励措施，如减免税等方式来鼓励企业积极参与环境治理。

3. 财政补贴

财政补贴是一种由政府向企业提供资金的方式，以支持污染治理投资和节能减排投资。在当前全球环境保护形势下，各国政府都采取了积极措施来促进经济社会可持续发展和环保事业的发展。财政补贴作为环保政策中的一个有效手段，被越来越广泛地应用于各个领域，不仅包括工业制造，还包括交通、能源、建筑等。比如，在环保方面，政府可以通过补贴方式鼓励企业引入新型环保技术、制定更加严格的排放标准、加大污染治理力度等，从而推动企业实现绿色生产和可持续发展。

4. 绿色税收

绿色税收是一种通过税收制度来引导企业和个人在开发、保护和使用环境资源时的绿色行为的经济政策。通常，绿色税收政策实行的方式包括对固定资产和流动资产采取不同方式的税收征收机制，同时鼓励绿色行为的更好支持措施。征收绿色税费的范围既包括能源、工农业等方方面面，也包括了特别关注的气候变化、水与土壤污染等环境领域。实施绿色税收政策的目标在于更大程度地促进可持续性发展，以及环境保护方面的协调与合理化。对环境友好行为提供税收优惠政策，加强环保规范，有助于形成人人关注环保、共建绿色家园的良好社会氛围。而对于环境不友好行为，直接或间接征收污染排放税和产品环保税，则可以使其效益受到削减，从而增加这些单位治理污染的成本，进而刺激生产技术更新和管理方法创新，推动工业结构转型升级。

第五节 建设项目社会可持续发展评价

建设项目社会可持续发展评价简称社会评价，是一种建设项目评价的方法，它的目标在于全面考虑经济、社会和环境三方面的影响，以更为综合、协调、平衡的方式推进可持续发展。社会评价的出现源于对社会发展过程的不断认识与理解以及对各类社会问题的需要，旨在提高社会效益，使得基础设施等建设项目能够达到经济效益和社会效益的"双赢"，从而实现可持续性的切实推进。社会评价所关注的内容包括但不限于文化遗产的保护、就业机会的提供、收入分配制度的公正性、安置搬迁的公平性、区域间的均衡发展等多个层面。

社会评价是一种基于系统调查、研究、分析和评估的方法，旨在分析并评价建设项目对国家和地方实现各项社会发展目标所产生的贡献和影响。同时，也需要考虑项目与社会的相互适应性，以确保项目具有可持续性，能够为区域社会和经济发展做出积极的贡献，并尽量减少或消除由项目实施所带来的负面影响。

社会评价的主要目的是使建设项目符合所在区域的宏观发展目标和目标人口的具体发展需求，同时也要为实现社会稳定、减轻贫困、促进社会平等社会目标做出贡献。

社会评价的一般步骤包括四个阶段。首先，需要描述项目所在区域的社会状况，包括相关的社会背景、利益相关者和使用的指标体系。其次，需要收集和分析有关数据以评估项目对社会的影响，对不同的利益相关者进行访谈和问卷调查，以确定他们对项目的看法和需求。再次，根据影响评估结果，对项目的正面、负面和潜在影响进行分析和评估。如果发现了负面影响，则需要提出减轻这些影响的措施，并确保这些措施符合当地的社会习俗和法律法规。最后，基于评估结果和当地政策环境，提出建议和改进机会，以便项目能够更好地满足当地的社会需求和发展目标。

社会评价需要识别关键的利益相关者，包括项目影响群体和项目目标群体，并制定适当的参与机制，让他们能够参与到项目决策、设计和实施中，并充分考虑贫困和弱势群体的需求和权益。同时，还要确保利益相关者可以接受项目目标及其所带来的社会变化，以建立良好的社会关系。在实际的社会评价过程中，需要注意根据当地文化和社会习俗的特点进行评估并提出可行性的政策建议，以尽可能地实现项目的正面效应，减轻负面影响。

一、社会影响分析

社会影响分析是指研究项目对社会环境、社会经济方面的正面和负面影响，并对其进行全面评估，以确保项目能够尽可能地造福于整个社会。该分析主要包括以下内容：促进国民经济布局结构改善，即通过优化资源配置和分配，以及刺激市场经济的发展等方式，推动当地经济体系更加可持续和稳定发展。需要考察项目对促进地区经济发展的影响，如增加就业机会、扩大消费市场等，促进当地经济的快速增长，并为地方政府带来税收贡献和财政收入。需要评估项目对居民收入与就业的影响，特别是对当地务工者、贫困户和妇女等群体的影响，确保尽可能多的居民能够从项目中享受到实实在在的福利。公平分配效益也是一个非常关键的因素，特别需要关注项目是否符合市场竞争规则和公平分配原则，是否对商业环境和产权维护带来威胁、损害公众利益，以及当地居民分配是否公平、贫困户和妇女等弱势群体是否受益等问题。对于项目带来的技术进步和节约时间效益，可以增加人们的生活质量，在日常生活中节省更多的宝贵时间。在进行社会影响分析时，需要考察项目对当地文化、教育和卫生水平的影响，特别是需要重视对少数民族风俗习惯和宗教信仰的尊重和维护。同时，需要评估项目对该地区基础设施和城市化进程的发展潜力、对人民卫生保健的支持以及对社会安全和稳定的影响。还需要考虑项目对社区人民的道德观念、社区凝聚力和社会福利等方面的影响，以及可能产生的其他社会影响。这包括了对社区人民生活习惯、道德规范的影响，对社区凝聚力的影响，以及对社区人民社会福利、社会保障的影响等。

二、相互适应性分析

相互适应性分析是指在项目的建设和运营过程中，研究其能否与所处的社会环境、文化背景以及地方经济特点相互适应，使项目不仅能够获得当地政府和居民的支持，也能够切实服务于当地的经济与社会发展。具体包括以下几个方面：需要考虑项目是否符合国家、地区发展的重点，如是否符合国家产业政策的导向，是否满足当地经济快速发展或优化结构的需求等，确定当前发展重点并确定全面协调开发的策略，确保项目能够与当地经济发展接轨。需要详细研究项目的文化和技术可接受性，并预测与项目直接相关的不同利益群体、各类组织对项目建设和运营的态度、支持程度，对可能阻碍项目存在与发展的因素提出防范措施。对项目的参与水平进行分析，评估当地干部、群众对项目各项活动的态度和要求等因素，充分借助当地人民的力量保证项目的顺利实施和持续发展，促进当地居民更高档次、更广泛、更有意义地参与。

三、社会风险分析

社会风险分析旨在识别和预测各种与项目相关的社会因素，选择那些影响范围广、持续时间长,并有可能导致重大矛盾的因素进行深入分析,从而为项目决策提供重要依据。社会风险分析的主要内容包括以下几个方面:通过分析当地的社会背景、人文环境和政治氛围,确定项目是否存在潜在风险并评估其严重程度。对于投资项目涉及的各个利益相关者,包括谁会受到好处、谁会受到损失和哪些脆弱群体存在受害风险等,都要进行深入分析。定期进行受损群众,特别是贫困户、妇女和其他脆弱群体接受程度调查,以了解他们的意见和反馈,并采取相应的措施防止效益流失与减少受损群众的数量,为受损群体提供合理的补偿措施。

四、公众参与分析

在过去几十年里,越来越多的实践和研究表明,公众参与在项目规划及实施中起着至关重要的作用。它可以扩大收益人群,增强项目的执行力和责任性,并有助于减轻项目对环境及社会造成的不良影响,最终实现项目的长期可持续发展。公众参与可以帮助发掘更多的问题和风险,以及提供更具创新性和可再生性的解决方案。它还可以促进参与者之间的相互了解和信任,并为各种利益相关群体创造平等和公正的机会,以更好地理解和平衡各方面的利益,确保项目能够真正符合社会需求和期望。要实现有效的公众参与,需要采取一系列措施,如公布信息、组织研讨会、提供培训和技术支持、依据合理原则进行咨询和协商等。

拓展阅读:瑙鲁的发展历史

瑙鲁位于中太平洋、赤道以南约 60 千米处,由一独立的珊瑚礁岛构成,全岛长 6 千米,宽 4 千米,海岸线长约 30 千米,是世界上最小的岛国,人口仅有 1 万多人。1901 年,地质学家埃利斯发现整个瑙鲁岛屿的 80% 都是富含磷酸盐石灰的磷矿。磷是一种重要的化工矿物原料,用它可以制取磷肥,也可以用来制造黄磷、磷酸、磷化物及其他磷酸盐类。磷矿的形成是因为瑙鲁位于中太平洋,是方圆 300 平方千米内海面上仅有的两个岛屿之一,是海鸟绝佳的栖息地,鸟粪覆盖了整座岛。而且与普通磷矿不同,鸟粪磷矿的含磷率很高,又因为靠近地表,质地松软易于开采。

1968 年瑙鲁争取到了独立,依靠丰富的矿藏资源,瑙鲁人一夜暴富,人均 GDP 短时间内位列世界第二,成为世界最富有的国家之一。在拥有了丰厚收入之后,瑙鲁人开始疯狂花销,在岛上仅余的绿地之一上建起了高尔夫球场,国家电视台的三个频道为岛民们准备了各种娱乐节目,在这一个小小的岛上,修建 20 千米长的环岛高速公路,费用约为陆地的 25 倍。他们有自己的航空公司和能起降中型飞机的机场。因为过度享乐,瑙鲁 97% 的男性和 93% 的女性超重或肥胖,约 50% 的瑙鲁人都患有糖尿病,岛上男性平均寿命降到了 53 岁,比邻近的新西兰短 20 多年。

但是,磷矿是一种不可再生资源,岛上的磷矿是千万年鸟粪积累的成果,瑙鲁政府根本没有考虑可持续发展,也没有通过资源优化国家产业结构,他们将资源换成大笔的钱开始进行投资,瑙鲁成立了信托基金,在海外大量购入房产和投资。

随着资源的逐渐耗尽,这个在鸟粪上建立的国家开始走向毁灭,独立之后仅用了 30 年不到的时间,瑙鲁的磷矿资源濒临枯竭。终于,在 1989 年瑙鲁政府出现财政赤字,并开始举债度日,原来在国外置办的一些产业也都变卖还债,但依然填不上窟窿。瑙鲁还靠出卖自己国家的外交主权和经济主权来换取经济利益,然而这只能透支瑙鲁在国际上的信誉度。瑙鲁更同意为澳大利亚政府成立一个难民拘留中心。于是非法移民被关在环境恶劣、守卫森严的营地，生存环境更加恶劣，贫穷、落后、疾病、焦虑开始困扰着每个人。瑙鲁用 30 年的时间向我们展示了从天堂到地狱的完整过程。

思考与练习

1. 可持续发展的内涵是什么？
2. 新能源发电项目开展可持续发展评价的意义是什么？
3. 新能源发电项目开展可持续发展评价的主要内容有哪些？
4. 如何确定项目生产过程中对环境的影响？
5. 研究项目对社会影响的意义是什么？

第十三章 项目后评价

项目后评价是一种在投资项目全部建设完成并开始生产运营后进行的综合性评估,以实际情况为依据,从项目准备、立项决策、设计施工到生产运营等全过程中进行回顾和总结评价,旨在对实际情况与预计情况的差异进行比较研究,总结经验教训,提出改进措施。与前评价相比,后评价除了增加现实性和可信度外,更加强调反馈性和广泛性。评价结果应当反馈给相关决策部门和责任人,根据评价的结论进一步提高和完善项目的决策和管理水平。

本章内容主要介绍了项目后评价概述、基本内容、程序和方法、经济效益、社会和环境影响。

学习过程中要求了解项目后评价的基本概念和内容,了解项目后评价的程序和方法,能利用项目后评价方法对项目进行评价。

第一节 项目后评价概述

一、项目后评价的含义和特点

项目后评价是在投资项目建设完成并投入生产运营一段时间后对整个投资活动进行总结评价。这种评价方法包括对项目准备、立项决策、设计施工和生产运营等全过程的回顾评价,综合考虑项目取得的经济效益、社会以及环境影响等方面进行评估。项目后评价的目的在于判断项目预期目标实现的程度,从而提高项目决策水平、管理水平和投资效益。

通过项目后评价的回顾和评估,不仅可以了解项目建设过程中的实际情况和预计情况之间的差异,还可以比较研究各阶段工作的执行情况,总结经验教训并提出相关建议,以改进工作并提高效益。因此,项目后评价既是项目管理的一个重要内容,也是项目建设程序中不可或缺的重要环节。

项目后评价的特点主要表现在以下几个方面。

(1) 项目后评价具有现实性。项目后评价以实际情况为基础,对项目的建设和运营状态进行分析研究,所依据的数据资料是项目实际运行中已经发生的真实数据或根据实际情况预测的数据。因此,项目后评价更加客观和准确。

(2) 项目后评价具有全面性。项目后评价是对投资项目的投资全过程和运营全过程进行分析。这包括了基本建设项目、技术改造项目等各个阶段的内容,对项目的投资效益进行评价,同时也要对项目的经营管理效果和发展潜力进行分析。

(3) 项目后评价具有反馈性。项目后评价能够通过对项目的投资和运营情况进行检查分析评价,并把结果反馈到决策部门,作为新项目的立项和评估的基础,以及调整投资规划和制定政策的依据。

(4) 项目后评价具有广泛性。大中型投资项目通常涉及的领域比较多,需要多个部门的各个有关专业人员参与合作,才能够完成评价工作。

二、项目后评价与项目前评价的区别

前期评价与后期评价在以下多个方面有明显的区别。

（1）评价主体不同。前期评价由投资主体组织实施，而后期评价则主要由投资运行监督管理机构或独立的评估机构负责。后期评价通常由上级决策机构牵头，协同相关计划、财政、审计、设计、质量、司法等部门，以确保评价结果的公正性和客观性。

（2）评价目的和作用不同。前期评价主要着眼于经济效益的定量评估，评价结果会直接被用来作为项目决策的参考依据。后期评价更侧重于反馈信息，不仅考虑经济效益，还需要关注项目的社会效益和环境影响。因此，后期评价的结论往往具有间接引导未来投资项目决策的作用。

（3）评价依据不同。前期评价主要依据国家、行业和部门颁发的政策规定和参数标准，以及历史资料和经验性资料进行评价。而后期评价则主要依据建成投产后项目实施的现实资料，将各方情况进行对比，并检测项目的实际情况与预测情况的差距，分析产生原因，提出改进措施。

（4）评价内容不同。前期评价分析和研究的主要内容是项目建设条件、工程设计方案、实施计划以及项目的经济社会效益的评价和预测。相比之下，后期评价的主要内容除了针对前期评价做出再评估外，还要对项目决策和实施效率等进行评价，并对项目实际运营状况进行深入的分析。

（5）评价阶段不同。前期评价是项目前期工作的必要一环，其目的是在投资决策时为相关方提供可靠的依据。而后期评价是在项目竣工投产后，对项目全过程的建设和运行情况及产生的效益进行评价，以验证预测结果的准确性和提出未来工作的改进方案。

三、项目后评价的作用

项目后评价具有重要的作用，具体如下。

（1）总结建设项目管理的经验教训。通过对整个项目实施过程进行全面、系统的分析和研究，检测项目实际情况与预测情况的差距，分析产生的原因并提出改进措施，可以从中得到很多有益的经验和教训，为今后类似的投资项目提供重要的借鉴依据。

（2）促进项目决策科学化水平的提高。通过建立完善的项目后评价制度和科学的评价方法体系，对各种反馈信息逐一进行分析和检查，对基本建设程序各环节工作和生产经营所取得的实际效果进行检测，检验项目是否达到投资决策时所确定的目标等，可以深入分析项目建设过程中的问题，并纠正其中存在的问题，从而为未来类似项目的投资决策提供更为可靠的依据，提高未来项目决策的科学化水平。

（3）为国家投资计划和政策的制定提供依据。通过对各个行业和地区的投资项目进行后评价，可以及时发现存在的问题和不足。并且由于国家投资计划通常会涵盖多个行业和地区的投资项目，因此项目后评价的结果可以反映出整个国家宏观投资管理的状况。同时，通过审核投资项目的实际效果以及与预期效果的差异，可以及时发现投资方向和投资规模等方面的偏差，从而引导改进和调整宏观调控政策和计划。

第二节　项目后评价的基本内容

针对项目后评价的内容，可以从多个角度进行划分和分类。其中从与项目前评价对称的角度，可以将项目后评价的内容分为几个方面进行评估，主要包括项目建设必要性的后评价、项目生产建设条件的后评价、项目技术方案的后评价、项目经济后评价以及项目影响后评价等。

一、项目建设必要性的后评价

项目建设必要性的后评价是对项目立项时的目标是否能够实现进行评估的重要环节。在进行评估时，可以采取多种方式和方法来验证市场预测是否准确、产生偏差的原因并提出相应的改进措施。

通过对国内外市场上产品的实际供求状况进行分析，在销售量、市场份额、持续时间、价格以及市场竞争力等方面进行比较和观察，以便确定项目前评价时的市场需求预测是否准确。如果项目实际执行结果与预测目标有所偏离，则需要对产生偏差的原因进行深入剖析，并寻求新的趋势预测，为今后更好地制定发展战略提供支撑和借鉴。项目建设必要性的后评价还要重新评估建设项目是否符合国家产业政策、地区与行业规划、经济布局、项目规模经济等要求。这需要全面考虑项目所处的市场环境和行业特点，分析其优劣势和可持续竞争力，以制定更加合理、科学和可持续的投资计划和发展策略。

二、项目生产建设条件的后评价

生产建设条件的后评价是在项目建设完成后对生产和生活条件进行的评估，主要侧重于目标任务的实现情况以及前期评估时所做出的预测和实际结果之间的比较分析。

该评价内容主要包括以下几个方面：重新测评厂址条件，是否与前期评估时所确认的相符，包括检查工厂周边环境、人口密度、资源状况、交通路线等相关因素；分析和衡量实际影响项目生产建设条件的因素，并进行再评价，这些因素可能包括自然环境影响、宏观政策变化、市场需求变化等多种因素；重新评估原料、辅助材料和燃料的种类、数量、来源渠道和供应方式等方面的情况；对于所需公用设施的数量、供应方式和供应条件等方面进行再评价，包括针对生产环节中需要的供水、排污、电力及天然气等基础设施；对生产组织管理机构的设置、运行效率、招聘工人的方式、人员结构和人员培训等方面展开再评价。

三、项目技术方案的后评价

对项目技术方案进行后评价是了解工程设计方案和项目实施方案的实际执行情况，并进一步优化未来方案，从而提高项目工作质量和效能。

该评价内容主要包括以下几个方面：评价项目构成范围，跟踪分析项目的建设规模与初步设计方案的差异，考察设计图纸参数和实际施工进展。重新审视项目土建工程量。如需更改某些设计信息或调整现场施工方案，则需仔细评估相关技术指标、工程量变化等因素，以确保实际操作符合计划要求。对项目涉及的技术来源、主要技术工艺和设备选型及工艺流程再次进行评估。重新审查项目的施工方式和技术方案，比较预期结果与实际执行效果的强弱和差异，及时调整施工策略，不断改进管理。

四、项目经济后评价

进行项目经济后评价可以帮助企业了解投资回报情况，评估经济效益并为未来的决策提供有力支持。这一过程通常被分为项目财务后评价和项目国民经济后评价两个部分。

在项目财务后评价方面，需要从项目的角度出发，对项目开展实际的财务效益进行评估。评估过程中应按照现行财务制度规定，考虑投入物和产出物的实际价格水平，以总投资、产品总成本、企业收益率和贷款偿还期等几个关键指标为主要评估标准，重点关注这些关键指标的实际值与当初预测值之间的偏差。

项目国民经济后评价则是从整个国家经济发展的角度出发，采用影子价格、影子汇率、影子工资和社会折现率等参数对项目所产生的国民经济效益进行再一次评估。评估过程中，需重点分析项目实际成本效益和预测数值之间的差异。

五、项目影响后评价

进行项目影响后评价可以帮助评估项目的整体效益，包括经济、环境和社会等方面。经济影响后评价是对项目对所在地区、所属行业和国家所产生的经济方面影响的评价，重点关注项目对经济分配、就业、国内资源使用、技术进步等方面的影响。评价过程中需要考虑项目对当地经济活力的促进，对供需关系的影响以及其在各级经济因素中的地位。环境影响后评价是对项目从环境角度出发对环境影响的评价。评价内容包括项目的污染控制、地区环境质量、自然资源利用和保护、区域生态平衡和环境管理的再评价等几个方面。社会影响后评价的重点在于评价项目对所在地区和社会的影响。评价内容主要包括贫困、平等、参与、妇女和持续性等方面。

第三节 项目后评价的程序和方法

一、项目后评价的程序

项目后评价程序通常包括选择后评价项目、制定项目后评价计划、确定项目后评价内容与范围、选择项目后评价机构和咨询专家、实施项目后评价以及编写项目后评价报告。

1. 选择后评价项目

需要进行后评价的项目不能仅仅局限于政府投资项目或特殊项目等少数情况，更多的是要本着对投资者和社会负责的态度，选取符合条件的项目进行后评价，以监管并优化项目的建设和运营。

通常情况下，可以根据以下条件选择需要进行后评价的项目。政府投资项目中规定需要进行后评价的项目是必须进行后评价的。这类项目直接涉及政府预算和公共资源的投入，在评估其综合效益时需要在经济、社会和环境等方面进行权衡。特殊项目，如大型项目、复杂项目和新试验性项目等都可能存在着与传统的项目不同类型的特殊风险和挑战，需要进行后评价来全面分析其影响和成果，并寻求持续性发展的可行性和方法。为国家预算、宏观战略和规划制定提供信息的项目也需要进行后评价以更好地了解其融入整个国家或地区总体发展规划的效果，有助于优化社会经济结构。具有未来发展方向和代表意义的项目可能会对相关产业和社会经济产生深远的影响，需要进行后评价以进一步明确其效果，并引导未来发展走向。对于在特定行业或地区的投资发展具有重要意义的项目，需要进行后评价以了解其对当地经济、国家产业结构的影响等。如果竣工运营后与前预测结果存在重大变化的项目，需要进行后评价，并根据评价结果制定相应的措施和规划以保证项目的可持续发展。

2. 制定项目后评价计划

在确定需要进行后评价的项目之后，评价人员应尽早制定项目后评价计划，因为在整个项目周期内，从可行性论证开始就需要时刻关注和记录该项目的所有信息资料，并确保其准确性和完整性。一个好的项目后评价计划应当对后评价任务的时间、范围、指标体系、方法、人员以及机构等方面都进行总体安排。

3. 确定项目后评价内容与范围

在制定项目后评价计划的同时，还需要明确具体的评价内容和范围。任务书可以被认为是一个明确评价任务目的、范围和方法并且详细说明了项目后评价的必要信息的文档。在任务书中，评价任务的目的应该清晰而具体，在特定领域内对项目进行系统的评估，根据实际情况确定评价范围和内容。同时，在制定任务书时需要考虑评价采用的方法和指标体系，从而确保评价的全面性和准确性。

4. 选择项目后评价机构和咨询专家

项目后评价的两个阶段，自我后评价主要由项目实施单位和项目使用单位自行完成，强调从使用者角度出发记录和收集项目运行的原始数据；独立后评价则需要由独立的评价机构来完成。选择评价机构应当具备相应资质和能力，并符合各方利益相关者对于评价结果公正性和可信度的需求。评价机构设有专业负责人，由其组织相关专家成立后评价小组并按照任务书开展工作，在选择评价小组成员时需保证其与被评价项目之间不存在任何经济或社会利益上的牵扯。评价机构也可以考虑聘请专门的独立后评价咨询专家，以提高评价的公正性和质量。这些咨询专家不隶属于评价机构，同时可以从一个独立的视角出发，为评价工作提供可靠支持。他们将贡献他们的专业知识和经验，帮助评价团队提高评价过程中的效率、准确性和全面性。

5. 实施项目后评价

针对不同类型的项目可能存在的差异，实施项目后评价可以从大的方面划分为以下三个步骤。

首先，应尽可能全面地收集与后评价项目有关的原始资料，包括项目可行性研究报告、立项审批书、项目变更资料、竣工验收资料、决算审计报告、各项设计文件、项目运营情况的原始记录以及自我后评价报告等资料。

其次，进行项目后评价的现场调查。现场调查前应预先制定现场调查的设计方案，根据项目后评价内容的需要细化调查的内容和问题、调查对象、调查形式以及具体安排等。具体来说，调查的内容要围绕项目实施情况、项目预期目标的实现情况、项目各经济技术指标的合理性、项目产生的作用及影响等方面进行。

最后，整理与分析项目后评价资料。分析主要包括三个方面：一是将项目后评价结果与项目前评估预测结果进行对比分析；二是对项目后评价本身结果所进行的分析；三是对未来项目发展进行全面的分析。

6. 编写项目后评价报告

项目后评价报告是整个后评价过程的最终产出，反映了后评价工作的成果和对被评价项目的全面分析。编写报告需要以前述各项工作内容为依据，以具体的评价原则为指导，力求客观、全面、公正地描述被评价项目的实施现状。在进行报告编写前，首先需明确评价的目的和受众对象。根据受众不同，编写报告的角度和文字表述也会有所区别。其次，在确定评价结果之前，需要仔细审视和审核所有的调查数据，尤其要对数据的可靠性、准确性和完备性进行验证。

在编写报告的过程中，一般包括以下几个部分：封面、项目后评价组织及人员分工、报告摘要、项目概况、后评价内容及方法、数据处理与分析过程、主要成果与存在问题。

二、项目后评价的方法

项目后评价的方法是对被评价项目进行分析和研究的手段和工具,其选择关键在于能否为后评价工作提供有力和科学的支持。由于项目后评价涉及多种领域和维度的综合分析与评估,因此在分析方法上通常采用定量分析与定性分析相结合的方法,最常用的方法主要有对比分析法、逻辑框架法、成功度评价法等。

1. 对比分析法

对比分析法是后评价中经常使用的评价方法之一,主要包括前后对比法、有无对比法和横向对比法等。

前后对比法是将项目可行性研究和评估阶段所预测的项目的投入、产出、效益、费用等和相应的评价指标与项目竣工投产运行后的实际结果进行对比。这种对比方法往往用于项目的效益评价和影响评价,可以准确地反映出项目实施后的变化情况以及项目对环境、社会、经济等方面产生的影响。

有无对比法是将项目实际产出的效益和投入的成本与没有该项目情况下的预期效益和成本进行比较,以衡量项目真实效益。这种方法的关键是确保衡量指标的一致性。因此,使用有无对比法进行项目后评价需要大量可靠的数据和监测资料,最好结合当地有效的统计资料进行分析。而在进行对比分析时,则需要先确定评价内容和主要指标,选择可比的对象,通过建立对比表进行分析。

横向对比法会将该项目实施后所达到的技术经济指标与国内外同类项目的平均水平、先进水平、国际先进水平等进行比较。在使用横向对比法进行项目后评价时,需要注意可比性问题。具体来说,需要将不同时期的数据资料折算到同一时间段,以保证项目评价的价格基础保持同期性,并保持费用和效益等计算口径相同。

2. 逻辑框架法

逻辑框架法是一种设计、计划和评价工具,由美国国际开发署在1970年研发并使用。目前,该方法已广泛应用于援助项目的计划管理和后评价中,成为国际组织常用的项目管理工具之一。

逻辑框架法不是一种机械的方法程序,而是一种综合、系统地研究和分析问题的思维框架。该框架将几个内容相关且必须同步考虑的因素结合起来,通过分析它们之间的关系来评价项目的设计、策划与执行等方面。因此,逻辑框架法的核心就是分析项目营运与实施的因果关系,并揭示结果与内外原因之间的联系。

逻辑框架法将项目的目标及其因果关系分为四个层次:目标、目的、产出物和投入物及活动。其中,目标通常指高层次的规划、政策和方针等;目的则是指建设项目的直接效果和作用,需要考虑对受益群体的实际影响;产出物则是指项目建成后提供的可直接计量的产品或服务;而投入物和活动则是指该项目实施期间的资源投入量、起止时间及工期等。通过研究和分析这些因素之间的相互关系,可以对项目进行全面的评价。

逻辑框架法的模式一般可用矩阵表来表示,以便更清晰地展示每个层次之间的联系和重要性,见表13-1。结构模式由4×4的矩阵表组成。在垂直方向,各横行代表了不同的目标层次,按照因果关系自下而上列出了项目的投入、产出、目的和目标四个层次,同时也包括达到这些目标所需要的检验方法和指标,以及目标层次之间的因果关系和重要的假定条件及前提。在水平方向,各竖行代表如何验证这些不同层次的目标,自左向右列出了项目各目标层次的预期指标和实际达到的考核验证指标、信息资料和验证方法，以及相关的重要外部条件。

表 13-1 逻辑框架法矩阵表

层次描述	客观验证指标	验证方法	重要外部条件
目标/影响	目标指标	检测和监督手段及方法	实现目标的主要条件
目的/作用	目的指标	检测和监督手段及方法	实现目的的主要条件
产出/结果	产出物定量指标	检测和监督手段及方法	实现产出的主要条件
投入/措施	投入物定量指标	检测和监督手段及方法	实现投入的主要条件

逻辑框架法通过采用专门的客观验证指标及其验证方法来分析研究项目的资源消耗数量、质量和结果，并对项目各个目标层次所得结论进行详细的分析和说明。整个逻辑框架的分析逻辑关系由下至上，就是从项目的投入开始，考虑在什么条件下能够产生什么，然后思考有了这些产出，在什么外部假设条件下又可以达到项目的直接目的，最终，在什么客观假设的必要或充分条件下实现项目的预期社会经济目标。

逻辑框架法被广泛地应用于后评价中，用于分析项目原定的预期目标、不同目标层次的细节、目标实现程度以及实现结果的原因。同时，通过评估方案的效果、作用和影响等方面，可以为未来类似项目提供经验教训和优化方案的指导和参考。在国际组织的援助项目中，逻辑框架法被广泛应用，并成为后评价的方法论原则之一。

国务院国有资产监督管理委员会制定《中央企业固定资产投资项目后评价工作指南》对中央企业固定资产投资项目进行后评价。其中，逻辑框架法被列为一项关键工具，通过投入、产出、直接目的和宏观目标四个层面进行项目分析和总结，以期优化相关资源配置和提升项目效益。该工作指南还给出了参考格式，见表 13-2。

表 13-2 项目后评价逻辑框架表

项目描述	可客观验证的指标			原因分析		项目可持续能力
	原定指标	实现指标	差别或变化	内部原因	外部原因	
项目宏观目标						
项目直接目的						
产出/建设内容						
投入/活动						

3. 成功度评价法

成功度评价法是一种系统性的评估方法，旨在通过综合评估项目目标实现程度和经济效益分析结果，对整个项目进行全面评估，以确定其成功度。成功度评价法的具体实施过程包括明确项目成功的标准、选择适当的评价指标并确定其重要性权重、通过指标重要性分析和单项成功度结论的综合，得出整个项目的成功度指标。在评价指标的选择过程中，需要根据项目性质和特点，选择与之相关且能够反映其实际情况的指标，并给予其相应的重要性权重。

在成功度评价法中，评价专家或专家组扮演着重要角色。他们依靠对项目执行情况的了解和经验，通过系统准则或目标判断表来评价整个项目的成功程度。专家打分采用如下评价等级：成功、基本成功、部分成功、不成功和失败。其中，成功度最高的是成功，表示项目已经全面实现或超越各项目标，所取得的效益和影响巨大。而最低的评价是失败，意味着项目无法实现目标，即使建成后也不能正常运营。

三、项目后评价的指标体系

在项目后评价指标体系中，包括以下几个方面：反映项目前期和实施阶段效果的指标、反映项目运营阶段效果的指标、反映项目全寿命周期效果的指标，以及反映项目社会效益和环境效益的指标。

（一）反映项目前期和实施阶段效果的后评价指标

1. 实际项目决策周期变化率

$$实际项目决策周期变化率 = \frac{实际项目决策周期 - 预计项目决策周期}{预计项目决策周期} \times 100\% \quad (13-1)$$

实际项目决策周期变化率反映了实际项目决策周期与预计项目决策周期相比的变化程度。

2. 实际建设工期变化率

$$实际建设工期变化率 = \frac{实际建设工期 - 预计建设工期}{预计建设工期} \times 100\% \quad (13-2)$$

实际建设工期变化率反映了实际建设工期与预计建设工期的偏离程度。

3. 实际工程合格品率

$$实际工程合格品率 = \frac{实际单位工程合格品数量}{验收鉴定的单位工程数} \times 100\% \quad (13-3)$$

实际工程合格品率反映了工程项目的整体质量情况。

4. 实际总投资变化率

$$实际总投资变化率 = \frac{实际总投资 - 预计总投资}{预计总投资} \times 100\% \quad (13-4)$$

实际总投资变化率反映了实际总投资与项目前评估的预计总投资的偏离程度，包括静态比较与动态比较。

5. 实际单位生产能力投资及其变化率

$$实际单位生产能力投资 = \frac{工程项目总投资}{新增生产能力} \times 100\% \quad (13-5)$$

实际单位生产能力投资反映了竣工项目每增加单位生产能力所花费的投资，它将投资与投资效果联系起来分析，能够反映投资的比较效果。

$$实际单位生产能力投资变化率 = \frac{实际单位生产能力投资 - 设计单位生产能力投资}{设计单位生产能力投资} \times 100\%$$
$$(13-6)$$

实际单位生产能力投资变化率反映了实际单位生产能力投资与设计单位生产能力投资的偏离程度。

（二）反映工程项目运营阶段效果的后评价指标

1. 实际达产年限变化率

$$实际达产年限变化率 = \frac{实际达产年限 - 设计达产年限}{设计达产年限} \times 100\% \quad (13-7)$$

实际达产年限变化率反映了实际达产年限与设计达产年限的偏离程度。

2. 实际产品价格变化率

实际产品价格变化率可以评估产品价格预测的准确性，也可在一定程度上解释实际投资效益与预期投资效益之间的差异原因。此外，还可以作为重新预测项目生命周期内产品价格变化情况的基础。计算该指标需要分为以下三步。

第一步，计算各年各主要产品的价格变化率：

$$主要产品价格变化率 = \frac{该年实际产品价格 - 预测产品价格}{预测产品价格} \times 100\% \quad (13-8)$$

第二步，计算各年主要产品价格平均变化率：

$$各年主要产品价格平均率化率 = \sum(概念产品价格变化率 \times 该产品值占总产值的比例) \quad (13-9)$$

第三步，计算考核期内的产品价格变化率：

$$产品价格变化率 = \frac{\sum 各年主要产品价格平均变化率}{考核期年数} \quad (13-10)$$

3. 实际投资利润率及其变化率

$$实际投资利润率 = \frac{年实际利润}{实际总投资} \times 100\% \quad (13-11)$$

实际投资利润率及其变化率是反映工程项目投资效果的一个重要指标，其中年实际利润是指项目达到设计生产能力后的实际年利润或实际平均利润。

$$实际投资利润变化率 = \frac{实际投资利润率 - 预计投资利润率}{预计投资利润率} \times 100\% \quad (13-12)$$

(三) 反映项目全寿命周期效果的后评价指标

1. 实际净现值及其变动率

$$\text{RNPV} = \sum_{t=1}^{n}(\text{RCI} - \text{RCO})_t(1+i_k)^{-t} \quad (13-13)$$

式中：RNPV 为实际净现值；RCI 为项目实际或根据情况重新预测的年现金流入量；RCO 为项目实际或根据实际情况重新预测的年现金流出量；i_k 为根据实际情况重新选定的行业基准投资收益率；n 为重新预测的项目寿命期；t 为项目寿命期中的某一年份。

实际净现值反映项目寿命期内的动态获利能力。

$$净现值变化率 = \frac{\text{RNPV} - \text{NPV}}{\text{NPV}} \times 100\% \quad (13-14)$$

式中：RNPV 为实际净现值；NPV 为预计净现值。

净现值变化率反映实际净现值与预计净现值的偏离程度。

2. 实际内部收益率

$$\sum_{t=1}^{n}(\text{RCI} - \text{RCO})_t(1+\text{RIRR})^{-t} = 0 \quad (13-15)$$

式中：RIRR 为实际内部收益率。

实际内部收益率是在项目后评价前，实际经历的各年净现金流量与项目寿命周期内每年重新预测的净现金流量之和为零时所使用的折现率。实际的内部收益率需要与预测的内部收益率或行业基准投资收益率进行比较，从而更清晰地反映项目的实际投资效益。如果实际的内部收益率大于或等于预测的水平，则说明项目的实际投资经济效益已达到或超过行业平均水平或目标水平,具有良好的投资效益。

3. 实际投资回收期

实际投资回收期是用来衡量项目净收益或重新预测的净收益所需的时间以弥补总投资成本。该指标包括实际静态投资回收期和实际动态投资回收期两种形式。

实际静态投资回收期的计算公式为

$$\sum_{t=1}^{TR_t}(RCI-RCO)_t=0 \tag{13-16}$$

式中:TR_t 为实际静态投资回收期。

实际动态投资回收期的计算公式为

$$\sum_{t=1}^{TR'_t}(RCI-RCO)_t(1+i_k)^{-t}=0 \tag{13-17}$$

式中:TR'_t 为实际动态投资回收期。

4. 实际借款偿还期

实际借款偿还期是指用于弥补固定资产投资借款本金和建设期利息的时间,是通过项目实际产生的折旧和税后部分利润来实现还款。该指标反映了工程项目的实际债务偿还能力,公式为

$$IR_d=\sum_{t=1}^{TR_d}(RR_p+DR+RR_0-RR_e)_t \tag{13-18}$$

式中:IR_d 为固定资产投资借款本金和建设期利息;TR_d 为实际借款偿还期;RR_p 为实际或重新预测的年税后利润;DR 为实际用于还款的折旧;RR_0 为实际用于还款的其他收益;RR_e 为还款期内的企业留利。

(四) 反映项目社会效益和环境效益的后评价指标

项目的社会效益和环境效益后评价指标分为定性和定量两类。定性指标描述了资源利用、技术扩散、生产力布局、产业结构调整、地区经济平衡以及生态平衡和环境保护等方面的影响。定量指标包括劳动就业效益、收入分配效益和综合能耗等方面反映项目社会效益和环境效益的数量化指标。

1. 劳动就业效益的后评价指标

劳动就业效益可分为三种类型:直接劳动就业效益、间接劳动就业效益和总劳动就业效益。

$$直接劳动就业效益=\frac{项目新增就业人数}{项目投资支出} \tag{13-19}$$

$$间接劳动就业效益=\frac{配套项目新增就业人数}{配套项目投资支出} \tag{13-20}$$

$$总劳动就业效益=\frac{项目新增就业人数+配套项目新增就业人数}{项目投资支出+配套项目投资支出} \tag{13-21}$$

衡量单位投资创造的就业机会是劳动就业效益指标。在劳动力过剩、失业率高的情况下,评估项目对社会贡献的重要性十分突出。然而,该指标与技术进步和劳动生产率提高存在矛盾。随着自动化程度的提高,劳动生产率增加,需要的劳动力减少,则劳动就业效益降低。因此,应将劳动就业效益的评价与项目所有目标联系起来进行分析和评估,这样才能全

面地评估项目对社会的影响。

2. 收入分配效益的后评价指标

收入分配效益评估考虑了项目所带来的国民收入净增加值在职工、投资者、企业和国家等利益相关者之间的分配情况,以评估其是否公平和合理。

$$职工分配比重 = \frac{年职工工资收入 + 年职工福利费}{项目年国民收入净增加值} \times 100\% \quad (13\text{-}22)$$

$$投资者分配比重 = \frac{年投资者分配的利润}{项目年国民收入净增加值} \times 100\% \quad (13\text{-}23)$$

$$企业留用比重 = \frac{年提取法定盈余公积金和公益金 + 未分配利润}{项目年国民收入净增加值} \times 100\% \quad (13\text{-}24)$$

$$国家留用比重 = \frac{年上缴国家财政税金 + 保险费 + 利息}{项目年国民收入净增加值} \times 100\% \quad (13\text{-}25)$$

以上四项指标的总和为1。国民收入净增加值是劳动者在生产过程中创造的价值,扣除生产资料的价值后得到的净产值。因此,项目年国民收入净增加值应包括物质生产部门在正常生产经营年度内支付给职工的工资、福利费、税金、保险费、利息和税后利润的总和。

3. 综合能耗指标

$$国民收入综合能耗 = \frac{年度能源消耗量}{年度国民收入净增加值} \quad (13\text{-}26)$$

其中,能源消耗量是指生产过程中使用的煤、油和气等所折算成的标准煤吨数。该指标可以反映项目的能源利用情况和对社会效益的影响。在实际项目的后评价中,需要根据不同的行业、类型和地区经济环境的差异来制定具体的后评价要求或设置其他后评价指标。

第四节 项目经济效益后评价

一、项目财务后评价

项目财务后评价是指对建成投产后的项目投资财务效益进行再次评价。作为项目后评价的主要内容之一,它着重于从企业角度出发,根据项目投产后的实际财务数据,重新预测整个项目寿命期的财务数据,并计算出实际的财务评价指标。通过对比前评价和后评价的财务效益指标,可以分析二者之间的偏离原因,并对财务评价做出结论,提高今后项目财务预测水平和决策科学化水平。财务后评价采用的数据不能简单地使用实际数,必须扣除物价变动因素,以便不同时间点上的各项评价指标具有可比性。

在项目财务后评价中,盈利性分析和偿还能力分析是两个重要的分析内容。盈利性分析旨在评价项目的盈利能力,从而判断项目是否能够产生足够的收益来满足投资方、贷款方及其他金融机构的要求。偿还能力分析则关注项目的偿债能力,评价项目的借款偿还期以及债务到期时偿还的准备率等指标,判断项目在未来是否有充足的现金流量来偿还债务。

二、项目国民经济后评价

项目国民经济后评价是指对项目建成投产后的国民经济效益进行再次评估,工作的核心是编制全投资和国内投资经济效益和费用流量表、外汇流量表以及国内资源流量表等,计算出项目实际的国民经济盈利性指标。同时需要分析项目建设对当地经济发展、所在行业和社会经济发展的影响。在评估项目的国民经济效益时,还需要考虑其对收益公平分配的影响、对当地就业率的影响以及推动本地区和本行业技术进步方面的影响等。

项目国民经济后评价的主要作用是通过比较项目前评价和实际的国民经济效益情况，分析项目决策质量是否合理，以及寻找改进策略和管理方法的可能性。国民经济后评价指标主要包括经济盈利性分析和外汇效果分析，可以使用经济内部收益率、经济净现值、经济换汇成本、经济节汇成本等评估指标，并与前评价指标进行比较。

第五节 项目社会及环境影响后评价

一、项目社会影响后评价

项目社会影响后评价是评估项目建设实施后对社会影响的实际情况和前评价预测分析结果之间差距及其原因的分析。项目社会影响后评价主要从以下几个方面进行分析。

1. 对社会就业的影响

项目对社会就业的影响可分为直接和间接影响。评价指标一般采用新增就业人数或单位投资就业人数等，旨在反映项目对区域或地区社会就业率的影响程度。其中，新增就业人数为绝对量指标，单位投资就业人数为相对量指标。

$$\text{新增就业人数} = \text{项目直接就业人数} + \text{项目引起的其他就业人数} \tag{13-27}$$

$$\text{单位就业人数} = \frac{\text{新增就业人数}}{\text{项目总投资}} \tag{13-28}$$

在分析时可以借鉴同地区同行业的类似项目评价指标，以便更精确地描述项目对当地就业的影响程度。

2. 对地区收入分配的影响

从国家对社会公平分配和扶贫政策的角度出发，项目对地区收入分配的影响需要进行充分考虑。针对该问题，可以参考地区收益分配系数中的人均国民收入来描述所处地区的相对贫富状况，并通过重新计算引入地区收益分配系数后的经济净现值指标来对项目的社会影响后评价进行分析。这样可以更加精准地刻画项目建设实施后对当地收入分配的影响，揭示项目所带来的正面和负面社会影响。

$$\text{IDR} = \text{ENPV} \times D_i = \text{ENPV} \times \left(\frac{G}{G'}\right)^m = \sum_{i}^{n}(B-C)_i(1+i_s) \times \left(\frac{G}{G'}\right)^m \tag{13-29}$$

式中：D_i 为第 i 个地区（省级）收益分配系数；G 为项目评价时的全国人均国民收入；G' 为同一时间项目所在省份的人均国民收入；IDR 为地区收入分配效益（地区经济净现值）；ENPV 为项目经济净现值；n 为地区数量；B 为经济效益现金流量；C 为费用效益现金流量；i_s 为社会折现率；m 为国家规定的贫困省份的收入分配参数，由国家定期公布，其值代表国家对贫困地区的投资扶贫政策。

3. 对居民生活条件和生活质量的影响

对居民生活条件和生活质量影响的评价指标主要包括居民收入变化、人口增长率变化、住房条件和服务设施的改善、体育和娱乐设施的改善等，从多个方面来综合考察项目对当地居民生活质量的影响。

4. 对地方和社区发展的影响

对地方和社区发展的影响涉及地方社区的社会安定、社区福利、政府投入、社区参与度、组织机构和管理机制等方面。针对该问题,评价指标应简明清晰地刻画项目实施后对当地社区发展的作用和影响程度,揭示项目所带来的实际效果和局限性。

5. 对文化教育和民族宗教等方面的影响

对文化教育和民族宗教等方面的影响涉及文化教育水平、妇女社会地位、当地风俗习惯宗教信仰、少数民族团结等问题。由于这些影响难以量化和计算,因此评价应主要采用定性分析的方法,通过相关案例和数据来描述项目对当地文化和社会生活的影响程度。

二、项目环境影响后评价

项目环境影响后评价是指在项目投产运营后,对照之前批准的项目环境影响报告书,评估项目建设和运营过程中实际对环境造成的影响程度。这项工作的重点在于系统调查和评价各种因素,包括但不限于减少环境影响措施的实施情况、预测与实际对比的正确性和可靠性,已提出环保措施的有效性以及前评价未承认的其他环境问题等。在评价过程中,还需要对前期评价未考虑的一些环境问题进行识别和分析,并提出改进措施和建议。基于在调查和分析后得出的结果,需要采取进一步的技术和经济措施,改进或减少项目对环境造成的不利影响。

在项目环境影响后评价的过程中主要包括以下几个方面。

1. 对环境污染的影响

(1) 噪声环境影响后评价。由于建设项目可能会产生较大的噪声污染,因此需要在前期测评的基础上,对主要噪声敏感区进行监测和评价,同时审查已有的防噪声措施是否合理有效。

(2) 空气环境影响后评价。在项目竣工投产后,需要对产生的有害、有毒气体排放量进行检测并评估各类环保措施的有效性,再与前期评价报告的预测结果进行对比分析。

(3) 污水环境影响后评价。污水环境影响后评价涉及多方面的情况,如项目集中排放污水处理的情况、路面径流对周边水质的影响和其他固体污染物对环境带来的危害等,并需要将得出的评价数据与前期评价报告的预测情况进行比较。

通常用环境质量指数来衡量建设项目对环境造成的污染程度。环境质量指数的取值关联着选取的环境质量标准,而各部门可能因采用不同的标准而存在差异,并且标准会受到地域和城市等因素的制约。因此,在进行横向比较时,应当注意各方数据之间所采用的标准和参数是否一致。环境质量指数的计算公式为

$$I_{EQ} = \sum_{i=1}^{n} Q_i / Q_{i0} \tag{13-30}$$

式中:I_{EQ} 为环境质量指数;Q_i 为第 i 种污染物的排放数量;Q_{i0} 为第 i 种污染物政府允许的最大排放量;n 为项目排放的污染物种类。

2. 对自然资源的利用与保护

项目对自然资源的利用与保护意味着在合理开发、利用和保护自然界各种物质和能源的同时,也需要进行再生和增值。涉及的范围相当广泛,包括水、海洋、土地、森林、草原、矿产、渔业、野生动植物等,并且这些元素对于人类的福祉和社会经济的发展都具有不可或缺的作用。

对于后评价分析而言,着重要考察的是如何在确保资源充分利用的前提下,实现资源节约,减少浪费。同时制定铁路、公路、水利工程等以最小化占地面积,避免开垦大面积耕地计划以保护耕地资源,以及加强对矿区、工业园区、桥梁隧道等建设的监管来控制自然资源消耗的速度。

3. 对生态平衡的影响

项目对生态平衡的影响是指人类活动在直接或间接的影响下所造成的自然界中生态系统持续结构和功能的改变，包括了许多方面，如珍稀野生动植物种群、有文化价值的历史遗迹、气候变化等。

拓展阅读：中等收入陷阱

1987年，世界银行开始依据人均国民收入（GNI），将全球各经济体分为低收入、中等收入（具体又分中等偏下和中等偏上两组）、高收入三大类。2007年，世界银行在其主题报告《东亚复兴：关于经济增长的观点》中首次提出关于中等收入陷阱的警示。该报告发现，在第二次世界大战结束后的50多年里，全球101个中等收入经济体之中，仅有13个成功发展为高收入经济体。大多数经济体在中等收入阶段都出现了经济停滞现象，收入水平徘徊不前，难以实现向高收入水平跨越，甚至重新跌落至低收入水平。这一情况被称为"中等收入陷阱"，这在拉美和东南亚一些经济体中表现得尤为明显。

2020年，世界银行设定的高收入经济体标准为人均GNI超过12535美元。当年，中国人均GNI连续突破1万美元，与10年前相比增加了1倍以上，虽仍属于中等偏上收入经济体，但距离迈入高收入经济体仅一步之遥。先后有36个经济体（国家和地区）由中等收入水平成长为高收入水平，其中部分经济体在成长为高收入经济体之后，又退回中等收入乃至低收入水平。

对这些国家转型成功的基本经验进行总结，主要包括以下七个方面：第一，产业从劳动与资源密集型转型升级为资本与技术密集型，是各经济体成功迈入高收入行列的基础。第二，从引进成熟技术转向自主创新是各经济体成功成长为高收入经济体的基本动力。第三，合理的人口年龄结构和不断提升的劳动力素质是各经济体成功成长为高收入经济体的基本条件。第四，稳定安全的金融体系是各经济体成功成长为高收入经济体的重要保障。第五，以市场为基础，积极发挥政府宏观调控作用。第六，塑造公平的收入分配制度是各经济体成功成长为高收入经济体的社会基础。第七，积极融入全球贸易体系提升产业国际竞争力。

过去10年，中国经济并未陷入停滞，改革和转型的进程仍在加速。2020年，面对肆虐的新冠疫情，中国甚至成为全球唯一实现经济增长的大型经济体，但这不等于中国可以自满，仍必须深化改革，扩大开放。

思考与练习

1. 项目后评价所处的阶段和意义是什么？
2. 项目后评价主要包括哪些内容？
3. 项目后评价的主要流程是什么？
4. 项目后评价的基本方法有哪些？
5. 新能源发电项目后评价需要考虑哪些因素？

第十四章　设备更新的技术经济评价

机器设备的技术性能和技术状态对于企业生产具有极其重要的影响。设备的技术状态需要靠科学的设备管理来保证，而设备的技术性能则需要更新来保证。设备更新是指使用更新、更先进的机器设备来替换陈旧、落后设备的过程，同时面临着压缩企业成本和提高生产效率的矛盾。技术经济学主要研究如何平衡设备更新与企业成本之间的关系，回答是否应该进行设备更新、何时更新设备以及如何更新设备等问题。

本章内容主要介绍了设备更新的概念、设备寿命期类型、设备要素费用的确定、设备磨损的度量以及设备大修理与设备现代化改装的经济界限。

学习过程中要求了解设备更新的基本概念及其必要性，能够掌握设备要素费用的确定方法和设备磨损的度量方法，了解设备大修理和设备现代化改装的经济界限。

第一节　设备更新概述

一、设备更新的概念

设备更新是指使用新设备替代由于各种原因不宜继续使用的旧设备。设备更新一般来说具有以下两种形式：一是用同类设备更新损坏严重、不能使用的设备，这种更新只是解决了设备的损坏问题，没有起到更新技术的作用，也不能推进企业的生产技术水平；另一种是用先进、经济、完善的新型设备替换老旧落后的设备，这种更新方式能够解决设备的技术落后和经济效益低下的问题，采用较新技术、高效率、更节能、耗费更少原材料等特点的新设备，不仅能提高设备运行的效率和可靠性，还可以促进企业技术的持续创新和发展。

随着科技的不断进步，新技术、新产品层出不穷，设备更新成为现代企业发展必备的手段。在设备更新中，企业应该遵循科学规划、经济合理的原则，优先选择使用新型设备进行更新。这不仅可以提高生产效率和节约资源，还可以帮助企业保持竞争优势，持续推进科技创新和可持续发展。

二、设备更新的客观必然性

设备需要不断更新是因为以下三种矛盾所引起的必然结果。

（1）社会发展需求与现有设备功能不能适应之间的矛盾。随着社会的不断发展，人们对设备的需求也在不断变化和升级，越来越多样化、高功能化。但作为物质化了的科学技术产品，一经形成，其功能就被限定，无法满足生产发展的新需求。因此，当企业的产品要求改变时，就必须对相应的设备进行更新和改造，以满足生产发展的新需要。

（2）科学技术不断发展和现有设备水平固定不变之间的矛盾。技术和产品一样有经济寿命周期，一项新技术的出现开始不太完善，经济效益也不高，但经过不断改进，效益会逐渐提高。但当技术发展到一定程度后，改进的速度将趋向缓慢，旧技术开始被淘汰和替代。技术在不断发展，而已经固化的设备却失去了发展能力，逐渐走向灭亡，旧设备被新设备替代就是必然结果。

(3) 设备维修的局限性和要求提高综合经济效益之间的矛盾。设备修理虽可使用大量零部件，但修理往往作为单件小批作业，成本高、效益低，修理后设备的生产费用往往比更新设备高。设备更新需要一次性投资，旧设备废弃也会给企业造成损失。因此，当设备使用了一定年限后，若修理的经济效益比更新差，就应进行设备更新，以实现更高的综合经济效益。

三、设备寿命期的类型

设备的寿命有多个类型，包括自然寿命、折旧寿命、技术寿命和经济寿命。

设备的自然寿命是指从全新状态开始使用到不能再用而被报废所经历的全部时间。这个时间长短与设备维护质量直接相关，优质的维修能够延长设备的自然寿命。但随着设备不断老化，在使用过程中支出的维修费用也会逐渐增多，导致设备的使用变得不经济。

设备的折旧寿命则是按规定的折旧方法计算，直到账面价值为零的全部时间。

设备的技术寿命基于科技的发展和竞争压力，在技术和经济上更为先进的设备层出不穷，使现有设备在物质寿命结束之前就被淘汰。科技发展越快，竞争越激烈，设备的技术寿命就越短。设备的技术损耗是其技术寿命缩短的主要原因，通常比自然寿命更短。

设备的经济寿命是指年平均总费用最低时对应的年数。虽然使用时间越长，每年分摊的设备投资费用就越少，但同时，设备的保养费、维修费等也会增加。因此，在这两种成本的变化过程中，总费用存在一个最低点对应设备的经济寿命。图 14-1 反映了这种关系。

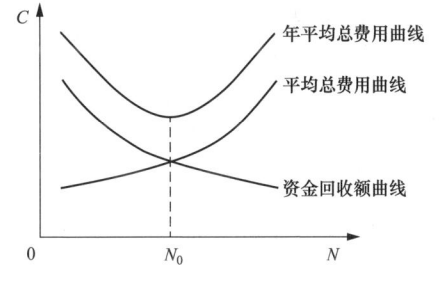

图 14-1 设备经济寿命与成本费用的关系

第二节 设备要素费用的确定

设备更新经济分析的核心问题是经济寿命。是否能准确确定设备的经济寿命，取决于正确估算设备各项费用要素，这些费用要素包括设备投资、折旧费和维护费。下面将详细介绍如何确定和计算这些费用要素。

一、设备投资的确定

一项新设备的投资组成主要包括购买价格、运输费、安装和试运转费用，而对于运营中的旧设备，其价值评估却经常引发争论。旧设备的价值通常包括原始购置价值和减去历年折旧后的账面价值。在设备出售或转让时，其实际价值可以确定，若以旧换新，则可得到相应的抵扣价值。

在设备更新的经济分析中，需要关注的是现阶段选择使用旧设备是否经济合理，不能仅仅以原始购置价值作为其投资。过高夸大的新设备价格可能会导致扭曲旧设备的抵扣价值，从而难以反映其真实价值。针对旧设备的账面价值，在进行分析时必须考虑实际情况，并正确确定正常运行所需追加的投资。若账面价值高于实际价值时，不能按照账面价值来评估现有设备的投资。

二、设备折旧费的计算

长期的设备使用过程中不可避免地会产生损耗，虽然其实物形态仍保持不变，但价值却逐步转移到最终产品之中。损耗也是设备消耗的过程，为了弥补这一部分的价值损失，需要将设备损耗视为成本，摊入生产过程中，并在产品售出后及时提取出来。补偿设备损耗的额度被称为设备折旧，它是设备使用费用的一部分。

合理制定设备的折旧率对企业的经营管理至关重要，因为它不仅是计算成本的依据，还能够影响推进技术升级和促进设备更新的政策问题。正确的折旧率应该综合考虑设备的有形损耗以及无形损耗，这样才能反映出设备的实际损耗情况。如若折旧率过低，那么在设备的使用期限内，设备的价值无法全部转移至产品中，折旧费用无法有效地补偿设备的损耗。如果折旧率过高，折旧费用则会超出设备实际的损耗量，这样会增加虚假的成本，缩小企业的盈利空间。

三、设备维持费用

为了让设备保持正常的运行，企业需要支出一定的营运费用，这包括了操作人员工资、燃料和动力费、保险费以及税金等。与此同时，在设备使用过程中，随着设备的老化，其产量逐渐下降而产品的不良率则逐步升高。产品质量下降对企业造成的影响不止在于销售收入的减少，还会使得返工费用增加，从而导致产品生产成本上升。在确定设备维护经费时，应该综合考虑到设备产量和质量下降所带来的直接或间接损失，并将其纳入设备维护经费之中。

第三节 设备的磨损

设备随着使用或闲置逐渐磨损，包括有形磨损和无形磨损，这两种磨损都会导致设备原始价值下降。

一、设备的有形磨损

1. 有形磨损的类型

有形磨损指的是在设备使用或闲置过程中，由于摩擦、振动、疲劳和保管不善等原因所产生的设备实体的磨损。一般来说，有形磨损可以根据产生时机分为第一类和第二类两种类型。

第一类有形磨损，也称为使用过程中的物质磨损，是设备在工作过程中受到摩擦和振动等的影响而引起的磨损现象。这种磨损表现为零部件的尺寸和形状发生变化，零件的损坏和公差配合等级下降，从而导致设备的工作精度降低，严重时可能会导致设备无法正常工作。第一类有形磨损与设备的使用时间和保养好坏密切相关，因此设备的维修和保养工作也应该随之加强。

第二类有形磨损则是设备在闲置或存放过程中由于保管不善而造成的锈蚀和氧化现象。这种磨损与设备闲置时间长短和保管管理情况密切相关。如果设备存放时间过长且未经任何保养和维修，那么这种类型的磨损会对设备的工作能力和精度产生较大影响。

无论是第一类还是第二类有形磨损都会降低设备的使用价值，影响设备的正常工作，因此推迟有形磨损的发生在经济上具有重要意义。

2. 有形磨损的度量

设备零部件的有形磨损程度可以用图 14-2 所示的模型进行衡量。该模型包括了三个阶段：A 阶段是设备开始运行的初始阶段，磨损速度较快；B 阶段是设备的正常工作时期，磨损逐渐趋于稳定；C 阶段是设备的磨损急剧增加阶段，需要及时更换零部件。

针对零部件的有形磨损，可以采用两种方法进行衡量：一是通过磨损量来进行衡量，磨损量越大说明零部件磨损越严重；二是通过修理费用来衡量，修理费用越高说明零部件磨损越严重。这两种方法的选择取决于设备的情况和维护管理的需要。

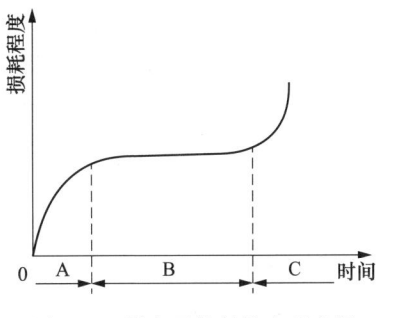

图 14-2 设备零部件的有形磨损

由各个零部件组成的设备在使用过程中每个零部件受到的磨损程度不同，即使同样的磨损对整个机器的影响也不相同。因此，不能简单地把各个零部件的磨损量相加作为设备有形磨损的指标。经济指标是衡量设备有形磨损最常用的方法之一，可以对设备的有形磨损程度进行总体评价。设备有形磨损程度 a_P 的定义如下所示：

$$a_P = \frac{R}{K} \tag{14-1}$$

式中：a_P 为设备有形磨损程度，用占用其再生产价值的比重表示；R 为修复全部磨损零件所需的修理费用；K 为在确定设备磨损程度时该种设备的重置价值。在计算设备有形磨损程度时，分母采用的是设备重置价值，而非原始设备价值，这是因为修理费用和设备本身的价值必须在同一时间段内进行比较。

设备有形磨损的程度必须控制在不超过 $a_P=1$ 的极限范围内。对于设备维护管理来说，测量设备的有形磨损程度以及及时采取适当的维修和保养措施，可以延长设备的使用寿命，提高生产效率，减少企业成本，并增强企业竞争力。

3. 技术进步对设备有形磨损的影响

技术进步对设备有形磨损的影响十分显著。一方面，新型材料、高精度和低粗糙度的零部件制造工艺及结构可靠性增强等技术进步提高了设备的耐用性。同时，科学合理的预防维护和计划预修制度以及新型先进修理技术的应用，也可以有效延缓设备产生有形磨损的时间。

与此同时，技术进步也会加速设备的有形磨损速度。例如，在使用高效生产技术的情况下，会产生连续强化和重载条件下的工作状态，自动化管理系统可以大大减少设备停机时间，数控技术可以减少辅助时间，从而导致设备的运行时间比例急剧增加。这类专用设备和自动化设备长时间工作的情况不可避免地会加快设备的有形磨损。

二、设备的无形磨损

1. 无形磨损的类型

设备的无形磨损是指由于科学技术进步、生产效率提高以及新型设备的涌现，再加上劳动生产率的不断提升，导致原有设备相应价值或交换价值减少的现象，这种损失通常被称为无形磨损或精神磨损。设备的无形磨损可分为第一类和第二类。

第一类无形磨损是指设备的技术结构和经济性能本身并未发生变化，但由于技术进步、生产工艺不断改进、成本不断降低以及劳动生产率的提升，生产这种设备所需的社会必要劳动时间相应减少，从而使得原有设备的价值发生贬值。这种贬值表现在设备的原始价格上，也就是设备的交换价值遭到损失。设备因为技术进步和生产效率提高带来的无形磨损反映了生产效率的提高，为生产领域带来了明显的效益。虽然现有设备部分的贬值会对企业资产负债表产生影响，但这些设备的使用价值实际上并未降低。这意味着它们仍然可以保持与新车间同样的输出水平，并且其技术特性和功能不受影响。

第二类无形磨损是指随着技术不断进步，新的设备可以更好地满足市场需求并提高生产效率，旧设备的使用价值逐渐下降。一方面，新设备拥有更新的结构、更完善的技术性能和更高的生产率和经济性，使得原有设备的交换价值相对贬低。另一方面，如果继续使用旧设备，其生产效果也会下降，即所生产的产品品种和质量与新设备比较存在差异，同时旧设备在生产过程中需要消耗更多的原材料、燃料、动力和工资等成本，这将导致生产的经济效益下降。

2. 无形磨损的度量

设备的无形磨损程度通常可以通过价值指标来度量。在技术进步的影响下可以利用设备价值降低系数来表示其无形磨损程度：

$$a_1 = \frac{K_0 - K_1}{K_0} = 1 - \frac{K_1}{K_0} \tag{14-2}$$

式中：a_1 为设备无形磨损程度；K_0 为设备的原始价值；K_1 为考虑到无形磨损时设备的重置价值。

计算设备的无形磨损 a_1 时，需要反映技术进步的两个方向对现有设备贬值的影响：一是相同设备再生产价值的降低，二是具有更高生产能力和经济效率的新设备的出现。此时，K_1 可用下述公式表示：

$$K_1 = K_n \left(\frac{q_0}{q_n}\right) \alpha \left(\frac{C_n}{C_0}\right) \beta \tag{14-3}$$

式中：K_n 为新设备的价值；q_0 和 q_n 分别对应的旧设备、新设备的年生产率；C_0 和 C_n 分别对应使用旧设备、新设备时的单位产品消耗；α 和 β 分别为劳动生产率提高和成本降低指数，$0 < \alpha < 1$，$0 < \beta < 1$，其大小可以通过研究相似设备的实际资料获得。

当 $q_0 = q_n$，$C_0 = C_n$ 时，即新旧机器的劳动生产率及使用成本均相同时，此时 $K_1 = K_n$，表示发生第一类无形磨损。

若出现下述三种情况之一，即表示发生第二类无形磨损。

(1) 当 $q_0 < q_n$，$C_0 = C_n$，此时 $K_1 = K_n \left(\frac{q_0}{q_n}\right) \alpha$。

(2) 当 $q_0 = q_n$，$C_0 > C_n$，此时 $K_1 = K_n \left(\frac{C_n}{C_0}\right) \beta$。

(3) 当 $q_0 < q_n$，$C_0 > C_n$，此时 $K_1 = K_n \left(\frac{q_0}{q_n}\right) \beta$。

在进行设备的性能比较时，通常采用单位产品耗费来进行。这是因为一种结构更完善、效率更高的新设备并不一定比旧设备的再生产价值便宜，价格差异并不能反映其性能和经济性的优劣。例如，在电子产品市场上，较新型号的设备可能拥有更高的能源效率、更强大的功能、更先进的技术，但其价格则不一定会比老款式的设备更高。因此，通过对单位产品使用成本的比较才能更全面地评估设备之间的实际差异。

三、设备综合磨损的度量

通过设备的有形磨损指标和无形磨损指标，可以计算设备的综合磨损程度。设备的有形

磨损残值可表示为 $1-a_P$；而设备的无形磨损残值可表示为 $1-a_1$。当这两种磨损同时发生时，设备的综合磨损残值就是它们的乘积。因此，设备综合磨损程度的公式为

$$a=1-(1-a_P)(1-a_1) \tag{14-4}$$

式中：a 为设备综合磨损程度。任何时候设备在两种磨损作用下的残余价值 K_L，可用下式计算：

$$K_L=(1-a)K_0 \tag{14-5}$$

整理得

$$K_L=(1-a)K_0=[1-1+(1-a_P)(1-a_1)]K_0$$
$$=\left(1-\frac{R}{K_1}\right)\left(1-\frac{K_0-K_1}{K_0}\right)K_0=K_1-R \tag{14-6}$$

可以看出，K_L 值等于设备再生产的价值减去修理费用。

【**例 14-1**】 设备的原始价值 $K_0=10\,000$ 元，当前需要修理，其费用为 $R=3000$ 元，若该种设备的再生产的价值 $K_1=7000$ 元，其残余价值是多少？

解：

$$a_P=\frac{R}{K_1}=\frac{3000}{7000}=0.43=43\%$$

$$a_1=\frac{K_0-K_1}{K_0}=\frac{10\,000-7000}{10\,000}=0.3=30\%$$

$$a=1-(1-a_P)(1-a_1)=1-(1-0.43)\times(1-0.3)=0.6=60\%$$

$$K_L=(1-a)K_0=7000-3000=4000 \text{ 元}$$

四、设备磨损形式与补偿方式

设备的有形磨损和无形磨损都会导致设备原始价值降低，这是两者共同点。然而，有形磨损对设备影响更为明显，特别是当有形磨损达到一定严重程度时，设备可能不能正常生产产品，需要进行大修理。而无形磨损的设备则不受到生产上的影响，仍然可以继续使用。

如果能够使设备的有形磨损期与无形磨损期相互接近，这将具有非常重要的意义。例如，当设备已经完全遭受有形磨损时，而其无形磨损期还未结束时，企业无需设计新设备，只需对旧设备进行大修理或更新相似设备即可。相反，如果无形磨损期早于有形磨损期，则企业需要考虑是否应该将旧设备替换为先进的新设备，或者继续使用旧设备并承担由此带来的风险。显然，对于企业来说，最好的情况是使有形磨损期与无形磨损期相互接近，从而实现理想的无维修设计。

在实际应用中，要同时考虑设备的不同磨损形式和具体情况，选择合适的补偿方式。局部补偿和完全补偿是两种常见的方式。设备的有形磨损通常采用修理的方式进行局部补偿，无形磨损则采用现代化改装的方式进行局部补偿。另一方面，设备的完全补偿则需要进行更新。如图 14-3 所示，设备的不同磨损形式以及其对应的补偿方式之间存在着相互关系。

图 14-3 设备磨损形式与补偿方式间的相互关系

第四节　设备大修理的经济界限

一、大修理的经济实质

设备在使用过程中，会不可避免地经历有形磨损阶段，这通常表现为设备的零件和部件被逐渐消耗或磨损，进而影响到设备的稳定性、精度和生产率，这就需要对设备进行修理以恢复其工作能力；而大修理是一种通过修复、调整或更新已经磨损的零部件来恢复设备原有功效的方法。它不仅可以维持设备的稳定性和可靠性，还可以使设备的全部或接近全部功能得以恢复。

相比于购置新设备，大修理具有一定的优势。因为大多数时候，只有部分零件或部件需要更换，其他部分还可以被保留利用，使修理的成本大大降低。大修理还能够有效地延长设备的寿命和使用期限，从而延缓了设备报废的时间点，提高了企业的经济效益。

二、大修理所的弊端

在生产的过程中，由于设备的物理运作和材料经受长期的摩擦、疲劳等因素，设备逐渐失去其初始水平的性能，对生产质量的影响显而易见。在现代技术的发展下，可以采取修理的方法来解决这一问题，可全面或局部地补偿设备部件的损坏或劣化。但是无论如何进行修理，都会发现修理是有限度的。而已达到的维修水平也不能匹敌设备初始性能，这就需要对设备寿命进行合理的规划和管理。

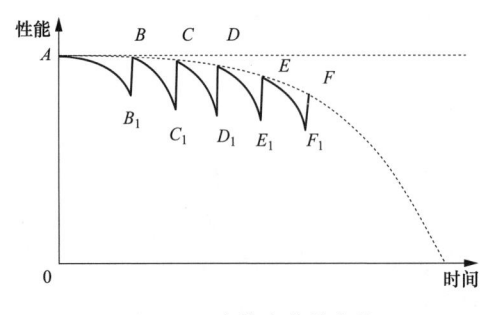

图 14-4　大修劣化值曲线

如图 14-4 所示，曲线上的 A、B、C、D、E、F 分别代表设备使用过程中的不同时间点和性能状态。设备从 A 点开始正常使用，随着使用时间增加，设备性能会逐渐下降。如果不及时进行修理，设备的寿命将大大缩短。当在 B_1 点进行第一次修理时，设备的性能会得到恢复，但此后设备仍会进入持续下滑的状态，直至到达 C_1 点；而后第二次大修理再次提升了性能恢复至 C 点，设备又恢复了较高、可用的工作级别。但循环使用也将再次带来性能下降，最终设备完全失效无法修理，其物理寿命即宣告结束。通过连接各种时期和状态的点，可以形成设备性能劣化曲线。从这条曲线中，可以清晰地看出设备修理不能永无止境，必定是有限度的。如果长时间追求修理而不加规划管理，在生产效益、经济运营以及实用性等方面都会遭受损失，主要体现在如下几点。

（1）如果企业不及时更换陈旧设备，而是靠修理来维持生产，那么设备的水平只能达到出厂时的精度和效率。但是，随着技术的飞速发展，这就意味着企业所使用的设备将逐渐落后，严重阻碍技术进步。

（2）长期进行多次大修的经济成本是不合理的，虽然在大修中可以利用原有设备零件的大部分，但是大修的成本很高，而且是逐次增加的，因此继续长时间进行修理相对于及时更换设备是不明智的。

（3）设备的长期修理不能保持其原有性能，其精度、效率总是越来越低，而修理周期也越来越短，这让老化的设备成为提高产量和推动产品更新换代的最大障碍，并阻碍着生产的发展。

（4）由于设备使用时间的延长，设备保养、维护和中小修费用也随之增加。同时技术故障造成的停产损失和废品损失也会越来越严重，导致设备使用费用急剧增加。

三、设备大修理经济界限的确定

大修理的经济界限是一次大修理所用的费用 R 必须小于在同一年份该种新设备的再生产价值 K_n。在采用这一评价标准时，还应考虑大修理时设备的残值因素 K_L。如果设备在该时期的残值加上大修理费用等于或大于新设备价值时，则该大修理费用在经济上是不合理的，此时宁可去买新设备也不进行大修，即

$$R < K_n - K_L$$

如果设备在大修理之后，其生产技术特性与同种新设备没有区别，则该修理可以被认为是经济合理的。但实际情况往往没有这样简单，因为设备大修理之后常常会缩短下一次大修理的间隔期，并且修理后的设备和新设备相比，在技术上存在故障更多、停机时间长、日常维护和小修理费用高等问题。这些问题都会严重影响大修的质量，进而对单位产品成本产生很大影响。因此，大修理的经济界限条件可以表示为大修后使用该设备生产的单位产品的成本不能高于用相同新机器生产的单位产品的成本。只有符合这个条件的大修理才能在经济上是最佳方案，即

$$C_n - C_r \geqslant 0 \text{ 或} \frac{C_r}{C_n} \leqslant 1$$

式中：C_n 为在新设备上加工单位产品成本；C_r 为在大修过的设备上加工单位产品的成本。

第五节　设备更新的技术经济分析

一、设备更新的问题分析

设备更新是企业长期发展中必须面对的一个重要问题，可以分为非骤然破坏型设备和骤然破坏型设备两大类。非骤然破坏型设备主要指的是机器、车辆、构筑物等，这类设备在使用过程中效率逐渐降低，但仍可以通过保养和维修来延长其寿命周期并确保其正常运行。另一类是骤然破坏型设备，例如灯泡、晶体管等，它们通常在使用过程中保持一定的效率，但突然损坏后无法修复。这些设备具有易损性、易耗性、易失效的特点，未能及时更换或储备会给企业带来生产和经济损失。

两类设备更新的处理方式各不相同。对于骤然破坏型设备，其更新方式通常分为以下两种。第一种是集体更新，即在一定时间间隔内进行全面更换，而不管其能否继续使用。在此期间，如果有个别设备损坏，则会进行个别更新。第二种是个别更新，就是在整个服务期内逐个更换受损设备并保留其他设备。在确定最佳的更新方式时需要回答以下两个问题：首先是采用集体更新还是个别更新；假如采用集体更新，那么最佳更新时间间隔是多长。研究人员需要开展相关调查来确定设备的寿命曲线，并利用统计方法计算出各个不同时期设备损坏的概率，比较整批更换和个别更换之间的得失，才能够确定最佳的设备更新方法。在非骤然破坏型设备方面，设备更新分析旨在研究设备的最佳更新时机或确定设备的经济寿命期。这类设备更加稳定，对企业生产不会突然造成损失，这也是设备更新研究的重点。

设备磨损到不能继续使用时，用同样的新设备代替旧设备，这种简单替换在技术上没有

进步,目前在技术飞速发展的背景下不再占据重要地位。应当优先考虑以效能更高、性能更完善的先进设备来代替那些物理上不能继续使用或经济上不宜继续使用的陈旧设备,推动整个国民经济的技术装备水平不断提高。

设备更新受到设备制造部门生产能力和技术水平的限制。即使设备制造部门有能力满足社会的需要,在进行设备更新时还需要考虑以下因素:原有设备是否损坏严重或者其性能、精度已达不到工艺要求;大修该设备在经济上是否不如更新合算;旧设备所使用的原材料是否已不能满足供应;到底在什么条件下进行设备的更新,要用技术经济分析的方法进行定量的计算,以给决策者提供依据。

二、无新设备出现条件下的更新

有些设备在其整个使用期内并不会过时,即在一定时间内没有更先进的设备出现。这种情况的设备更新属于原型更换问题,可以采用设备的经济寿命理论来确定最佳的更新期。

1. 劣化值法

假设设备的原始价值为 K_0,经过 T 年的使用后其残值为 0,则每年要分摊的设备费用为 K_0/T。随着使用期的增加,虽然按年分摊的设备费用逐年减少,但设备的有形磨损和无形磨损都在增加,并伴随着维护、修理、燃料和动力等成本的提高。这种成本增加被称为设备的劣化值。以经济学术语来说,劣化值就是设备因使用时间增加而导致的收益减少或成本增加。假设劣化值每年增加一个定数 λ,则第 T 年底劣化值为 λT,则到 T 年为止总的劣化值为 $\lambda T^2/2$(此数可用等差数列 $0 \sim \lambda T$ 计算,也可由积分计算),那么年平均的劣化值为 $\lambda T/2$,所以平均每年的设备总费用为

$$Y = \frac{K_0}{T} + \frac{\lambda}{2} T \tag{14-7}$$

为使设备年费用最小取 $dY/dT = 0$,则

$$\frac{dY}{dT} = \frac{\lambda}{2} - \frac{K_0}{T^2} = 0$$

$$T = \sqrt{\frac{2K_0}{\lambda}}$$

2. 最小费用法

若设备的劣化值每年不以等值增加,而是变化的,则可采用最小年费用法计算设备的合理更新期,其公式为

$$C(t) = \sum_{t=1}^{n} \frac{C_t + (K_0 - K_L)}{t} \tag{14-8}$$

式中:$C(t)$ 为 t 年中平均的年费用;C_t 为第 t 年的维持费用;K_0 为设备的原始价值;K_L 为第 t 年设备的残余价值。用式(14-8)计算了各年的 $C(t)$ 后,其中具有最小数值 $C(t)$ 所对应的年限就是最佳更新期。这种计算也是静态分析,若考虑用动态分析,计算如下:

$$C(t) = \left[K_0 - \frac{K_L}{(1+i)^t} + \sum_{t=1}^{n} \frac{C_t}{(1+i)^t} \right] \times \frac{i(1+i)^t}{(1+i)^t - 1} \tag{14-9}$$

三、出现新设备条件下的更新分析

在不断发展的技术条件下,无形磨损往往会使得设备在经济寿命期尚未结束之前就出现效益更高和经济效益更好的新型设备。因此,在比较继续使用旧设备或购买新设备的方案

时，需要考虑哪一个方案更具有经济性。

在进行设备更新决策时，年费用比较法和更新收益率法是常用的分析方法。其中，年费用比较法是一种通过计算旧设备和新设备在各自的经济寿命期内的年均总费用并进行比较的方法，用于确定是否应更新设备。如果计算后发现使用新设备的年均总费用小于继续使用旧设备的年均总费用，那么企业应该考虑更换设备，反之则继续使用旧设备。

1. 旧设备年总费用的计算

在设备更新决策过程中，经济寿命常指从决策时刻算起直到应该报废时为止的期限。然而在制定决策年时，旧设备已连续运行多年，且每年实际发生的费用超过其经济寿命期内的年平均总费用，也就是说已经处于 U 形曲线谷底以后的时期。由于旧设备的劣化值不断增长，在大多数情况下随着使用期限的延长，旧设备的年总费用会逐年增加，这个额外的成本需要考虑进计算。旧设备年总费用的计算公式为

$$AC_0 = V_0 - V_1 + \frac{V_0 + V_1}{2} i + \Delta C \tag{14-10}$$

式中：AC_0 为旧设备下一年运行的总费用；V_0 为旧设备在决策时可出售的价值；V_1 为旧设备一年后可出售的价值；i 为年利率；$\frac{V_0 + V_1}{2} i$ 为因继续使用旧设备而占用资金的利息损失，资金占用额取旧设备现在可售价值和一年后可售价值的平均值；ΔC 为旧设备继续使用一年在运行费用方面的损失。

年总费用也可用企业统计数据列表进行，见表 14-1。表中记录了再继续使用一年后旧设备的运行损失和使用旧设备的设备费用，旧设备年总费用为这两项费用之和。

表 14-1　　　　　　　　　　　　旧设备的年费用计算表

指标	下年度运行上的有利性	
	新设备	旧设备
产量增加收入		
质量提高收入		
直接工资的节约		
间接工资的节约		
其他作业上的节约		
材料磨损的减少		
维修费节约		
动力费节约		
设备占地面积节约		
合计	①	②
旧设备运行损失		③=①-②
旧设备现在出售价值		
旧设备一年后出售价值		
下年底旧设备出售价值减少额		④
继续使用旧设备的利息损失		⑤
旧设备的设备费		⑥=④+⑤
旧设备年总费用		⑦=③+⑥

2. 新设备年均总费用的计算

在设备更新决策中，评估新旧设备的经济性是非常关键的一步。为了准确比较新旧设备的总费用，需要计算新设备的年均总费用，并将其与旧设备的年总费用进行对比。

(1) 运行劣化损失。随着使用时间的逐渐推移，新设备同样会面临设备劣化的问题，而具体的劣化情况则取决于设备的性能和使用条件。为了简化计算过程，通常采用递增模型来确定新设备每年的劣化值增加数额，假定劣化值逐年按同等数额增加，如果设备使用年限为 T，T 年间劣化值的平均值为 $\lambda T/2$。新设备的值往往是难以预先确定的，如果已知旧设备的耐用年限及相应的劣化程度，就可以初步估算出新设备年度的劣化值增量。

(2) 设备价值磨损。在考虑设备投资价值时，需要注意到新设备的价值随着使用时间的推移而逐渐磨损，这种磨损表现为设备残值逐年减少。采用递减模型来计算设备的价值磨损，假定设备残值每年以同等的数额递减，可以得出设备每年的价值磨损量为

$$\frac{K_N - K_L}{T}$$

式中：K_N 为新设备的原始价值；K_L 为新设备使用 T 年后的残值。

(3) 利息损失。新设备在使用期内平均资金占用额为

$$\frac{K_N + K_L}{2}$$

故因使用新设备而占用资金的利息损失为

$$\frac{(K_N + K_L)i}{2}$$

总计以上三项费用，则得新设备年均总费用，即

$$\mathrm{AC_N} = \frac{\lambda}{2}T + \frac{K_N - K_L}{T} + \frac{(K_N + K_L)i}{2} \tag{14-11}$$

对上式进行求导，并令

$$\frac{\mathrm{dAC_N}}{\mathrm{d}T} = 0$$

$$T = \sqrt{\frac{2(K_N - K_L)}{\lambda}}$$

式中：T 为新设备的经济寿命。按经济寿命计算的新设备年均总费用为

$$\mathrm{AC_N} = \sqrt{2\lambda(K_N - K_L)} + \frac{(K_N + K_L)i}{2} \tag{14-12}$$

若残值 $K_L = 0$，则可简化为

$$\mathrm{AC_N} = \sqrt{2\lambda K_N} + \frac{K_N i}{2} \tag{14-13}$$

当年劣化值增量不易求得时，可根据经验决定新设备的合理使用年数 T，然后再求年劣化值增量，则新设备的年均总费用为

$$\mathrm{AC_N} = \frac{2(K_N - K_L)}{t} + \frac{(K_N + K_L)i}{2} \tag{14-14}$$

【例 14-2】 新设备的价格 $K_N = 41\,800$ 元，估计合理的使用年数 $T=15$ 年，处理时的残值 $K_L = 3700$ 元，利息率为 10%，求新设备的年均总费用。

解:

按照新设备年均总费用计算公式可得

$$AC_N = 7355 \text{ 元}$$

拓展阅读：中国高铁的发展历程

如今高铁不仅是连通中国各地、推动中国经济高速发展的重要工具之一，而且早已跨出国门，成为中国又一张亮眼的国家名片。中国在全球高铁市场的份额已经稳坐全球第一的宝座，占据全球69%的市场，中国高铁营业里程达到全球高铁总里程的三分之二以上，位居全球第一。经过二十余年的努力之后，中国成为世界上唯一高铁成网运行的国家。

事实上，中国引进高铁技术至今不过15年。20世纪90年代初，中国对高铁技术处于自主摸索阶段。2004年，中国提出发展高铁事业的重要方针：先引进先进技术，再联合设计生产，最后打造中国品牌。在引进高铁技术之后，中国的技术人员开始磨炼自身的制造和研发能力，自2009年起，中国高铁开始进入自主创新期。大到高铁的研发设计、小到高铁的零部件，之所以能一步一步实现突破，背后都离不开研发人员一步一个脚印，从技术引进到实现自主创新；同时中国制造业不断强大也成为中国高铁制胜全球市场的重要支撑。

事实上，所谓的技术引进，并不是外企把所有核心技术对中国和盘托出。中国北车股份有限公司的技术管理人员此前曾透露：该企业拿到的只是西门子的制造图纸，连三维模型图都没有，也就是中企只是拿到了设计的结果，而对于设计过程这种核心机密，西门子并不会对北车透露。这就意味着，中国只是获得了生产的能力，而非技术能力。在这个过程中，中国技术人员只知道了是什么或者怎么做，但是对于最关键的为什么，却无从得知。这完全需要中国的科研人员自己去摸索，而这个过程并没有人们想象中那么简单。所以，如果认为中国高铁能有今天的辉煌完全是靠技术引进，那就大错特错了。如果没有前期的技术积累、充足的人才储备、大量的资金投入以及无数的科研人员、一线员工的辛勤付出，单靠外企的几张图纸，中国青出于蓝而胜于蓝的可能性其实微乎其微。

思考与练习

1. 研究设备更新的意义是什么？
2. 无形磨损的具体含义是什么？能否通过举例说明？
3. 设备发生损坏后是否可以持续维修？
4. 现有新能源发电设备使用过程中出现新兴技术可以如何处理？
5. 现有的新能源发电项目达到寿命期后可以如何处理？为什么？

第十五章 技术改造的技术经济评价

以技术进步为主要特征的技术改造已经成为当今企业固定资产投资的主要手段。技术改造通过引进新型先进设备、更新旧设备、提高企业自身核心竞争力等方式实现生产效率的快速提升。与传统的基本建设相比，技术改造的优势在于可以更有效地提高及改善产品质量、设计和生产过程的精度和一致性，从而全面带动公司的战略目标实现。在进行技术改造方案时需要考虑各种问题，如技术选择、经济评价特点和方法等，以确保投资能将所有相关成本和价值因素纳入计算，给企业的长期发展带来更大的推动力。

本章内容主要介绍了技术改造的概念、特点和类型、技术改造的技术选择、经济评价特点与方法。

学习过程中要求了解技术改造的基本概念和内容，了解技术改造中技术选择方法，能利用经济评价方法对技术改造进行评价。

第一节 技术改造概述

一、技术改造的概念

1. 技术改造的定义

技术改造指的是在科学技术进步的前提下，将先进的技术成果应用于企业生产中的各个环节，用先进的技术改造落后的技术，以实现企业生产技术面貌不断变化，从而达到全面提高企业社会综合经济效益的目的。技术改造可以分为广义和狭义两种类型。广义的技术改造包括采用新技术改造传统老厂并建设装备新型厂房等，其范围较大，涵盖了整个国民经济。而狭义的技术改造则专指将先进技术引入到现有企业中以取代传统的老技术，它包括设备更新、技术改进、工艺改革、新产品设计开发、厂房和建筑物维修改造等内容。相对于广义技术改造，它的范畴较为小型化和具体化。虽然广义技术改造和狭义技术改造有所区别，但二者并非割裂开来的。特别是对于大型联合企业而言，它们的技术改造往往密不可分、联系紧密，难以截然分开。

2. 技术改造与大修理、设备更新的区别

将大修理和设备更新与技术改造混淆起来是不正确的。因为对于机器设备和厂房建筑物的大修理而言，其有恢复性大修理和改造性大修理之分，二者应当区别对待。而设备更新也并不等同于技术改造。针对大修理而言，如果仅仅只是进行了恢复性的维修，也不能算作技术改造。如果设备更新只是单纯按原样进行替换，而没有改变设备的技术类型、技术性能等方面，那它也不能称作技术改造。在技术迅速进步的情况下，很少会存在维持原基础、原规模、原结构、原用途的情况。技术改造的实质是指利用先进的新技术对现有企业进行改造，在进行技术改造时应当注重提高技术性能、增强设备的智能化程度、优化生产工艺等方面，这些是大修理和设备更新所无法满足的。

二、技术改造的特点

技术改造是企业保持竞争力、提高效率和经济效益的关键。相较于基本建设，技术改造有以下几个特点。

（1）技术改造的对象是现有企业，而不是新建项目或新企业。技术改造的目的在于在原有的生产要素和场地上运用新的技术，从而提高工艺水平和装备品质，进而实现资源利用效率等方面的提升。

（2）技术改造的方法是通过技术创新和进步来提高现有企业生产要素的质量，同时也不排斥在技术进步前提下适当增加生产要素数量或扩大生产场地。

（3）技术改造的资金来源多为补偿基金，包括固定资产折旧、生产发展基金等。由于技术改造的投入远低于基本建设，因此企业可以用补偿基金进行更具针对性的投入，减少资金浪费和过度膨胀。

（4）技术改造是一个永无止境并且动态的过程。随着技术发展的日新月异，原有设备和工艺也会逐渐落后，企业需要不断地进行更新和改造，以应对市场需求和保持竞争力，这也意味着对技术进步的重视将是企业成长和成功不可或缺的一部分。

技术改造是企业转型升级的一种常见手段，它具有一定的优势和不足。首先，与新建项目相比，技术改造可以充分利用现有企业中的各种生产设施和技术力量，避免了大量投资和时间成本。其次，可以充分利用现有场地、生活设施基地和协作渠道等，缩短工程投产前的准备时间，减少土地征购和资源浪费，不必增加大量临时设施和管理机械。但技术改造也存在一些难题，例如规模和布局受到现有场地、运输条件及其他设施限制，可能出现设备技术更新后的先进性和原有设备落后性之间的矛盾。此外，在施工过程中，由于拆除和搬迁厂房、设备、地面和地下的管网与建筑物等可能导致企业停产或减产，造成一定的经济损失。管理者在进行技术改造时应充分利用好有利因素，尽可能地减小不利影响，并将不利因素对经济效益的影响控制在最低限度之内。要在施工开始后迅速完成，才能保证技术改造带来的经济效益。技术改造能否实现企业升级，最终还是要看管理者的决策和运营能力。

三、技术改造的意义

（1）技术改造是实现内涵扩大再生产的有效途径。这不仅节约国家投资、成本低、效果快，也可以在我国工业基础已建设好，在考虑人员、物力、财务等方面实际情况下，为重点项目提供帮助。通过引进先进的技术、工艺和设备提高劳动生产率和企业经济效益，扩大生产能力。

（2）技术改造可以加速产品更新换代。通过开发物美价廉的新产品，技术改造为企业提供了有利条件，因为新产品的开发需要采用新的技术、设计新的结构、使用新的材料及新增工艺方法等。如果企业的设备过于老化、技术陈旧，则难以达成产品更新和升级的目标。

（3）技术改造是提高产品质量和降低生产成本的重要途径。技术改造不仅可以大幅提升产品质量，还可以增强企业竞争力、降低生产成本。

（4）技术改造还能推动经营管理水平的提高，促进员工技术培训和人才储备，并最终实现全面提升企业素质的目标。通过引进新技术和设备进行改造，增加员工学习、应用新技术的机会，同时培养了更多的专业技术人才。

（5）将发展生产重点转移到对现有企业进行技术改造已经成为普遍趋势。实践证明，对现有企业进行技术改造的经济效果十分突出，多数具有投资少、建设期短、收效快等特点。

第二节 技术改造的类型

一、按技术改造的程度划分

在技术改造的过程中，可以按照不同程度进行以下划分。

（1）完整性技术改造。完整性技术改造是以一个车间或一个设施为一个完整的技术改造单位，对全部生产流程和工序进行升级改造，以实现全面提升生产效率、降低能耗、改善产品质量等综合目标。

（2）专业性技术改造。专业性技术改造是针对某个专业领域或项目进行的，例如节能、环保、增加产量、提高质量、扩大产品品种、改进工艺等方面的技术改造。通过有针对性的改进，企业可获得更多的市场竞争优势，提高了自身产品在行业内的地位，同时也实现了企业经济效益的提升。

（3）局部性技术改造。局部性技术改造的主要目的是填补缺口、升级设备、改进单一工段、挖掘潜力等方面，比如常见的配套项目都可以归属于局部性技术改造的范畴之内。虽然这种技术改造较为局限，但却具有极强的针对性和灵活性，更易有针对性地处理生产问题。

二、按旧厂技术改造类型划分

技术改造主要是为了使老旧厂房具备更先进的生产能力而提出来的，因此可以按照旧厂技术改造的类型对其进行分类。

（1）已建成而未达到设计生产能力的工厂。这种类型的技术改造指的是一个工厂已经根据批准的设计建成，但是一直没有实现预期的产量和质量标准，因此需要通过新技术、新设备或者其他方法对其进行改造，以达到预期的工厂生产能力。

（2）尚未形成综合生产能力的工厂。由于各种原因，有些工厂无法按照原设计全面建设并投入生产，导致其无法达到预期生产能力，这时，通过技术改造可以补齐生产中存在的缺陷，并提升整个工厂的综合生产能力。

（3）个别生产环节过度强势，导致综合生产能力失调。这时需要进行针对性的技术改造，解决生产过程中存在的不平衡问题，保证各个环节间的生产能力协同配合。

（4）缺乏总体设计或总体设计未得到充分考虑而导致工厂生产能力失调的情况。针对这种情况，需要进行全面的技术改造，考虑整个工厂的布局和流程，使其能够达到预期的生产能力水平。

三、按技术改造的结果划分

按技术改造的结果进行划分，主要包括增加产量的项目、提高产品质量的项目、增加品种的项目、节能措施项目和环保项目。其中，环保项目是指通过技术手段，减少生产过程中对环境的污染和破坏，实现清洁、低碳、循环等方面的目标。根据所涉及的主要经济因素，可以把环保项目分为以下几种情况。

（1）可计算企业直接经济效益的环保项目。这些项目与企业生产活动相关，例如废渣的综合利用、废气的回收利用等能产生可计量产品，从而直接计算经济效益。在循环经济模式下这些项目尤其重要，可以增加企业资源利用效率，降低企业的生产成本。

（2）可计算社会直接经济效益的环保项目。这些项目是指在污染治理前，由于有害介质对社会造成的损失可用货币计算价值的项目。治理后损失数的减少可以作为这个项目产生可计算的社会直接经济效益的衡量标准。

(3) 可计量社会潜在经济效益的环保项目。这些项目通常与大气、水体等生态环境相关，如排出气体在除尘前污染空气，治理后能够改善空气质量，为大气平衡带来极大好处。但这种效益却不能用货币价值来衡量，因此这种环保项目被称为可计量社会潜在经济效益的环保项目。

第三节 技术改造的技术选择

一、技术选择的概念

技术选择是建设项目中一个重要的环节。它指的是在建设和改造过程中，对先进、中间和落后的技术以及适用性进行考虑并做出选择。技术改造的实质是采用新技术来改造现有企业，正确地选择技术，对于实现国家总体战略目标、充分发挥企业作用并不断提升经济效益至关重要。

在技术选择时，主要从技术的先进性与适用性这两个角度考虑。只有选对了技术才能进行有效的技术改造，并促进企业持续发展。同时，只有技术改造取得实质性成果，才能为采用新技术与技术选择提供切实的支持和推动。

二、技术选择的原则

(1) 有利于节约能源和保障经济可持续性。现代大规模生产消耗大量能源，而可利用能源的储备却有限，因此节约能源势在必行。采取节能措施，不应仅仅限制在技术改良和设备更新上，而是需要从更广泛的角度考虑，如提高能源开采、加工、转换、运输以及最终使用环节的效率。同时，减少能源消耗的直接或间接措施，例如节省、代替和减少原材料的使用，提高产品质量和延长产品寿命，都应该积极采纳。

(2) 有利于节约和改善原材料的合理利用。在技术改造中，必须充分重视选择能够重新设计流程和精简流程的技术，用最少或最好的原材料加工出更多或更好的产品。同时，也需要理解并将减少原材料的使用和提高利润率联系起来，只有避免浪费才能真正为企业创造更大的财富和效益。

(3) 有利于推动产品升级换代和经济结构调整。随着国际经济的快速发展，我国的经济结构也需要不断升级，这就需要千方百计地推动产品升级换代。其中关键在于采用新技术，特别是引入精良的机器设备、先进的生产工艺和操作方法以及全新的产品设计理念。只有这样才能实现产品性能、精度等多个方面的重大改观。

(4) 有利于提高劳动生产率和固定资产投资回报率。提高劳动生产率和固定资产产出率对于企业的发展至关重要。通过采用新技术，并在技术升级过程中寻求提高固定资产产出率和提升劳动效率。在进行技术选择时，应该始终把提高劳动生产率作为目标。同时，还应该积极探索提高固定资产投资回报率的方法，如此企业才能有效地降低生产成本并提高盈利水平。

(5) 有利于环境保护和促进生态平衡。环境保护已经成为世界各国关注的热点问题。工业中排放的"三废"不仅意味着资源和能源的浪费，还会严重破坏自然环境和人类生存的基础。因此，企业必须将防治污染作为技术改造的重要内容。在制定工艺流程和设备更新方案时，应该积极采取措施解决污染问题，提升清洁化生产模式，并实现高效的循环经济生产方式，这将有助于促进生态平衡和可持续发展。只有在保护与发展两者之间找到一个平衡点，才能够实现经济增长和环境保护的双赢局面。

第四节　技术改造的经济评价特点

一、技术改造的经济评价特点

企业技术改造的经济评价与新建企业具有相似之处，但也存在自身的特点。

（1）企业技术改造所需投资是在原有投资基础上进行的追加投资。这种追加投资所产生的经济效益应当充分利用原有固定资产条件、物质基础、技术力量以及外部环境等因素进行评估。因此，评价技术改造效益的重点就在于提高固定资产投资回报率，并比较其与全新建设的扩建规模相同的新企业相比是否值得投资。

（2）对于技术改造过程中发生的一些特有费用，如旧有工程拆除费、残值以及原有固定资产损失等，需要进行更加细致的计算。由于技术改造通常会影响企业生产的正常运转，因此还需计算减产或停产损失。

（3）在计算经济效果时，应考虑技术改造追加投资和各项损失成本，同时也将年成本节约和增加的产量带来的收入纳入考虑范围内作为产出，这样才能够从全方位、多角度地评估技术改造产生的经济效益。

二、技术改造的特有费用及其计算

对于技术改造项目的经济评价，需考虑投资、利息、税金等基本内容以及追加投资、原有资产的利用等特殊费用内容。

（1）追加投资。技术改造投资是在原有企业投资建设和投产之后再次进行的投资。其投资项目内容和范围与新建企业相同，但与新建企业不同的是需要支付旧有工程拆除费。如果企业规模扩大，则必须追加更多的流动资金。流动资金追加额度应根据增加的规模来确定，追加投资包括新增基建投资、利息、拆除费和流动资金等。

（2）原有资产的利用。位于技术改造项目范围内的原有资产可以分为可利用的和不可利用的两个部分。如果有项目对原有资产进行改造利用的话，那么无论这些原有资产是否被利用，都将与新增投资一起计算，成为投资费用的一部分。而可利用的资产则需根据其净值提取折旧和维修费用。至于不可利用的资产，如果变卖，其价值应按照变卖时间和变现价值计算为现金流入，而且不能冲减新增投资。如果不可利用的资产未能变卖或被报废，则仍然视为资产的一部分，但在计算项目折旧时则不予考虑。

（3）沉没成本。沉没成本是已经发生且不能回收的过去投资决策所形成的费用。这些费用已经计入过去投资费用回收计划当中，比如前期工程为后期工程预留的场地与设备就是一种沉没成本。对于技术改造项目而言，其经济效果并不取决于项目开始前已经支出了多少费用，而仅仅与在技术改造过程中新投入的费用有关，因此这些沉没成本费用不应计入投资决策费用中。

（4）固定资产残值。固定资产残值指的是机器设备等因长期使用而受到机械损耗而无法继续使用的资产，其实际价值很低，称之为残值。残值视资产的残旧程度而不同，一般仅为资产原值的3%～5%，个别达到8%～10%。

（5）旧有工程拆除费。技术改造常常需要在旧有企业现有场地和车间范围内进行，因此必须拆除那些已经无法利用的设备、厂房和其他建筑物，为拆除这些旧有工程所需的费用应算作追加投资内容之一。

（6）减产或停产损失。在企业进行技术改造时，一般都需要在生产的同时进行改造，只有少数情况下才会全部停产来进行改造。这意味着技术改造期间对于企业正常生产是会产生一定影响的，在改造期间原有企业的产量会出现下降。这些产量的变化会直接导致老产品的营业收入减少，并且相应的生产成本也会减少。所有这些变化都应该在销售收入表和生产成本表中得到体现，最终反映在现金流量表中，不必单独估算。

三、技术改造经济评价的指标与报表

在技术改造的经济评价中，有多种指标和报表可供参考，其中财务评价和国民经济评价是两个主要方面。

（1）技术改造经济评价的指标。财务评价计算的指标有现金流量、财务内部收益率、财务净现值、投资回收期、投资利润率、投资利税率、资本金利润率、资产负债率、固定资产投资借款偿还期、流动比率和速动比率等，这些指标可以用来对企业在技术改造过程中所投入的资金进行全面的财务分析。国民经济评价计算的指标有经济内部收益率、经济净现值、经济外汇净现值、经济换汇成本等，这些指标可以用来衡量技术改造项目对于国民经济的总体贡献和影响。

（2）技术改造经济评价的基本报表。财务评价的基本报表包括现金流量表、损益表、资金来源与运用表、资产负债表以及财务外汇平衡表等，这些报表可以提供详细的财务数据和分析，帮助企业及时了解技术改造项目的现金流量和盈亏情况。国民经济评价的基本报表包括国民经济效益费用流量表、国民经济效益费用流量表以及经济外汇流量表等，这些报表可以提供关于技术改造项目对于国民经济整体的影响和贡献的详细信息。在编制技术改造评价的辅助报表时，可以参照一般项目的辅助报表格式进行编制，以确保数据的准确性和完整性。

第五节 技术改造的经济评价方法

技术改造项目作为一种投资项目，同样具有一般投资项目的特点。因此，技术改造项目的经济评价原则、基本方法和评价指标与一般建设项目相似。例如，在针对重大技术改造项目进行经济评价时，既要从企业的角度出发，考虑该项目是否符合国家现行财税制度和价格规定，做出财务评价，同时还要从国民经济整体出发，通过引入影子价格等方法来计算项目对于国民经济的净效益，做出国民经济评价。

然而，技术改造项目的经济评价方法也具有一定的特殊性。在进行经济效果分析时，必须正确处理现有企业的投资、费用和所取得的收益与改造新增投资、费用和所取得的收益之间的关系。如果忽略这些关系，就容易得出错误的经济效益评价指标，从而导致做出错误的决策。特别是在技术改造过程中，可能涉及新技术的应用、生产线的更新、设备升级以及组织架构的变革等问题，这些都需要对企业现有的投资、费用和收益进行适当的调整，并且准确地估算新增的投资、费用和收益。只有在正确处理好这些关系之后，才能得出符合实际情况的经济评价指标。

当技术改造项目的费用和收益可以从企业总费用和总收益中分离出来时，就可以使用和新建项目相同的经济评价方法。例如，如果企业改造一个独立车间并新增与老产品无关的新产品，那么可以将这个车间视为一个新建项目，评估其净现值、内部收益率等指标。但是，在某些情况下技术改造项目的费用和收益往往难以从企业总费用和总收益中分离出来。此时，就需要按企业或其他能够独立计算费用和收益的单元，分别计算进行改造和不进行改造的费用和收益，并将改造和不改造作为两种互斥方案来比较和选择。

技术改造项目的经济评价方法通常采用增量法和总量法两种方法。其中，增量法是在对比建设前后的技术含量、生产成本、销售价值等方面进行评价，以增量指标作为主要依据。而总量法则是基于企业整体来分析，将技术改造对企业整个生产过程、市场竞争力等方面产生的影响进行评价。选用何种方法，应根据项目的不同特点和实际情况来确定。

一、技术改造项目经济评价的增量法

在技术改造项目的经济评价中，增量法是其中一种主要方法。它以技术改造企业或企业的某一单元为分析对象，分别计算改造和不改造两个方案企业的增量投资、增量净收益和增量投资经济效果指标，并据此判断技术改造项目的财务可行性和经济合理性。

1. 增量投资计算

增量投资是计算改造和不改造两个方案总投资的差额值。如果改造时无资产转让或报废，则增量投资就是技术改造项目新投入的资金额，包括固定资产投资和新增流动资产投资。而如果改造时有资产转让或报废，则增量投资就是新增投资减去原有资产扣除拆除费的回收净价值。这意味着，在计算增量投资时，无需核定企业原有资产的价值，只需计算改造新增投资及转让和拆除原有固定资产的净价值即可。

2. 增量净收益计算

计算增量净收益指标时不能采用前后法，即不能将项目后的有关净收益减去项目前的相应净收益来计算。这是因为不同方案收益比较时必须遵循时间可比性原则，项目后的净收益是未来各年的预测值，而项目前的净收益则是现在或过去的状态值，两者在时间上是不可比的。因此，前后法不符合时间可比性原则。

正确的计算方法是有无法，即分别考虑有项目和无项目两个方案的净收益，并计算其差额值。为此，必须对有项目和无项目两个方案分别进行未来各年净收益的预测，求出对应年份净收益的差额值。这样可以充分地考虑时间可比性原则，更准确地评估技术改造项目的经济效益。

实际情况下，有项目和无项目两种方案的未来净收益变化趋势可能会有以下多种情况。

（1）市场需求和企业自身都具备一定潜力，在改善经营管理的情况下，企业的净收益可以逐年获得增长。如果加上技术改造项目，可以促使企业的净收益获得更大程度的增长。但此时，简单地比较项目前和项目后的净收益会导致错误的结论，把项目投产后的所有净收益归功于技术改造项目的投资，这是不正确的。事实上，技术改造后增加的净收益只有部分应归功于改造项目，其余部分即使在没有技术改造项目的情况下也会发生，因此不能将其全部归功于技术改造项目。

（2）如果没有技术改造项目，企业的净收益将会逐年下降。此时，技术改造项目的投产只是维持了原有的净收益水平，对于挽回因净收益下降所带来的损失起到了作用。但采用前后对比法来识别和计量项目净收益就会错误地认为，改造项目投资没有创造净收益。因此，在这种情况下需要注意，技术改造项目所带来的维持原有净收益水平的效果是值得肯定的。

（3）如果没有改造项目，企业的净收益将逐年下降。然而，通过进行改造项目，不仅避

免了净收益的下降,还使得净收益有所增加。在这种情况下,改造项目的投资对促使企业的净收益增长起到了关键作用,同时也避免了因净收益下降所带来的损失。但采用前后法就无法准确地识别此部分增量净收益,其中一部分是由于改造项目的投资所带来的,另一部分是由于避免净收益下降所获得的增量净收益。

(4) 如果在无改造项目的情况下,企业的净收益将会保持不变。但如果引入改造项目,企业的净收益将会提高,并在其寿命期中保持稳定。在这种特殊情况下,通过使用前后法和有无法计算出来的增量净收益是相同的,因此,可以认为前后法是有无法的一个特殊情况。

在财务评价中,技术改造项目的增量净收益可以根据不同的目标来计算和衡量。对于扩大生产规模的项目,其增量净收益主要表现为由于产品销售量和产量的增加,使得产品成本降低所带来的实际收益。对于提高产品质量的项目,其增量净收益主要表现为由于产品质量的提高而导致销售量、销售价格和生产成本的变化所带来的实际收益。对于增加产品品种的项目,其增量净收益可以通过产品的销售量、销售价格和新产品成本来进行计算。而改进原有工艺、更新陈旧设备的项目,则可能会具有经济效益和非经济效益,其中经济效益主要表现为提高劳动出勤率和生产率,并且可以节省医疗费用、减少排污费用等。当非经济效益是项目的主要效益并且难以用货币估价时,在进行项目评价时一般不采用收入和支出相比较的方法,可能会采用年费用法或现值费用法等方式,来对供选择的多个互斥方案进行比较和评价。在实际工作中,技术改造项目通常不是单一目标,而是具有多重目标。因此,针对这种情况,增量净收益将由有项目总收益减去无项目总净收益的差额计算得出。而在动态经济评价方法中,有项目和无项目的净收益将通过计算它们寿命期内各年的净现金流量来获得,这种方法可以更加客观地评估技术改造项目的收益情况,并且进行不同方案的科学比较和选择。

【例 15-1】 假设某厂现有固定资产 500 万元,流动资产 200 万元。如果该厂不进行技术改造,其未来 8 年的效益、费用和净收益情况见表 15-1。然而,如果进行技术改造,则需要新增投资 120 万元,改造当年生效。在这种情况下,未来 8 年的数据见表 15-2。为了简化计算,没有考虑到资产回收的影响。假定基准收益率为 10%,那么该厂是否应该进行技术改造呢?

表 15-1　　　　　　　　　不改造方案效益、费用和净收益预测表　　　　　　　　(单位:万元)

指标	第1年	第2年	第3年	第4年	第5~8年
销售额	600	600	550	550	500
经营成本	400	410	390	390	360
税收	30	30	27.5	27.5	25
净收益	170	160	132.5	132.5	115

表 15-2　　　　　　　　技术改造方案效益、费用和净收益预测表　　　　　　　(单位:万元)

指标	第1年	第2年	第3年	第4年	第5~8年
销售额	650	650	650	650	650
经营成本	415	415	415	420	425
税收	32.5	32.5	32.5	32.5	32.5
净收益	202.5	202.5	202.5	197.5	192.5

解：

在对应年次下将表 15-1 和表 15-2 的数据相减,就可以得到它们之间的差额,这些差额列入表 15-3 中相应的年份和项目下。需要注意的是,由于现有资产 700 万元将继续使用,所以表 15-3 中投资差额仅为改造新增投资 120 万元。

折现所有的净现金流并将它们加总起来。从表 15-3 中可以看到,该项目的增量净现值为 209.45 万元,项目的增量内部收益率为

$$\Delta \text{IRR} = 0.4 + \frac{4.615}{4.615 + 1.44} \times 0.02 = 41.5\%$$

这意味着该项目的投资回报率比基准收益率高,所以是一个有盈利前景的投资项目。

表 15-3　　　　　　　　　　　增量现金流量表　　　　　　　　　（单位：万元）

指标	初期	第1年	第2年	第3年	第4年	第5年	第6年	第7年	第8年	合计
投资差额	−120	—	—	—	—	—	—	—	—	
销售差额	—	50	50	100	100	150	150	150	150	
经营成本差额	—	−15	−5	−30	−30	−65	−65	−65	−65	
税收差额	—	−2.5	−2.5	−5	−5	−7.5	−7.5	−7.5	−7.5	
增量净现金流量	−120	32.5	42.5	65	65	77.5	77.5	77.5	77.5	
增量净现金流量折现值（$i=10\%$）	−120	29.55	35.15	50.90	44.40	48.12	43.75	39.77	36.5	209.45
增量净现金流量折现值（$i=40\%$）	−120	23.21	21.68	23.66	16.90	14.42	10.31	7.32	5.27	4.615
增量净现金流量折现值（$i=42\%$）	−120	22.88	21.08	22.70	15.99	13.41	9.46	6.69	4.65	−1.44

二、技术改造项目经济评价的总量法

技术改造项目经济评价的总量法通常以技术改造企业或某个单元为分析对象,分别计算改造和不改造两个方案下企业总体投资、净收益以及经济效果指标。通过这些指标的比较,可以判断技术改造项目的财务可行性和经济合理性。

总量法是基于企业的整体经济效益指标来进行评估的,因此在进行评价时必须考虑现有资产的重估价值。当使用总量经济效果指标进行评价时,所有现有资产的重新估价值视为不改造方案的投资;而将所有现有资产的重新估价值与新投入资金的总和视为改造方案的投资,这样可以避免对不同方案的核算方式存在误差影响评估结果。

原有资产的重新估价非常重要,原有资产包括固定资产和流动资金。对于原有流动资金的重新估价相对较为容易,可以根据库存材料、原料、燃料、半成品、产成品的现行市场价格进行估算。但是,对于原有固定资产的重新估价则需要采取特殊的方法,不同的估价方法会直接影响到技术改造项目经济评价的结论,常用的固定资产重新估价方法主要包括：按原值计算法、按重置价值计算法、按净值计算法、按净值加历次大修费计算法、按重估价值计算法。但这五种方法都有一定的局限性,目前确定固定资产价值的可行办法仍然应该参考其账面价值,并请专家进行科学的资产评估,以确保估价的准确性和公正性。

计算总量净收益的方法与增量法类似,也需要通过对改造和不改造方案在未来寿命期内的表现进行预测,即采用有无法的方法进行计算。在比较改造和不改造两个方案时,必须确

保它们的寿命期是可比的,通常情况下,改造方案的寿命期要比不改造方案长。但是,在技术改造项目评价过程中,不能采用最小公倍数法或年值法来比较两个方案的寿命期,因为这些方法是基于项目寿命期多次重复的假设条件而提出的,这种假设既不符合改造方案,也不符合不改造方案的实际情况,因此这是一种不合理的处理方式。通常可以采用预定计算期限法来处理,即从产品周期、生产工艺技术周期和主要设备寿命周期中选择最短的周期作为比较期限,并将各方案在比较期限结束时的可回收资产价值作为收入进行处理。

【例 15-2】 根据[例 15-1]中的数据,采用总量法评价是否应该进行技术改造?

解:

根据题目所给的数据,可以将现有资产 700 万元作为不改造方案的投资额,将现有资产 700 万元加上新投入资金 120 万元作为改造方案的投资额,并分别计算出两个方案的净现值。在假设基准收益率为 10% 的情况下,得到了表 15-4 和表 15-5 中所示的现值计算结果。

表 15-4　　　　　　　　　　**不改造方案净现值计算表**　　　　　　　　(单位:万元)

指标	初期	第1年	第2年	第3年	第4年	第5年	第6年	第7年	第8年
净现金流量	-700	170	160	132.5	132.5	115	115	115	115
净现金流量折现值	-700	154.55	132.23	99.5	90.5	74.41	64.91	59.01	53.65

表 15-5　　　　　　　　　　**改造方案净现值计算表**

指标	初期	第1年	第2年	第3年	第4年	第5年	第6年	第7年	第8年
净现金流量	-820	202.5	202.5	202.5	197.5	192.5	192.5	192.5	192.5
净现金流量折现值	-820	184.09	167.36	152.14	134.90	119.53	108.66	98.78	89.80

通过计算可得出不改造方案的净现值为 28.81 万元,而对于改造方案的净现值为 235.26 万元,这表明改造方案的净现值明显高于不改造方案。

三、增量法和总量法的运用

技术改造项目的评价通常采用增量法和总量法进行比较,但是这两种方法都有各自的局限性。

对于增量法而言,其主要局限性在于它仅基于增量经济效果对互斥方案进行比选。在对技术改造项目进行评价时,必须对基础方案进行绝对经济效果测试,以便证明与之比较的方案在经济上是合理的。因此,仅仅根据增量经济效果不能回答关于现有企业是否值得进行技术改造的问题。例如,某个技术改造项目的增量经济效果通过标准,增量净现值大于 0。但是由于不改造方案的经济效果很差,改造方案的总量经济效果无法通过标准,总量净现值仍为负值。在这种情况下,企业是否应当进行技术改造是不确定的,因为除了改造和不改造方案之外,还存在关停并转方案等其他可供选择的方案。所以,需要综合考虑各种可能的方案,并选择最适合的解决方案。

总量法在评估技术改造项目经济效益时存在局限性,因为仅凭改造方案的总量经济效果无法充分评估技术改造的经济合理性。尽管改造方案的总量经济效果可能通过标准,但实际上不改造方案的经济效果可能更好,如果只依据总量经济效果进行决策,就可能导致错误的结果。此外,仅比较改造方案和不改造方案的总量经济效果,而没有检验其绝对经济效果,也会存在企业是否值得改造的问题,排除了关停并转方案。

因此,在评价技术改造项目经济效益时,应采用增量经济效果和总量经济效果两个指标来综合评估技术改造的经济合理性，确保选择的方案正确。增量经济效果适用于那些不能关停并转的企业，或者固定资产价值难以确定的企业，而总量经济效果适用于其他情况下的技术改造项目。当前由于一些政策因素的影响，那些因价格不合理造成的政策性亏损企业并不能被简单地采用关停并转的方式处理。同时，对于估算固定资产价值存在困难的企业也需要采用增量经济效果来评价技术改造项目的经济效益。只有在需要对现有企业做出关停并转或是技术改造的决策时，才会按照上述评价准则进行经济分析。

拓展阅读：全球最大光伏企业隆基股份的崛起

光伏发电的常规路线有两条：薄膜和晶硅。薄膜的特点是转化率低，但成本也低，非常适合快速扩大规模。晶硅则可以分成单晶硅和多晶硅，单晶杂质含量少，转化效率高，但缺点是生产成本较高，技术难度大；多晶虽然杂质多、转化效率低，但技术成熟，产业基础好，生产成本低，性价比高。光伏是个高负债重资产的领域，很难同时押注多条技术路线。新技术出现时，先行者很难第一时间扩张产能，先发优势往往会变成先发劣势。因此，对技术路线的选择，无异于一场豪赌。2004年之前，由于单晶技术的成本远高于多晶技术，这使得更多的人选择了后者。

2000年，李振国在西安创办隆基股份，从事半导体材料和设备业务。在对薄膜、单晶、多晶、物理硅等技术路线进行深入、系统和专业的研究后，最终决定走单晶路径。在隆基的引领和推动下，单晶技术多点开花，掀起了一场从硅棒端到电池端几乎整个产业链的技术变革，主要包含硅棒端的多次装料拉晶技术、硅片端的金刚线切割技术、电池端的电池技术。

隆基通过长时间的自主研发，培育设备厂家连城数控生产定制化单晶炉，掌握单晶拉晶核心参数，建起了拉单晶技术保护的护城河。一系列技术的采用使得硅棒拉晶和单晶切片成本下降了79%，实现了单晶硅片的降本增效，从而促使单晶超越多晶，成为光伏主流技术。

隆基作为最早开始布局单晶硅片的企业，产能遥遥领先，同时在单晶垂直一体化整合和规模优势方面处于领先地位。2020年，隆基单晶硅片市占有率达42%，稳坐单晶硅片龙头宝座。回溯隆基股份的历史，对单晶路线的坚持以及对研发创新的持续投入，是其得以发展壮大的核心因素之一。隆基股份在过去15年的研发支出累计达97.37亿元，占营业收入比例为4.98%，其研发投入规模居全行业第一，正因如此，隆基目前的单晶硅片技术同样处于绝对领先水平。

思考与练习

1. 以新能源发电项目为例说明技术升级的含义。
2. 新能源发电项目技术升级的意义是什么？
3. 新能源发电项目技术升级时该如何选择相关技术？
4. 如何评价新能源发电项目技术升级后的经济效果？
5. 技术升级的经济评价中增量法和总量法的适用范围是什么？

第十六章 公益性项目的技术经济评价

公益性项目是指由各级政府和非政府组织承建的交通、水利、扶贫开发、防火减灾、环境保护、国家安全、科技、教育、文化、卫生、体育等项目。这类项目的投资不以商业利润为基本出发点，而以社会公众利益为主要目标，具有公共性、外部性等特点，而部分新能源发电项目也具备公益性质。由于这些特点的存在，公益性项目的经济评价方式与一般营利性项目有所不同。

本章内容主要介绍了公益性项目的概念、特点及评价方法，介绍了公益项目效益和费用的识别方法、公益性项目技术经济评价的效益-费用法和效果-费用法。

学习过程中要求了解公益性项目的基本概念和内容，了解公益性项目效益和费用的识别方法，可以运用效益-费用分析法和效果-费用分析法开展公益性项目技术经济评价。

第一节 公益性项目及其经济评价的特点

一、公益性项目的概念

公益性项目是指由各级政府和非政府组织承建的一类项目，具有公共性和外部性等特点。当前，我国各地公益性项目的种类繁多，包括了交通、水利、扶贫开发、防火减灾、国家安全、教育、文化、卫生、体育、环保等不同类型，这些项目既有政府投资实施的，也有各种非政府组织开展的。

随着我国经济的不断发展和社会市场经济的完善，社会对于公益性项目的投资越来越多。各种基金会、协会、促进会、民办非企业单位或个人都加入了公益性项目的投资主体行列。这种多元化的投资来源为公益事业的发展注入了新的活力和可能性。尽管如此，政府在公益性项目投资中仍然扮演着主导角色。政府作为公共权力机构，行使的职责是服务人民、为社会发展谋利益，同时也需要在非营利性项目上维护效率和公平的平衡，因此政府经常会出资投资这些项目。私人投资者也应该尊重政府的主导地位，并配合政府的监管和指导工作，共同为公益事业的繁荣做出努力。

与竞争性项目相比，公益性项目具有运营目的和评价方式方面的差异，导致在评价上具有其特殊性，需要对其做专门研究。

二、公益性项目的特点

公益性项目的基本特点如下。

（1）公益性项目的投资目的在于谋求社会效益。虽然投资营利性项目的主要目的是获取经济利益，但政府及非营利组织兴建公益性项目的根本目的是保护国家和人民生命财产安全，以及为公众和企业提供便捷的服务，从而谋求社会效益。因此，在对公益性项目进行评价时，不能单纯使用盈利最大化指标，而应采用效益-费用分析法，正确地识别和计量项目的效益和费用，从而准确地评价项目是否值得投资。此外，当公益性项目对社会影响较大时，也需要进行社会影响评价，以衡量项目的长期社会收益。

（2）公益性项目的投资主体以政府为主导。这是由公益性项目投资目标的非盈利性及长周期等因素所导致的。尽管当前公益性项目投资呈现出多元化的趋势，但政府在该领域中的主导地位还是不容忽视的。在一些基础设施建设、医疗卫生服务等领域，政府通常发挥着重大的作用。例如，在水利工程建设中，政府组织筹措资金进行投资；在教育人才培养方面，政府积极投入大量资源，并扶持相关企业和项目的发展；在环保领域，政府也积极引导企业加强环保投入和技术创新。

（3）公益性项目的兴办者、投资者和受益者往往是分离的。各方的关注点不同，就容易产生利益冲突。例如，在某个教育项目中，政府可能会重视学校师生的教育成果，而捐赠方则更加关注项目本身的影响力以及自身的品牌价值。为了解决这种问题，需要统筹协调各方利益，确保项目顺利推进，同时使各方需要达到的目标最大限度地得以满足。

（4）公益性项目具有公共性。在经济学中，竞争性主要指在竞争性市场中，一个消费者的消费或使用行为会影响到其他消费者的消费或使用。排他性意味着只有支付特定费用的消费者才能享有其使用或消费的权利，而其他未付费的消费者则被排除在外。根据物品是否具有竞争性和排他性的特性，可以将物品划分为以下四类：私有物品、公共资源、准公共品和公共物品。私有物品具有排他性和竞争性；公共资源具备竞争性，但不具备排他性；准公共品介于私人物品和纯公共物品之间，具有有限的非排他性和非竞争性；而公共物品具有非竞争性和非排他性。绿化、环保、文体活动等领域内的公益性项目，由于其产品本质上是为公众服务并提供公共场所，因此这些项目具有明显的公共性。相比之下，其他与消费行为相关的市场服务并没有这样的属性。公益性项目对公共需求进行了保障，在一定程度上减缓了社会资源分配不公的现象，促进了市民公平享有基本的政府和社会资源。

（5）公益性项目具有外部性特点。外部性是指外部收益和外部成本的总称，这是由于公益性项目的产生和实施会给社会带来积极或消极的影响。外部收益是指不落在项目投资经营主体之内的收益。比如，水电站的建设和运营不仅可以让投资者通过出售电能获得收益，同时也可以降低下游洪水灾害的风险，让下游居民受益，这就是一种免费获取的外部收益。而外部成本则是指由公益性项目产生的社会成本，但这些成本不会被投资者给予等价补偿，而是由公众或团体免费承担的。例如，公益性项目可能对环境产生污染和破坏，这就是一种外部成本。

（6）公益性项目的投资目标和效果具有多元性。一个项目往往涵盖多个利益方面，例如，在教育领域，一个项目可以同时涉及学校建设、课程设置、师资培训、学生辅导等多个方面。这些目标和效果的多元性给项目评价带来了更高的难度，并增加了评估工作的复杂度。因此，对于公益性项目来说，评价指标的选择与权衡显得尤为重要。在评价指标的选取上，需要兼顾各方的利益，确保项目的实施能够在多个方面、多个角度上取得积极的效果。

三、公益性项目评价的特点

公益性项目的基本特点决定了对其进行评价具有以下特点。

（1）对公益性项目的评价更加注重社会和国家的宏观效果。评估一个公益性项目对国家社会发展目标的贡献大小，需要从全社会的宏观角度考察其对社会带来的贡献与影响。因此，公益性项目评价不能仅关注项目本身的微观效果，虽然不是每个公益性项目都会涉及社会各个方面的发展目标，但需要全面评估项目对其所涉及的社会发展目标的贡献和损害程度以促进项目社会目标的实现。

(2) 公益性项目评价要更加关注其间接效果。公益性项目除了直接产生的效果外，还会产生许多涉及社会各方面的间接效果，往往难以精确估计。同时，公益性项目的间接效果具有长期性，要经过相对较长的时间才能显现。对公益性项目的间接效果评价的准确性是公益性项目评价的重要课题。

(3) 公益性项目评价要更加强调定量分析和定性分析相结合。公益性项目的社会影响多种多样，有许多不仅不能使用货币衡量，也难以使用实物甚至劳动量去衡量。如公益性项目对文化的影响、对社会稳定和社会安全方面的影响等，这些界定比较模糊，难以量化。因此，公益性项目评价需要结合定量和定性分析方法才能够更充分地考虑其社会效益和贡献。

第二节 公益性项目效益和费用的识别与计量

项目经济合理性的基本衡量方法是将项目的效益与费用进行比较。正确评价一个项目需要准确识别和计量项目的效益与费用。对于公益性项目而言，其产品具有公共性和外部性特点，在效益与费用的识别与计量方面与营利性企业项目存在很多不同之处。营利性项目的投资目标在于追求利润，因此其效益和费用的识别以利润增加或减少为原则，核心方法是跟踪项目的货币流动，并且可以通过价格进行货币计量，因此其识别和计量相对简单和容易。公益性项目的投资目标是追求社会利益而非项目利润，因此对于公益性项目而言，效益和费用指的是广泛的社会效益和社会费用。然而，这些效益和费用由于缺乏市场价格而难以用货币计量，因此公益性项目的效益和费用的识别和计量相对更加复杂和困难。

一、公益性项目效益和费用的分类

公益性项目的效益和费用可按照不同的因素对其进行分类，按照影响范围可将公益性项目的效益和费用分为直接、间接效益和费用，按照投资主体可将公益性项目的效益和费用分为内部、外部效益和费用，按照效果特征可将公益性项目的效益和费用分为有形、无形效益和费用。

1. 直接、间接效益和费用

直接效益和费用通常是指在项目寿命周期内直接产生的效益与费用。例如，对于水力发电项目而言，其所获得的电力销售收入、增加灌溉收入、增加航运收入以及减少洪涝灾害等都是直接效益；相应地，该项目中的投资和日常运营支出则属于直接费用。

间接效益和费用则是指除直接效益和费用以外的其他效益和费用。具体而言，这些间接效益和费用往往是由直接效益和费用引发生成的。例如，对于水力发电项目，除了其直接效益和费用之外，还可能因为灌溉使下游地区农作物增产，或者因减少洪涝灾害而使周边地区经济得以稳定发展，这些都属于间接效益。相反的，淹没上游农田导致农产品减产等则属于间接费用。这些间接效益和费用一般难以直接计量，需要依靠定量或者定性的方法进行评估。

2. 内部、外部效益和费用

内部效益和费用是指在项目管理过程中，直接影响到投资经营主体的收入与支出的因素。内部效益是由项目投资经营主体可得到的效益，如通过投资一个水力发电项目而获得的销售收入、增加灌溉收入、增加航运收益等；内部费用则是由项目投资经营主体所承担的费用,如投资资金、日常运营支出等。

外部效益和外部费用是发生在项目范围之外的效益和费用。对于公益性项目来说,外部效益会更加突出和重要。外部效益不需要投资经营主体进行任何付出,但会带来正向的社会、经济或环境影响。例如,一个排污处理项目将使周边环境变得更加清洁和健康,从而提高了周边居民和企业的生产和生活条件,并进一步推动了当地经济的发展。外部费用通常指不限于一定地域或群体的非受益者所付出的成本。例如,在一个国家公园建设项目中,会在一定程度上破坏当地的生态环境和人文景观,导致当地居民失去了原有的自然资源和生产活动空间,受到负面影响。公益性项目由于其拥有产品公共性和外部性较强的特点,其外部效益相较于内部效益更加突出。因此,在评估公益性项目时,除了要考虑到项目内部的收益和成本外,还需要考虑其潜在的外部效益和费用。

3. 有形、无形效益和费用

有形效益和费用可以用货币或实物单位进行量化,容易计算和比较。例如,在一处公路建设项目中,建设成本和每年维护费用就是有形费用;而经过工程修建所带来的节省时间、降低行车风险等则是有形效益,它们可以以货币为单位进行衡量。

无形效益和费用指那些难以量化、难以赋予货币价值或者根本无法量化的效益和费用。无形效益通常指那些不仅仅只能被看作市场交易的结果,而且还包括社会、环境和文化方面的正向影响。例如,一个观鸟自然保护项目可能可以提高当地员工的技能水平、促进生态旅游发展、保护本地区的生态环境等。这些无形效益对于当地人民的生活和福利皆有显著作用,但是无法直接从中得出可计量的数据和货币收益。无形费用指的是由于环境破坏、社会冲突等因素而产生的难以计量的成本。例如,如果一个化工厂提高了当地污染物排放量,则可能导致周边居民健康受到损害,需要医疗费用和时间成本来进行治疗。

经济学家们试图给无形效益赋予货币价值并将其纳入效益-费用分析中。例如,针对卫生保健领域,可以通过估算减少发病率所避免的工作损失和医疗花费以及提高工作效率所增加的产出等来计算卫生保健效果的货币价值。又如,衡量教育效果的方法可以考虑把受教育者和未受教育者之间的收入差距作为评估教育效果的标准。但在直接把无形效益转化成货币价值方面,仍存在诸多困难和争议。特别是在环境保护领域,这种方法仍处于不断探索和完善之中。从某种程度上来说,这种方法往往会低估无形效益的真实价值。例如,对于健康问题,从一个健康的体魄中获得的好处远远超过目前能够量化的经济价值和医疗支出节省,如职工寿命的延长、精神愉悦和身心舒适等。在评估教育的价值时也存在类似的问题,除了从工资收入上的增长来衡量其贡献之外,教育对于人的自我发展和完善所产生的影响也难以估价。这种影响不仅仅是在经济和社会方面的,它还包含了一种精神和文化层面的提升,这种提升难以直接用货币或实物单位来衡量。因此,虽然经济学家们一直在寻找有效的方法来计算无形效益,但这个课题仍需要更多的研究来加以完善。

尽管货币形式不一定能够完全准确地反映某些无形效益的真实价值,但是通常情况下还是可以尝试用货币形式进行计量,这有助于将各种效益组合起来进行综合评估,从而更全面地反映项目的真实价值。难以货币化的效益,可以采用其他非货币单位进行计量,例如就业人数、受教育的人数或利润增长率等,这些都能够反映出一定的社会经济效益,虽然这种方式存在一定的局限性,但其参考价值仍然比较高。对于某些无法数量化的无形效益,例如建筑物的美学价值、自然风景和文物古迹的保护效果等,可以通过文字、图形、声音和视频等多种方式，提供更为丰富的感性描述，以便让人们更好地理解这些无形效益的贡献和价值。

这些不同的效益和费用之间存在必然联系与重叠。内部效益和费用一般属于直接效益和费用的范畴，而外部效益和费用则多体现在间接效益和费用。同时，有时候也会出现部分效益或费用在多种分类方法下都会计算的情况，因此在具体的评估过程当中应该选择一种合适的分类标准进行综合考虑，以避免数据上的重复或遗漏。

二、公益性项目效益和费用识别和计量应注意的问题

在评估公益性项目的效益和费用时，需要重点关注以下几个方面。

（1）明确项目的基本目标。因为项目的效益和费用是相对于项目目标而言，只有了解项目的目标才能更加准确地确定效益和费用，并将其与目标关联起来进行评估。公益性项目的目标和产生的效果往往具有多元性，例如一个政府水力发电枢纽项目可能会涉及防洪、发电、供水、灌溉、养殖、旅游以及提供就业岗位等多种目标。针对不同的目标需求，对项目的效益和费用进行正确的识别和计量，则需要围绕这些目标展开分析。

（2）统一效益和费用的识别和计量范围。在识别和计量项目时需要遵循时间和空间的一致性原则，即必须选择相同时间段和地点内的效益和费用进行评估，并且在统计的过程中，应该充分考虑到时间和空间的变化对结果的影响。例如，当一个项目的效益或费用受到时间或空间上变化的影响时，则可能导致评估结果不准确，因此要特别注意这些问题。还应该注意控制识别和计量范围的变化。如果在项目执行期间随意扩大或缩小考察范围，或者对不同区域和人群进行考察，则会造成评估结果偏差，进而影响对项目效益和费用的判断和决策。

（3）遵循增量原则。增量原则是指在识别和计量项目的效益和费用时，比较有项目和无项目的效益和费用差异，即项目的增量效益和增量费用。这种方法排除了项目实施前的各种条件对效益和费用的影响，突出了项目活动的实际效果。因此，在分析并预测项目的效益和费用时，必须仔细考虑与项目无关的各种因素的影响，并剔除这些因素的干扰，重点着眼于预测项目带来的效益和费用。

（4）避免遗漏和重复识别计量。公益性项目通常具有内部性和外部性的双重特性，这导致效益和费用的识别和计量变得更加困难。因此，在进行项目效益和费用计量时，应该严格按照预先制定好的分类标准进行识别，必要时可以将效益和费用进行拆分，以确保所有涉及的效益和费用都被正确地考虑和计算，应该避免将相同的费用或效益进行重复计量，同时也要确保不会错失任何与项目相关的费用或效益。

第三节 公益性项目的经济评价方法

在对公益性项目进行评价时，需关注其中的效益和费用相对于目标社区或支持研究的机构的利益而言所带来的影响。在对公益性投资进行评价时，一般以国民经济评价和社会评价作为主要指标，以效益-费用比较作为基本方法。效益-费用分析从资源合理配置的角度出发，以项目投资的经济效率和对社会福利的贡献为评价指标，以此评价项目的经济合理性。效益-费用分析并不限制采用何种计量单位，如果项目的效益和费用可以用货币单位计量，则采用的评价方法被称为效益-费用分析法；如果效益不能用货币单位计量，则采用的评价方法被称为效果-费用分析法。

一、效益-费用分析

效益-费用分析法是一种将经济行为对社会的全部影响和效果折算为货币单位表示的方法，通过比较项目产生的效益和费用，以净效益来评价项目的经济性。其核心思想在于根据项目的实际贡献和资源消耗确定项目的效益和费用。在使用该方法时，需要注意以下几个问题。

(1) 需要明确项目的受益范围和效益内容，以便准确识别所有涉及的效益和其价值。这样可以防止遗漏任何有意义的效益，并确保评估结果的准确性和可靠性。此外，需要注意区分哪些效益是货币性效益和哪些是非货币性效益，对于非货币性效益必须找到合理的方式将其转化为货币值，以便进行比较和评估。

(2) 需要明确项目的费用范围和费用内容，以准确识别所有相关的成本和费用。同样地，需要注意区分哪些费用是货币性费用，哪些是非货币性费用，对于非货币性费用，也需要找到可行的方式将其转化为货币值。

1. 评价指标和评价准则

效益-费用分析方法通过将货币化的效益和费用进行比较评价，可以使用各种常见的营利性项目的评价指标和评价准则，如净现值、净年值和内部收益率等。对于公益性项目评价而言，更常用的一个指标是效益-费用比指标。其计算方式是将项目的效益现值与费用现值之比来表示。这个指标能够综合考虑项目的效益和费用，并且便于比较不同方案之间的经济性，其数学表达式为

$$B/C = \frac{\sum_{t=0}^{n} B_t (1+i)^{-t}}{\sum_{t=0}^{n} C_t (1+i)^{-t}} \qquad (16\text{-}1)$$

式中：B/C 为项目的效益费用比；B_t 为项目第 t 年的效益；C_t 为项目第 t 年的费用；i 为基准折现率；n 为项目的寿命年限或计算年限。

评价准则为若 $B/C \geqslant 1$，项目可以接受；若 $B/C < 1$，项目应予拒绝。

对单一项目方案而言，效益-费用比是净现值、净年值和内部收益率的等效评价指标。以净现值为例，证明如下。

若

$$\text{NPV} = \sum_{t=0}^{n} (B_t - C_t)(1+i)^{-t} \geqslant 0$$

则有

$$\sum_{t=0}^{n} B_t (1+i)^{-t} \geqslant \sum_{t=0}^{n} C_t (1+i)^{-t}$$

因此

$$\frac{\sum_{t=0}^{n} B_t (1+i)^{-t}}{\sum_{t=0}^{n} C_t (1+i)^{-t}} = B/C \geqslant 1$$

同理可证，若 NPV<0，则必有 $B/C<1$。所以，效益费用比指标与净现值指标对同一方案的评价结论具有一致性。

在公益性项目中，效益费用指标有时也会使用等额年效益与等额年费用之比来表示。

2. 不同类型方案的比选方法

在公益性项目的评估过程中，针对不同类型的方案需采用不同的比选方法。其中，互斥

方案、独立方案和相关方案是三种常见的类型。

（1）对于互斥关系的方案，常见的比选方法包括净现值、差额内部收益率和增量效益费用比等指标。如果采用效益费用比指标，则不能单纯地认为效益费用比最大的方案就是最好的方案，这类似于不能根据内部收益率最大原则进行方案比选。正确的做法是综合考虑增量效益费用比指标，先使用效益费用比指标评估每个方案的经济性，然后再使用增量效益费用比指标比选方案。此时，应选择增量效益费用比最大的方案以获得最佳结果。

$$\Delta B / \Delta C = \frac{\sum_{t=0}^{n} B_{kt}(1+i)^{-t} - \sum_{t=0}^{n} B_{jt}(1+i)^{-t}}{\sum_{t=0}^{n} C_{kt}(1+i)^{-t} - \sum_{t=0}^{n} C_{jt}(1+i)^{-t}} \tag{16-2}$$

式中：$\Delta B / \Delta C$ 为增量效益费用比；B_{kt} 和 C_{kt} 分别为第 k 方案第 t 年的效益和费用；B_{jt} 和 C_{jt} 分别为第 j 方案第 t 年的效益和费用；ΔB 为增量效益现值；ΔC 为增量费用现值。评价准则设 $\Delta B > 0$ 且 $\Delta C > 0$，若 $\Delta B / \Delta C \geqslant 1$，则效益现值大的方案好；若 $\Delta B / \Delta C < 1$，则效益现值小的方案好。

（2）对于无资源限制的独立方案，只要净现值或内部收益率达到特定要求，则可以视为该方案可行且可接受。而当存在有限资源时，这些独立方案就需要构造成互斥关系的方案组合，并使用效益-费用比选的方法来选择最佳方案组合。

（3）在相关方案中，包括从属相关方案、互补方案和现金流量相关方案等。其基本思路是将这些相关方案转化为多个互斥的方案组合，然后再使用互斥方案的方法进行比选并选出最优的方案组合。

【例 16-1】某山河发电供水工程是一项兼具发电、城市生活供水、防洪和灌溉多种功能于一体的大型综合性工程，主要由水库枢纽、发电以及供水系统三大部分构成。该工程充分考虑了区域内水资源的数量和空间分布，科学综合利用水资源，提高其综合效益。在该项目的效益费用识别、计算和经济评价方面，项目分析人员进行了详细的研究和预估。首先，针对不同类别的效益，分析人员对其产生的直接或间接作用进行了量化分析和经济评估。如对于直接灌溉效益，分析人员估算出受益区域内将有2.3万亩耕地得到灌溉，每亩每年增产农作物价值为200元，因此，每年可获得460万元的收益。而对于直接防洪保护效益，分析人员根据防洪保护面积和每亩年产值计算，预计能带来900万元的效益。该项目还将带来直接的发电和供水效益，以及间接的旅游观赏效益和其他间接收益，预计年度发电收入可达672万元，供水收益可达2000万元，旅游收入增长10万元，其他间接效益带来100万元收益。为了全面反映该项目的投资成本和效益情况，分析人员还对该工程的预计投资和运营费用进行了估算。该工程总计划3年完成，投资总额预计为1.8亿元；占地损失每年为60万元；常规维护和运行管理等费用预计为每年250万元。本项目的效益-费用见表16-1，试用效益-费用法决定是否实施该项目。

表 16-1　　　　　　　　　　发电供水工程基础数据表　　　　　　　　　　（单位：万元）

指标	第1年	第2年	第3年	第4~33年
效益	—	—	—	4142
费用	10 000	5000	3000	310
净效益	−10 000	−5000	−3000	3832

解:

效益现值与费用现值为

$$\sum_{t=0}^{33} B_t(1+8\%)^{-t} = 4142(P/A,8\%,30)(P/F,8\%,3) = 37\,015.4 \text{ 万元}$$

$$\sum_{t=0}^{33} C_t(1+8\%)^{-t} = 10\,000 + 5000(P/F,8\%,1) + 3000(P/F,8\%,2)$$
$$+ 310(P/A,8\%,30)(P/F,8\%,3) = 16\,677.5 \text{ 万元}$$

效益-费用比指标为

$$B/C = \frac{37\,015.4}{16\,677.5} = 2.22$$

根据计算结果，本项目的效益成本比大于1，因此该项目是可行的。

【例 16-2】 某市地方政府正在评价一条新路的可选路线，该路线可延伸到以前公路尚未到达的地区，不同的路线带来的效益不尽相同，详见表 16-2。要保证道路有 50 年的经济寿命，合理的利率要求是每年 3%，请判断选择哪条路线合适？

表 16-2 　　　　　　各条路线方案基础数据表　　　　　　（单位：万元）

路线	建造成本	火灾损失年节余	年游乐效益	年维修费用
A	185 000	5000	3500	1500
B	220 000	5000	7000	2500
C	310 000	7000	8800	3000

解:

每个方案的效益费用比分别为

$$(B/C)_A = \frac{(5000+3500)(P/A,3\%,50)}{185\,000+1500(P/A,3\%,50)} = 0.978$$

$$(B/C)_B = \frac{(5000+7000)(P/A,3\%,50)}{220\,000+2500(P/A,3\%,50)} = 1.086$$

$$(B/C)_C = \frac{(7000+8800)(P/A,3\%,50)}{310\,000+3000(P/A,3\%,50)} = 1.05$$

由此判断，A 方案效益费用比指标 $(B/C)_A < 1$，不满足收益要求，方案不可行。B、C 方案是可以接受的。

对于 B、C 方案，可以采用增量效益-费用比指标来判断优劣。

$$(\Delta B/\Delta C)_{C-B} = \frac{[(7000+8800)-(5000+7000)](P/A,3\%,50)}{(310\,000-220\,000)+(3000-2500)(P/A,3\%,50)} = 0.951$$

由于 $(\Delta B/\Delta C)_{C-B} < 1$，则效益现值小的方案 B 好，所以在三条路线当中 B 路线是最优路线。

二、效果-费用分析

公益项目所产生的许多价值无法通过货币来准确衡量，例如对文化、教育、卫生、国防、环保、扶贫、治安等领域所带来的积极影响。如果只采用传统的效益-费用分析法，很难全面评估项目的真实价值，必须考虑到这些非货币化的价值。而效果-费用分析法则在处理这种情况时有着优越性，它通过比较非货币化的效果指标与实际费用，使项目的评估更加真实客观。

1. 基本概念

在公益项目中，通常可以用货币计量来确定费用大小，但是很多时候公益项目的效益并不能用货币化的方式计量，例如降低死亡人数、减少空气中有毒气体等。这种情况下，传统的效益-费用分析法就无法适用，需要采用效果-费用分析法。由于效果和费用之间没有统一的计量单位，所以这种方法无法用于判断单个项目方案自身的经济性，只能用于评价多个方案之间的优劣。

使用效果-费用分析法需要满足以下三个基本条件：第一，待评价的项目方案数量不少于两个，且这些方案之间是相互排斥的；第二，各方案必须具有共同的目标或目的，即在实现同一使命的前提下进行比较；第三，各方案的费用必须采用货币单位计量，而各方案的效益则要采用同一非货币单位计量。这样才能对不同方案进行客观评价，选择最优方案以达到最大化公益效益的目标。

2. 效果-费用分析的方法与基本程序

针对公益性项目，如果其无形效益可以用单一指标进行衡量，则可以采用效果-费用分析法。这是一种避免定价的方法，其通常通过计算以下指标来评估一个项目的效果：

$$E/C = 效果 / 费用 \tag{16-3}$$

项目费用使用货币指标计算，效果指标使用非货币化指标计算，它通常涵盖了项目背景下所带来的具体影响，比如环境保护程度、社会安全程度、扶贫质量等。在给定费用的情况下，方案的最佳选择应该是效果最大的项目；或者在给定项目效果的情况下，方案的最佳选择应该是实现最小的费用；或者在给定项目效果及费用的情况下，方案的最佳选择应该是实现最大的效果/费用比。为了实现综合评价，可以使用加权平均法来对多个效果指标进行加权，以得出每个方案的总体效果。这种方法的基本思想是对目标实现的满意程度进行加权求和，因此可以很好地实现多个因素的综合考虑。

对于效果-费用分析法，在进行评估时通常需要包括以下几个步骤。

（1）明确项目的目标或目的。为了找到实现预定目标的最佳方案，首先要确定项目的目标。这些目标可能是单一的，也可能是多个。因此，在评估多目标项目时，需要将预设目标合理设置并加以区分、选择必要目标作为考核内容，而次要目标可以作为附带效果进行适当分析，这样才能避免追求过多的目标而导致资源的浪费。

（2）制定任务要求以实现项目目标。制定明确的任务要求不仅有助于实现预期目标，而且还可以检验目标是否可行和实际的可操作性。因此，在制定任务要求时需要充分考虑目标与任务之间的关系，以便相互调整并保证项目顺利进行。例如，在一个病人紧急呼救项目中，为了提高抢救治疗效果，需要缩短抢救时间。在此基础上就需要确定一系列具体的任务要求，包括缩短医院从处理呼救电话到派出救护车的时间、缩短救护车到达病人地址并送往医院的时间以及缩短医生应对患者的诊治时间等。通过制定具体任务要求并进行细致的任务要求分析，可以更清晰地评估目标是否实现。规范的任务要求可以帮助管理者优化项目方案并推进最终目标的实现。例如，如果在上述急救项目中设置了回应-抢救时间的最低要求，那么就应该将其细化为以上具体任务要求，并根据任务要求的反馈结果，对目标的合理性进行评判和调整。

（3）需要提出多种可供选择的供选方案。这些方案的构想与提出，不仅取决于技术实现的可能性，还取决于相关人员的知识、经验以及创造性思维的发挥。在制定方案时，应注意避免过早限制思路，要尽可能地发挥创新精神，集思广益，多提可供选择的方案，再通过分析比较进行筛选。以病人紧急呼救项目为例，可能存在多种供选方案，如各家医院各自备战，各自准备紧急救护车的方案；多家医院在紧急呼救通信联网基础上，按就近原则派发救护车并可减少救护车总数的方案；建立全市紧急呼救中心，将救护车按市区人口密度分布而分派在各区游弋待命，随时按紧急呼救中心的指令就近救护，并可按照就近决策原则指定派发的路线，进一步减少医院自备救护车数，缩短抢救时间。因此，要在项目初始阶段尽可能地收集并提出多种方案，通过分析比较和筛选来选择最合适的方案。

（4）在对项目方案的效果和费用进行识别与计量时，需要考虑不同项目的目标和效果性质的差异。在选择计量单位时，既要方便计量，又要能切实度量项目目标的实现程度。需要强调对项目方案效果的计量应具体到项目的目标和属性。这样才能更好地反映项目目标的实现情况。

（5）方案间的比较评价可以通过综合分析各个方案的优缺点、根据效果-费用分析计算方法来推荐最佳方案或提出方案优先采用的顺序等方式实现。在进行效果-费用分析时，可以选择固定效果法、固定费用法或效果-费用比较法等方法。选择适当的分析方法应视项目的具体要求和特点而定，以确保所得结果的准确性和清晰性。

（6）进行敏感性分析或其他不确定性分析是为了审查评价可靠性并识别潜在风险。敏感性分析可以帮助确定影响项目目标的各个因素。对于那些可以控制的因素，应制定相应的控制措施。对于无法单独控制的因素，可以寻找防范措施和对策。除了敏感性分析外，还可以使用其他不确定性分析方法，例如情景分析法、概率分析和风险分析法等来识别并降低项目的风险。

（7）撰写分析或研究报告。在完成以上各阶段的分析后，需要将其整理、总结，并撰写出相应的报告。报告的内容通常包括项目背景、问题与任务提出、确定目标的过程和依据、候选方案的技术特征和可行性、资源的可得性及资金来源和筹集方式、项目的组织和管理、效益以及成本识别与计量及相关的假设和依据、不确定性分析的有关结论以及比较评价分析等。最后，可以推荐最终方案或少数候选方案，并分析论述方案的优缺点，为最终决策提供重要参考。

【例 16-3】 有一个流感免疫接种计划，它可以使每 10 万个接种者中 6 人避免死亡，但同时也会有 1 人因注射疫苗而发生致命反应。每个人接种的费用为 4 元，但实施这个计划每 10 万人可以节省 8 万元的救护车费用。现在需要进行效果-费用分析，以决定是否实施该计划。

解：
净保健效果是避免 6 例死亡减去造成 1 例死亡，即避免 5 例死亡。
$$费用 = 4 \times 100\,000 - 80\,000 = 320\,000 \text{ 元}$$
$$效果/费用 = 5 \text{ 例死亡}/320\,000 \text{ 元} = 1 \text{ 例死亡}/64\,000 \text{ 元}$$

结果表明，若社会认可用 64 000 元的代价挽救一个生命时，该计划应实施。

【例 16-4】 为提高服务质量，某物业公司提出了四个方案，包括免费擦玻璃、帮助照看放学后的儿童、为小区老人提供免费服务以及在小区内建图书室。这些方案的服务效果指标是群众的满意度。具体方案的费用和其推广后预期达到的满意度可见表 16-3。

表 16-3　　　　　　　物业公司提高服务质量方案费用及满意度表　　　　（单位：万元）

方案	费用	满意度
A	1.2	0.95
B	1.2	0.85
C	1	0.86
D	1	0.85

解：

采用固定费用法，方案 A、B 费用相同，方案 A 的满意度高于方案 B，所以淘汰方案 B；方案 C、D 费用相同，方案 C 满意度高于方案 D，所以淘汰方案 D。剩下方案 A、C，利用效果费用指标判断

$$(E/C)_A = 0.95/1.2 = 0.79$$
$$(E/C)_C = 0.86/1 = 0.86$$

从计算结果可以看出，单位投资方案 C 的效果高于方案 A，故选择方案 C。

拓展阅读：塞罕坝精神

塞罕坝机械林场位于河北省最北部围场县境内，地貌以高原和山地为主，海拔 1010～1940 米，是滦河、辽河两大水系的发源地之一。

建场初期，塞罕坝气候恶劣、沙化严重、人烟稀少。为了改变"风沙紧逼北京城"的严峻形势，塞罕坝机械林场 1962 年由原林业部建立。来自五湖四海的塞罕坝人舍小家为国家，几十年如一日扎根荒原，无怨无悔地坚守在高寒地区。建场之初，面对极端恶劣的工作和生活环境，他们凭着坚韧的毅力，吃黑莜面、喝冰雪水、住马架子、睡地窨子，顶风冒雪，垦荒植树，战胜了百年不遇的自然灾害，用智慧和汗水为无边荒原带来了勃勃生机。在物质和技术几乎一片空白的条件下，将科学技术同塞罕坝的实际相结合，坚持勤奋钻研、大胆创新，不断改进技术设备，即使面对重大挫折仍不气馁、不懈怠，依靠技术引导，找原因，定举措，开创了国内使用机械成功种植针叶树的先河，攻克了高寒地区引种、育苗、造林等一项项技术难关，造林成活率达到 95% 以上。多项科研成果获得国家、省部级奖励，5 项成果达到国际先进水平，部分成果填补了世界同类研究空白，闯出了科技创新促进林场可持续发展实践的成功模式。

经过代代努力，塞罕坝机械林场的林地面积由建场前的 24 万亩增加到 112 万亩，增长了近 5 倍；林木总蓄积由建场前的 33 万 m³ 增加到 1012 万 m³，增长了 30 倍，累计为国家提供中小径级木材 192 万 m³，林场森林资产总价值为 202 亿元。每年提供的生态服务价值超过 120 亿元。半个多世纪以来，三代塞罕坝人以坚韧不拔的斗志和以永不言败的担当，在荒寒遐僻的塞北高原营造起了百万亩林海，演绎了荒原变林海、沙地成绿洲的人间奇迹，不仅创造出巨大的生态效益、社会效益和经济效益，也铸就了忠于使命、艰苦创业、科学求实、绿色发展的塞罕坝精神。

思考与练习

1. 公益性项目的含义是什么？有哪些公益类项目？

2. 公益性项目的评价指标有哪些?
3. 公益性项目的分类方法有哪些?
4. 效益-费用分析和效果-费用分析的共同点和区别在哪里?
5. 新能源发电项目能否借鉴公益性项目评价方法进行项目评价?

参 考 文 献

[1] 徐寿波. 能源技术经济学. 长沙：湖南人民出版社，1982.
[2] 傅家骥. 工业技术经济学. 3版. 北京：清华大学出版社，1996.
[3] 袁明鹏，胡艳，庄越. 新编技术经济学. 北京：清华大学出版社，2007.
[4] 罗党，郭洁. 技术经济学. 上海：立信会计出版社，2008.
[5] 王凤科. 技术经济学. 南京：南京大学出版社，2009.
[6] 张铁山，吴永林，李纯波，等. 技术经济学：原理. 方法. 应用. 北京：清华大学出版社，2009.
[7] 刘秋华. 技术经济学. 第2版. 北京：机械工业出版社，2010.
[8] 吴添祖，虞晓芬，龚建立. 技术经济学概论. 3版. 北京：高等教育出版社，2010.
[9] 徐寿波. 技术经济学. 5版. 北京：经济科学出版社，2012.
[10] 胡骥. 技术经济学. 成都：西南交通大学出版社，2015.
[11] 杨晴. 新能源技术经济学. 北京：中国水利水电出版社，2018.
[12] 张欣莉. 工程经济学. 北京：高等教育出版社，2019.
[13] 方勇，王璞. 技术经济学. 2版. 北京：机械工业出版社，2019.
[14] 柯丽华. 工程经济学分析方法及应用. 北京：冶金工业出版社，2021.
[15] 虞晓芬，龚建立，张化尧. 技术经济学概论. 6版. 北京：高等教育出版社，2022.